全媒体人才培养丛书 · 数据科学系列

# 广播电视大数据平台架构与应用

ARCHITECTURE AND APPLICATION OF RADIO AND TV BIG DATA PLATFORM

林卫国　尚文倩　编著

中国传媒大学出版社
· 北京 ·

# 前 言

广播电视行业拥有海量的媒体内容数据、用户服务数据以及相关业务数据，如何充分挖掘这些数据的价值，为内容生产、业务创新、用户服务、运营推广、领导决策等提供支持，是一个全新的课题。国家广播电视总局已经将大数据科技创新与应用列为重点工作。

编写本书的目的是为各级广电网络运营商利用大数据技术、建设大数据平台提供指导，推动行业在大数据技术应用上开展创新实践，一方面可以促进广电企业各方面业务的发展，降本增效，充分利用大数据平台带来的技术优势，降低建设成本，提升运营质量和业务效益，增强行业竞争力；另一方面还能够更好地支持文化传播和信息服务，为广电大数据的发展提供参考和思路，注入新活力。

全书共6章，其中第1章是对大数据发展现状和趋势的概述；第2章在针对广电网络运营商的充分调研的基础上，研究和分析广电行业大数据的应用需求；第3章研究了广电网络运营商的数据资产范畴和数据资产管理思路；第4章围绕广电大数据应用体系建设总体目标研究符合企业实际要求的大数据应用体系建设规划；第5章从技术规划的角度阐述广电网络运营商大数据平台的建设思路和总体架构，梳理大数据平台总体数据流程及层次结构，并概述基于该平台的大数据分析技术和实际应用场景。第6章研究并讨论广电网络大数据平台建设演进规划。

本书由尚文倩教授负责第1章、第2章、第3章的撰写，林卫国教授负责第4章、第5章、第6章的撰写。全书由林卫国教授负责统稿。参加本书编写的还有任思可、张春洁、宇文易男、海日汗、黄俊杰等。本书在编写过程中得到了广播电视同行的大力支持，在此一并表示感谢。

由于编者水平有限，此书与大家见面后，我们将虚心接受各位的批评与指正，并乐意和大家就广电大数据技术的应用问题展开探讨。

编者

# 目　录

# 第1章　大数据发展现状与趋势

经过多年信息化建设和互联网发展，中国已经成为数据大国，互联网已经成为生产、生活的重要技术平台。随着信息技术的日益普及和“互联网”融合态势的加快，海量数据不断快速聚集，据有关机构统计，中国的数据总量将以年均50%的速度增长，预计到2020年将占全球数据点量的21%。在新形势下，国务院于2015年6月24日印发了《关于运用大数据加强对市场主体服务和监管的若干意见》，提出要充分运用大数据先进的理念、技术和资源，加强对市场主体的服务和监管，推进简政放权和政府职能转变，提高政府治理能力。同年8月31日颁布了《关于促进大数据发展的行动纲要》，并提出“坚持创新驱动发展，加快大数据部署，深化大数据应用，已成为稳增长、促改革、调结构、惠民生和推动政府治理能力现代化的内在需要和必然选择”。

与此同时，全国各地也加快了推动大数据发展的步伐。其中，广东、上海、重庆、贵州、武汉等省市在全国率先制定颁布了推动大数据发展的效果政策文件。早在2012年11月，广东便发布了《广东省实施大数据战略工作方案》，提出“为保证大数据战略有效实施，广东省将建设政务数据中心，并为高等院校和企业等成立大数据研究机构提供支持”。2013年7月，上海发布《上海推进大数据研究与发展三年行动计划（2013—2015年）》，提出“突破大数据关键技术，建立以企业为主体、产学研联合的发展机制，形成需求牵引、创新应用的发展模式，发展数据产业，服务智慧城市”。拟成立“上海大数据产业技术创新战略联盟”，建设“上海市数据科学重点实验室”、数据工程技术研究中心等，以大数据技术创新及产业应用为目标、以联盟为纽带促进形成若干引领大数据产业技术创新的企业联合实体。2014年2月，贵州印发《关于加快大数据产业发展应用若干政策的意见》《贵州省大数据产业发展应用规划纲要（2014—2020年）》，提出贵州省大数据发展的目标是，推动贵州省大数据产业稳步快速发展，到2020年，大数据带动相关产业规模达到4500亿元。大数据产业体系基本健全，业务形态较为齐备，创新能力显著增强，安全保障能力明显提高。产业载体建设顺利推进，聚集一批具有较强市场竞争力的骨干企业。数据中心布局合理，政府数据资源实现有效整合，大数据开放与管理机制初步建立，应用水平明显提高，以大数据引领和支撑贵州省经济社会转型发展的能力显著增强。此外，重庆、武汉等其他省市也纷纷颁布了各自的大数据行动计划。

党中央、国务院高瞻远瞩，高度重视我国大数据发展。2015年8月31日国务院发布了《促进大数据发展行动纲要》，指导我国大数据发展的国家顶层设计和总体部署。

随着新一代物联网、云计算、移动互联网等信息技术的不断普及，人类产生的数据量正在呈指数级增长，大约每两年翻一番，而且这个速度在2020年之前继续保持下去。这意味着人类在最近两年产生的数据量相当于之前产生的全部数据量。有关资料显示，2011年，全球数据规模为1.8ZB，可以填满575亿个32GB的iPad，这些iPad可以在中国修建两座长城。到2020年，全球数据将达到40ZB，如果把它们全部存入蓝光光盘，这些光盘和424艘尼米兹号航母重量相当。

在此情况下，数据日益成为一种重要的战略资源。近年来，美、欧、日等发达国家和地区也纷纷将开发利用大数据作为夺取新一轮竞争制高点的重要抓手，相继出台了相关的战略规划和配套法规来促进大数据应用与发展，致力于利用大数据来进一步增强自身的综合竞争力。

2010年，美国总统科学技术顾问委员会（PCAST）向奥巴马和国会提交的《规划数字化的的未来：美国总统科学技术顾问委员会给总统和国会的报告》指出，大数据技术具有重要战略价值，而联邦政府对其研发投资不足，建议联邦政府“制定一个应对‘大数据’的战略”。此后，奥巴马政府着手制定了一系列主题为“我的大数据”（MyData Initiatives）的倡议和措施，分别为2010年发起的《“蓝纽扣”计划》、2012年发起的《“绿纽扣”计划》、2012年发起的《“我的学生数据”计划》和2014年发起的《“创建副本”计划》，旨在促进美国人可以更安全地获取他们的个人数据，从而更好地处理他们私人领域的申请活动和服务。2012年3月，美国投资2亿美元启动了“大数据研究和发展”计划，该计划涉及国防部、能源部等6个联邦政府部门，用以大力推进大数据的收集、访问、组织和开发利用等相关技术的发展，进而大幅提高从海量复杂的数据中提炼信息和获取知识的能力与水平。政府对大数据带来的负面影响也更加重视，白宫2014年5月发布的白皮书《大数据：抓住机遇，守护价值》提出：“大数据正在改变世界。但是它并没有改变美国人对于保护个人隐私、确保公平或是防止歧视的坚定信仰。”

欧盟于2011年12月公开颁布了《开放数据战略》。它以开放数据为核心，以创新、增长和透明治理为引擎，重点加强在数据处理技术、数据门户网站和科研数据基础设施三方面的投入，旨在使欧洲企业与市民能自由获取欧盟公共管理部门的所有信息，建立一个汇集不同成员国以及欧洲机构数据的“泛欧门户”。目前，欧盟正在研究制定数据价值链战略计划，以实现数据的最大价值，重点是通过一个以数据为核心的连贯性欧盟生态体系，让数据价值链的不同阶段产生价值。数据价值链战略计划包括开放数据、云计算、高性能计算和科学知识开放获取这四大战略，遵循的主要原则是：高质量数据的广泛获得性，包括公共资助数据的免费获得；作为数字化单一市场一部分，欧盟内数据的自由流动；寻求个人潜在隐私问题与其数据再利用潜力之间的适当平衡，同时赋予公民以其希望的形式使用自己数据的权利。

2012年6月，日本IT战略本部发布电子政务开放数据战略草案，迈出了政府数据公开的关键性一步。为了确保国民方便地获得行政信息，政府将利用信息公开方式标准化技术实现在紧急情况下能以较少的网络流量向手机用户提供统计信息、测量信息、灾害信息等公共信息，并尽快在网络上实现行政信息全部公开并可被重复使用的目标。2012年7月，日本总务省ICT基本战略委员会发布的《面向2020年的ICT综合战略（草案）》提出，“提升日本竞争力，大数据应用不可或缺”，这一战略将重点关注“大数据应用”。2013年6月，安倍内阁正式公布了新IT战略——《创建最尖端IT国家宣言》，全面阐述了2013—2020年期间以发展开放公共数据和大数据为核心的日本新IT国家战略，提出要把日本建设成为一个具有“世界最高水准的广泛运用信息产业技术的社会”。

在借鉴国外发达国家和地区先进经验的基础上，充分考虑中国具体国情及国内外大数据发展的趋势，我国促进大数据发展的策略包括如下几个方面：

1. 推动数据开放

政府拥有大量有价值的数据，因此政府应该着眼于民生福祉，带头推动政府数据的开放共享。要加快建立政府数据开放平台，推动各级政府和公共服务机构优先开放高价值数据资源。加强政府与民间协作，推动各类优质数据资源的开放共享。积极发挥市场的决定性作用，引导更多非公共数据向社会开放，鼓励基于开放数据开展应用创新，通过数据资源的开放利用，促进大数据技术和产业创新发展，并惠及更多民众。

2. 健全法律法规

借鉴美欧等发达国家和地区的经验，加快制定完善《中华人民共和国政府信息公开条例》《中华人民共和国保守国家秘密法》《中华人民共和国个人隐私法》等有关信息公开、数据安全、网络安全、隐私保护方面的法律法规，规范国家重要数据的存储、备份和迁移，保障数据的安全可靠。在尊重知识产权的前提下，规范数据隐私保护的范围、方式和程序，有效避免信息公开与隐私保护方面的冲突，对相关数据去除敏感信息后实现开放和共享。

3. 完善标准规范

尽快制定并试行有关数据开放原则和机制规范、数据分级标准、数据发展及使用的责任与权益等大数据发展应用过程中必需的相关标准规范。制定数据编码、处理、共享、交换标准；出台大数据技术、协议、标准等规范；建立数据资产访问、连接和共享机制，搭建数据资产交易平台，形成数据流转的层次化体系结构；研究数据资产的所有权、使用权以及价值评估体系，通过市场化模式保障数据资产流转的可行性。

4. 保障信息安全

妥善处理发展创新和安全规范的关系，探索完善安全管理规范措施，切实保障数据安全。建立大数据安全评估体系，做好大数据应用安全评测和风险评估，提高大数据平台信息安全监测、预警和应对能力。加强测试工具研发，开展大数据平台可靠性及安全性评测服务，引导大数据安全可控和有序发展。推动数据保护、个人隐私、数据权益和合理利用等方面的地方立法工作，加快出台实施细则，对重要数据的保存、备份、迁移等进行规范管理。

5. 加强人才培养

落实各项人才政策，创建吸引人才、留住人才的良好环境，加快从美、欧等发达国家和地区引进既懂业务知识又具分析技能的复合型数据人才。扶持高等院校大数据相关专业的发展，推进大学课程改革，开设一系列符合现在和未来社会需求的数据技术的相关课程，培养数据存储、数据挖掘、数据可视化等方面的专门人才。鼓励高校和企业通过建立联合实验室、研发中心等形式，联合培养理论与实践相结合的大数据专业人才。以岗位培训和继续教育为重点，加大社会化培训力度，提高在职人员大数据应用技能，进一步加强对机关公务员、事业单位、大中型企业工作人员的大数据知识的培训与考核。

6. 支持技术创新

加大财政对大数据关键技术研发创新的引导和扶持力度，构建自主的大数据技术体系。加强大数据共性基础技术研发，重点研发大数据存储管理、分析挖掘、可视化、数据安全等关键技术和产品，提前布局自然语言处理、语义理解和机器学习等关键技术。支持国内创新型企业，开发专业化的数据处理分析技术和工具，提供特色化的数据服务。支持高校和科研院所建立大数据开放实验室，推动多学科交叉融合，开展大数据分析关键算法、关键技术研究和大数据专业人才培养，并加强实践应用。

广播电视行业拥有丰富的数据资源，特别是随着近年来的数字化、网络化和媒体融合发展，内容生产由模拟信号处理方式向全流程的数字化、网络化转变，传输分发由单向发射传输向双向数字网络转变，内容消费方式由简单接收向多元化互动方式转变，广播电视行业在内容生产、传输分发和用户服务过程中产生的数据规模快速增长，数据体量十分庞大。国家广播电视总局《2018年全国广播电视行业统计公报》公布：2018年全国广播节目制作时间为801.76万小时，全国电视节目制作时间为357.74万小时。2018年全国公共广播节目播出时间为1526.74万小时；全国公共电视节目播出时间为1925.03万小时。2018年全国有线广播电视实际用户数为2.18亿户，全国有线数字电视实际用户数为2.01亿户。2018年全国交互式网络电视（IPTV）用户为1.54亿户，互联网电视（OTT）用户为4.20亿户。广电行业海量的音视频文件及元数据蕴藏着巨大的价值，亟须引入大数据的思维和技术。第一，大数据可以为内容创作者和运营者的决策提供数据支撑，提升用户黏性以及业务收入；第二，大数据可以为行业提供宏观统计数据，促进产业发展；第三，大数据可以为政府提供产业及舆情信息，保障文化产业健康发展。

国家新闻出版广电总局科技司于2014年7月发布“基于大数据的网络广播电视台用户行为分析及推荐方法研究”科研项目，由广播科学研究院牵头，央视、央广、江苏总台共同参与，开展基于IPTV、网络电视台、网络广播台收视纪录的大数据研究工作。新疆广电网络开展广电网络大数据研究应用工作，建设了“天山云大数据指南针研究室”，从地域、语言、业务等多维度，对全网数十万双向用户进行数据采集和分析，并每周定期公布“天山云指数”。广东广电网络股份公司在东莞投资建设了“广东广电大数据产业中心”大型文化产业项目，项目已入选广东省政府《“宽带广东”5年发展规划（2014–2020）》。在舆情分析方面，湖南台强档节目《爸爸去哪儿》是利用大数据手段研究电视舆情的典型应用案例。2013年，《爸爸去哪儿》播出的同时，数据分析团队通过抓取新浪微博上提及“爸爸去哪儿”的45.5万条原创微博数据，对36.7万独立原发作者用户、1300余万条用户微博及近1亿的关系进行数据分析，将《爸爸去哪儿》的美誉度与《中国好声音》《快乐男声》《天天向上》《快乐大本营》《非诚勿扰》等节目进行了舆情数据对比分析，《爸爸去哪儿》成为名副其实的“口碑王”。舆情数据还对该档节目的粉丝性别、地域、年龄、媒体偏好度进行了统计分析，对于节目中的主角和笑点事件都做了统计分析，各位爸爸的热度变化趋势一目了然。最终还对三大赞助商的微博热值给出了参考值。此外，各地局、台、网也相继开展了大数据的研究与建设，利用大数据提升运营质量。

广电“十三五”规划对广电行业提出了如下发展要求，要显著提升广电终端的智能化水平，提高安全播出和信息安全能力，推动云平台建设，为建设智慧社区、智能家庭和智慧城市等做好铺垫。

在《新闻出版广播影视“十三五”科技发展规划》发布的新形势和大背景下，国家新闻出版广电总局对于广电大数据的建设发展提出了一系列重要的目标和任务，下面列出了其提出的部分重要发展目标和主要任务。

发展目标：显著提升广电终端标准化、智能化应用能力。大力推进TVOS在有线、无线、卫星和互联网等广电终端的应用，基本实现机顶盒、一体机、媒体网关和智能终端等广电终端的标准化、智能化，形成广播电视和互联网融合的“广电+”生态，广电智能终端成为智能家庭、智慧社区和智慧城市的重要基础。主要任务包括：

（1）大力推进广播电视融合媒体服务云建设，打造“广电+”生态链，推动广播电视系统服务的升级转型；

（2）积极推动广播电视技术与新一代信息技术融合创新，全面增强广播电视科技创新能力。

除此之外，国家新闻出版广电总局还提出了一些和广电大数据相关的重点项目：

（1）广播电视融合媒体制播大数据关键技术研究与应用示范；

（2）广播电视台融合媒体用户互动数据采集接入技术研究；

（3）融合媒体服务与传输大数据关键技术研究与应用示范。

在《新闻出版广播影视“十三五”科技发展规划》中，显著提升广电终端标准化、智能化应用能力已被列为重要发展目标，明确提出要使传统广电行业和新型信息技术进一步融合，广电面临全面的战略转型，广电网络运营商更加面临着前所未有的挑战与机遇。

《新闻出版广播影视“十三五”科技发展规划》提出，广电要基于TVOS技术，不断推进广电融合发展，实现有线、无线、直播卫星电视、融合终端等广电终端基本标准化、智能化，让广电拥抱互联网，实现融合媒体服务云平台的建设。要运用云计算、大数据技术，实现广电各方面资源的有效整合，最终使其得以共享和开放，让更多的人群受益，为开展更多的广电业务提供基础支撑。既能让融合媒体云平台在不同的系统下运行，也能够使平台上的应用运行在云端与终端随意地切换，为用户带来一体化的体验。

具体到广播电视网络运营商，他们目前也面临着行业竞争的压力和发挥数据资产潜力的需求，在当下各行各业都广泛应用大数据的背景下，通过大数据平台解决公司内外部需求和矛盾显得尤为重要。目前广播电视网络运营商对于大数据的需求可以从多个维度来看待，目前各广播电视网络运营商已经建设起自己的数据仓库，拥有很多高质量的数据资产，但是长期的烟囱式系统架构带来的数据流通不畅、部门协调差、数据利用率不高等问题日渐突出，给企业运营和运维都带来了很大的不便。总体来看，广播电视网络运营商对于大数据的需求可以分为以下几类：运维类需求、经营类需求，以及销售类需求。运维类需求在于改变广播电视网络公司传统运维现状，提高运维工作效率，在设备出现问题的时候，可以利用大数据工具，采集，分析数据，精准地找到设备的故障点，在用户反馈之前发现故障，解决问题，最终达到提高用户体验的目的；经营类需求在于明确用户需求，利用大数据技术进行精准推荐，对应用类和视频类的引进和推广；销售类需求在于通过大数据平台建设构建以客户为中心的市场营销、客户服务和营销管理体系。当下广电行业形势严峻，穷则思变，互联网时代需要摒弃门户之见，改变思想，学会利用互联网技术来发展传统企业，当下OTT和IPTV的用户量的剧增，OTT和在线视频网站对广电传统业务产生了巨大的冲击，但是广电拥有自己的优势，如用户体量大，数据价值高，基础管道建设良好等。在面临挑战的同时，利用好自身优势，抓住机会发展自己，明确自身需求，找准发展方向，就一定能够逆势而上，创造新的局面。

# 第 2 章　广播电视大数据发展现状与需求

## 2.1　广播电视大数据建设现状

广播电视行业作为拥有用户量最多的行业之一，有着上亿用户的支持，广播电视台每日也会不断产生大量的节目数据、用户数据和用户与平台互动的数据等。这些数据积少成多，规模较大，需要的存储空间也不断加大，因此对数据处理速度也提出了较高的要求。广播电视行业面临的严峻形势不可小觑，广播电视行业需要抓住机遇与挑战，不断丰富自我，发挥自身优势，在这个互联网时代，创造更加辉煌的业绩。

广播电视行业的企业了解自身的状况对发展自我是至关重要的，下面我们将通过分析典型广播电视网络运营商的数据来源、数据的应用现状、数据仓库建设现状、数据标签体系建设现状以及各部门的需求等方面，力求在明确自身现状的基础上，规划出一个有价值的大数据建设发展方案，供广电企业进行参考。

### 2.1.1　数据来源

广播电视行业收集的数据类型多样，经过数年的发展，已经形成了一定规模的数据体量。由于三网融合的不断推进，广播电视行业不断受到来自互联网的影响，相对于以往便于存储的以元数据和媒体视音频数据为主的结构化数据，来自于互联网的非结构化数据大量涌入，包括网络文字、音频、视频、图片、地理位置信息等；同时节目的全媒体融合制作产生了丰富的内容资源；互动数据的接入使节目播出形式多样化；对用户数据的收集也不再拘泥于用户的基本信息，用户的收视行为也一样成为了收集和分析的重点。基于这些情况，大体可将广播电视网络公司的数据分为结构化、半结构化以及非结构化数据，具体细节如图 2.1 所示。

广播电视网络运营商现阶段的数据来源包括该企业客户的资料、为客户提供订购服务产生的数据、终端设备产生的数据、用户的收视行为数据以及上网行为数据、运维网络上各个网点的日志数据、工作人员对节目内容进行编排产生的数据。

图 2.2 为某广播电视网络运营商近十年来的数据资源收集变化情况。

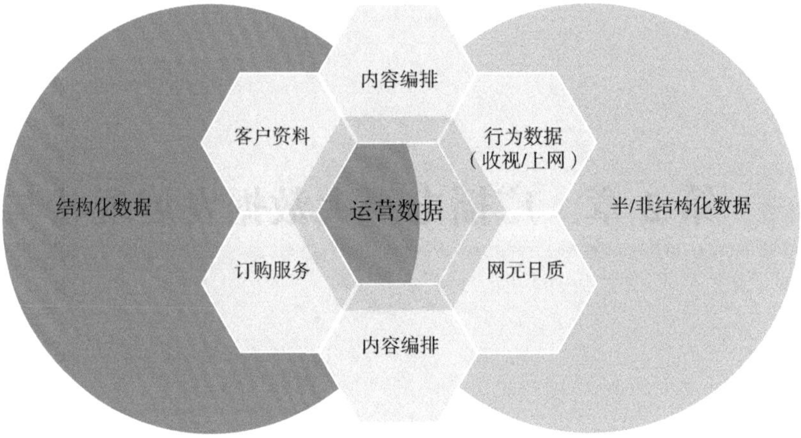


**图 2.1　公司数据资源概况**

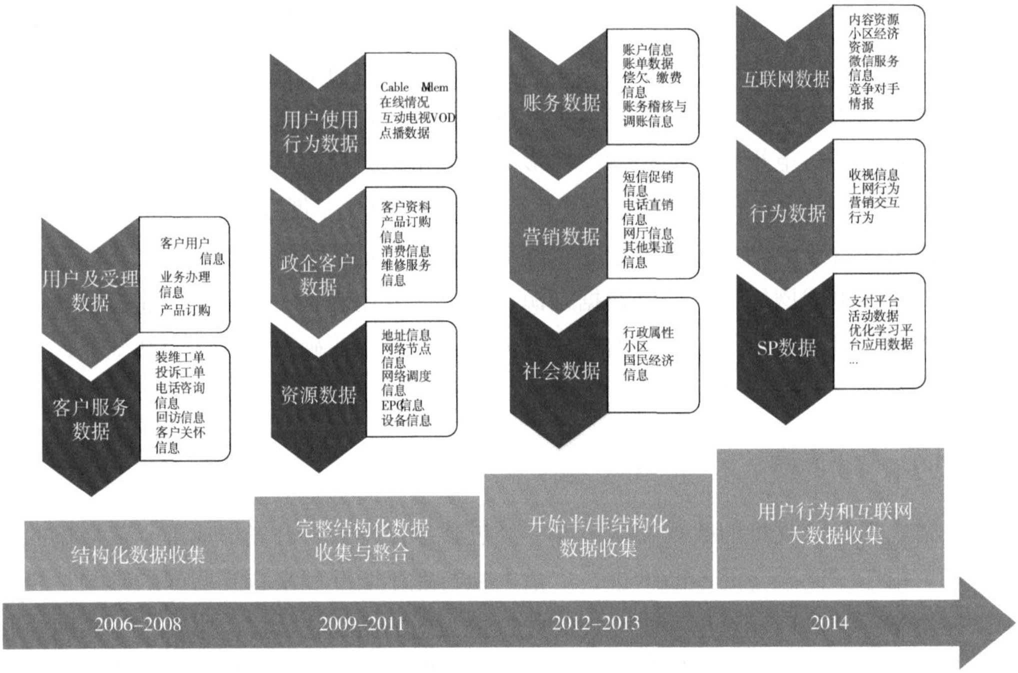


**图 2.2　某广播电视网络运营商数据资源概况**

2006年至2008年，该运营商主要收集一些结构化的数据。这些数据来源仅限于用户信息以及为其服务所产生的各类数据，其中包括客户用户信息、业务办理信息、产品订购信息、为维修用户的终端设备所产生的运维工单、受理用户投诉信息的投诉工单、用户电话咨询业务产生的相关数据。

2009年至2011年，该运营商完成了结构化数据的收集以及整合，除上述2006年至2008年收集的数据以外，该运营商开始收集用户使用终端设备产生的行为数据、政企客户的数据信息，以及各种设备资源产生的信息。其中用户使用设备产生的行为数据，包括用户网络在线使用行为数据以及用户点播电视节目产生的行为数据；政企客户数据包括客户资料、产品订购信息、用户的消费信息、为用户进行维修服务产生的信息；资源数据包括资源的位置信息、网络节点信息、网络调度信息、EPG信息、终端设备的信息。

2012年至2013年，该运营商开始对半结构化以及非结构化的数据进行收集。其中包括财务数据、营销数据，以及社会数据。财务数据包括用户的账户信息、账单信息、用户的缴费信息与催欠信息，以及财务稽核与调账信息；营销数据包括短信促销信息、电话直销信息，以及通过其他渠道传播给用户的信息；社会信息则包括国民经济信息、行政属性等。

自2014年至今，该运营商开始收集互联网数据、行为数据以及SP（Service Provider）数据。其中互联网数据包括网络内容资源、用户所在小区的经济资源、微信服务信息、竞争对手的相关信息等；行为数据包括用户收视行为数据、用户上网行为数据、营销交互行为数据；SP数据包括支付平台活动数据、优化学习平台应用数据等。

### 2.1.2　数据应用现状

数据仓库为广电网络运营商在客户服务、市场发展和企业运营等方面的决策提供了强大的信息支持，基于高质量数据资源的定量分析体系为企业实施精细化管理策略提供了有力的依据。一般数据应用体系架构如图2.3所示。

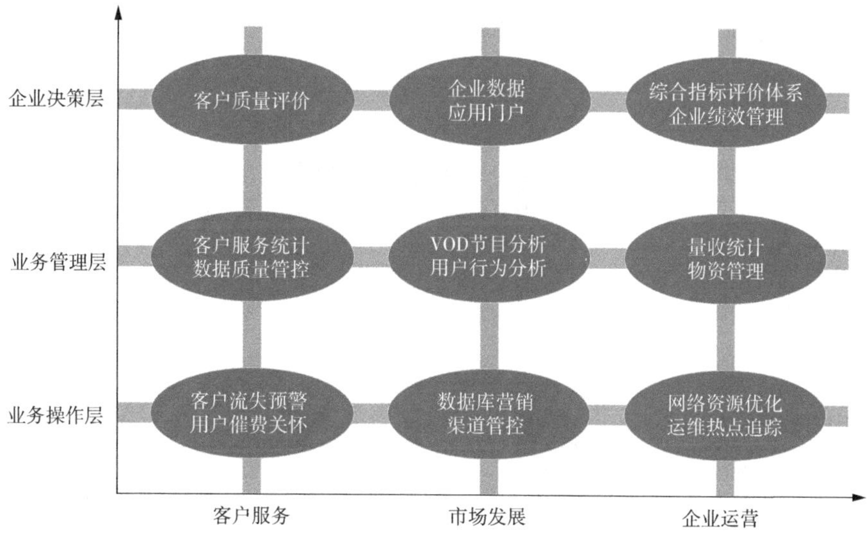


**图 2.3　数据应用体系架构**

**应用案例介绍**

1. 客户流失预警

通过对现有用户信息的深入分析和挖掘，确定每个用户的价值和流失概率，利用科学的统计工具，对未来用户的流失趋势进行预测，针对用户流失趋势制定预警措施，开展相关促销活动等，挽留高价值用户，同时为公司制定各项计划提供数据研究的依据。具体过程如图2.4所示。

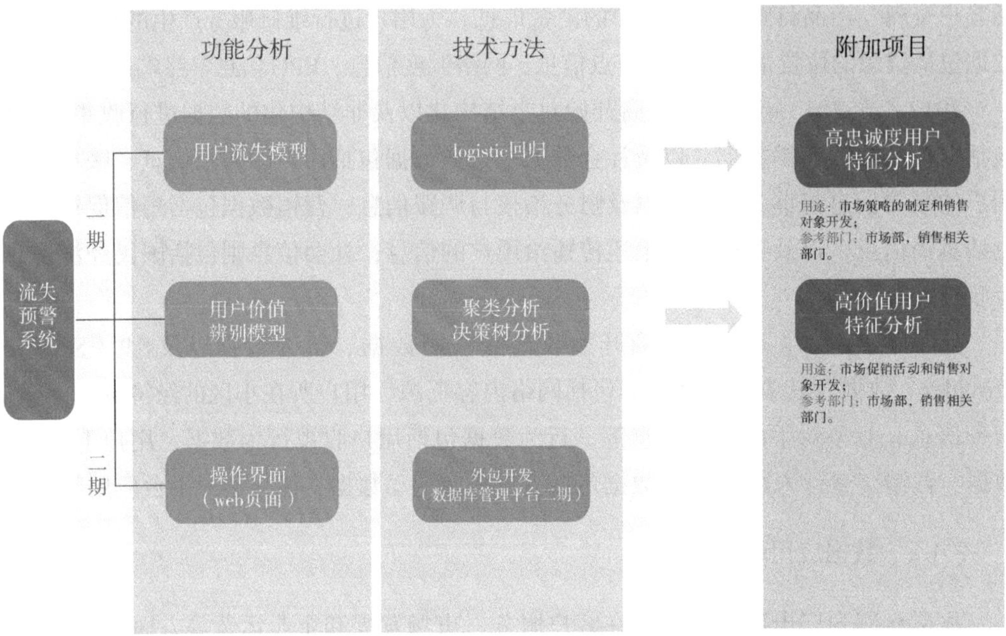


**图 2.4　客户流失预警流程图**

同时公司也要在了解自身情况的基础上对该用户投诉指数以及用户的基本信息进行调查（如图2.5所示），以此推测用户流失的根本原因。

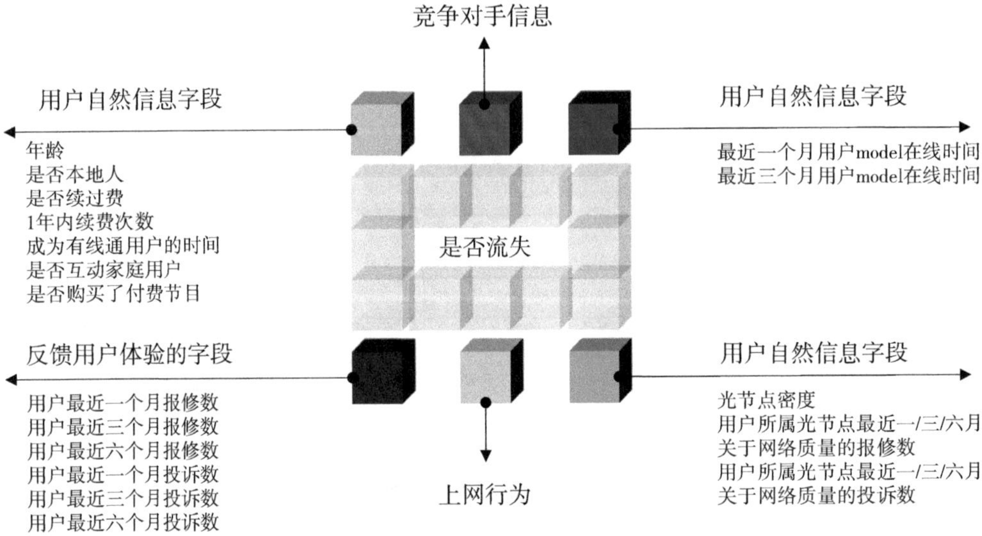


**图 2.5　用户相关信息分析**

2. 关联分析

通过实时的网络监控数据为客户服务和运行维护提供有力的依据；通过对网络资源状态的专题分析帮助优化利用网络、服务、市场等资源。

通过对宽带用户每个时段在线人数与报修量的交叉分析（如图2.6所示），可以找到关键时段来分配网络资源与服务资源。如果再关联区域特征的话，将更具参考价值。

当前网络光节点密度分布不均，约20%的光节点密度超过100，约10%的光节点密度小于10。

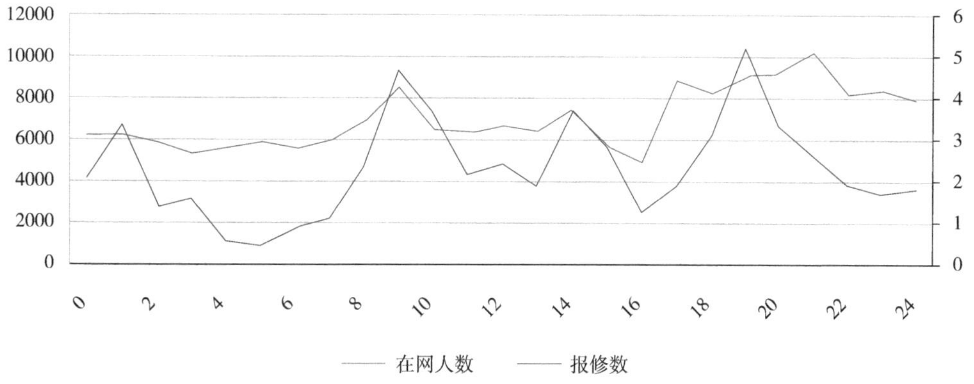


**图 2.6　宽带客户在线分析**

根据光节点的密度特征，如图2.7所示，可以评估产品销售活动开展区域的重要级别，找出市场资源和网络资源投入的重点区域。

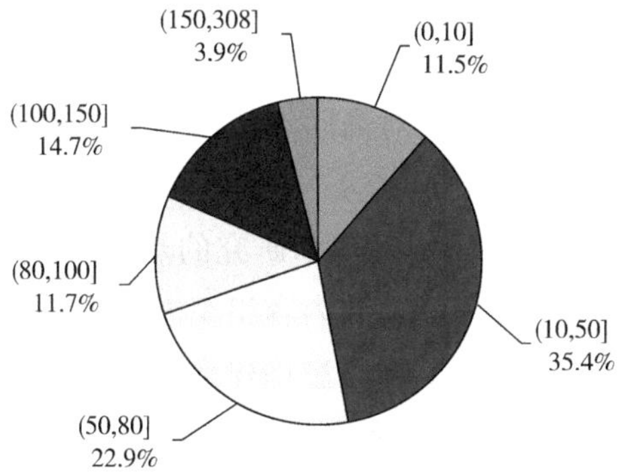


**图 2.7　光节点密度分析**

3. 数据营销

通过对输入条件的逐个判断，购买特征最明显的一组用户可判定为高响应概率用户。图2.8所示为数据营销决策图。

### 2.1.3　数据标签体系建设现状

目前广电企业建立的客户标签架构一般分三层，包括人口属性、经济能力、业务状态和兴趣偏好四个方面的一级标签，20个左右的二级标签分类和300个左右的三级特征标签。未来，随着数据源的进一步扩展，标签体系需要进一步的优化和扩展，并基于用户行为数据构建更加完善的用户画像。借助标签技术，网络公司可以将数据进行更加语义化的标注，不仅仅对用户行为产生的数据类型进行标注，自然产生的数据

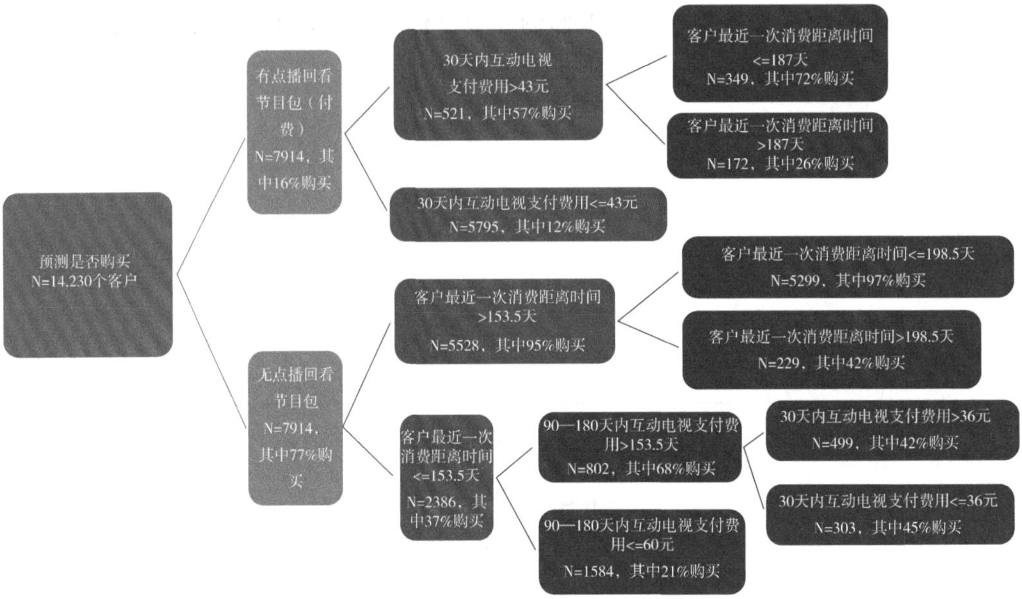


**图 2.8　广电网络公司数据营销决策树示例**

类型也应该建立相应的标签体系，挖掘设备数据和网元日志数据中有价值的信息和特征，以便更高效地在数据分析过程中，利用数据挖掘和机器学习的算法进行数据的处理和使用。

随着数据量的爆炸式增长和人们对高附加值信息需求的提高，人们对信息检索服务水平的要求也越来越高，加之新的方法、新的思路、新的技术不断涌现，现在数字资源标引和检索的相关技术研究仍然是学术研究的热点，正经历着日新月异的变化。标签技术成为一项重要的数据处理技术和内容组织方式，它可以帮助人们进行数据资源的描述和分类，以便于检索和分享，通过构建多维度多层次的标签体系，人们可以将不规整的数据进行标注和特征构建，使数据语义化。

不同领域和参照系的人们看待标签的视角不同，这些不同的视角实际上反映了标签标记的四个“张力点”：

（1）社会性，即“个人应用”还是“社会化应用”；

（2）个性化，即“个性化标签”还是“标准化标签”；

（3）控制力，即“自由”还是“控制”；

（4）专业性，即“业余人士意见”还是“专家意见”。

这四个方面是标签技术研究和应用设计中应重点思考的问题。广电网络的数据具有丰富的类型、来源和格式，如结构化数据和非结构化数据，网元数据、设备日志数据、用户行为数据等，很有必要通过标签技术进行数据资源的分类和组织。例如，针对有线电视用户或宽带用户，建立客户标签体系，构建多层多级标签架构；基于各核心维度，深入刻画客户特征，全面把握客户状态。

在标签体系建设以及数据标注方面，很多公司和企业已经有了成熟的技术方案和处理流程，如上海电信和阿里巴巴等，这些公司拥有丰富的数据资源，在标签化方面，有足够强的技术实力构建完善、强大的标签体系以及全面精确的用户画像，广电网络在数据标签化方面可以借鉴这些公司的做法。

## 2.2　广播电视网络与IT平台现状及需求分析

### 2.2.1　IT支撑平台现状及需求分析

#### 2.2.1.1　IT 支撑平台的发展趋势及发展原则

广电行业的业务能力随着人们需求的不断扩大，行业内的有线电视网络规模也在不断地扩大，并从单纯的同轴电缆网络向光纤和同轴电缆网混合网络方向发展。有线电视骨干网络也逐步实现光纤化，网络拓扑也随之发生了变化。在这种情况下，对信息基础设施建设完善程度的要求就提高了。当广播电视网络公司面临业务引进种类增多，用户需求变得越发广泛的问题时，用户体验也成为一项留住现有用户和发展潜在用户的重要指标。这就需要将信息系统的建设在现有基础上再进行完善，为用户带来良好的体验。其中IT支撑系统作为运营商的中枢神经，起着指挥、监督、协调运营商的市场经营、管理运维的作用，涉及基础设施、系统软件、应用软件等多个方面。

1. IT 支撑平台发展趋势

有关IT架构管理理念，早在1987年，John Zachman就提出，为了避免企业分崩离析，信息系统架构已经不再是一个可有可无的选择，而是企业的必需。随着美国国家技术研究所相关标准的发布，以及企业架构管理在美国联邦政府和国防部的应用，企业架构管理理念很快得到咨询公司和研究机构的响应，并逐渐发展出一整套完善的方法论。IT运维经过多年的发展，也表现出数据集中处理、虚拟监控、存储一体化等趋势，具体表现如下：

（1）支持大数据集中处理

“大数据”一词自2013年以来成为IT产业发展的焦点，大数据技术的应用也开始渗入到企业的信息管理系统当中，面对海量数据多种类、高速度处理的需求，传统的IT运维必须跟上技术的发展。在大数据时代，IT运维工作迎来巨大的挑战，尤其是在大型企业或层级较多的政府机构部门，如何保障IT系统的实效性和良好的用户体验，成为系统运维的关键。业内估计，伴随着大数据技术的发展，IT运维管理必然会引进具有海量数据采集和分析能力的技术，该类技术的发展将为行业带来新的增长空间。

（2）虚拟化监控管理需求持续发展

面对虚拟化技术，IT运维要根据虚拟化主机的特点，新增虚拟网络、虚拟数据存储、虚拟机、集群等管理功能，并形成一种全新的模式，能够支持虚拟机进行边缘功能的应用，而且还要支持在物理服务器中进行核心业务的运营，同时要达到监管的目的，例如通过在虚拟机之间采用实际通信链路的形式进行连接管理等，这都是为了消除虚拟化运营管理的弊端，支持传统的数据管理升级到云管理。

（3）存储系统纳入监控体系

在大数据时代，数据存储成为系统运维的关键，性能稳定、安全高效的数据存储管理，是保证企业IT信息系统稳定、高效、安全运行的关键，这既涉及企业核心业务的开展，也关乎企业对外形象的塑造。

（4）监控功能自动化

随着系统功能的日趋复杂，自动化监控功能越来越受到人们的重视，尤其是随着智能技术的发展，实现自动化管理成为越来越多企业追求的目标。自动化的监控功能能够协助企业或机构在系统维护、运营等方面做到智能化，减少对人工管理的依赖性。另外，自动化的IT运维管理工具能够根据规则进行监控管理，不受人工主观性的干扰，能够有效观察、预警、隔离、解决发生的各类事故，实时掌握系统资源状态。自动化的运维工具还能够在较复杂环境下开展运维工作，使企业在各种条件和环境下确保IT系统稳定运行成为可能。

（5）BSM运维产品被认可

BSM（Business Service Management）理念自提出以来就广受关注，BSM是动态地在以业务为重点的IT服务与IT基础设施之间建立起联系的软件，已经在多家企业得到实践，并逐渐成为行业认可的IT运维管理理念。以业务为重点的IT服务可以是特殊的IT服务或者是业务流程的一部分，但是它必须支持业务所有者重要的、可见的业务指标。从软件厂商的角度而言，产品与BSM理念高度耦合是确保没有IT运维经验的企业实现有效IT运维的关键目标。从用户角度而言，更多的团队希望能够借助BSM产品实现业务的清晰化，从而做到易于理解和学习，最终被用户所认可。

（6）IT管理过程成熟度模型

著名分析公司Gartner Group推出了IT管理过程成熟度模型，通过此模型，企业能确定其当前IT管理的水平，并通过IT规划进行相应的提升。IT管理过程成熟度模型分为几个阶段（如表2.1所示）。

①阶段1：混乱阶段，此阶段，企业没有集中式的服务台，也没有用户通知机制。

阶段特征：没有相关IT系统的文档；IT系统可靠性低，稳定性差，时好时坏，很少甚至没有人维护。

②阶段2：被动阶段。此阶段，企业IT管理是救火式的，没有任何预防措施。

③阶段3：主动阶段。此阶段，企业IT管理注重预防措施，并进行问题管理，特别在变更管理、性能管理。自动化等方面有了极大进步。

④阶段4：服务阶段。此阶段，企业IT管理逐渐转为服务管理，特别重视服务水平管理以及能力管理。

⑤阶段5：价值阶段。此阶段，企业达到IT管理最高水平，业务指标也开始作为IT管理衡量的标准。

表 2.1　IT 管理成熟度模型

| 阶段 | 特　征 |
| --- | --- |
| 阶段 1 | 没有集中式的服务台<br>没有用户通知机制、没有相关 IT 系统的文档、没有监控设备 |
| 阶段 2 | 桌面软件分发<br>基本问题管理流程、事件与提醒管理、基本可用性管理 |
| 阶段 3 | 趋势分析<br>性能指标阈值设定、预防与预测问题、自动化、问题管理、配置与变更管理、性能管理流程 |
| 阶段 4 | IT 部门从成本中心转变为服务提供商<br>把 IT 系统定义为服务、提供 SLA 保证、度量与报告服务的可用性、能力管理、通过 BPM，整合不同的流程 |
| 阶段 5 | IT 部门转型为业务部门的战略合作伙伴<br>IT 部门与业务部门的协作改善了业务流程 |

2. IT 支撑平台规划原则

IT 支撑系统既要满足系统稳定性、可靠性的需要，又要适应互联网时代业务快速上线、灵活多变的特点，同时还得达到降本增效，有效节省投资的目的。在规划时，应遵循以下原则。

（1）基础架构与应用架构相互结合。基础架构在规划时，应紧密结合运营商未来业务发展的趋势，适应管理方式、运维手段的创新和变革，符合运营商未来的发展方向。

（2）松耦合、高灵活、易扩展。基础架构的各个模块应功能精简、易于组合，能满足突发的业务增长，以及快速上线的需求，实现架构的灵活伸缩，按需扩展。

（3）按需对待。根据应用与需求的差异，统筹考虑架构规划的技术与方案选择，优化基础架构资源的使用与分配，降低系统建设与运行成本。

（4）引入互联网前沿技术。适应互联网＋时代的特点，适时引入数据库读写分离及负载分布、前端数据缓存等新技术。

（5）兼容性与便利性。应充分考虑现有技术和架构的合理性与连续性，以及新架构的向下兼容性，可以采用先优化、后演进的思路，尽量降低业务与数据未来迁移的成本和风险。

（6）安全性与可靠性。不仅要考虑网络安全、系统安全、数据安全，也要根据实际需求将核心应用进行同城或者异地容灾，进一步保证系统的安全可靠。

3. IT 支撑平台总体面临的问题

为全面提升 IT 支撑中心运营管理水平和服务质量，持续提升内、外部客户满意度，使其能支撑更多业务系统接入，需要加强 IT 支撑中心的 IT 支撑能力，包括人力支撑能力、系统支撑能力及管理支撑能力。

面对越来越多的 IT 资源和高要求的运维服务质量，IT 支撑面临压力倍增的局面。而要提高 IT 运维管理水平、降低运营的风险、保障公司业务高效运行，就必须要彻底改变现在人工手动的运维模式。

第一，“救火式”的故障管理总是后知后觉。随着业务系统对网络的依赖日趋加深，看似轻微的网络故障很有可能会威胁到整个公司的运作，IT部分需要通过故障的提前预测和报警，及时进行故障的管理维修，而不是仅仅通过报修电话来被动地获取故障通知后，再进行故障的排查和维修。

第二，故障处理效率不高，人力成本攀升苦不堪言。首先，值班运维员工不能够及时获得故障通知，确定故障源，错过故障最佳处理时间，引发更加严重的后果。其次，设备和业务系统日常巡检仅依靠人力难以维持，工作量过大可能会造成巡检工作敷衍了事，还会留下运维“死角”。

第三，IT运维与业务脱离，无法用非技术化的数据向业务部门表述IT战略及IT资源的分配状况，业务部门也无法直观地看到系统健康状况。

由以上分析可见，企业需要根据实际情况建设一套切实可行的IT支撑能力平台，对IT运维支撑中心的能力进行分析和管理。

#### 2.2.1.2 广电行业及电信运营商IT平台建设概况

1. 广电网络运营商信息系统架构

广电网络运营商信息系统架构主要由三大部分组成：业务平台、网络平台和IT支撑平台。IT支撑平台又包括了三个主要部分：MSS管理支撑系统（提供信息管理平台，如企业ERP）、BSS业务支撑系统（主要面向客户，如产品订购、计费、账务、客户服务等）、OSS运营支撑系统（支撑业务平台和网络平台），整个系统平台组成如图2.9所示：

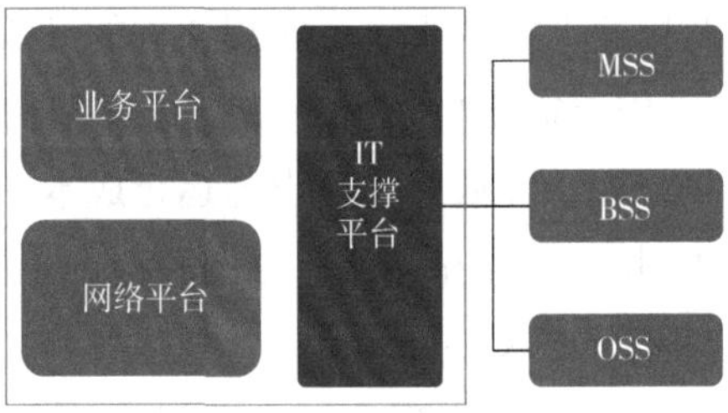


**图2.9 广电网络运营商信息系统平台组成**

其中业务平台包括了DVB（数字视频广播）、HSI（宽带上网）、ITV（游戏、教育等增值业务）等业务，而网络平台由终端、接入网、传输、路由、交换等多部分组成；IT支撑平台作为底层基础支撑着业务平台和网络平台的运行和发展。而大数据的技术则主要应用于数据的分析挖掘，它帮助企业更好地进行决策分析，更好地支持BSS和OSS的运行。

2. 电信运营商IT架构

随着全球化的推进，电信运营商在原有各区域分公司和海外事业部的基础上，整合组建起国际公司，品牌统一，市场、产品、网络运营的统一管理需求十分迫切，需要快速构建集中统一的IT支撑能力，以IT作为核心抓手，加速公司整合，推进全球业务发展战略的实现。

为满足全球化运营提出的“IT系统统一集中、流程贯通、数据共享、自动化售前支撑、智能化运维管理”的要求，我们参考eTOM模型和中国电信MBOSS体系，结合国际化、互联网化特点，对全球化IT支撑目标功能架构和系统架构进行了设计。全球化IT支撑目标功能蓝图如图2.10所示，全球化运营IT支撑目标系统蓝图如图2.11所示。

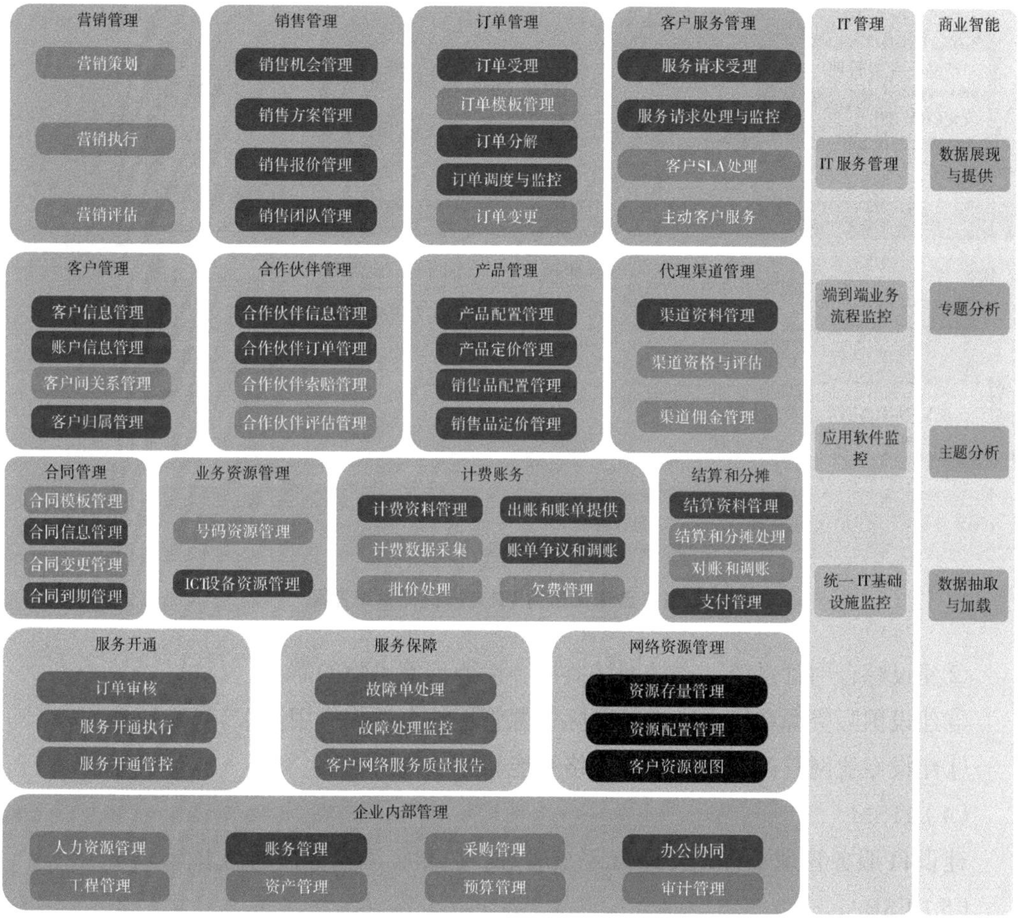


**图 2.10 全球化 IT 支撑目标功能蓝图**

（1）门户

①建设统一客户门户，支撑客户自服务的需要，实现公司对外宣传的需求。

②建设统一内部门户，实现统一工作台，支撑内部员工日常工作需要。

③建设客服子系统，支撑国际业务客服工作需求。

（2）BSS

①建设国际BSS系统，承接原各区域CRM系统的功能，支撑业务受理开通需求。

②建设国际计费账务系统，承接原各区域计费账务功能，实现全球账务一体化支撑。

③建设国际结算与路由管理系统，实现与各国际运营商进行结算的需求。

④建设国际OCS系统，实现在线计费和余额管理支撑。

（3）OSS

①建设国际服务保障系统，支撑客户服务保障、业务保障和服务监测需求。

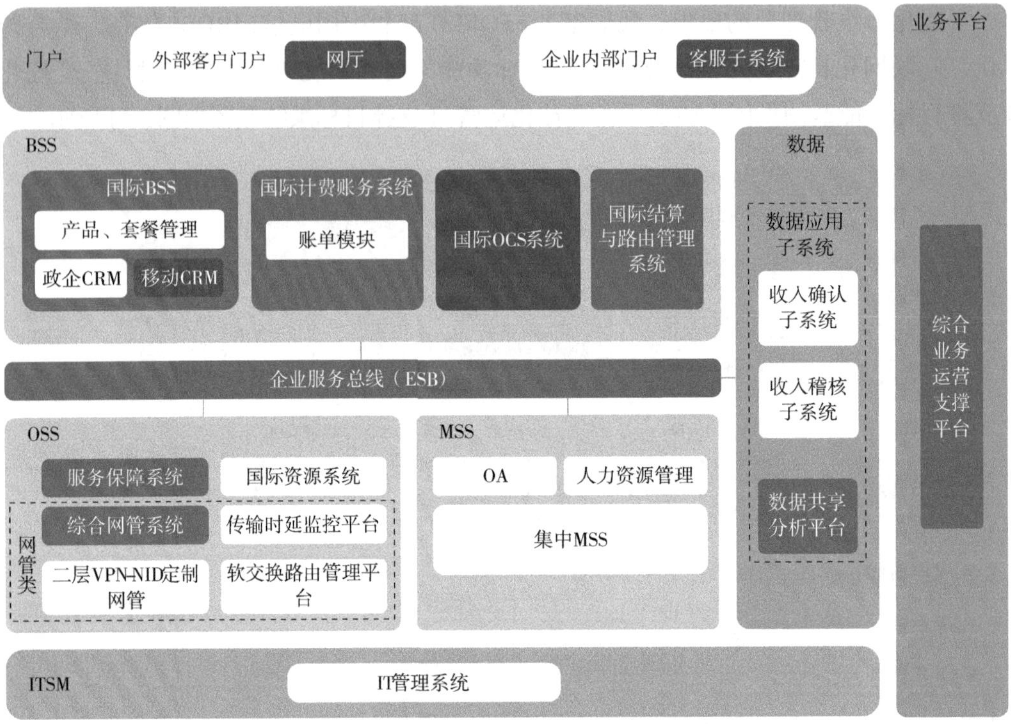


**图 2.11　全球化运营 IT 支撑目标系统蓝图**

②建设综合网管系统，支撑网络监控、性能预警风险的需求。

③建设国际资源系统，支撑对国际资源管理的个性化应用需求。

④建设专业网管类系统，实现网络智能化监控改造。

（4）ITSM

建设IT服务管理平台，支撑IT系统管理、监测、流程管控的需求。

（5）ESB

建设企业服务总线，支撑集团公司、其他运营商，国际公司IT系统之间的数据交互需求。

（6）EDA

建设数据共享分析平台，实现数据统计分析及客户行为挖掘等需求；同时在此基础上实现收入确认数据应用子系统，支撑与集团公司之间收入差异的比对需求。

（7）MSS

①由集团的MSS系统统一实现对计划建设、合同、财务、采购、运维等专业的支撑，实现全集团MSS集中。

②对于本地化较强的OA和人力资源管理系统进行自主建设，以满足全球化的特点。

电信运营商的IT支撑系统通常根据业务和应用划分为业务支撑系统（BSS）、管理支撑系统（MSS）、运维支撑系统（OSS）、决策支持系统（DSS）。经过多年建设，各系统已经基本实现了架构的标准化、设备的标准化、部署的标准化、配置的标准化，并引入虚拟化技术，逐步开展资源的整合，使系统具备了一定的弹性。面对高速发展的互联网时代，现有架构仍然存在以下不足。

①虚拟化程度较高，池组化能力较弱。单台设备基本可实现资源的动态分配，但是对于设备集群，仍然缺乏池组化资源动态、自动调配的应用和能力。

②支撑系统主要采用传统的关系型数据库，无法实现海量数据的快速读写及批量处理；分布式数据库（Hadoop平台）主要用于大数据分析，未能与现有系统架构进行有效结合。

③系统应用基于传统的电信运营方式，应用逻辑缺乏灵活性，对单一或几个业务大量并发的支持能力较强，应用级负载均衡能力较差，对互联网化业务支撑能力不足。

#### 2.2.1.3　业务支撑系统（BSS）

BSS是IT平台架构的一个重要组成部分，下面将对比电信运营商BSS发展架构图，结合企业自身特点，来提出业务支撑系统部分的需求。

1. 电信运营商BSS架构现状

电信运营商全球化下的产品一般可分为统一通信、互联网、宽带、云计算、ICT五大类产品。全球化运营初始阶段主要面向企业、运营商客户，也有少量的公众客户，主要集中在统一通信类产品中的移动业务部分。电信运营商国际业务总视图如图2.12所示。

**图 2.12　电信运营商国际业务总视图**

宽带和互联网产品是国际公司当前经营的主要业务，但随着全球化的推进，为进一步与全球运营商的核心，在未来业务中将全面拓展各产品，并在未来重点发展ICT、云计算等应用和内容型产品。因此，对IT支撑提出了既要立足做好当前主营业务的支撑，又要做好对新型业务的快速支撑的要求。

2. 广电运营商业务架构需求

在BSS数据域，即业务支撑系统的数据域，可通过大数据技术采集用户行为数据，给用户添加一些标签，分析用户的特征。

（1）采集客户报账行为、订购和付费行为，针对用户偏好进行产品优化，目的是提高用户的满意度。

（2）采集客户在网页平台的行为，如DVB相关业务，了解用户喜欢看什么频道，某个节目收视率多少；通过高速宽带上网行为，了解用户喜欢什么网站，用户上网偏好和上网时长等；通过智能电视交互行为，了解用户喜欢什么节目，每个用户在点播上花了多少钱等信息。通过这些行为数据的分析和挖掘，提高用户ARPU（每用户平均收入）值。

#### 2.2.1.4 运营支撑系统（OSS）

运营支撑系统是IT支撑平台的重要组成部分，下面将结合电信运营商运营支撑平台概况以及广电网络运营架构现状进行分析，并提出广电网络运营支撑系统相关需求。

1. 电信运营商运营支撑平台概况

电信运营商在全球化推进的过程中，根据自身情况及用户需求，以及业务运营特点，建立了如图2.13所示的运营支撑框架图。

全球化业务运营主要包括客户管理、销售管理、销售品管理、报价体系管理、合作伙伴管理、客户服务管理、资源管理等，贯穿整个运营的售前、售中、售后、计费结算四大核心过程。全球化业务运营与国内相比，主要有以下几个突出特点：

（1）全生命周期的商机管理

在业务的目标客户方面，全球化运营的核心业务均面向政企客户或运营商客户，因此，需实现对商机的全生命周期管理，包括实现对种子、商机的管理，支撑从种子到商机，再到最后转化为需求的全流程管控，并借助数据挖掘手段协助进行商机挖掘。

（2）全面的需求单管理

提供专业完整的解决方案制度，完成租用资源的询价、自有资源的核查，实现灵活的价格审批。

（3）全球跨域、跨运营商业务开通

在业务受理开通方面，大部分国际业务均具有端到端的特点，需国内各省市、各区域以及第三方运营商协同流程，完成业务的快速开通，同时实现全程开通管控。

（4）面向客户的售后服务

由于全球化运营的客户分布世界各地，因此首先需实现真正的7*24小时全球化服务保障体系；其次，整个售后服务过程涉及全球各区域、国内各省以及第三方运营商的协同处理。

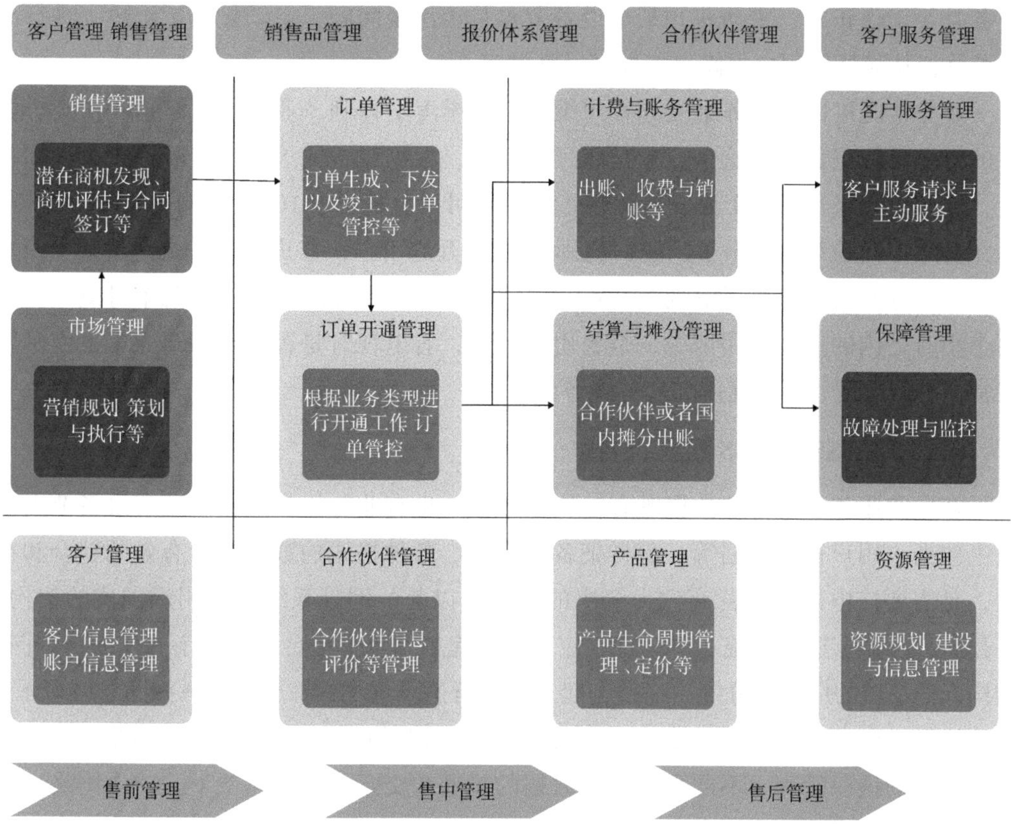


**图 2.13　全球化运营管理流程框架图**

（5）独特的资源管理模式

在业务承载资源方面，除了拥有运营商所共有的各种网络资源外，全球化运营的业务主要租赁第三方运营商的资源和海缆资源用于业务开通。因此，需实现各种类型资源的有效管理。

（6）结算摊分

全球化运营需完成与集团、国内各省公司的结算及账务处理，同时还需完成与第三方运营商的结算与账务处理。

（7）纵向一体的集约管理

实现全球各区域资源的有效整合，在业务运营方面实行条线专业化管理，实现集约化运营。

2. 广电网络运营系统需求

报修率较高，例如典型的广电网络 DVB 业务有 3% 左右的报修率，而交互电视、上网业务的报修率甚至高达 7%–8%。发生故障的原因很多，既有平台问题，也有平台入口问题，还有用户终端或链路节点上某个设备发生的问题，传输链路的各个终端节点都有可能是故障的发生点，而现阶段对故障的排查和故障问题的定位还是很困难的，通常要花较长时间才能找到故障点。通过大数据的分析技术，可以主动发现用户端和业务是否工作正常，主动获知某个设备节点是否出现问题，主动发出运维单，进行故障维修，从而降低用户报修率，提高运维效率。

业务状况可以从业务维度和客户维度两个维度上得到，业务维度是指：从某个业务的每个具体点去看，这个业务是否工作正常，根据设备的故障来推断影响范围和程度，例如，如果知道某个光发机出现了问题，可以分析出有1000个用户出了问题，或是在链路传输的某一级出了问题，会影响到20万的用户；客户维度，是指就某个用户或某户家庭来看，可以了解到其在特定时间段内，比如在过去一年、几个月或者当前两个小时之内的业务使用情况，是否出现故障，看电视时是否出现马赛克，上网是否正常，上网速度、下载速度如何等业务状况。

#### 2.2.1.5 OSS和BSS的数据整合

客户在业务平台上的数据既有结构化数据，也有非结构化数据，还有设备节点的原生数据、用户行为数据等，怎样把各种来源、各种格式的数据进行有效的整合和存放，是需要广电网络运营商致力解决的问题。以前的网管系统，采用烟囱式的架构，将存储、计算、操作系统、中间件、应用堆砌起来，每个平台都有一个这样的“烟囱”结构，把顶层的应用部分统一地整合起来，进行信息系统的综合管理，如图2.14所示。

然而平台多了，“烟囱”结构也越来越多，仅仅进行顶层的应用整合还是很难实现多个平台的统一管理，不同平台之间数据的流通和交互效率仍然低下。广电网络运营商信息系统部门希望能够将OSS数据域和BSS数据域的数据进行整合，将数据进行统一的采集、清洗和集中存储。

数据的采集需要考虑负载问题，采集的数据量太大，容易造成性能瓶颈，不管采用长连接还是短连接的方式，采集服务器与前端数据源都会大量耗用终端资源、服务器和采集器的资源，网络资源也会被大量消耗。数据的采集还会涉及安全的问题，必须采取合理的方式使终端安全地上传数据，并使其在链路上安全地传输，然后采集器再进行安全的采集。

数据采集之后需要进行数据清洗操作，对数据进行重新审查和校验，目的在于删除重复信息、纠正存在的错误，并提供数据一致性，清洗更多采用的是服从标准清洗的方式。

数据的存储是重点，需要把OSS数据域和BSS数据域的数据统一整合存储，信息系统部门希望建立一个统一的PaaS（平台即服务）平台，将OSS数据域和BSS数据域的数据统一存放在这个PaaS平台中，而上层的所有平台都可以基于这个PaaS平台进行数据的获取、建模、应用等，其他应用平台可以不用再考虑数据的采集和存储问题，可以直接从PaaS平台的数据池中抽取，这也能够解决图2.14所示烟囱平台架构的数据流通交互低效的问题。这个PaaS平台包括大数据的存储和处理，它能够把数据从收集、清洗到存储的整个流程统一整合起来，给上层应用提供数据基础。PaaS平台应用架构如图2.15所示。

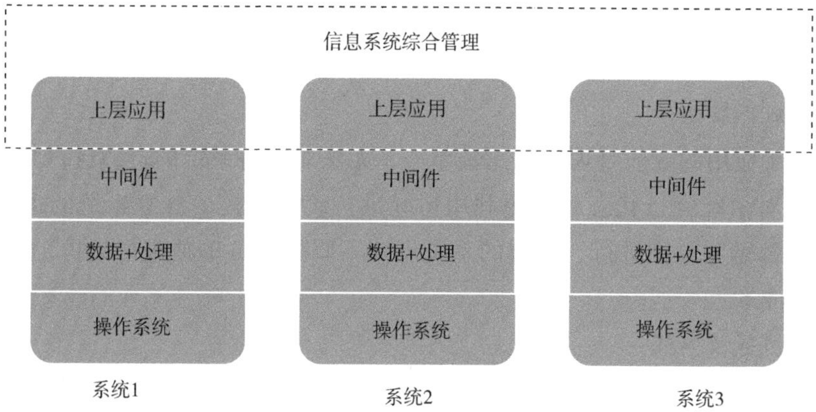


**图 2.14　“烟囱”式系统架构**

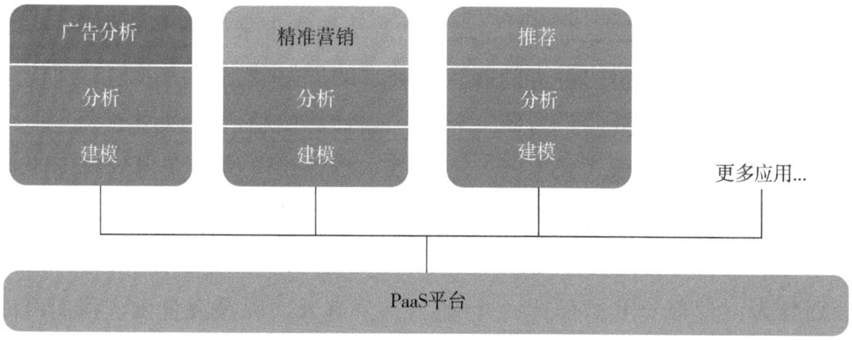


**图 2.15　PaaS 平台应用架构**

基于PaaS平台可以建立多个不同业务场景的应用，PaaS平台需要考虑较多问题，如性能、数据的平滑扩容和迁移、存储和资源的弹性扩展等问题，基于PaaS平台的应用包括实时应用和非实时应用，实时应用要求PaaS平台的数据抽取和处理效率必须高效和快速。PaaS平台还要考虑数据的持续性应用问题，如数据是否有生命周期、失效或者异常的数据是丢弃还是持续应用等。

2.2.1.6　信息系统云化思路

很多广电运营商的信息系统采用类似如图2.14所示的“烟囱”架构，在烟囱式架构中，不同的子系统采用各自独立的操作系统、存储资源、中间件，以及独立的应用部署，而把顶层的应用部分统一地整合起来，进行信息系统的综合管理。这种信息系统架构存在以下几点问题：

1. 构建新的系统比较费时

由于每个系统都是独立的，系统资源相互隔离，各自使用独立的操作系统，所以每次在构建新的系统时，都会从底层操作系统开始从零建设，这样会导致新系统的构建周期较长，延缓顶层应用的部署和运行。

2. 资源利用率较低

不同的应用系统使用各自独立的系统资源，每个操作系统只支持一个独立的上层应用，容易造成资源的浪费，操作系统的计算资源和存储资源无法高效地进行利用和整合。

3. 维护成本较高

目前基于应用的统一管理功能比较单一，无法对所有系统的资源进行整合和调度，也无法做到对系统运行状态和资源利用情况进行统一监控，独立系统的运维、监控、资源扩展等都需要分别进行，不同的系统需要不同的人员单独进行维护，所以会带来较高的运维成本。

4. 数据流通效率低

各个独立系统之间的数据从存储到处理都是相互隔离的，数据之间的交互需要实现跨系统的调用，而跨系统的调用比较消耗资源而且效率低下，信息系统的综合管理无法实现对数据的统一整合和管理，数据在各个系统之间的传输也很难保证一致性和完整性。数据流通效率低也是“烟囱”式信息系统架构带来的最大的瓶颈。

解决传统“烟囱”式架构带来的瓶颈和弊端的思路就是系统云化，即使用云计算的技术将各个业务系统的资源进行统一整合。云计算的核心可以用五大基本特征、三种服务模式以及四类部署模式来概括。五大基本特征是：按需获得的自助服务、广泛的网络接入、资源池化、快捷的弹性伸缩以及可计量的服务。三种服务模式为：云基础设施即服务（IaaS）、云平台即服务（PaaS），以及云软件即服务（SaaS）。四类部署模式可以划分为：专有云（私有云）、行业云、公有云，以及混合云。我们可以参照如图2.16所示的云计算端到端总体分层架构。

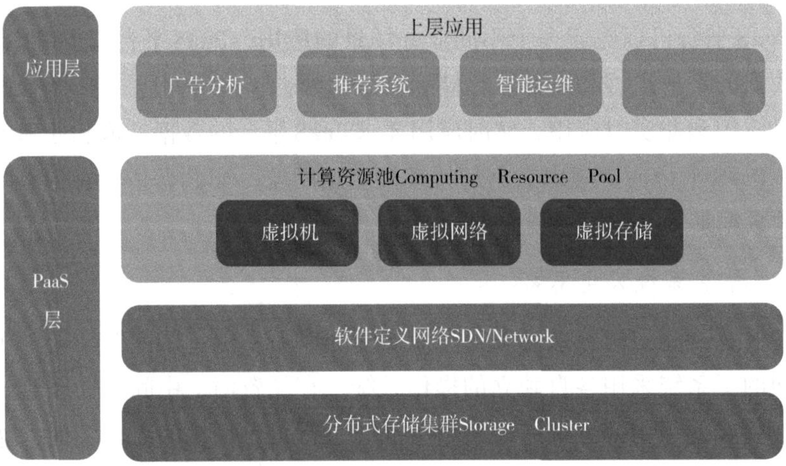


图 **2.16** 云计算端到端总体分层架构

如图2.16所示，架构最底层是分布式存储集群，通过集群的形式给上层应用提供存储基础，这一层可以采用Ceph、ECS、S3等分布式文件系统框架提供存储资源的划分能力、冗余能力和安全能力。

往上一层是SDN软件定义网络层，提供网络虚拟化接口，给上层应用提供网络基础。

再往上一层是计算资源池，这一层利用底层SDN和分布式存储集群进行资源的调度和管理，真正实现上层应用的资源划分和资源扩展，给上层应用提供虚拟化的计算资源、网络资源和存储资源。在这种情况下，为了更有效地利用资源，给业务层提供基本资源、调用API是最好的选择，可将计算、存储、网络资源都作为基本资源单位，提供统一的资源调用接口。这些API包括三个方面：弹性计算资源调用API、弹性存储资源调用API、弹性网络资源调用API。

最下面的三层共同形成云计算分层架构的PaaS层，而最顶层为应用层，应用层使用PaaS作为基础，在PaaS层提供的系统资源之上运行，具体的应用可以是广告分析系统、推荐系统、智能运维系统，等等。

相比较传统“烟囱”式系统架构，云计算端到端分层架构的解决方案，通过PaaS层提供了非常灵活的资源管理、应用管控和数据共享功能。新应用的构建也非常灵活快捷，只需通过管理计算资源池或调用PaaS层提供的API接口进行资源的自定义划分，应用的各种资源也可以通过PaaS层轻松扩展，应用移除后，原应用依赖的资源也将自动被资源池回收。该架构模式可以在很大程度上提高应用的构建效率和资源的利用率，降低系统运维成本。

#### 2.2.1.7　管理支撑系统（MSS）

##### 1. MSS定义

MSS（Management Supporting System）管理支撑系统是一种管理平台，承担着提供管理信息，促进企业管理流程的自动化和重组，提供共享服务和实现虚拟团队等重要任务。同时它也是企业信息化的基础平台，是BSS、OSS等系统的展现窗口。

MSS所支撑的范围与eTOM中的企业管理域相对应，包括为支撑企业所需的所有非核心业务流程，内容涵盖：制订公司战略和发展方向、企业风险管理、审计管理、公众宣传与形象管理、财务与资产管理、人力资源管理、知识与研发管理、股东与外部关系管理、采购管理、企业绩效评估、政府政策与法律，等等。

狭义的MSS包括财务系统、人力资源系统、工程管理系统、OA系统、电子邮件系统及企业信息门户等。广义的MSS除包含上述系统外，还包括基于BSS、OSS、狭义MSS之上、面向管理需求的数据综合挖掘及分析平台，如企业级的运营决策支撑系统、企业工单流系统，以及包含网络资源和码号资源在内的企业资源管理系统（ERP）等。

##### 2. MSS在运营商发展中遇到的问题

（1）需求未得到有效的整理和分解

使用MSS的部门几乎涵盖了企业的全部业务部门，繁琐的业务使得各业务部门忙于自身的业务处理，为了利用系统对业务进行支撑，业务部门频繁地提出需求并时常修改需求，缺少整体的需求管理；交叉的流程使得各部门之间缺少清晰的业务边界划分，导致各类需求的交叉与混乱；同时，业务部门缺少IT知识，较少考虑系统支撑的能力与需求的合理性，导致提出的需求难于实现。

（2）需求未得到正确的转化

IT部门缺少业务领域知识，很难理解和分解繁杂的需求，不能正确地将业务需求翻译成系统要求；同时，面对这些繁杂的需求，IT部门忙于需求的直接实现，为节省时间忽略了分析和设计的界限，最终导致企业支撑系统的功能与流程混乱，出现信息孤岛现象。

因此，为了解决上述问题，需要一种面向MSS的系统需求分析模式，帮助业务人员和IT人员理解彼此的领域知识，并对这些领域的分析过程中涉及的相关概念进行整理、分解和转化，提出一个通用结构供各涉众群体在需求分析过程中参考和遵循。

（3）存在重复建设现象，资源浪费严重

系统在建设的时候都独立规划，系统间设备复用程度低。重复购置系统所需要的服务器、存储设备、数据库软件和网络设备等，同一设备的不同购置阶段有可能型号不同，造成财力的巨大浪费，也增加了设备维护的难度。

（4）分块建设

IT支撑系统影响集中管控的力度和效果。目前电信运营商基本都是采取分省建设，广电网络运营商也要根据自身情况进行分块的建设才行。集团对业务发展情况的掌握以及收集经营分析数据的滞后，导致集团对市场发展和业务的推广效果掌握不及时。目前的架构和建设模式很难满足电信企业对集中管控日益迫切的愿望，而云计算的出现，正好能解决以上问题。

#### 2.2.1.8 平台安全性需求

进入大数据时代，公司所收集到的数据如果不能妥善处理，带来的安全隐患是极大的。在国际上也有很多企业因为数据信息的泄露而造成了损失，因此现今各大公司在维护信息安全方面投入了很大的财力和人力来减少风险损失。而事实上，在企业收集的所有大数据中，敏感数据所带来的危险系数是最高的，因此如何能给这些数据脱敏，就显得尤为重要。

数据脱敏又称数据去隐私化或数据变形，指在给定的规则、策略下对敏感数据进行交换、修改的技术机制，它能够在很大程度上解决敏感数据在非可信环境中使用的问题。在广电行业中常见的敏感数据，如人的姓名、身份证号、家庭住址等与个人生活密切相关的信息，如果没有被妥善处理而外泄，损失是无法估量的。

在数据脱敏的过程中要遵循以下原则：保证数据脱敏的算法是不可逆的，必须避免通过非敏感数据重建原始数据；一定要在保留原有数据的特征的条件下进行，因为这些脱敏之后的数据，还会一定程度地被用来开发或者测试；要保证数据在脱敏之后仍能保证其正确地被引用，比如，如果这一数据是数据库表中的主键，那么相关的引用记录也要被修改；要对所有能生成敏感数据的数据进行脱敏处理，比如广电网络的用户在购买机顶盒时会登记自己姓名、电话、家庭住址，此时需要对姓名这一敏感字段进行变换，但是如果能够通过广电网络用户的地址推测出用户的姓名，那么地址这一字段也要一并变换才可以；数据脱敏的过程是动态的，这就要求脱敏过程的自动化，因为广电网络数据的产生速度较快，脱敏过程必须能够在规则的引导下自动化进行，才能合乎相应标准。

在保证了数据源和数据安全性之后，大数据平台才能稳定地运营，才能做到运用数据时速度快，即时即用，并且为广电网络长足的发展发挥至关重要的作用。

### 2.2.2　网络平台现状及需求分析

NGB是下一代广播电视网（Next Generation Broadcasting）的缩写。它是一种网络，但不能简单地将它理解成单一的物理层网络，它是一个包含承载、业务及管理的整体。广电网络运营商如何完成现有的双向有线电视网络向NGB网络的升级、如何利用EPON技术将入户网络连接到骨干网从而降低整个网络升级的成本，在激烈的网络运营市场竞争中把握住机遇和挑战，从中挖掘出一条更适合我国目前发展的有线电视网发展方向是至关重要的一步。由EPON+EOC构建的NGB网络是经过我国广电总局技术认证的三大标准技术之一，鉴于其技术和经济上的优越性，它必将取代目前布局最为广泛的CMTS结构，成为下一代广播电视网的主要技术手段。2012年10月，国务院批准了广电总局的国家广电网的组建，因此广电行业的网络升级后，基于NGB网络平台的高速网络承载能力必将为用户提供丰富的业务服务，满足人们不断提升的多样化文化娱乐生活需求。

目前基于NGB网络的典型应用大致有多媒体通讯、高速上网、多屏互动、双向点播、3D电视和游戏等多种应用。

1. 极速云游戏

基于NGB高速网络的云游戏所用的机顶盒与普通的机顶盒不同，它相当于一个终端，所有的游戏是在云端来进行运算的，因此，云游戏需要占用很大的带宽，对网络的承载能力、画面的解析能力以及运算能力的要求都是比较高的。

2. 3D电视

基于NGB的网络，广电运营商除了可以提供3D直播频道外，还可以提供3D的点播以及最近三天至一周的回看节目，其中3D的点播和回看对NGB承载能力的要求非常高。如果是3D的电视，只要配有高清机顶盒就可以收看3D直播频道。

3. 高清点播

典型的广电运营商的标清片库可以提供数万小时的片源，高清片库可以提供2000—3000小时的片源。具体的收费方式除了包月之外，还有按次点播。其中，按次点播主要针对精品大片，片库较新。另外，高清的机顶盒可以达到杜比5.1声道的效果。

4. 多屏互动

只要绑定一台电视，装一个客户端，在无线网络的环境下，用户可以通过推送键将iPad以及手机上的节目切换到电视上，也可以将电视上的节目切换到iPad以及手机上进行观看。多屏互动应用除了家用的模式之外，部分运营商还有企业版的模式，不同的企业根据不同的需求进行了定制，如一些电视支付、视频通话等。

5. 视频通话

利用家用的摄像头，通过高清的视频通话，可以进行高端理财、教育以及家庭医疗等应用。

6. 智慧社区

目前很多广电运营商都在和政府进行合作，家庭用户的资料以及家庭的体检报告等都可以通过机顶盒在电视上查看，医院的医生还可以和家中的病人进行视频通话。在智慧城市的社区建设应用中，各社区的工作人员通过电脑将社区信息上传到各社区，各家各户通过电视可以看到所在社区的最新动态，其中，每个小区看到的信息不同。

广电运营商还和气象局、物价局合作，为用户提供天气和物价的查询，用户在家就可以了解当天的天气情况以及附近各大菜场实时的物价。

另外，广电网络运营商可以开发数字城市生活中的智慧地图，是用户通过电视中的地图查看附近公交站点的出行路线。

7. 电视金融

便民支付是指用户通过有线电视可以支付水、电、煤气、有线电视费。支付的方式除了可以使用储蓄卡、信用卡支付外，还可以通过第三方的支付平台或者有线电视的支付卡来支付。每家银行可以针对自己的需求进行个性化的定制，在电视银行可以实现查询、转账以及支付等功能。

NGB网络的建成为广电运营商提供了承载各种业务的能力，在面临IPTV以及OTT强大的竞争压力环境下，基于NGB网络，广电网络运营商具备了开展基于高速宽带网络的高清业务和增值业务的条件，在此基础上，进行业务的创新和推广并逐步提升用户的使用体验显得尤为重要。

### 2.2.3 业务平台现状及需求分析

1. 互动电视业务

互动电视业务是利用下一代广播电视网（NGB）的高带宽、强交互的业务能力，为用户提供各类高清、标清点播和回看服务，以及电视金融、证券理财、互动教育、智慧社区等金融、教育、生活、娱乐等服务。

通常，广电运营商的互动电视业务可以提供多达数万小时的精彩点播节目、80余套标清公共节目频道、数十套高清频道（其中包括本地、央视、卫视等高清基础频道、付费高清频道以及3D高清频道）、数十套付费标清节目。与模拟有线电视相比，“互动电视”打破了传统的“你播我看”的电视收看方式，用户可以更好地实现与电视的互动。而且新一代的互动电视具备电视节目频道更多、图像质量更高、伴音质量更好、收视方式更新、节目播放时间更长等诸多优势，真正实现了用户与电视服务的完全互动，创造了更加自由、精彩的数字生活。

2. 有线数字电视业务

有线数字电视，是指电视台送出的经数字压缩、调制后，通过有线数字电视网络传输及数字电视终端解调处理，供用户收看的电视信号。相对于有线模拟电视，有线数字电视能承载更多、更高质量的广播电视节目和信息，能更好地满足广大群众对精神文化和信息资讯日益增长的需求以及更高的要求。

省级有线数字电视运营商通常能提供近200套电视直播频道的传送，还能提供电视点播、回看、录制、时移等互动电视服务，以及教育、金融、生活资讯等各种信息服务，使电视机成为集广播电视、文化娱乐、科学教育、信息服务、交流互动于一体的多媒体信息终端。

有线数字电视信号只有通过数字电视终端处理后才能收看，数字电视终端包括各类标清机顶盒、高清机顶盒、数字电视一体机等。用户可通过有线数字电视机顶盒加模拟电视机的方式，实现模拟电视机对数字电视节目和数据信息的接收。

3. 个人宽带业务

目前广电网络运营商都为用户提供了基于双向有线网络的宽带接入服务，传统上通过线缆调制解调器（Cable Modem）便可尽情浏览互联网的信息和内容。在已经完成下一代广电网（NGB）改造的区域内，广电运营商可以提供光纤入户，高速上网。

4. 企业数据业务

部分具有实力的广电网络运营商还可以为用户量身定制企业级Internet专线解决方案。现有企业数据业务产品分为专网类产品、专线类产品及IDC三大业务体系。

专网类产品：数据专网业务是客户多网点互联业务的总称。产品分为以太专网（依托MSTP传输网）、MPLS VPN专网（依托IP VPN网）、SDH专网（依托MSTP传输网）、VPDN专网（依托IP VPN网与IP全交换网）。

专线类产品：因特网专线业务是所有因特网接入业务的总称。物理上的连接建立在广电网络运营商的IP交换网骨干传输平台之上，并可根据用户的需要提供动态多出口服务。

IDC：互联网数据中心（Internet Date Center）的简称，它是各类企事业单位海量数据信息的专业存放地，被称为企业信息资产的中心银行。广电网络运营商可向客户提供主机托管、机架出租、VIP机房出租、IP地址出租、电力出租、专线接入等服务以及系统集成、数据储存备份、主机代维等定制服务。

## 2.3　广播电视网络运营商各部门大数据需求分析

从广电网络运营商的角度来看，主要的业务单位包括信息系统部门、市场部门、媒体资产部门和规划部门等。

1. 信息系统部门主要包括规划建设、业务支撑、运维支撑和信息管理等功能单位，负责从推进信息标准化工作，组织编制、修订，到计费、出账，再到日常的维护管理和运营，以及网络信息系统的安全建设和管理，最后到硬件方面的维护等一系列工作。

2. 市场部门主要是为发展用户服务。如何增加用户数量，扩大用户覆盖面是市场部最为关心的部分。

3. 媒体资产部门则负责外地卫视落地、点播专区界面的设计、日常的广告发布以及宣传、维护、界面的更新、视频媒体资源的引进。

4. 规划部门则偏向于对游戏资源的引进，以及对新资源的评估，并负责新资源的落地业务。

广电网络运营商的信息系统架构主要由三大部分组成，即业务平台、网络平台和IT支撑平台。IT支撑平台又包括了三个主要部分，即MSS管理支撑系统、BSS业务支撑系统、OSS运营支撑系统。其中MSS主要用来提供信息管理；BSS主要用来支撑系统面向客户，如产品定义、订购、计费、账务、客户服务等；OSS用来支撑业务平台和网络平台。

从不同的角度出发，各个部门对于大数据技术的平台建设有各种需求，这些需求大体可归为运维类需求、经营类需求、销售类需求三大类，现将各类需求总结如下：

### 2.3.1 运维类需求

1. 行业进步激发运维新需求

随着三网融合的推进，广电网络在网络结构和业务矩阵上都经历着巨大的变化。从网络结构而言，经过多年的双向化改造，网络从传统的HFC网络逐步向IP化演进，以支持更多的双向化业务。从业务矩阵而言，随着广电与电信的双向进入，广电可以开展宽带、数据类增值业务乃至语音等业务，它逐渐从单一视频传输商向综合信息服务商转型，可以说已经处于与电信、移动和联通三大运营商相同的竞争地位。广电网络公司作为基础通信服务提供商，在网络架构和业务矩阵上的变化给运维支撑系统提出了新的命题和挑战。

就网络架构而言，DVB流与IP流并存使广电网络的基础网络设备甚至比三大电信运营商的都要复杂，不仅有光发射机、光接收机等HFC设备，就终端设备而言，双向机顶盒、智能机顶盒乃至智能一体机等终端设备五花八门，运维支撑所需要保障的终端设备。

就业务角度而言，用户的电视机所呈现的既不是简单的直播频道，也不是广电网络自身的增值业务。这意味着运维支撑所需要保障的网络设备与终端设备不仅在物理层面日益多样化，而且业务故障所引发的运维需求在逻辑层面也日益复杂化。从未来发展趋势看，广电与互联网的融合更是不可逆转，云计算、大数据、智能网络等将被广电网络越来越多地采用，广电的运维支撑需求将提升到一个新高度。

2. 运维支撑系统的基础要求

广电网络现有运维支撑系统在技术积累、人才储备等方面还很薄弱，不足以支撑转型后的广电网络发展需求。在这种趋势下，建设稳定、准确、智能与人性化的运维支撑平台，为广电网络业务开展提供持续保障，甚至直接支持业务营销工作，就显得尤为重要，这也是广电运维支撑系统的角色所在。

（1）稳定性要求

广电网络运营商需要不断进行业务创新以保持用户吸引力和市场竞争力，这不可避免要涉及终端与网络设备的升级改造，在一定程度上会影响整个系统架构的稳定性。业务创新发展与系统稳定性保障确实存在矛盾，但是只要在构建运维支撑系统过程中依托各成熟的IT系统框架与组件技术，将诸多因素考虑齐全，这一矛盾是可以调和与平衡的。首先，在系统设计上，需要在规划设计阶段对整个网络公司的业务运行与数据生产量进行预测评估，不仅要满足现在的业务需求，更要为至少未来3~5年的业务需求提供足够的扩展空间乃至冗余设计，将其作为采购系统服务器硬件的需求依据。在这一思路下，运维支撑和相关部门要充分调研现有业务量与基础网络、设备量规模的匹配关系和运行效率，预测公司近期（3~5年）及远期（5~10年）的业务发展（包括业务类型和业务量）趋势，在此基础上制定网络扩容与终端升级规划，从而让运维支撑做到有的放矢，制定相应的保障应对规划措施。

（2）准确性要求

除了保证稳定性之外，广电运维支撑系统的准确性也是十分必要的，它是对各种运行故障进行判断处理乃至事先预判的基础。对运维支撑系统而言，运维数据的真实准确性是运维支撑系统准确性的最基础和最重要的保证，数据的真实准确性直接关系到运维支撑系统的实用程度。保证运维系统数据的真实与准确，可从以下两个方面着手。

一是数据的录入要准确，包括设备软硬件版本、插槽板卡、物理端口等网络与设备资源数据的录入等，一定要保证数据采集的连续性和数据来源的同一性，否则就会影响真实性和可用性，再多的数据也是摆设。比如可以通过设备或设备专业网管提供的标准接口完成数据的自动采集和入库，在这方面做好标准化规范工作。

二是数据的更新要及时，现在广电网络的网络设备、终端设备与业务的升级改造越来越频繁，如果运维数据更新不及时的话，就可能产生运维的盲区，达不到快速响应的要求。数据的及时更新则可通过对设备的定期巡检来实现，通过接口在固定周期（一般为一天）对设备或设备专业网管做资源巡检并生成巡检报告，将真实发生的资源异动情况同步到系统，保证系统内的数据最新。

（3）可操作性要求

广电网络运维部门的底层运维人员绝大部分都是一直从事DVB与HFC网络的运维工作，只是在双向化网络改造之后才逐渐加强IP网络方面的知识。因此，除了极少数人员水平较高之外，绝大部分人员在IT技术方面的积累不足。

这一现状不是短时间就能够改变的，这就决定了在广电领域，一套专业性最强的运维支撑系统并不一定是最适合广电网络的运维支撑系统。只有建立起大部分广电网络运维人员都可操作的智能化、人性化运维支撑系统，才能真正提高日常运维效率。广电运维支撑系统必须在需求功能的定义、操作界面与操作方式等方面做到智能化、人性化，甚至高度定制化，才能达到可操作性的目标。

可操作性的广电运维支撑系统可以从以下几个方面来考虑。

一是在系统架构的设计上，要考虑到终端的使用方式，除了支持电脑端的浏览器（IE/Chrom/Firefox等）外，也应该支持Android、iOS等手机客户端App，让运维人员可以随时随地访问。对于消息主动通知（例如设备告警信息、工单流转通知消息等），除了邮件、短信外，也应该支持手机客户端的消息主动推送。

二是系统功能的界面尽量简明直观，以达到快速响应目的。对于运维终端用户而言，不需要太多的IT专业知识，只需要了解操作流程，即可熟练使用各功能模块。

三是通过技术手段来完成数据的录入与维护，减少运维人员的工作量，提高数据录入准确度。接入层大量设备的入网初始化配置、在运维系统中的数据录入，除了地理位置、维护人员等人为属性外，其他都通过IT手段来自动完成。

通过以上方法的使用可改变广电网络传统运维现状，提高运维工作效率。在设备出现问题的时候，利用大数据工具、采集、分析数据，精准地找到设备的故障点，在用户之前发现故障，解决问题，最终达到提高用户体验的目的。

### 2.3.2 经营类需求

经营类需求即通过建立大数据平台，对有效数据进行分析，帮助广电网络运营商的相关部门引进到有吸引力的节目，精准推荐给用户，并且帮助运营商在现有用户的基础上发展出其他的潜在用户。

现今的时代是个海量信息爆炸性增长、信息过载的时代，传统的广电已经因为没有跟上时代的步伐而遭受了一定的损失。在这个大数据的时代，广电行业中的各个企业必须要利用好大数据这个工具为企业谋发展，直面这个时代带给广电行业的种种挑战。

随着影视节目资源数量的指数型增长，内容日趋多样，面对海量的节目资源，用户想找到自己需要的内容变得越来越困难。因此需要一种智能的、个性的广电节目推荐系统来帮助用户在信息的海洋中发现自己需要的资源，同时也使内容的生产、传播更具有目的性和精准性，从而实现价值的最大化。然而面对广电系统中的视音频素材特征较难提取，非结构化的数据处理也比较困难，需要大量的人力物力，数据容量也相对较大，并且内容的相似度也不好定义等种种困难，同时用户分层差距较大，用户反馈信息获取不便，视频资源的属性特征无法直观地表达用户的兴趣特征等也增大了广电业务推荐的难度。在这些种种困难下，广电网络运营商希望通过建设大数据平台解决这些问题，并实现下列需求：

1. 明确用户需求从而准确利用数据

广电网络运营商希望能够通过大数据的分析计算来解决用户和运营商之间的双盲问题，超市之所以有合理的商品摆放方式，是因为他们了解用户最需要的什么。事实上广电网络运营商并不了解用户想要看什么，用户通常需要花费很长的时间才能找到自己想看的东西，甚至都找不到。还有另一种情况是，广电网络运营商认为自己了解自身的固定收视群体，实则不然。例如，对内衣秀点播节目“维多利亚的秘密”通常认为看电视的用户多为40岁以上的女性，然而在该节目收视情况进行数据统计分析以后，去发现点播此节目的男性用户会更多一些。

数据的逻辑性很强，概念性也很强，欺骗性会少一些，因此无论是供应节目的广电运营商，还是制作节目的制作商，都希望看到确切收视率究竟是怎么样的，制作商们也很想把互联网上的点击率进行换算，加到现有的收视数据上去，从而来获得更精准的收视率数据。

2. 利用大数据技术进行精准推荐

利用大数据技术，对用户画像进行描述，最终明确个体用户的喜好，并用来推测有相关喜好的用户喜欢的节目，比如A有某几个方面的爱好，爱看什么样的节目，如果其他四个人也在这些方面有同样的爱好，我们就可以大胆的推测，这四个人也有极大的可能爱看A喜爱的这个节目，那么就可以做相应的推送，反过来也是这样，如果其他四个人有不同方面的爱好，而有一个人的爱好是这四个人的综合，那么是不是也可以做同样的推送？

3. 对应用的引进及推广

广电网络运营商在引进游戏之前要完成可行性报告，比如引进的游戏业务，会拿其他城市的这个游戏的PV、UV，以及充值率进行测算等。在新的业务引进上海之后，明确该业务带来的收益有多少，对提升ARPU值有多大的帮助，如果没有太大帮助，就要明确是引流的问题还是业务内容本身不受欢迎。所以在应用引进和推广的过程中要准确利用大数据分析的优势，让广电网络运营商在此方面得到更大的收益。

4. 对视频类的引用及推广

媒体资产部门主要为用户提供各种各样的节目内容，但是由于节目内容吸引力不足，用户流失的情况以及断层现象很明显，主要的使用群体都是中老年人以及小朋友。这种情况的发生不仅是内容的问题，也有很多其他的问题，包括搜索的方便程度相较于互联网会差很多，同时想要吸引20—30岁年龄层次的群体，不仅需要了解用户收视行为，还需要用户其他行为数据，再通过对这些数据的分析，最终可以帮助广电网络运营商确定哪些内容适合于大多数的用户，提高内容吸引力，维持住现有用户，同时发展到更多的用户。

5. 宣传方式亟待改变

现今年轻人对电视的依赖性很低，占据他们生活的主要是移动设备，就算是40岁及以上年龄层的用户也在不断地流失。例如，为了吸引潜在用户，某运营商做了一项名为“上电视，送祝福”的推广活动，但是参加活动的多为40岁以上的人，40岁以下的人几乎没有，因此成效还是不高。还有一个案例是这样的，《微微一笑很倾城》这个电影的点播次数为零，后来向所有点播过《微微一笑很倾城》电视剧的人发送短信，也有一部分人去点播了这个电影。进而看来广电网络运营商认为是自身对于节目内容的宣传口径有问题，面向广大的年轻用户群体，以往的“大喇叭”式的宣传方式已经不再可靠，应该另寻出路，来吸引更多的用户群体。

### 2.3.3 销售类需求

在大数据技术应用如此广泛的时代，各个企业都在找寻着适合自己的营销方式，将大数据技术应用到精准分析用户的需求缺口相当之大，广电网络运营商也在不断的探索着适合自己的营销之路，其中令运营商最坚信不疑的是，一定要找准用户，以及用户的需求，这样再去做各种销售，效率才会更高。那么改变销售理念就是非常值得关注的一点。

1. 以客户为中心的市场营销

以客户为中心是当前市场营销理论中较为重要的理论，在开展市场营销的过程中，必须要构建起以客户为中心的市场营销体系。为此，需要做到以下的几点：建立新的营销手段，对所有的客户都需要一视同仁，不可以用区域来划线，例如对于偏远地区的客户和城市中的客户就不能够存在差别。

不能仅仅是从某一个观点去对客户进行观察，需要对自己的客户群进行细致分析，分析其中哪些可以带来更高的价值，哪些是可以进行重点培养的，哪些是需要进行继续保持的。只有通过分析才能够进一步加强客户关系管理，并有针对性地去开发市场，巧妙地利用客户关系管理的方法开拓市场。在客户与市场的信息被迅速地处理之后，就必须要快速地做出反应来对客户与市场的需求进行响应。同时还需要针对营销的过程中制定出营销的方案，并进行预算，通过预算来安排营销活动，再根据活动对日程进行安排。在安排之后就需要进行落实，并根据落实的情况进行反馈。

2. 以客户为中心的客户服务

客户服务是一项非常重要的工作，它直接关系到广电网络运营商的客户群是否能够继续扩大。为此，需要运用以客户为中心的营销理论对客户服务进行改进。通过客户服务和客户建立起良好的双向信息沟通。原有的客户服务都较为单调，基本是客户有问题和需求找到客户服务中心去才有沟通和交流产生，而客户服务副中心则很少主动地去了解客户的各种信息。这样的情况往往使得公司的各项工作的开展相当被动，这是一种观念上的问题。公司必须要能够形成一套信息收集、反馈、整理与处理的运作体系。开展客户服务需要主动去了解客户存在什么问题，而不能被动地等待客户出现问题后找上门。主动地了解问题所在才能够及时地为公司的决策层与业务部门制定出合理的营销策略提供依据，而主动服务也能够有效地改善公司与客户之间的关系。

3. 以客户为中心的营销管理措施

必须要清楚地认识到，有很多企业将“以客户为中心”作为唯一目标，但是最终却难以实现，必须要极力地避免这种情况的出现。解决这种问题的一个重要措施就是将“以客户为中心”的追求和其他目标进行结合。如果企业的高层中想要用最快的速度来实现“以客户为中心”，而中下层员工则只能够在旧的管理模式下去满足客户，这样就会与高层管理者的战略与思想相背离。为此，需要构建起“以客户为中心”的企业文化，并与公司的其他目标进行结合。围绕“以客户为中心”进行团队建设。如果没有一个良好的团队的支持，那么就难以真正地实现“以客户为中心”的目标。提高客户的满意度、缩短流程周期、快速响应、降低成本、开发出具有创意的新产品与服务，这些都需要在同一时间内进行。而要实现同步进行，都需要团队的力量。可以通过组织团队让全体员工都参与其中，以客户为中心，然后转向流程管理的整合。

## 2.4　小结

如今整个广播电视行业面临的竞争形式相对严峻，OTT 和 IPTV 的用户量的剧增，OTT 和在线视频网站对广电传统业务带来了巨大的冲击。但是广播电视行业也要正视自己的优势，广播电视行业所拥有的用户量是非常大的，而且这些用户量在通过有效地运营之后，有可能增加；同时广播电视行业的 HFC 有线电视网络的覆盖率也是非常之大的。要在面临挑战的同时，利用好自身优势，抓住机会发展自己，明确自身需求，找准发展方向。

# 第 3 章　广播电视数据资产管理

## 3.1　数据资产管理理论及发展

数据资产管理（Data Asset Management简称DAM）是规划、控制和提供数据及信息资产的一组业务职能，包括开发、执行和监督有关数据的计划、政策、方案、项目、流程、方法和程序，从而控制、保护、交付和提高数据资产的价值。

“数据资产管理”一词，在国内首次由DAMS（中国数据资产管理峰会）组委会正式提出。2015年7月，首届“中国数据资产管理峰会”由上海市经济和信息化委员会指导，上海市云计算产业促进中心主办，新炬网络、51CTO联合承办。旨在搭建一个数据资产管理思想碰撞与交流的平台，与业界同人一起分享领先的数据资产管理理念与实践经验。致力于将“中国数据资产管理峰会”打造为数据资产管理领域的标杆峰会，推动中国数据资产管理行业的发展。

DAMA是数据管理协会的简称，是世界上首个服务于数据管理专业人员的专业组织。在2009年，DAMA发布了第一个数据管理知识体系指南，也是到目前为止经典的数据管理框架。如图3.1所示，DAMA的数据管理框架，包括十大组成职能，分别是数据治理、数据架构管理、数据开发、数据操作管理、数据安全管理、参考数据和主数据管理、数据仓库和商务智能管理、文档和内容管理、元数据管理和数据质量管理。其中，数据治理作为数据资产管理框架的核心职能，与其他数据资产管理职能交互并互相影响。

数据治理：数据资产管理的权威性和控制性活动（规划、监视和强制执行）。数据治理是对数据管理的高层计划与控制。

数据架构管理：定义企业的数据需求，并设计蓝图以便满足这一需求。该职能包括在所有企业架构环境中，开发和维护企业数据架构，同时也开发和维护企业数据架构与应用系统解决方案、企业架构实施项目之间的关联。

数据开发：为满足企业的数据需求，设计、实施、与维护解决方案。也就是系统开发生命周期（SDLC）中以数据为主的活动，包括数据建模、数据需求分析、设计、实施和维护数据库中数据相关的解决方案。

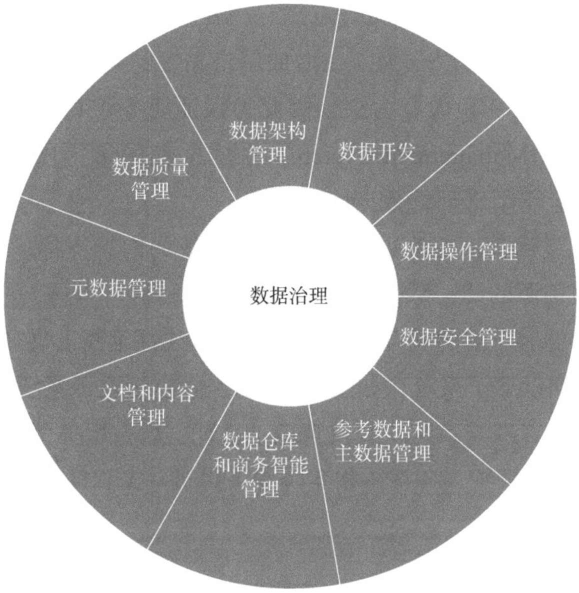


**图 3.1　DAMA 数据管理框架**

数据操作管理：对于结构化的数据资产在整个数据生命周期（从数据的产生、获取到存档和清除）进行的规划、控制与支持。

数据安全管理：规划、开发和执行安全政策与措施，提供适当的身份以确认、授权、访问与审计。

数据质量管理：运用质量管理的技术来衡量、访问、提高和确保使用数据适当性的规划、实施与控制活动。

参考数据和主数据管理：规划、实施和控制活动，以确保特定环境下的数值的"黄金版本"。

数据仓库和商务智能管理：规划、实施与控制过程，给知识工作者们在报告、查询和分析过程中提供数据和技术支持。文件和内容管理：管理数据库以外的数据。

元数据管理：元数据的整合、控制以及提供元数据。

文档和内容管理：规划、实施和控制在电子文件和物理记录（包括文本、图形、图像、声音等）中发现的数据储存，保护和访问问题。

## 3.2　广播电视行业数据资产管理现状

三网融合为有线运营商带来了机遇与挑战并存的局面，面对IPTV、OTT业务的快速崛起，有线运营商努力推进双向网络改造，扩大数字电视用户数，开展高清交互业务，以争取更多的用户群。

传统的媒体资产管理系统（Media Asset Management System）是一个对各种媒体数据进行保存，并提供再利用手段，实现媒体资产化、价值化的整体解决方案，为媒体资产的拥有者提供收集、保存、查找、再利用的业务平台。

随着全国有线运营商借助开展VOD点播、交互应用、广告、时移回看、NVOD及付费频道等增值业务的兴起，以及为了在增加用户黏性的同时，开拓更多的创收方式，并且这些增值业务多以视音频内容为主，因此为保证业务顺利开展，有的有线运营商采用了IMS（Intelligent Management System）系统。在1968年IMS的概念由IBM首次提出，它是一个专门应用于管理的数据库系统。

IMS系统可为有线运营商交互业务平台提供有效的内容支撑，实现对广播电视领域常用格式的视音频资源的统一数字化管理、存储、编目、审核、归档、检索、迁移、调用等功能，还支持更加丰富的视音频格式，具备非线性编辑、转码、技审等功能。

IMS系统主要包括以下子系统，如图3.2所示：内容汇聚子系统、综合监控子系统、统一门户子系统、合同管理子系统、版权管理子系统、后台服务子系统、内容管理子系统、检索子系统及发布子系统，各系统相互协作，共同完成节目内容的上线运营。

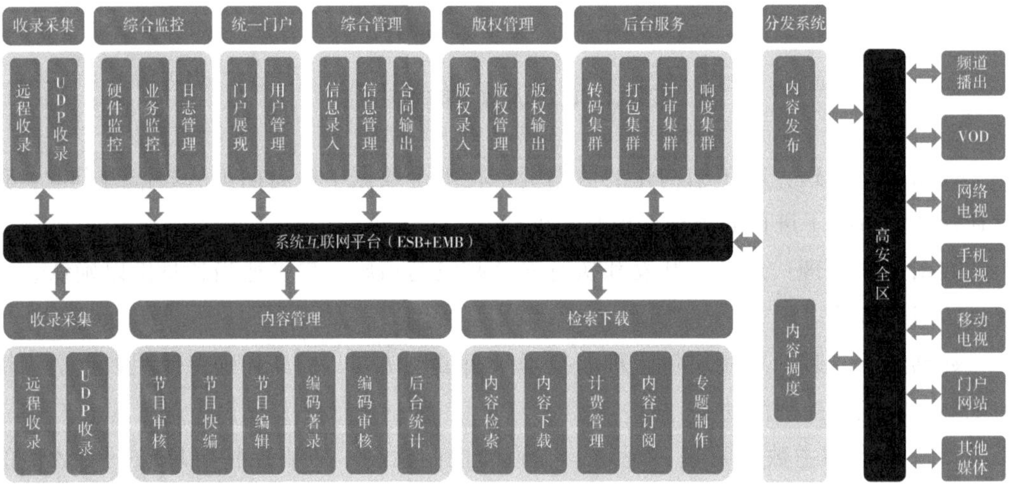


**图3.2 IMS系统**

内容汇聚子系统主要包括UDP收录模块、远程收录模块、硬盘导入模块、光盘导入模块及其他导入模块等，主要完成内容的多介质多格式入库。

综合监控子系统主要实现硬件设备监控及软件流程监控。统一门户子系统主要完成各子系统的互联，实现单点登录、一个账号可进入多个子系统的功能，方便用户操作。

合同管理子系统主要实现合同的电子化管理，包括合同信息的记录、信息查询及生成新的合同。

版权管理系统主要实现版权控制的电子化，包括版权信息记录、版权控制与查询及生成新的版权。

后台服务子系统主要包括转码集群、打包集群、技审集群及响度调整等模块。

内容管理子系统是IMS系统的核心，主要包括节目审核、节目快编、节目剪辑、编目、后台统计等子模块。

节目审核主要完成入库视音频文件的内容级别的审核工作；节目快编主要完成节

目内容的快速拆分与快速拼接；节目编辑主要完成节目内容的简单制作，例如动态遮罩、修改字幕、转场特效等；编目模块的主要功能是对视音频文件增加文字信息标注，作为内容发布、检索的元数据信息；编目审核模块主要是对编目信息的校对与修改；后台统计模块主要实现工作量的统计、素材数量的统计及用户需要的数据表等。

检索子系统主要包括内容检索、内容下载、计费管理、内容订阅及专题制作等模块。内容检索可帮助用户快速查询所需内容，可多条件检索，且检索条件可自定义。内容下载功能及内容订阅功能，可帮助媒资平台上的内容与其他有线运营商的直营，第三方可通过内容订阅模块，选择所需购买的节目并提交订单，经审核后可在内容下载单元中下载购入的节目。计费管理具有价格制定及总体核算功能。专题制作可辅助检索人员以专题的形式多文件打包下载。

发布子系统包括内容发布与内容调度两个模块。内容发布主要完成节目的编排即发布路径的选取与设置；内容调度模块负责实际物理文件的迁移。IMS系统的发布子系统可实现多平台发布，例如手机平台、网络电视、门户网站等，还可实现与其他系统的互联，包括制作网、播出系统及其他类型的媒资系统等。

IMS系统对视音频资产进行了管理，但是在有线运营商的数据中，视音频数据只是一部分，它还包括网络节点产生的数据、物联网产生的数据、用户产生的数据等。其中，对网络节点数据的分析，可以大大提高运维能力；对用户行为数据的分析，有利于更好地开展有线业务。因此，如何将有线运营商所有的数据进行综合管理是目前大家正在探索的一个话题。

在三网融合的推动下，数据中心的建设已经引起国内有线运营公司的重视，并且广电企业对数据中心的建设普遍持积极的态度。互联网服务作为三网融合的重要内容之一，数据中心建设是其必要基础。另外，据流媒体网统计，截止到2010年底，全国已有17个省份基本完成省市县网络整合，还组建了中国广播电视网络公司作为参与三网融合的市场主体，实现全国有线电视网络统一的规划、建设、运营和管理，这也为数据中心的建设创造了良好的市场氛围。

2013年，江苏省广电有线信息网络股份有限公司决定在南京启动“江苏有线三网融合枢纽中心”项目，其中数据中心机房建设是该项目的核心内容。数据中心一方面定位于国家广电网络的重要节点，对接国家新闻出版广电总局的一个中心、三大系统和六类基地的建设工程，建设相应的分中心和分系统，另一方面，它又定位于三网融合业务的交换中心、传输中心、播控中心、数据中心、内容集成中心以及运营支撑中心，为全省2200万有线电视用户提供服务。在新闻出版广电总局制定的NGB战略中，江苏广电在初步完成了网络的整合、整转之后，江苏广电的发展关键是向用户提供丰富的互联网业务实现，实现宽带运营商的转型。江苏广电计划打造一个目标规划承载100万用户的互联网宽带接入服务以及宽带内容的数据中心，除提供互联网业务外还支持服务器托管等IDC服务。

2015年，智慧新城内，广东广电数据中心正在加紧装修，数千个机柜将构建出可辐射粤西南的云平台，作为广东最大国有视频网络数据中心，广东广电网络数据中心定位为粤西南总部，该中心将建设6000平方米，成为全省综合业务和运营支撑中心，首批1000个机柜预计2015年年底投入使用。目前，广东广电网络佛山分公司正在实施“广电+”云战略，广东广电数据中心将建成上规模的自有IDC（数据中心），助力广电系统大量制作和引入内容供应商。该中心相关负责人介绍，IDC建成后，计划通过高速互联或者本地镜像的方式引入国内主流内容提供商（如腾讯、新浪、乐视等）生产的内容。这意味着，市民只需接入广电网络，便可直接获取大量咨询。该负责人坦言，在规划中，将争取用户使用内网资源流量达到总出口流量的80%以上。IDC机房还将拓展广电网络的业务范围。据悉，利用IDC可开展主机托管、云服务等业务将填补该公司业务空白，开始开拓性地向公有云和私有云业务进军。网络系统的完善，为有线电视网络升级为可承载视频、语音、数据的大型信息化基础网络和佛山广电网络公司开展系列互动等服务成为可能。目前，佛山广电网络拥有220万机顶盒终端用户。近几年，佛山广电网络不断加强云平台建设，建立了政府咨询互通平台、城市文化展播平台、生活信息服务平台和学习休闲娱乐平台。这些云平台依托于IDC数据中心，依托于电视这一终端，将构建接地气的云服务。

重庆有线新建数据中心核心网络可以满足未来5-10年的网络需求。数据中心网络（Data Center Network）是应用于数据中心内的网络，因为数据中心内的流量呈现出典型的交换数据集中、东西流量增多等特征，这对数据中心网络提出了进一步的要求：大规模、高扩展性、高健壮性、低配置开销、服务器间的高带宽、高效的网络协议、灵活的拓扑和链路容量控制、绿色节能、服务间的流量隔离和低成本等。在这样的背景下，传统的三层架构受到挑战，网络扁平化、网络虚拟化以及可以编程和定义的网络成为数据中心网络架构的新趋势。

重庆有线从2006年开始发展以视频为中心的新型交互业务以及增值业务，到2015年已经拥有超过300万高清电视用户。然而随着视频业务逐渐的高清化和超高清化，重庆有线的网络的流量呈指数级增长，这也带来了新的挑战：

（1）在网络带宽方面，随着宽带用户及高清视频业务的快速增长，带宽消耗快速增长，尤其是VOD流量，导致城域带宽成为瓶颈；

（2）在因特网出口方面，广电没有互联网出口，需要租用电信运营商的线路，这导致网络租赁结算费用很高，后续亟须通过省干网络建设，尽快实现一省一网方案，减少网络出口，增强话语谈判权。

## 3.3 广播电视运营商数据资产范畴

数据作为一种资产和传统意义上所管理的资产并不相同，其特征可以归纳为：

虚拟性：数据资产没有实际可见的物质，它是存储到各种数据库、文件或者其他存储介质中的数据。

共享性：数据资产可以被多个方面共享共同使用，没有传统资产的独占使用问题。

安全性：用户敏感数据的存在，数据资产具有强烈的安全性需求，需要通过各种手段对数据进行裁剪、模糊，才能给其他用户使用。

增值性：数据资产具有高度的附加价值，可以通过挖掘、租售、分析等不同手段，使其不断增值。

时效性：数据资产时效性很强，往往近期的数据价值密度比较高，远期的数据价值密度较低。

### 3.3.1　广播电视网络数据资产概述

有线电视网络运营商的日常业务主要有两点，一是建设与维护有线电视网络；二是发展用户，普及有线电视业务及其增值业务。

对于建设与维护有线电视网络来说，在当前形势下，有线电视网络运营商迫切需要应用先进的计算机管理手段来进行网络运营管理与决策支持。不管是网络维护，还是发展用户，这些日常业务都与有线电视网络资产密不可分。

传统上，有线运营商的网络资产分为两层，即物理资产层和逻辑资产层。物理资产是指光缆网、电缆网等基础设施网络，它由多个物理对象所构成；而逻辑资产则是在这些物理对象上建立的电视业务平台、业务数据平台等业务逻辑平台，有线电视网络的业务逻辑平台由一条条路由与通道所构成。

传统有线电视网络的资产分层数据结构如图3.3所示。

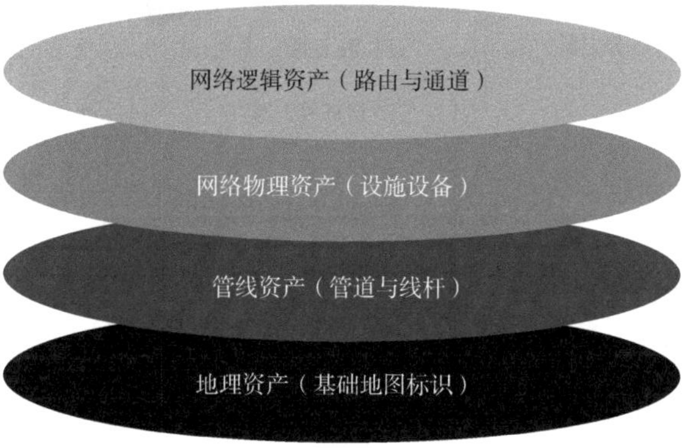


**图3.3　传统有线电视网络的资产分层数据结构**

1. 地理资产数据

在有线电视业务领域，大量信息数据包含地理成分，特别是网络分布数据，其分布与走向均与地理方位相关。在地理资产数据中，除房屋外，所有其他地标物均无属性数据项目。房屋的数据属性分为两部分，即身份和结构属性。身份属性由楼名、产权单位、所属街道办事处等构成，这便于房屋名称的查询、检索与统计，而结构属性由单元数量、楼层数量、每门每层用户数量、楼层高度、单元间距离等构成，提供给楼栋设计布线时使用。

2. 管线资产数据

管线资产数据包含了线杆、检修井与管道等三层数据。通常情况下，线杆的属性项由类别、材质、型号、杆号、产权单位等构成。管道属性项由名称、长度、所在道路名、用途、材质、容量、孔径、埋深、产权单位等构成。检修井属性项由编号、名称、位置描述、井深、种类、权属类、产权单位等构成。管道一般由多家使用单位共同建设，各单位拥有部分管孔的所有权与使用权，也有由个别单位独立建设，其它使用单位租用管孔的情况，因此管道及管道内管孔的权属相对比较重要，在设计管道的属性数据表时对管孔的权属还要单独建立子表。

3. 网络物理资产数据

有线电视网络以光纤同轴混合网（简称HFC网）为主，主要包括了光缆、电缆、熔接盒、光接收机、放大器、分支分配器、供电器等设施设备，其网络结构如图3.4所示。

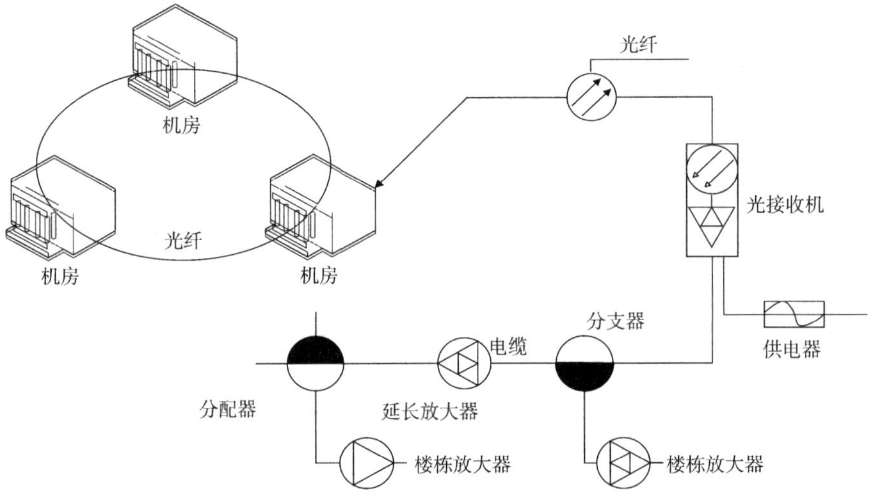


**图 3.4　有线电视网络结构**

4. 网络逻辑资产数据

HFC网中，不仅能够传输有线电视节目，同时还能够提供宽带数据业务，从事不同业务的路由与通道信息便是逻辑资产数据。网络物理资产与逻辑资产对比如图3.5所示，示意图上部为一个机房、一条光缆和一台光接收机构成的一个简单的物理网络，下部显示的是在该物理网络基础上形成的逻辑网络，光缆中每条光纤的一端与前端设备的端口连接，而另一端则与末端的光接收机的业务端口相连，由有线电视前端设备端口—光纤—光接收机电视业务端口构成的路由可以从事有线电视业务；由数据业务前端设备端口—光纤—光接收机数据业务端口构成的路由就可以从事宽带数据业务，这一条条路由形成了网络逻辑资产。

对发展用户普及有线电视业务及其增值业务来说，有线运营商的数据资源类型丰富，包括结构化数据、半结构化数据和非结构化数据，以运营数据为核心，涵盖了用户行为数据（收视和上网行为）、网元日志、内容编排数据、订购服务数据、客户资料以及终端资源等，这些数据既有网元日志、终端资源等自然产生的数据，也包括收视和上网、订购服务等用户产生的数据。

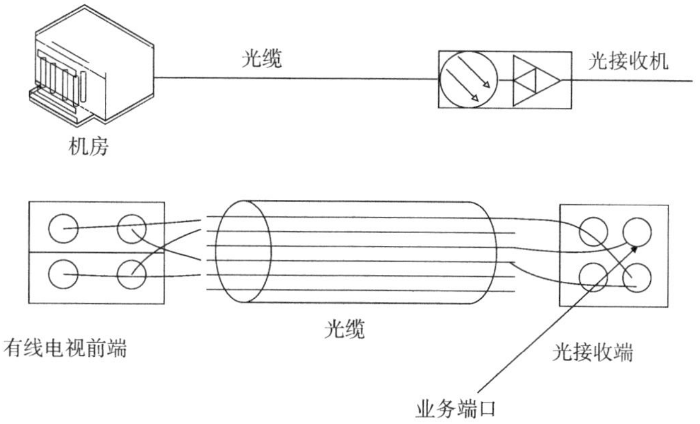


**图 3.5　物理资源与逻辑资源对比示意图**

如图3.6所示，展示了某广电网络运营商数据采集从2006年到2014年的演进和发展：

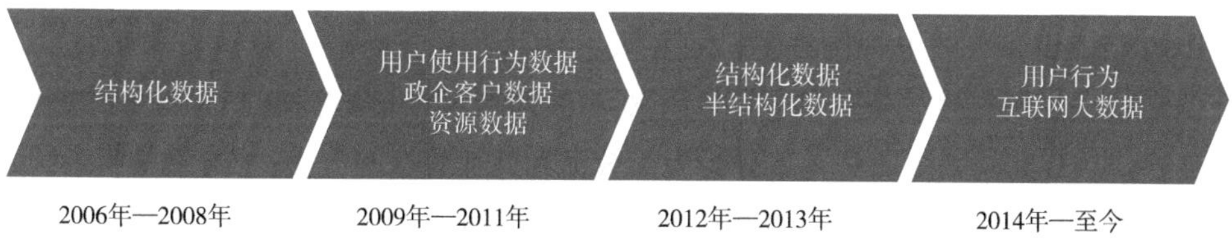


**图 3.6　数据采集演进发展**

从2006年到2008年，该运营商一直在进行结构化数据的采集，包括用户及受理数据和客户服务数据；2009年到2011年，运营商完成了结构化数据的收集与整合，整合了用户使用行为数据，政企客户数据和资源数据；2012年到2013年，开始进行半结构化和非结构化数据的采集，这其中包括账务数据、营销数据和社会数据；从2014年开始，该运营商致力于用户行为和互联网大数据的收集，收集了包括互联网数据、行为数据以及SP数据等。

目前该运营商的数据总量达到了PB/年的级别，如图3.7所示。

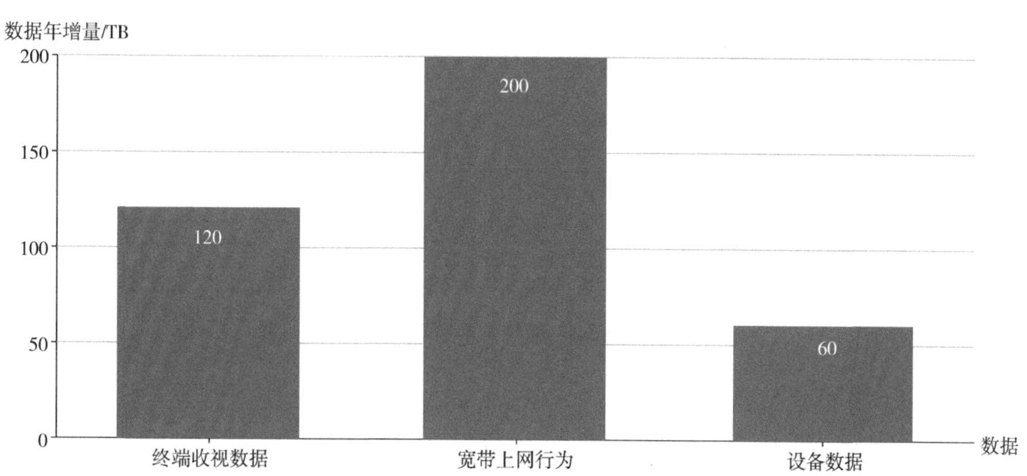


**图 3.7　运营商每年资源容量增量**

其用户终端的收视数据已达到百万级规模，每年产生超过120TB的数据；用户宽带上网行为数据也已达到百万级规模，每年产生高达200TB的数据量；影视资源库已经积累了4万小时以上，容量多达600TB以上规模的数据量；网络和设备产生的自然数据方面，缆桥设备和上百万终端设备诊断日志每年产生高达60TB的数据量。

通常广电网络运营商的数据资源集成了政企客户管理系统、综合业务支撑BOSS系统、客服系统CRM以及有线网络资源、财务数据、KPI数据、EPG数据、VOD点播数据和运维网管数据等。未来随着数据源的进一步扩展，更多数据将会被集成进来。在这个过程中，很多广电网络运营商借鉴了电信运营商数据仓库建设的经验，在第一时间就开始进行有效的数据集成：例如制定业务名词词典、统一数据定义以及建立广泛的数据接口。

### 3.3.2 广播电视网络数据资产梳理

传统上来说，有线电视网络的数据主要分为地理资产数据、管线资产数据、网络物理资产数据、网络逻辑资产数据。为了对有线电视网络的数据资产进行更好地梳理，我们又重新从数据的来源上对其划分为内部数据和外部数据两大类：如图3.8所示，有线电视网络的数据资产总体上可以分为内部数据和外部数据，其中外部数据经过数据清洗后可以转化为内部数据。而内部数据分为自然产生数据和人为产生数据两大类。自然产生的数据主要包括网络节点的数据、媒体内容数据、物联网应用产生的数据等，人为产生的数据主要包括用户的数据，广电网络运营商内部客服人员和运维人员的数据等。

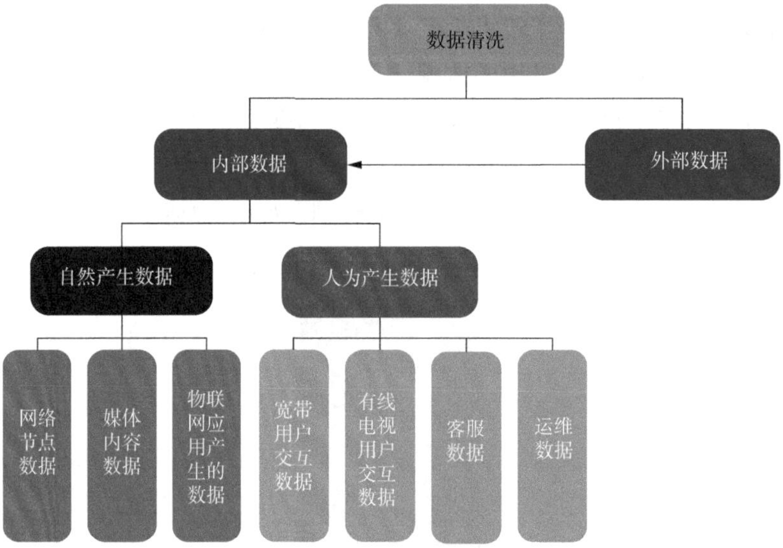


**图3.8 数据资产梳理**

#### 3.3.2.1 自然产生数据

网络节点数据包括运输网络的中间设备和终端设备自然产生的数据，包括设备日志、故障信息以及地理资产数据等。

媒体内容数据包括影视资源数据和媒体内容元数据等，元数据又包括视频结构信息、节目描述数据和编目数据等。

物联网应用产生的数据，即在物联网络中，设备的运转以及传感器之间的信号交互时自然产生的大量数据。

#### 3.3.2.2　人为产生数据

用户数据包括用户基本资料、用户订购信息、用户在使用宽带网络时产生的数据、用户使用有线电视产生的数据。

客服数据主要来自呼叫中心系统产生的相关数据，包括员工的基本资料、客服人员的和休假时段，以及接听电话与用户的通话时长等行为数据。

运维数据主要来自运维系统产生的相关数据，包括运维人员基本资料、运维人员的考勤和休假时段、去用户家里维修设备的距离有多远、维修的开始和结束时间，以及时间的长短等行为数据。

## 3.4　有线网络数据资产管理

数据资产管理的总体目标是理解企业的信息需求，规范数据的生成以及使用，持续改进数据质量，保证数据安全，最大化数据价值。通过数据资产管理可以提升核心能力掌控，加强对开发商管控力度，提升系统开发和维护质量。

### 3.4.1　数据资产管理必要性

首先，有线运营商的数据具有大数据的4V特点：

（1）数据容量大；

（2）数据类型繁多；

（3）商业价值高；

（4）处理速度快。

同时，有线运营商的数据还有一些自身的特点：

（1）它的数据和数据源都比较分散；

（2）数据无序增长，企业核心业务系统数据容量无序增长，将会使系统长期处于“系统扩容－数据膨胀－性能低下－系统扩容”的怪圈之中；

（3）数据标准缺失，缺少企业级别统一的数据标准，数据模型相关含义令开发和运维人员难以理解；

（4）同时，亦使得企业不同应用间的数据集成和数据共享困难；数据质量参差不齐，数据处理环节中产生大量的错误和质量差的数据，数据错误发现和处理流程不及时，将会导致更多的后续错误；

（5）并且数据的非结构化特性明显，包含了许多声音数据和影视数据。

有线运营商通过数据资产管理，可以完善数据治理与管控，提供一站式统一运维监控：

（1）为运维部门提供一个中央级管理点，使运维人员可以紧密有效地对系统上发生的事件进行控制，为分布式系统创建一个“任务控制中心”；

（2）对收集到的报警信息及时触发各种活动，通过短信、邮件、语音等方式提醒运维人员；

（3）对日常监控系统进行分析，帮助运维人员分析系统存在的性能瓶颈，以便采取适当的解决措施对系统进行优化或扩展。

因此，如果想让有线运营商实现智能运维，减少运维成本，并且让数据能够真正地“变现”，有线运营商的数据资产的管理是非常关键的一步，同时也是有线运营商大数据应用面临的首要挑战。

### 3.4.2 数据资产管理技术

大数据的基本定义之一即“传统技术或计算方法无法处理的数据”，由此，大数据资产的管理就需要相应大数据技术的支撑。大数据资产管理的技术主要包括大数据的存储、处理、应用三个层面。

#### 3.4.2.1 大数据存储技术

大数据的存储层面，其基本原理其实与传统数据存储相同，即把数据存于硬盘等存储空间。不同的是，由于大数据的存储量非常之大，因此多是分布式存储，也就是把数据分布式地存储在许多普通的服务器或计算机上，如此，既成本低廉又性能强大，如我们熟悉的云存储。

针对不同类型的海量数据，业界提出了不同的存储技术，主要有以下三种：

（1）存储海量非结构化数据的分布式文件系统

比较有代表性的是Google的GFS和开源的HDFS（Hadoop Distributed File System）。HDFS对应用程序的数据提供高吞吐量的数据访问能力，适用于那些大数据集应用程序。HDFS开放了一些POSIX的接口，容许流式访问文件系统的数据。HDFS采用主/从结构，由一个Name Node和多个Data Node组成。HDFS将大规模数据分割为多个64 MByte的数据块，存储在多个数据节点组成的分布式集群中。随着数据规模的不断增长，HDFS只需要在集群中增加更多的数据节点，具有很强的可扩展性；同时每个数据块会在不同的节点中存储三个副本，具有高容错性；数据的分布式存储可以提供高吞吐量的数据访问能力，在海量数据批处理方面有很强的性能。

（2）存储海量无模式的半结构化数据的NoSQL数据库

传统关系型数据库在处理数据密集型应用方面显得力不从心，主要表现在灵活性差、扩展性差、性能差等方面。在这样的背景下，NoSQL数据库应运而生，作为对关系型SQL数据系统的补充，NoSQL数据库能够极大的适应云计算的需求，因此各种NoSQL数据库如雨后春笋般涌现，当前主要有四种类型的NoSQL数据库：

①键值（Key-Value）存储数据库

此类数据库主要会使用到一个哈希表，这个表中有一个特定的键和一个指针指向特定的数据。Key-Value模型相比于IT系统，其优势在于简单、易部署。

②列存储数据库

此类数据库通常用来应对分布式存储的海量数据。键值仍然存在，但是它们的特点是指向了多个列，这些列是由列簇来安排的文档型数据库，同第一种键值存储相类似。该类型的数据模型是版本化的文档，半结构化的文档以特定的格式存储，比如JSON。文档型数据库可以看作是键值数据库的升级版，允许之间嵌套键值，而且文档型数据库比键值数据库的查询效率更高。

③图形数据库

图形结构的数据库同其他行列以及刚性结构的SQL数据库不同，它是使用灵活的图形模型，并且能够扩展到多个服务器上。NoSQL数据库没有标准的查询语言（SQL），因此进行数据库查询需要制定数据模型。许多NoSQL数据库都有REST式的数据接口或者查询API。

（3）存储海量结构化数据的分布式并行数据库系统

Greenplum是基于PostgreSQL开发的一款海量并行处理架构的、无共享的分布式并行数据库系统。采用Master/Slave架构，Master只存储元数据，真正的用户数据被散列存储在多台Slave服务器上，并且所有的数据都在其他Slave节点上存有副本，从而提高了系统可用性。

分布式存储系统需要解决分布式环境中的一致性与复制、负载均衡、容错等问题。另外，还有一些关键技术可以改善存储系统的性能：

①元数据管理

元数据是描述数据的数据，是为了简化检索、使用和管理信息资源的结构化数据。大规模对象存储系统以及分布式文件系统，通常会将元数据管理和文件读取分离，比如GFS中的Master节点，虽然相对于文件来说，元数据很小，但是元数据操作占整个文件系统操作的50%，所以元数据服务器集群的行为直接影响整个系统的性能和可扩展性。MDS（Meta Data Server）集群就是要采取某种分区策略，将元数据分布到多个节点上，实现元数据的高效访问和集群的负载均衡。

静态子树分割（Sub-Tree Partitioning）需要系统管理员来确定文件系统如何分布，从而给MDS分配相应的目录层次子树，这种方法允许存储系统横向扩展，但不能纵向扩展，基于传统网络文件系统的系统采用这种方法。基于哈希的方法是根据文件路径名或者其它唯一标识符来映射元数据所在位置，客户端可以直接定位和联系MDS，如果所采用的哈希函数设计的高效均匀，用户请求就会在集群中均衡分布，但是哈希策略消除了文件的层次结构概念，所以丧失了局部性。动态子树分割将文件系统目录层次结构中的不同子树分布到不同的元数据服务器中，分割的粒度更小，管理灵活，能够根据元数据服务器的负载情况实现动态的负载均衡，能够适应动态改变的文件系统和工作负载，缺点是层次遍历过程开销很大。语义感知的元数据管理方法是通过把相关文件的元数据聚集到一个组中，从而构建高效的缓存，缩小文件查询的范围，提高系统可扩展性。

②数据去重

各个领域的用户数据中含有大量相同或相似的数据，比如用户可能上传大量相同的图片，在云存储领域中多个用户可能共享同一个物理存储，重复或者相似数据出现的概率很高，所以可以利用重复数据删除技术来减少存储系统的开销，提高缓存利用率。和传统的压缩技术不同，去重的目的是消除大数据集中文件内部和文件之间的冗余。重复数据删除技术广泛应用在备份系统中，分为源端、目的端和网内重删，以及归档、RAM、SSD等场景中，不同的存储环境中去重系统需要根据特定的延迟和吞吐量等需求具体设计。数据去重的粒度又分为文件级和块级，根据去重范围的不同分为局部和全局去重。在文件写入的IO路径中进行对文件块的指纹比对，如果有匹配成功，则直接构建索引指向已有的数据块。去重的方法很多，关键点在于如何高效查找重复的段，如何构建高效索引技术。

在大数据存储环境下，将重复数据删除技术部署在分布式存储系统中，从而实现冗余数据的在线去重，提高存储性能和存储利用率。在重删集群中，关键技术是根据具体的负载进行数据分析和处理，设计智能的数据路由机制，将相似的文件尽可能路由到同一个节点上进行去重，保证节点间负载均衡，提高集群的重删收益，同时确保存储系统整体的性能和带宽。

③数据分布和负载均衡

和单机存储系统不同，分布式存储系统中数据分布在多个节点上，并且为了保证高可用性，会采用多副本的策略将数据存储多份，所以就需要一定的策略将数据分布在系统的多个节点上，同时保证多个节点的负载均衡。常见的分布算法有哈希分布和顺序分布。传统的哈希分布是根据数据的某个特征值和选定的哈希函数计算哈希值，建立起和存储节点的映射关系，所以该算法的关键在于找到一个散列特性很好的哈希函数，而且在节点个数发生变化时，会导致大量数据的迁移。一致性哈希有了很大的改进，在节点加入和删除时只会影响到哈希环中相邻节点。顺序分布用在分布式表格存储系统中，将表示大量结构化数据的一个大表顺序划分为多个子表，而后分配到多个存储节点上，随着数据的插入和删除，每个节点上子表的大小会变得大小不一、不均匀，所以要考虑子表的合并和拆分问题，以及给系统带来的性能影响。相比而言，哈希分布针对的是随机读写操作，不支持顺序和范围扫描，顺序分布更能体现数据的局部性原理，利用预取来改善性能，当然，这和面对的应用场景的数据负载有关。数据分布算法还需要考虑到各个节点之间的负载均衡，影响负载的因素有很多：新的节点加入、某个节点宕机、CPU、内存、网络带宽等，当检测到不均衡发生时就要数据迁移，以及主副本之间的切换，迁移过程对用户透明。负载均衡算法的研究相对比较成熟，主要有静态和动态负载均衡算法。分布式存储系统中负载均衡的实施主要有集中控制和分布式方式。集中的控制方式一般由主节点来实现，简单，通信开销小，但是存在单点故障问题；而分布式的负载均衡算法则不存在单点故障问题，易于扩展，但是当系统规模很大的时候会带来巨大的通信开销，影响系统的整体性能。在大数据的应用如Hadoop中有很多研究致力于改进其中的负载均衡算法。

3.4.2.2 大数据处理技术

在大数据的处理上，主要是将非结构化（如视频、音频、图片等）、半结构化的数据（如电子邮件、社交网络记录等）转换化结构化的数据（传统用数据行、数据列表示的数据库），使其成为可以进行应用分析的数据。现在大数据处理技术主要分为批处理模式和实时流处理模式，比较具有代表性的框架有Hadoop和Storm等。

Hadoop框架的核心构成部分是HDFS，即Hadoop分布式文件系统，全称Hadoop Distributed File System，以及Map Reduce分布式计算架构。其中HDFS以Master/Slave体系结构为基础，在集群里任命一个主节点担任Name Node，主要负责管理文件系统元数据，其余子节点担任Data Node，主要负责保存具体的数据块。Hadoop架构的关键点就是借助大量服务器构成一个服务器集群以实现对数据的分布式批量处理。在处理数据的时候，先分解数据，然后结合分配的相应服务器节点处理数据，最后整合数据处理结果。在Hadoop平台实际操作发现，在Hadoop平台运行的时候，系统初始化需要较长的时间，如果是处理更新速度快的数据，这是不容忽视的一个问题。基于Hadoop架构对Reduce任务进行处理的时候各种技术问题就更加突出，在利用相应技术把数据转为存储实施处理的时候，不仅数据处理速度慢，还会占用很多的带宽。所以，Hadoop架构在处理变化速度较快的非离线数据时还存在很多问题。

Hadoop将一个文件切成很多小的文件然后分别存在不同硬盘上，计算时通过存储HDFS组建，把存储整合成一个大的集群。计算时会启动Map和Reduce，Map可以把任务分发到计算速度较快的服务器节点上计算，再执行Reduce。系统的IO能力和机器数量几乎是成正比的，这就能实现计算能力和机器数量可以通过横向扩展机器解决。

Hadoop在通信公司的应用特别多。移动公司有一个“大云计划”，上线Hadoop系统时做了价格的对比，如16结点集群与原来小型机对比。做数据挖掘应用，原来投资27万但是迁到Hadoop系统上只花了36万，而数据挖掘和性能都有提高。原来商用小型机投入也是几百万的，但是基于Hadoop会大量节省成本，性能也会提升7—15倍。例如，电话详单查询系统，原先基于IBM平台只能存放三个月数据，查询达到100条/秒，只能通过控制用户查询解决问题。而基于Hadoop查询系统性能就有了很大提升，存储容量超过400T，查询达到2万条/秒。

某电商有将近3200台机器，每日新增数据20T，该电商有三大战略：平台、数据、金融。它的金融战略能改变银行业的应用，它提供了小额贷款，金额很小，放贷速度很快而且无担保。整个体系相当于国家的金融中心，所以含金量很高。它拥有大量资源能够计算和存储各种各样的数据，如果更多人想在上面做生意、贷款，也是数据的一个正循环。该电商在做促销活动，最后的交易额达百亿元，中间会产生大量的数据，需要快速处理和响应。中间就用的数据工场的概念，会跑到Hadoop集群上以及其它组件，数据工场不再局限于给个别人用，而是开放给公司的业务人员、平台人员。用户不是以层级式提交查询报告再返回的方式，而是直接查询数据工场最原始的数据。这是非常重大的革新，在传统数据库里如果尝试实现这样的功能，有可能会造成系统崩溃。

Hadoop在实施过程当中通常会遇到一些障碍，值得思考的是大数据价值问题以及商业模式的转变。

（1）大集群和大数据的需求问题，是第一座大山。不是所有公司都有大集群和大数据的需求，所以应用的人也就少。

（2）原有系统改造问题。很多公司都是IT外包，所以迁移改造会有很多羁绊，不像互联网公司自己研发、自己上线那么轻松。

（3）大量资金投进去看不到产出。这是大数据和云计算落地的大数据服务方式。互联网时代用户直接去数据库里查。2.0时代是编辑人员和产品研发转变成了规则制定者。规则制定者研发逻辑而不是具体内容，不再产生内容，用户产生内容，通过逻辑挖掘之后回馈给用户，最后每个用户都拥有一份自己的报告和唯一独特的数据服务，这中间必然需要大规模计算。

（4）Hadoop安全性也有一些问题，因为Hadoop软件开源性可以自己修改、定义。各种关口暴露、文件系统访问权限等等，这都存在大量问题，还需要各方的努力来完善这个系统。

Hadoop有很多优点，例如动态的分配节点、Map Reduce任务监控、跨机架保存块副本，Data Node故障后，可以动态记录故障，并重新寻找离客户端最近的Data Node进行任务重新分配，机架感知策略等都显示出其强大的高效性、高扩展性和可靠性。但是Hadoop也有一些明显的缺点：①Hadoop的Map Reduce擅长处理少量大数据，对小数据处理不擅长，默认64MB为一个Block，如果出现大量小于64MB的小文件，同样每个文件要占一个Block，大大降低了性能的利用率。②Name Node一旦挂掉，整个运行环境陷入困境。③其离线全量的处理方式，使业务场景受到局限，在数据过大的场景下，导入数据可能就要花几天几夜。

和Hadoop主从架构相同，Storm架构也是以Master/Slave体系结构为基础，通过Nimbus与Supervisor两种服务进程实现分布式计算机，其中Nimbus进程在集群主节点运行，主要负责分派与分发任务，Supervisor进程在集群从节点运行，主要负责任务的具体执行。Storm架构利用Spout/Bolt编程模型通过流式方式处理消息。消息流是Storm架构里对数据的基本抽象，一个消息流对应一条输入数据封装，不断输进的消息流通过分布式方式得到处理。Spout组件是消息的生产者，在Storm架构里属于数据输入源头，能从多种异构数据源里获得数据，同时发射消息流。Bolt组件主要负责对Spout组件发射的信息流进行接收，同时完成相应的处理逻辑。如果业务逻辑比较复杂，就可串联多个Bolt组件，并且在每个组件里都编写相应的功能，进而呈现出整体的处理逻辑。

Storm是一个分布式的、可靠的、容错的数据实时流式处理系统，Spout是Storm中的消息源，用于为Topology生产消息，一般从外部数据源（如Message Queue、RDBMS、NoSQL、Log等）不间断地读取数据并发送Tuple给Bolt进行数据操作。Bolt是Storm中的消息处理者，用于为Topology进行消息处理，Bolt可以执行过滤、聚合、查询数据等操作，而且可以一级一级地进行处理。这种Topology模型采用消息传递方式交互数据，数据量相比较从磁盘获取要小，而且动态地读取，每次读取量小。Storm的高可靠性和容错性集中体现在Storm的数据重发机制上，由于每个Bolt可以启动多个task，每个task都会带有一个唯一标示的ID，Storm将此ID持久化，在数据重发时候读取发送失败的task的ID状态，重发发送数据，保证了数据的一致性，这明显优于S4实时流系统，而且Topology递交之后，Storm会一直运行直到主动释放Topology或者kill掉，这明显要优于Hadoop系统。

就总体结构而言，Hadoop和Storm是相似的，通过对比，Storm架构具有以下优点：在Storm架构实际运行时，系统不用每次都初始化，数据处理效率较高，在处理较小数据时这一优势更加显著；Storm架构的信息处理模式能确保数据的高效处理，更好地满足人们对UI数据的需求；Spout组件能读取不同形式数据里的消息流，并把读取的消息流传递给Bolt组件进行处理；结合处理业务量的大小以及业务难度的高低，Storm架构能串联多个Bolt组件实现消息流的有效处理，进而实现数据处理的高效性与快速性。

#### 3.4.2.3 大数据应用技术

在大数据的应用层面，主要任务是在实现数据结构化的基础上，利用大数据为企业的商业运营或其他组织机构的管理提供有价值的参考。在这一层面，我们所需用到的方法大多是传统统计方法，如归类与概率估计、回归分析、相似性匹配、数据可视化等。不过与传统方法不同的是，在进行大数据分析时，会更多地用到“机器学习”（Machine Learning）。传统统计分析更多地依赖于假设检验，而机器学习则是让计算机系统自动构建很多模型，然后在大数据海洋中自动找到最为合适的分析。在大数据的条件下，“机器学习”会具备更高的效率。

对大数据进行内容上的分析可以挖掘大数据的价值，这属于大数据的核心环节。在大数据分析方面，代表性的工程应用技术有Hive、Pig等。Hive是Facebook公司基于静态批处理的Hadoop研发的，具有友好的类SQL查询界面，具备分析海量数据的能力。

Hive是一种数据仓库基础架构，在底层封装了Hadoop的数据仓库处理工具，再通过这些工具对数据进行提取转化，将结构化的数据文件映射为1张数据库表，用户可以通过Hive定义的类SQL语句（HiveQL）对这些表进行查询分析，其实现机制是

HiveQL语言对语句进行解析和转换，进而生成多个Map Reduce并行任务来执行。在加载数据的过程中，Hive对数据不进行任何的修改和添加，只是将数据转移到Hive指定的目录下。Hive的体系结构可分为如下几个组件：命令行接口、数据库接口、元数据服务组件和Driver组件。这些组件协同工作，完成大数据分析任务。

Pig也是基于Hadoop的大数据分析平台，由Yahoo公司研发。它提供的类SQL语言是一种构建在Map Reduce之上的高级查询语言。Pig允许用户自定义功能，并编译进Map Reduce模型的Map Reduce函数中。Pig利用Pig Latin写一个脚本嵌入到应用程序中，并在集群中自动并行处理与分发，而不需要单独编写专门的Map Reduce应用程序。使用Pig技术，开发人员拥有比Hive技术更大的灵活性。并且，由于Pig允许开发简洁的脚本，其代码量相对就减少了很多，属于轻量级的技术。

### 3.4.3 数据资产管理思路

有线网络的数据资产管理可以分为三步走：

第一步，数据治理，主要包括建立数据标准，让企业数据更加准确、一致、完整；

第二步，建立数据共享中心；

第三步，跨界合作打通数据，实现数据变现、数据交易。

#### 3.4.3.1 数据治理

数据管理包含多个不同的领域，其中一个最显著的领域就是数据治理。CMMI协会颁布的数据管理成熟度模型（DMM）使这个概念具体化。DMM模型中包括六个有效数据管理分类，而其中一个就是数据治理。数据管理协会（DAMA）在数据管理知识体系（DMBOK）中也认为，数据治理是数据管理的一部分。

数据治理是企业进行数据资产管理活动的基石，离开数据治理，企业将被IT系统海量数据淹没，无法更好地管理数据，发挥数据价值，具体体现如下：

（1）数据没有标准，数据出现孤岛效应，数据难以连接与共享；

（2）数据模型缺乏管理，人们无法正确理解他们的数据，更谈不上应用；

（3）缺乏有效的元数据指引，对数据和指标的业务解释口径不一，导致产生错误的决策；

（4）缺少数据血缘关系，数据影响无法理清，出现数据质量问题时，更无法追踪溯源；

（5）数据质量问题层出不穷，影响数据分析和决策的准确性。

数据治理作为数据资产管理的核心职能，主要体现在数据治理定义、审批、沟通企业高层次的数据战略、政策、标准、架构、流程和度量体系，在高层次上执行数据管理制度，对数据资产管理行使权力和控制的活动集合（规划、监控和执行），它指导其他数据管理职能如何执行。同时，负责追踪并保证数据管理体系的合规性和一致性，负责发起、追踪和监控数据资产管理的可交付成果，以及数据资产管理中的问题管理。

DAMA 把数据治理进行了三权分立，如图 3.9 所示。其中，立法、司法职责由数据治理团队负责，包括企业级数据治理委员会、部门治理委员会、项目指导委员会，以及数据管理制度团队；而执行职责则由数据管理服务组织，即数据架构师、数据分析师等 IT 人员负责。

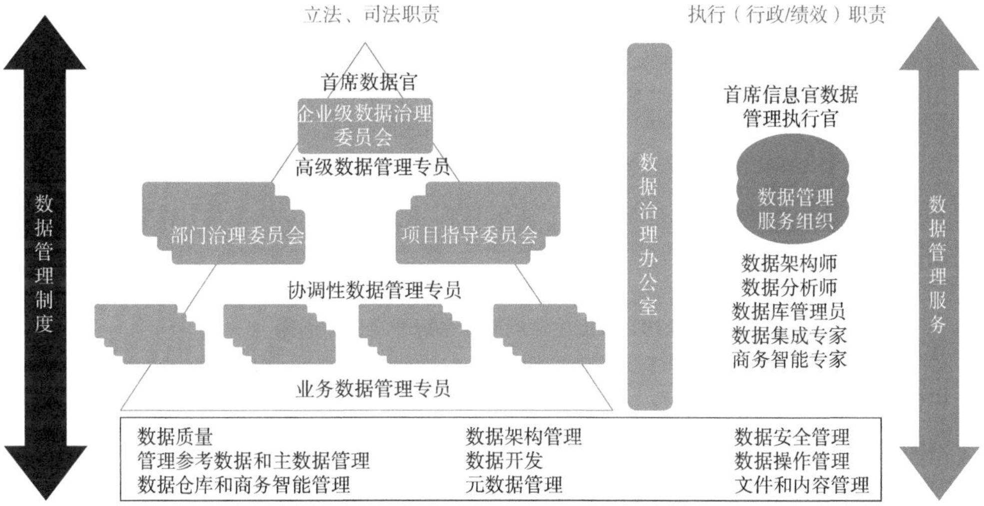


**图 3.9　数据治理组织架构**

数据治理可以采用面向数据生命周期的数据治理方法，我们可以认为，企业管理数据资产，就是管理数据的生命周期。在面向数据生命周期的数据治理方法中，我们可以从空间视角和时间视角两个角度来看。

第一，空间视角。数据和水很像，是流动的，从产生、集成、处理再流到各个业务环节。我们传统的数据管理是各管一段，但实际上如果没有一个集中的管理，迟早会出问题。所以，我们要从空间的角度，进行跨系统、跨业务的端到端治理，需要有机构统筹规划与决策、协调与推进。

第二，时间视角。数据先被创建或获得，然后存储、维护和使用，最终被销毁。对于有效的数据管理，数据的生命周期开始于数据获取之前，企业应当先期制定数据规划、定义数据规范，以期获得实现数据采集、交付、存储和控制所需的技术能力。

IT 部门普遍只关注规划、分析、设计、开发、测试、部署、维护这一段系统开发生命周期，但其实根据数据生命周期实施相应的举措才是最重要的，如图 3.10 所示。在规划阶段，要做好数据的架构，要对数据标准进行定义；在设计阶段，为了让数据质量在系统上线之后能够有更好的管理，需要开始考虑数据质量、安全、保留需求；在上线之后，就要进行常规的数据质量监控、评估、提升，数据安全审计，数据归档、备份与清除；而元数据管理则是贯穿在整个数据生命周期之中的。

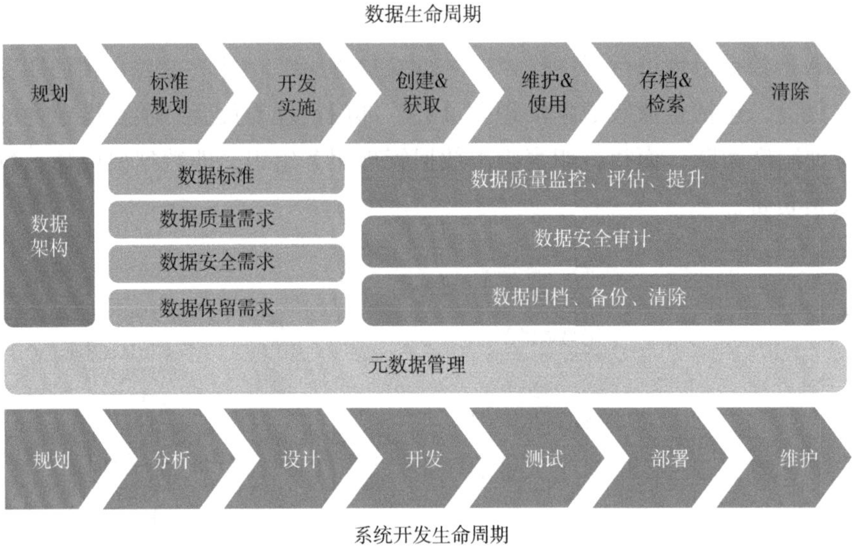


**图 3.10　数据生命周期和系统开发生命周期**

1. 数据治理方案

数据治理总体目标与蓝图规划如下：

（1）组织：建立数据治理组织体系，提升数据战略认知；

（2）标准：统一数据标准体系、设立专职专家团队；

（3）流程：固化数据管控流程、建立数据治理长效机制；

（4）质量：强化数据监控和质量、实现持续优化和跟踪；

（5）安全：数据安全管理，有效控制数据风险；

（6）技术：建立集中的数据管理平台、数据交换平台、业务流程平台。

①数据标准化建设

A 数据标准体系建设

数据标准的制定是全面提升数据的质量、实现数据规范化的前提，需要制定统一的数据标准和规范，开发共用的、标准的数据定义，并定义企业级的数据模型。根据需要，部分数据标准的制定和维护需要专家团队的支持。

数据标准的制定主要包括以下方面：

a 确立数据分类体系：对数据进行分类管理，搭建分类之间的关系，根据数据的重要性划分优先级；

b 分析评估，制定目标：评估数据的现状，分析数据与业务价值的链接，保证数据标准满足实际业务的要求。按照数据重要性分别制定数据标准的目标；

c 定义数据标准：按照既定的目标，根据数据标准化，规范化的要求，整合离散的数据，定义制定数据的标准。

标准制定后需要持续地改进和维护，因为标准不是一成不变的，它会因为企业管理要求、业务需求的变化而变化，也会因为社会的发展、科学的进步而不断地变化和发展。

B数据清理

数据清理是数据治理过程中的关键步骤，也是数据标准应用的关键环节。如何进行现有数据的清理和标准化工作是数据治理的工作难点和重点。确定切实可行的数据清理计划和操作步骤，对现有的各类主数据进行逐步清理，建立物料数据、供应商数据、客户数据、产品数据、设备数据、员工数据、财务数据、项目数据等类型数据的标准和规范化模板，建立集中、统一、科学、规范的统一编码和标准属性库；在不同的业务部门或业务线间建立统一的度量标准，能够有效降低业务部门的操作成本，提高IT系统效率。

②数据质量治理

众所周知，数据是企业至关重要的资产，数据构成了系统运行的血液，数据的质量决定了系统应用的质量，并关系到系统价值的体现。

通常，数据质量直接关系到数据分析系统建设的成败。据行业数据统计，5%的错误数据会造成超过10%的收入损失，30%的数据仓库项目失败是由于数据质量造成的。

当前，被普遍认可的数据质量的定义是：数据对其期望目的的适合度（Quality is fit for purpose）。数据质量的提升步骤及其相关的数据质量治理流程都要为确保数据满足其自身的预期目标提供相应的方法和手段。

数据在流转过程中涉及三个角色，即数据的生产者、数据的管理者、数据的使用者。在数据流转过程中，数据质量问题主要表现在以下方面：

A数据不正确：数据无效或错误，或者是应该填充的数据未填充，以及违反数据约束规则和业务规则等情况。

B数据不完整：提供数据源的系统存在数据遗漏或未填充，有些数据在业务系统中可能不是必填内容，但这些数据在数据分析系统中必须用到。

C数据不一致：来自多个业务系统的同一数据存在冲突和差异，或同一业务系统内部的冗余数据之间存在冲突。

结合广电网络运营商自身的特点，可以参考以下几点来制定数据质量的治理策略：

A建立整个公司数据质量治理流程，通过对数据进行质量监控、分析、修正、跟踪、再监控的一个闭路循环管理过程，使数据质量持续提升。

B建立整个公司数据质量的度量标准。

C建立并实施数据质量治理制度、实施细则和管理办法。

D与源系统的数据质量进行相互验证，分析源系统质量事件、监控业务数据的合理性，对源系统的数据起到一定的检查作用。

E将数据质量治理落实到各个环节的可检查项中，实现流程化、自动化的管理手段。

F对于已经发现的数据质量问题，为了同样的问题不再重复出现，最好的办法是解决数据产生的源头：①对于数据源质量问题，需在提供数据源的系统中进行解决，这可能涉及软件代码修改、表结构修改、增加表，甚至会引起系统的全面升级，对系统的调整需要非常慎重。②对于由于系统内部处理环节造成的数据质量问题，应启动相应的数据质量维护流程，解决相应的数据质量问题。

G 逐步丰富数据质量问题知识库，实现知识共享。

行业经验证明，成功的数据质量治理需要高效率数据质量小组的组织保证和精细化的数据质量治理流程的制度保证。

一个典型的数据质量问题处理的工作流程如下：

A 建立数据质量问题处理的规范流程，使数据质量问题治理从发生、发现、分析、解决到复核的流程形成一个闭环。

B 打通对生产环境数据质量的监控，及时发现数据质量问题。

C 以工作联系单将数据质量问题递交给数据质量小组。

D 数据质量问题跟踪人员负责接收相关的工作联系单。

E 数据质量小组组长负责将相关的工作联系单转给相关的专项检查人员处理。

F 数据管控与质量评价体系建设

数据管控与质量评价体系建设具体如下：

A 数据管控体系建设

通过建立管控流程体系来固化数据管控流程、建立数据治理长效机制。数据管控体系是为了规范数据标准、数据质量、数据安全中的各类管理任务和活动而建立的组织、流程与工具，并实现组织、流程与工具的常态化运转；数据管控体系建立的目标是制定提升数据质量、促进数据标准一致、保障数据共享与使用安全。

数据全生命周期管理过程中流程的梳理和定义是提升数据质量的重要保证因素，定义持续开展数据治理所需的统一的、集中的业务过程与规则。数据的流程控制包括数据业务控制、数据技术控制和数据逻辑控制。

流程规划包括业务流程管控、风险管控和安全管控等方面。通过流程规划，建立数据质量控制体系，确认质量控制流程，确立数据的长期运维模式，实现数据的持续性治理，稳定地保障数据治理机制的可靠运行。

B 数据评价体系建设

建立数据监督和数据质量的评价体系和指标体系，实现量化数据考核，对数据的创建、变更、销毁的过程实现质量管控。

2. 数据治理关键影响因素和风险。

影响数据治理成效的关键因素和风险主要有以下几点：

（1）认知风险

部分人员和管理者对数据资产的重要性认知不足，数据治理工作应纳入企业的信息化战略中并予以重视。数据治理是信息化建设必经之路，这不仅是数据的治理，也是明确数据责任、优化数据管理流程、实现跨部门协同的管理工作。数据治理工作具有专业性强、技术含量高、涉及部门多、管理难度大等特点。

风险防范对策：应对认知风险需要明确各级数据责任，进一步调整和优化数据管理流程，最终实现跨部门协同数据管理。数据治理是提升数据管理与应用水平的关键举措，是进一步梳理业务及其数据、强化跨部门协同、提高信息系统应用水平的过程。数据治理工作需要发挥各个层面的积极性，实现全员参与，并实现业务与信息部门、总部和所属单位、管理与技术的协同推进，数据是各业务部门负责的，业务部门对归口管理数据要保证数据质量（及时性、准确性），信息部门在技术上对质量检查、推进提供支撑，因此，业务部门是数据质量提升关键。如何调动业务部门积极性，参与数据质量提升工作是一个挑战，当中存在很大的不确定性风险因素。

（2）组织和运营机制风险

数据治理工作涉及多个相关的业务部门和信息化部门，缺少常态化的运行组织和保证机制，是数据治理工作推进的主要风险，数据治理是一个长期的过程，需要自上而下强力推行。风险防范对策：建立持续的数据治理工作的组织和运营体系，是减少组织风险、保证工作质量的有效保障。

数据治理工作需要自上而下的大力推动，坚持高标准、严要求，在推进过程中，要强化集团化运作，确保公司各项部署，能够全面落实到各级单位的实际工作中，以强有力的执行力保障数据工作的顺利推进。

（3）数据标准制定和实施风险

数据标准制定和实施工作，是数据治理工作的重点和难点。数据标准的制定和维护是一个长期的过程，数据标准的应用和实施工作，难度大、具有高度的复杂性。

3. 案例

（1）电子节目指南EPG

电子节目指南（EPG）作为数字电视特有的功能，存储了频点、节目、事件等信息，EPG信息主要来源于其中的节目信息和事件信息。EPG可提供丰富的节目预告信息、是一个方便灵活的内容检索引擎。用户可以通过它方便的浏览和查询节目信息，同时还可以看到更多的节目信息，如节目简介、演员信息、节目片段。通过电子节目指南，用户可以快速定位找到自己喜爱的节目，同时用户可以得到更富于个性化的服务。这对于数字化之后数字电视节目的推广具有重要的推动作用。EPG起到导视的作用，是观众进入数字电视节目世界的“门户”。

同时，EPG数据能为企业带来巨大的收益。比如对广告主来说，EPG广告是将来数字电视实现广告的一个重要表现形式。由于广电总局已经明确在数字付费电视节目中禁止播放视频广告，付费电视消费者也越来越知道如何保护自己的合法权益，如果再像以往模拟电视中充斥着大量广告，则网络运营商将不得不为此付出巨大的代价。而电视节目广告的吸引力是无法忽视的，一方面是广告投入者的需要，一方面是网络运营商也希望提供广告服务。而EPG是将来会费电视系统中唯一能够强迫让用户收看的栏目，所以EPG广告的重要性毋庸置疑。可以在EPG界面上留出一定的区域，以实现广告投放的目的。

但是，目前的EPG数据也存在很多问题。比如，很多地方频点、频道内容不统一，如部分地市采用私有描述符。例如，EPG上显示的有些节目信息是“金鹰剧场”，有的显示的直接就是“楚乔传12–13集”电视剧节目的名称，对于前者，用户可能就不知道“金鹰剧场”到底要播放的是什么内容。对于EPG标准不统一的问题，有线运营商可以按照既定的目标，根据数据标准化，规范化的要求，整合离散的数据，定义制定数据的标准，以此全面提升数据的质量、实现数据规范化，为数据处理提供保障。

比如歌华有线，它将EPG（电子节目菜单）精心编排，实现了直播分类、精准预告、全面介绍、深入互动等功能的智能导航。

（2）智慧城市

当前，数据逐渐成为一种驱动智慧城市治理和运行的重要战略资源，但若要让其发挥最大价值，首先要保证数据本身的高质量，这就需要做好数据本身的治理。如果没有做好数据本身的治理，数据质量不高，那么依靠这些数据就很难治理好智慧城市。现在对数据开放的呼声很高，然而在数据开放的同时要保证数据质量，否则数据开放的程度越高、被应用的范围越广，数据带来的危害也就越大。数据的质量主要体现在真实性、准确性、及时性、完整性、安全性和可利用性等多个方面。

以公共安全治理和食品安全治理为例。智慧城市的公共安全治理是一项综合性很强的系统工作。为满足治安管理、安全生产管理、交通管理、应急指挥等方方面面的需求，需要做好灾难事故预警、安全生产监控等方面的数据采集和分析。随着食品生产日益工业化，食品生产链条越来越长，食品安全监管的难度也大大提高。可以利用条码、二维码、RFID、NFC、传感器等物联网技术，建立起覆盖食品生产、加工、销售等各个环节的数据流，在此基础上建立食品质量监督回溯平台。相关监管部门和消费者可以随时通过食品回溯系统查看到生产、批发、零售等环节的详细信息，出现食品安全问题后可以迅速锁定问题环节和相关责任。

数据精准是实现政府治理精准化的基础。《促进大数据发展行动纲要》指出要推动政府治理精准化。在企业监管、质量安全、节能降耗、环境保护、食品安全、安全生产、信用体系建设、旅游服务等领域，推动有关政府部门和企事业单位将市场监管、检验检测、违法失信、企业生产经营、销售物流、投诉举报、消费维权等数据进行汇聚整合和关联分析，统一公示企业信用信息，预警企业不正当行为，提升政府决策和风险防范能力，支持加强事中事后监管和服务，提高监管和服务的针对性、有效性。

（3）中信银行数据治理体系建设规划

通过对数据治理面临的问题进行深入分析，并参考国内外银行同业的数据治理最佳实践，中信银行制定了数据治理十大远景目标：

①数据具有清晰、准确、一致的定义；

②数据符合标准化要求；

③数据满足质量要求；

④数据有明确的责任方；

⑤数据的成本和价值可计量；

⑥数据实现集中的存储与管理；

⑦数据存储有合理的期限和方式；

⑧数据进行统一的加工和整合；

⑨数据具有安全可靠的控制机制；

⑩数据是易用、易访问的。

数据标准制定是数据标准化工作的核心，国外企业在进行数据治理时大多从数据标准管理入手，而数据标准管理的第一步就是确立数据标准管理的分类体系框架，按照数据加工的程度可将数据标准分为基础数据标准和指标数据标准。基础数据标准是业务生产系统直接产生的、最原始的数据。指标数据标准是在基础数据的基础上经过加工衍生的数据。按照银行对于数据所关注的粒度和维度不同，基础数据标准分为11类，分别为：客户数据标准、机构数据标准、产品数据标准、协议数据标准、交易数据标准、渠道数据标准、财务数据标准、资产数据标准、地址数据标准、营销数据标准和公共代码。指标数据标准是银行由于经营管理或者外部监管需要所定义的标准，如风险管理指标和财务管理指标等。

数据质量也是数据治理的一个重要课题。当前各行数据质量管理大都处于初级阶段，数据质量的问题大多由项目组自行协调解决，在组织架构、制度流程以及技术平台方面还未建立企业级的数据质量管理体系。数据质量管理包括数据质量管理团队建设、数据质量管理制度建设、数据质量管理流程建设以及数据质量管理平台建设。要将数据质量管理嵌入系统开发周期的全过程，确保在系统开发阶段做到数据质量问题的预防；企业级的数据质量管理平台建设至关重要，是数据质量问题发现和解决的日常工作平台，在此平台上，可以设定数据质量检核规则以及数据质量统计指标，识别和统计数据质量问题。

#### 3.4.3.2　建立数据共享中心

受广播电视自身多业务运营、业务之间相互融合促进的需要，广播电视多业务数据中心的建设已成为必然的趋势，它能优化现有各业务的运营，同时增加其他业务种类。相比传统IDC所提供的主机托管、资源租赁服务，广播电视的数据中心的还应该支撑涵盖宽带数据业务、高标清视频交互业务、基于交互式数字电视的其他增值业务，同时还负责BOSS等IT支撑系统的维护。针对数据中心能耗大的问题，应该积极构建绿水数据中心，关注机房建筑节能、机房规划与布局、机房专用空调系统节能、供电系统节能、节能管理和能耗指标。

1. 数据中心总体架构

数据中心保存着企业的重要数据，这些数据是企业数字化运营的结晶。数据的利用率越高，表明该数据越有价值；数据交换越频繁，表明企业的运营越高效。数据中心只有以“数据服务”为核心，才能更好地为企业的运营服务。因此，数据中心的结构设计必须跳出重硬件、轻软件，重环境、轻数据的传统思维，要体现以“数据服务”

为核心的架构。

根据以数据为中心的设计思想，按其内在关系来划分，数据中心的总体结构由基础设施层、信息资源层、应用支撑层、应用层和支撑体系5大部分构成，如图3.11所示。

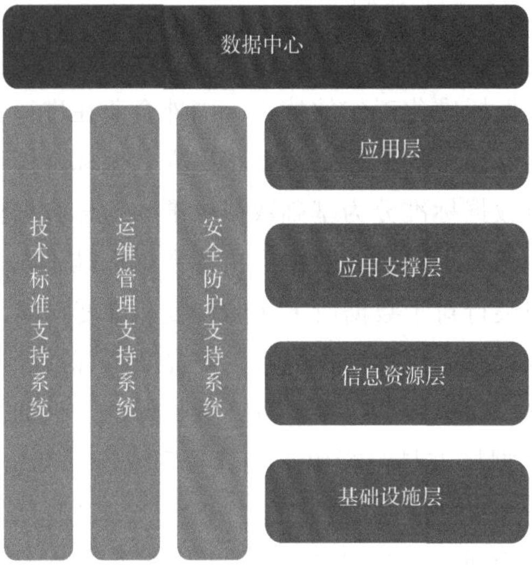


**图3.11　数据中心总体架构**

支撑体系主要包括技术标准体系、运维管理体系和安全防护体系，如图3.12所示。技术标准体系主要涉及系统建设标准、数据交换标准、数据仓库标准、数据元标准和基础设施标准；运维管理体系主要包括运行管理、自动化管理、用户需求管理、基础设施管理；安全防护体系主要包括应用安全、物理安全、网络安全等。

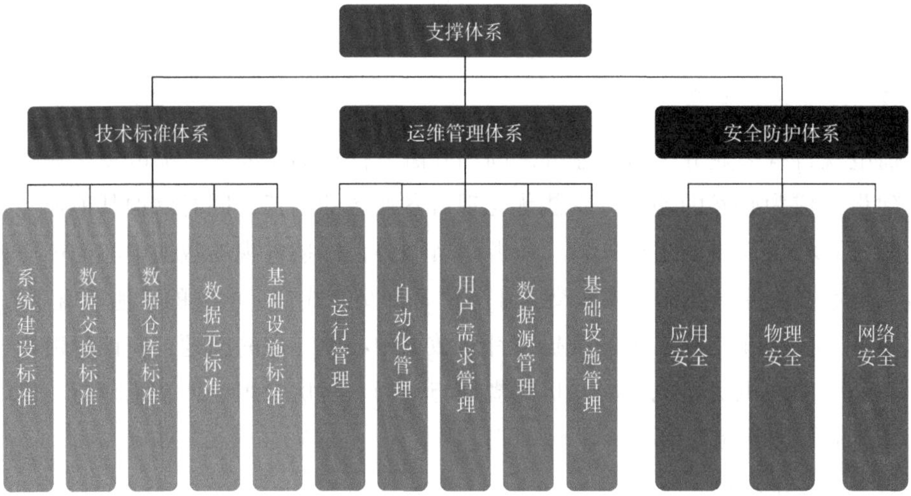


**图3.12　数据中心支撑体系**

图3.13为数据中心4层架构图示，它主要包括基础设施层、信息资源层、应用支承层、应用层。基础设施层主要是运用虚拟化技术，使服务器主机虚拟化、存储备份系统虚拟化和网络虚拟化；信息资源层包括数据集市、数据仓库和操作型数据存储区；

应用支承层包括数据交换平台，系统监控、元数据管理、性能管理、交换服务等服务，全文检索组件、元数据管理组件、质量控制组件、数据交换组件、数据采集组件等组件；应用层包括业务系统、决策分析、查询与报表等。

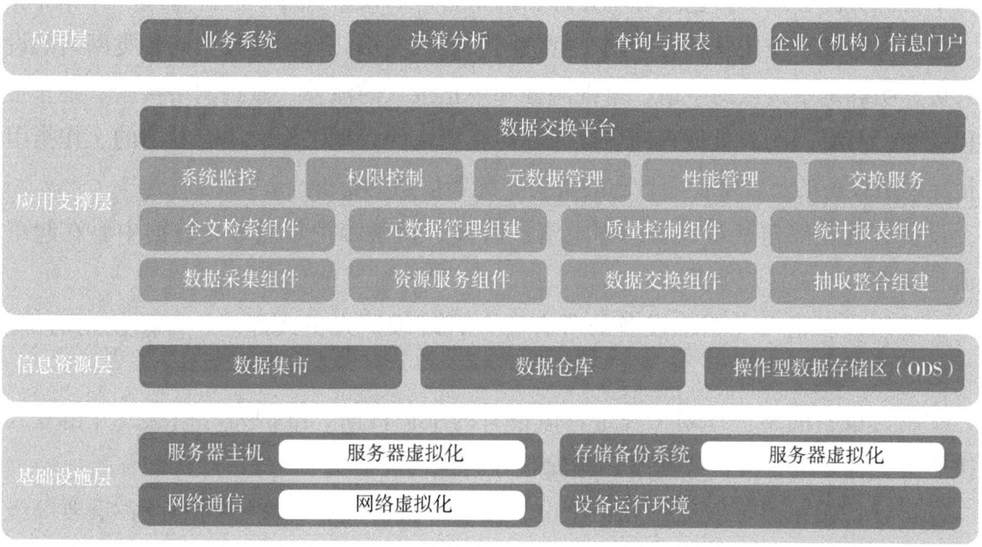


**图 3.13　数据中心 4 层架构**

（1）数据中心建设

根据数据中心业务的运维特点，数据中心的生命周期主要是由房屋建筑物和主要设备本身的折旧年限、IT 设备及新技术发展、客户需求和经济性等综合因素所决定的。数据中心主要服务对象是 IT 系统，IT 技术变革的同时也带动了关键基础设施技术的不断变化，从国外运营商多年的经验看，关键基础设施的经济寿命大约为 10 ~ 15 年，通常在正常运行 3~5 年后就需要开始启动下一轮的更新换代，如图 3.14 所示。

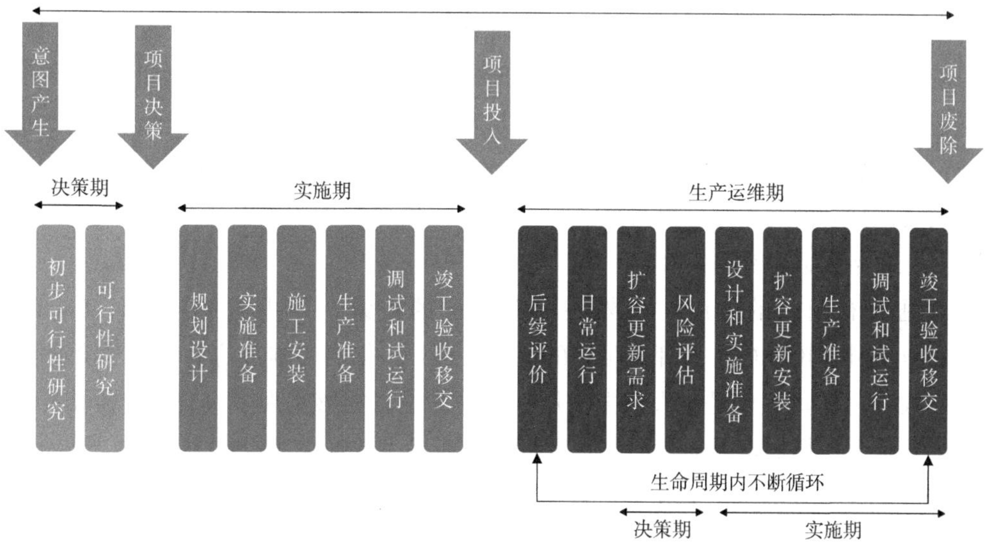


**图 3.14　数据中心全生命周期示图**

（2）数据中心资源管理

数据中心管理框架应包括7个管理领域：体系管理域、资源管理域、服务管理域、服务支持管理域、服务交付管理域、资源信息管理域、厂商管理域，下面主要介绍资源管理平台。资源管理平台包括环境管理、网络管理、设备管理、软件管理、存储介质管理、防病毒管理、应用管理、产网、管理网、公共网络。规定有权访问各类网络的设备和人员，明确网络接入的申请、审批流程和终止接入的流程，做到网络接入、终止接入过程受控，有专门的人员负责网络接入和终止接入的管理工作，应有专门的工作指引用于指导网络设备的日常维护、日志的备份、配置信息的备份。

设备管理主要包括对设备的固定资产管理、设备维护管理等。数据中心在起草相关流程文件时应关注以下几点：

①编制设备清单（明确设备的所有者、管理维护人员或部门、开始使用的日期、设备的重要等级等信息）；

②制订设备的维护计划（规定具体设备的维护日期、维护人等信息，并由专人负责按照维护计划进行维护或联系、督促服务商执行维护）；

③将设备按重要等级进行分类（设备按照等级分类，并按不同的设备重要等级制定不同的管理策略，最大限度地确保重要设备的运行）。

#### 3.4.3.3 外部数据合作

有线运营商在推进智慧社区、智慧公交、云媒体电视、云视业务、NGB应用、视频通讯等业务时，不仅要用自己的数据资源，也会用到别人的数据资源。之前没有正规渠道使用别人的数据，现在可以通过数据交易平台，有机会接触到更开放更多样的数据源，这样就能将业务做得更好。

比如中国联通在做景区的客流报告时，不仅需要用到中国联通自己的数据，还需要拿到移动跟电信的数据。如果通过大数据交易平台把运营商的数据汇集起来，这个报告的可信度和可行性就会有一个很大的提升。中国联通与同济大学、交通部、百度、中科院等都有联合研究项目，利用平行的数据交易，在垂直领域，比如大数据挖掘、数据建模方面，联通能提供例如交通路网监测、实时旅游预警系统、城市规划、商业选址、人流统计分析等可作用于政府、社会公共管理、公益、民生的服务和技术。

大数据交易模式主要分为四种：

（1）原始大数据交易模式。

常见的有国内的百度与国外谷歌关键词的搜索；国内微博与国外Twitter、Facebook等社交网站的个人评论足迹的追踪、统计；知网、维普的学术数据检索使用。这种模式交易的特点就是以大数据使用权交易为主，能够实现多次交易，价格相对较低，主要是大数据需求方通过向产生数据的企业以大数据在线租赁等形式实现。例如，美国Factual公司不仅向大公司提供数据，同时也面向规模较小的软件开发商提供数据。目前在中国，作为创业公司的数据堂公司的数据商城平台，以电商的形式实现大数据资源的在线共享与交易。

（2）基于大数据的决策方案交易模式。

这种模式交易的特点是以大数据拥有权的决策服务提供、一次性交易为主，主要提供商为大数据企业，目标客户包括个人、企业、政府，如图3.15所示，价格相对较高。国外主要有麦肯锡公司提供市场分析、性能基准测试和定制研究，以帮助能源公司做出战略投资、交易和操作的关键决策，而且涉及领域非常广泛，包括先进的电子、航空航天与国防、化学制品等。IBM不仅提供大数据技术，出售分析后的大数据及行为决策，同时还提供大数据的技术指导服务，其特色服务是提供简便的方式来访问Hadoop集群上的数据，构建应用程序以及分析结构化数据或非结构化数据的水平更是领先于国内的大数据厂商。目前多数国内面向大众的分析平台技术只能分析结构化数据，如国内蓝讯的数据集中备份解决方案、数据库集群解决方案以及企业信息化建设方案等。

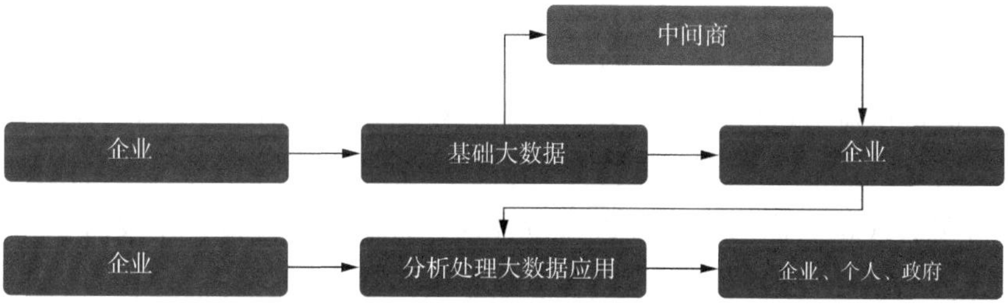


**图3.15　大数据交易模式示意图**

（3）分析、甄别处理后的大数据交易模式。

经过分析、甄别处理后的大数据交易主要存在企业与企业之间的交易，有数据出租、买断、收益等形式。这种交易类似于信息交易，已具有信息交易的雏形，受到相应的知识产权保护。中国信息通信研究院发布的《中国大数据发展调查报告2015》显示，在被调查的企业中，70%企业选择自建大数据平台，37%企业选择购买云服务来构建大数据平台。由此看来大多数企业都希望获取基础大数据，然后研发大数据技术获取分析、甄别处理后的大数据。例如，沃尔玛就是借助于大数据分析公司天睿的分析来获得营销的灵感与创新。

（4）大数据中间商交易模式。

贵阳大数据交易所作为全球第一所大数据交易所，本身不生产数据，而是通过与提供大数据源的企业合作，将大数据出售给会员，收取手续费，这是大数据新交易模式的探讨。截至2015年12月，贵阳大数据交易所接入的数据源企业超过100家，会员单位达300家，大数据总量超过10PB，交易金额突破6000万。大数据交易所是中国大数据交易模式的新探讨，作为战略部门在政府的扶持下快速发展。可以说，这种大数据交易模式是中国的创新，为数据供求双方搭建桥梁，带动大数据产业继续向前。

目前国内数据交易平台主要有数据堂、中关村数海大数据交易平台、上海数据交易中心、贵阳大数据交易所等数十家数据交易平台。国外的数据交易平台有Azure、

Datamarket、Acxiom、Corelogic、Datalogix等。

广电网络运营商经过不断的探索，已经有了自己一些突出的业务。比如，东方有线的NGB应用已经具备“T级骨干、千兆进楼、百兆到户”的网络承载能力，轻松实现高速宽带、高清互动电视、3D电视、多媒体通讯、家庭金融、远程互动教育、电视游戏、智能家庭等三网融合全业务运营；东方有线云视通过不同的屏幕终端实现电视频道直播、视频点播、多屏共享等业务；视频通讯这项服务只需利用家庭或办公场所的电视机，就可以实现“高清、实时、可视、交互”的通讯效果，也可以在此基础上拓展很多延伸服务，如远程医疗、互动教育、高端理财等；智慧社区提供的内容服务面向广大居民群众和社会管理者的社会生活信息服务，同时，智慧社区也是街道社区信息服务窗口平台之一。

湖南有线“快乐融屏”多屏互动系统基于广播电视有线网络和WiFi无线覆盖两种技术，将传统有线电视网络从固网向无线覆盖延伸，服务从单一的电视机终端向平板电脑、移动终端拓展，形成一个新的收视互动平台；通过与芒果TV的合作，湖南有线还在现网高清机顶盒上进行集成开发，实现有线电视和互联网电视的结合。

以下就智慧社区和互动点播业务来分析外部数据合作对于有线运营商推进业务的必要性。对于有线运营商来说，推进智慧社区、智慧城市建设，不仅需要充分利用物联网、云计算、移动互联网等新一代信息技术的集成应用，还需要获得大量公共服务的数据，包括医疗、政务、市政、交通等。这样才能为社区居民提供一个安全、舒适、便利的现代化、智慧化生活环境，从而形成基于信息化、智能化社会管理与服务的一种新的管理形态的社区。

互动点播业务是广电运营三网融合之后在商业模式上的一个创新之举。在前有移动通讯、后有互联网电视的竞争态势下，广电运营的目标是借助互动电视，冲出三网融合之困，与IPTV、OTT立于三足鼎立之势。有线电视互动点播大数据主要来自两个方面，一方面是通过机顶盒采集，信息内容包括账户和业务数据等；另一方面是对用户操作遥控器采集数据。但实际上，与互动点播业务相关的数据往往不止这两个方面，还有腾讯、百度、微博等互联网上的数据，主要包括用户的评论、分享等数据。因此如果能拿到这些外部的数据，内部数据和外部数据打通，形成一个闭环，可以更好的分析数据，无疑会使互动点播业务大大提升。

## 3.5 小结

广播电视运营商通过对数据资产的管理，主要有以下三个阶段。

第一阶段，可以梳理系统数据架构，建立物理模型基线，提供系统运维数据地图；制定审查规范制度，提升数据模型变更质量，降低系统版本上冲击；对数据进行生命周期管理，制定管理策略，满足部门内外用户的数据需求，有效管控系统整体数据增长。

第二阶段，可以通过逐步建立部门内数据标准，建立对数据架构描述的统一语言，增强模型透明性，提高数据共享能力；理清数据分类，明确系统间数据同步及主从关系，建立业务支撑域宏观数据视图。

第三阶段，全面打通业务－应用－数据三者关系，降低系统开发难度和风险，进行系统建设的硬件和软件投资成本。

# 第 4 章　广播电视大数据应用体系建设规划

## 4.1　大数据应用体系建设总体目标

基于大数据的理念，广播电视大数据应用体系的建设应当更加注重数据积累和分析应用：一方面要设计并采集足够多、分类明确而又有意义的数据，另一方面要能提供数据挖掘和数据分析功能，为企业的内部和外部业务提供支撑。因此在大数据背景下，有线网络大数据应用体系建设的总体目标应该包括：持续保持现有市场份额，对内建立大数据驱动的全流程支撑体系，实现企业运营效率显著提升；对外打造规模化的线上数据产品，实现经营收入每年稳步上涨。

（1）面向企业内部：对内实现智慧运营，提供精准分析、精准营销和精准服务等应用服务；更精准、更全面地支撑决策、营销和生产经营活动；建立专业化大数据业务运营组织、标准化流程和一体化支撑体系支撑前端营销和后端运营，降低运营成本，促进价值增长。

（2）面向外部市场：对外服务民生，经营数据服务、数据咨询、数据能力和数据解决方案，实现大数据的社会价值和商业价值；形成强劲的大数据增值能力和大数据资产变现能力；探索大数据对外经营模式，嵌入大数据生态链，实现合作共赢。

## 4.2　大数据应用体系建设规划思路

1. 基础应用平台建设

以云计算作为基础，使用开源的大数据采集、存储、处理、计算、分析技术，建设的涵盖数据采集、清洗、存储、处理到分析的一整套完备的数据流程体系和数据处理平台，并对外提供数据接口和数据作业能力。建立大数据驱动的全流程支撑体系，实现企业运营效益显著提升。

依据业务规划提出大数据产品形态，归纳收敛出这些产品的需求类型，对应地提出大数据平台目标架构具备的相关平台能力，以及支撑这些能力实现的相关大数据关键技术。

2. 数据运营体系建设

围绕数据的管理、监控和流程控制，建立完备的数据运营体系。对数据的采集、存储、处理流程实行全时监控，保证数据流程安全、稳定、可靠运行。实行数据全生命周期管理，依据数据价值和可利用度制定完备的备份策略和清理策略，并逐步建立和完善数据标准制定体系和质量管控体系。

3. 大数据应用安全体系建设

管控数据流程每一阶段的安全治理，监控数据状态，保证数据的传输安全性、存储安全性和应用安全性。按照数据价值实行数据分级管理，制定完备的数据加密策略、备份与恢复机制、数据输出脱敏策略，实现并逐步完善大数据安全机制和平台安全防护能力建设，实现数据管理平台的数据安全管理体系。

## 4.3　大数据应用体系发展规划

### 4.3.1　战略愿景和目标

1. 广电十三五战略目标

在《新闻出版广播影视“十三五”发展规划》发布的新形势和大背景下，国家新闻出版广电总局对于广播电视大数据的建设发展提出了一系列重要的目标和任务，下面列出其中部分重要的发展目标和主要任务。

发展目标：显著提升广电终端标准化智能化应用能力。大力推进TVOS在有线、无线、卫星和互联网等广电终端的应用，基本实现机顶盒、一体机、媒体网关和智能终端等广电终端的标准化智能化，形成广播电视和互联网融合的“广电+”生态，广电智能终端成为智能家庭、智慧社区和智慧城市的重要基础。

主要任务：

（1）大力推进广播电视融合媒体服务云建设，打造“广电+”生态链，推动广播电视系统服务的升级转型；

（2）积极推动广播电视技术与新一代信息技术融合创新，全面增强广播电视科技创新能力。

除此之外，国家新闻出版广电总局还提出了一些和广电大数据相关的重点项目：

（1）广播电视融合媒体制播大数据关键技术研究与应用示范；

（2）广播电视融合媒体用户互动数据采集接入技术研究；

（3）融合媒体服务与传输大数据关键技术研究与应用示范。

在《新闻出版广播影视“十三五”科技发展规划》中，显著提升广电终端标准化智能化应用能力已被列为重要发展目标，明确提出要使传统广电行业和新型信息技术进一步融合，广播电视面临着全面的战略转型，广电网络运营商更是面临着前所未有的挑战与机遇。

《新闻出版广播影视“十三五”科技发展规划》中提出广电要基于TVOS技术，不断推进广电融合发展，实现有线、无线、直播卫星电视、融合终端等广电终端基本标准化智能化，让广电拥抱互联网，实现融合媒体服务云平台的建设。要运用云计算、大数据技术，实现广电各方面资源的有效整合，最终得以共享和开放，让更多的人群受益，为开展更多的广电业务提供基础支撑。让融合媒体云平台能够在不同的系统下运行，并使平台上应用的运行在云端与终端能够进行随意的切换，为用户带来一体化的体验。

现今社会公众文化的需求愈加多元化，这就要求广电网络运营商必须从原来的单向覆盖加速转到双向交互，让“受众”群体真正转变成“用户群体”，从“被动”接受观看内容转变成“主动”选择。以往广电坚守着的终端设备始终是“电视”，但是在这个互联网时代，只要是能观看内容的屏幕就是终端。

媒体融合发展必将是广电行业一条荆棘之路，虽然坎坷，但是必将给广电带来一片光明。传统广电媒体和新型媒体的融合必然不是一个此消彼长的过程，在融合过程中我们要深入了解新旧媒体之间的优势与劣势。建设融合媒体云平台更要广泛学习云计算、大数据等先进的技术工具，将其运用于广电行业，提升其内容水平和节目制作效率，建设便于将各种媒体节目内容通过多种传播渠道分发到多类用户的各种媒体终端。

2. 大数据应用战略目标

基于大数据平台的大数据应用，针对不同的业务需求，利用数据挖掘算法和机器学习算法进行数据的挖掘和分析。可以利用推荐算法进行产品的精准推荐和营销，也可以利用回归算法预测产品的营销状况，还可以利用聚类算法对用户进行群体聚类，针对不同的用户群体制定针对性的营销策略等，或者分析用户行为进行产品优化，如通过订购、点播行为分析用户喜好，针对年轻用户推送更多互动性的产品和个性化的内容。针对分析结果，可以利用可视化的技术对数据进行直观的展现，这有利于观察和分析数据的分布和变化，便于进行决策和应用。

我们还可以利用深度学习技术，进行数据的进一步深入挖掘，集中处理更大量的数据，建立更精确的模型。

广电网络运营商还应该利用自然产生的数据的优势，将其应用于物联网领域。广电和物联网的结合，有很广阔的应用前景。在广播电视和互联网融合的进程中，广电智能终端成为智能家庭、智慧社区和智慧城市的重要基础，发展物联网的核心是宽带，需要广泛的宽带接入条件，而广电网络运营商既有数据优势，也有宽带技术优势，基于家庭物联网建立智慧社区、智能家庭，具有很大的潜力和应用空间。

在这个大数据时代，广电网络运营商有自己的大数据，这是广电网络运营商的首要优势，而且广电网络运营商的数据污染较小。但是广电网络运营商的数据源非常多且分散，数据的非结构特性十分明显，文本语义分析较多，因此如何整合这些数据也是广电网络运营商面临的首要问题。其次，如何利用大数据技术，提高自身网络规模和质量，实现智能运维，智能检测网络故障结点位置，判断出故障原因，并提供网络结点故障预测，这也是广电网络运营商现在面临的一个问题。最后，广电网络运营商面临的一个共同的问题就是客户的流失和广告业务的下滑，对于传统有线电视行业来说，可以多向新媒体行业学习，结合自身优势资源，以用户体验为出发点，耐心且细致地探索融合新运营模式。

广电网络运营商在建设自己的大数据平台时，首先要理清的就是自己有哪些数据源，在这些数据源中应该记录哪些数据。其次，设计好数据采集的流程和标准，并且考虑好采集的数据应当如何存储，以及怎样才能打通内部数据和外部数据。然后，按照自身数据的特征建立自身多层次、多维度的标签体系，围绕标签的四个张力点，构建不同业务场景和需求下的标签应用模式，并将个人信息关联到不同平台上，形成一个闭环，更好地刻画用户画像。最后利用大数据技术，实现智能运维，预测并检测网络故障结点，降低人力成本，节约时间资源。

广电网络运营商大数据平台建设的战略目标是一定要做到能够服务于自身企业，服务于有线同行，服务于政企客户，并且大数据要应用于精准营销、数据统计、数据分析等方面。在学习如何让大数据平台更好地服务于广电网络运营商的同时，一定要开阔眼界，了解其他先进技术在广电行业中的应用，比如物联网、人工智能、深度学习等方面。

3. 广电网络运营商企业发展战略目标

广电网络运营商需要基于大数据应用平台促进各方面业务的发展，支持好文化传播和信息服务。建议考虑以下几个方面：

第一，结合新媒体业务特点，重点实现电视屏与移动终端的互联互通；

第二，提升有线网络的质量，加大带宽接入资源，改善用户互动、多业务体验的流畅度；

第三，大力发展增值业务，依托海量的内容资源，加以策略性的、合理的营销方式，将内容输送给家庭用户，同时家庭用户可以分享内容体验，促进增值业务的发展；

第四，利用自身优势考虑向更多领域发展，如结合物联网技术，发力智能家居的建设，利用深度学习技术，构建企业自身的数据分析和挖掘体系。

### 4.3.2 对内应用规划

随着现代三网融合的不断发展，有线电视取得了新的发展机遇，但同时也面临着更加严峻的市场竞争形势。相对于有线电视来说，电信以及互联网拥有更加灵活、多样的市场营销方式，新兴媒体在市场营销中具有较大的竞争优势，给有线电视的发展带来了较大压力，因此，有线电视产业在提高自身技术与业务水平的同时，还应该重视市场用户的需求分析以及营销策略的制定。

#### 4.3.2.1 运维类大数据应用规划

1. 有线运营商运维现状

随着三网融合的推进，有线网络未来的竞争优势不仅体现在网络本身的质量上，更体现在运维体系对市场、客户、服务的全面支撑能力上。因此对于有线电视网络公司来说，运维仍然是排在第一位并且是最基础的日常工作。

有线电视网络的主营业务是电视，此外还有增值业务，增值业务集中表现在“互动”上，分为两类：一类是“互动电视”，另一类是“宽带上网”。目前有线运营商还有许多所谓“新业态”：电视上网、电视银行、电视游戏等，这些其实是宽带业务移植到电视上来的。因此有线运营商的重心仍然是用户看电视，其对象是用户，核心是“服务”，其本质是“运维”，完整的表述应是“以客户为中心的有线数字网络运维服务工作”。这就需要培养一支高效统一、素质优秀的运维队伍，一批不仅掌握传统广电技术，而且掌握IT技术的新型运维人才。通过这支队伍的建设，使运维工作真正着眼于市场和服务，为用户提供更加优质的支撑服务。

随着这几年网络的整合，运维工作出现了以下变化：第一，运维的内容有了变化，运维数量有了增加。

第二，网络运维管理的层次发生了变化。

一般来说，网络维护工作可以划分为三个层次：现场维护层、网管监控层、技术支持层。第一层是现场维护层，处于运维管理体系层次结构中的最底层，直接受网管监控层的指挥，负责所辖区域网络设备及基础设施（动力电源、环境、机房等）的现场值守、维护和巡检，接受网络管理层的调配指令，实施相关的故障修复、资源调配等具体操作。第二层是网管监控层，其职能是面向网络业务对本管理区域内的各种网络设备进行集中监控、操作维护和资源配置调度等，具体任务是实施资源管理、运行监视、数据配置、数据管理、性能管理、故障管理，全网绝大部分的故障处理应通过网管在该层处理，对于网管无法处理的报修，可下发调度指令，由现场维护人员或相关技术人员赴现场处理解决。其具体职能通过网络调度中心实现。第三层是技术支持层。它是整个运维体系中是最高层，负责对全网各个专业网络运维中出现的热点、难点问题进行技术支持；负责制定系统的总体规划，把握技术的发展趋势等。

当今网络运维模式大体有三种：一是网络拥有者自主运维；二是全网运维外包；三是主体自维，部分外包。运维外包是网络运营商为了解决维护人员严重不足和维护工作不断增加的矛盾而实施的，它可以推进网络低端设备维护工作社会化，将现有维护力量集中到高层次的网络维护管理和优化调整等工作上来，进一步提高网络质量，提升企业的核心竞争力。对于网络运营商来说，主要采用自主运维，或自主运维加部分外包方式，全部网络运维外包国外有些案例，但目前在国内运营商中还未见到。各类运维方式及其优缺点如下：

（1）自主运维

自主运维，即网络拥有者利用自身力量进行维护，自己有一支独立的网络运维队伍。其优点是自己维护，可控性较强；外部成本低。缺点是队伍需逐步培养，运维人员负担较重，如运营商全业务运行或业务较多时开展业务的速度较慢；维护总成本相对较高。在实践中，不少运营商采用自维力量与关键设备购买服务相结合的方法，利用设备提供商的技术优势为网络设备提供技术支撑，从这个角度看，全部自维的并不多。

（2）全网运维外包

全网运维外包就是将全网的运维整体性地全部外包给技术力量雄厚的综合运维服务商，而将自身的力量全部集中于核心网络监控、总体质量控制和业务开发、服务支撑上。

全网外包的优点是：专业的事引进专业的公司，业务部署后，运维保障力量建立快；维护响应速度与效率提高；易于控制成本；易于控制自身人力规模。其缺点是：外部成本高；运维工作的网络质量与服务质量的管控难度较大；内部技术人才储备不足；对外依赖性较大，对外包市场的成熟度要求较高。

（3）部分外包

部分外包实际是一种自有维护力量、厂家技术支持力量和外包公司的维护外包力量相结合的维护方式，对于网络核心设备和一般设备，采用自有维护力量为主，并充分利用厂家的技术支持；对于线路、管道、末稍维护等，以外包为主。这种部分外包方式的优点是：运营商仍控制与监控关键网络节点，对全网的运行安全有总体把握；有利于关键技术运维人才的培养和储备；有利于利用服务提供商的技术优势，为快速更新的业务产品提供良好的运维支撑；有利于适度控制人力资源规模，尤其是控制低端重复劳动人员，提升单位人员工作效率，降低运营总成本；有利于完善服务规范与考核体系，提升服务质量与用户感知。其缺点可以预见：外部成本较高；部分节点职责难以划分；初期的沟通成本与服务质量较难控制，等等。

这种部分运维外包方式比较符合运营商的实际需要，国内大型的综合性全业务运营商，都使用部分代维的形式进行维护外包。

在正常情况下运维应有主动运维和被动运维之分，比如说网络层设备的维护、机房环境设备的维护，通过网管我们能监控到网元设备变化趋势，进而提前采取应对措施，等等，这些都是主动运维。

2. 有线运营商运维大数据规划

运维大数据，顾名思义即系统运维产生的海量数据，一般广义上的运维数据是指公司的业务运营和生产运行中产生的所有数据的总和。而狭义上的运维数据则专指信息系统运行维护中产生的机器数据，接下来重点分析的是狭义运维数据。信息系统的运维数据按照数据类型分类主要有以下几种：机器配置信息、告警信息、状态信息、性能信息、资产数据、变更及事件记录、机器日志数据。

运维数据按照产生的来源主要有以下分类。

（1）硬件数据：服务器、存储、网络设备机房相关设备产生的信息数据。

（2）系统数据：操作系统、数据库、中间件的日志信息数据。

（3）应用数据：各种应用系统和业务系统产生的业务相关数据。

（4）服务管理系统数据：各种资产系统、变更管理系统、监控系统、决策支持系统等产生的数据。

对于有线运营商来说，提高运维服务质量可以从以下几点出发：

第一，建立综合运维支撑系统。广电运营商经过多年的发展，拥有大量已有系统和规划中将要建设的系统，由于规划和技术理论发展的限制，已有的系统存在很多“烟囱”式的结构，即在一个系统内部，有自己的技术架构和分层原则，系统的下层实体仅能服务于本系统的上层实体而不能实现全局性的信息共享。“烟囱”式的运维体系所带来的信息孤岛问题、负载失衡问题、服务响应不及时问题、资源分配不均衡问题、重复建设性问题及数据的关联性问题正在逐渐削弱广电企业的竞争力，阻碍着广电运营商在新形势下的进一步发展。因此，建设一个有序、高效、健壮和稳定运转的运维支撑系统必须提到广电运营商战略发展的日程上来，并加大对综合运维支撑系统建设的力度。

通过综合运维支撑系统的建设，广电运营商能够发现、总结所存在的问题；能够及时监测与发现网络及其设备存在的、潜在的各类问题，保障业务的稳定运行；能够规范化和流程化管理运维工作；能够不断明确管理重点并优化运维流程，从而加强运维能力，提高运维的工作效率，改善运维工作的质量，进而全面提升广电运营商的竞争力。

随着有线电视网规模的日益扩大，网络维护产生和涉及的信息数据越来越庞大，单靠人力处理已难以为继，综合运维支撑系统可以辅助网络维护，为网络维护涉及的部门、人员提供统一的协同工作平台，通过技术手段辅助网络维护管理工作，提升网络维护质量。苏州有线电视近年来重点开发建设GIS（Geographic Information System）地理信息系统，用于辅助管理有线电视网维护，使有线电视网的维护管理变得直观实时。网络维护工作中利用GIS系统对具体的网络区域进行数据分析，网络出现故障后能准确地进行故障点的定位和故障分析，提升响应速度。此外苏州有线电视还建成了网络综合网管监控与调度中心系统，对网络等级、故障等级及维护资源供应进行全面优化平衡配置，缩短故障发现、分析和修复时间。将用户、业务和电路动态关联，变被动维护为主动排查；系统全网视图实时反映有线网络状况的动态变化，提供多级报警调度分析和定位分析，实现从广电环网到分中心，再到用户终端的全网络全程监控，通过全程全网统一监控运维和调度，提高了有线电视网的监管控制能力和运维调度效率，实现了有线电视网预防为主、防控结合的主动维护。

传统的运行维护依赖于专家经验，这样做的弊端是：

（1）周期长。培养一个运维专家需要的周期很长，且需要投入大量培训资源。

（2）带有主观色彩。解决问题的方法有时候受专家主观情绪的影响，带有主观色彩。

（3）不具有可持续性。一旦运维专家离职，运维经验将面临无法传承的风险。

因此，如何将运维工作经验转化成可持续、能传承的知识，在知识库中直接输出专业化要求较低的可直接使用的信息，成为新一代数据中心运维管理的一个方向。大数据时代，内外部数据为数据中心建立知识库提供了丰富的数据源。内部数据主要是指内部运维经验，外部数据是指来源于互联网的运维知识。对于外部数据，可借鉴网络舆情分析技术，使用网络爬虫工具自动采集互联网上的信息。对于收集到的内外部数据，可利用文本挖掘、聚类、分类预测等方法对信息进行加工展现，将其转化成知识库中的知识，并实现对信息的快速、自动化检索。

大数据时代，数据成为一种新的生产资源，挖掘数据的价值有助于提升运维管理的精细度。目前对于监控系统的统计分析大都需要人的参与，才能提取出有助于运维的价值信息。人为参与监控数据分析不仅依赖于运维人员的运维经验和专业技能，而且分析的效率比较低，难以满足高效运维工作的要求。数据挖掘是一种技术，它将传统的数据分析方法与处理大量数据的复杂算法相结合，为探查和分析新的数据类型以及用新方法分析旧有数据类型提供了新的机会。在运维过程中，有些故障因找不到根本原因，运维人员只能临时解决，导致重复告警。或者是由于监控系统数据采集设备的故障，导致监测指标不正常，因而引发重复大量报警。大量虚假告警在很大程度上麻痹了运维人员，降低了运维人员对故障的敏感性。数据挖掘中的关联分析为甄别告警信息提供了一条新的途径。从监控系统数据库中获取历史告警数据，用关联分析中的Apriori算法寻找不同告警间的关联，寻找发现重复告警或关联告警，辅助运维人员对告警信息进行甄别，提高其对告警信息的敏感性。

```
算法：一种基于决策树归纳算法的分类预测模型框架
TreeGrowth(E，F)
if stopping_cond(E，F)=true then
leaf = createNode()
leaf.Lsbel=Classify(E)
return leaf
else
root=createNode()
root.test_cond=find_best_split(E，F)
令V={v|v是root.test_cond的一个可能的输出}
for每个v∈Vdo
Ev={elroot.testcond=v并且e∈E}
child=TreeGrowth(Ev，F)
将child作为root的派生节点添加到树中，并将边(root→child)标记为v
end for
end if
return root
```

为了减少故障率的发生，有线运营商还需要对网络进行“主动维护”。有线电视网长期使用后各种元器件和线路均存在不同程度的老化问题，尤其是各种有源器件上使用的220V的供电电源线老化后将会导致网络存在安全问题。苏州有线电视在网络维护上实施“主动维护”，通过实地察看网络状况、查阅网络维护档案资料后，他们制定了网络“三年整网”计划，通过网络整治消除网络中的各种隐患，降低故障发生的可能性。“三年整网”重点是对使用年代久远的网络元器件进行整治，如网络中使用不规范的所有供电器和电源安全保险装置，腐烂生锈的光机箱、放大器箱、电源箱体等，接地不良的接地装置，低于跨越高度要求的钢绞线、光电缆线路等，倾斜或受伤的电杆及其老化生锈松脱的紧固件，缺少井盖或井盖破损的地埋管道窨井，有线电视网架空线路及地埋管线线路上的各类线缆标识和警示牌等。此外还对安置在架空线路上的光机实施下地进箱工程，解决光机维修不便和易在雷雨季节受到电打雷击的问题。

为了解决当前广电企业面临的运维难题，运维支撑系统要实现以下目标：

（1）运维集中化：实现运维支撑系统的资源综合管理、网络集中监控、快速故障处理和高效操作维护。

（2）管理精细化：实现运维支撑系统全面的建设资源维护流程、网络故障精确定位和细化管理考核规范，并且提供多元化分析手段。

（3）支撑服务化：实现运维支撑系统的业务快速开通能力，快速地响应客户投诉，面向客户进行差异化服务，支撑市场运营决策并辅助网络规划。

（4）流程规范化：运维支撑系统要以业务为驱动，全面梳理运维流程，实现贯穿前后台的流程管理，明确流程间的接口关系，强化流程评估和流程改进。

第二，接报即修的服务模式。有线电视网的维修时间直接影响到网络使用的有效性，因此维修的响应速度要快且维修时间要缩短。苏州有线电视在市区范围内首创了“接报即修”这一新型服务模式，具体做法是市区范围内的有线电视网络用户通过客服热线电话报告故障，提出维修要求，用户所在区域的维修工作人员接到工单管理系统派发的维修工单后，在30分钟内必须与用户取得联系，及时详细地向用户了解故障现象并确定好上门维修时间。工单管理系统每天在上午10点30分前派发维修工单，如无特殊原因，维修工作在当天上午必须处理完毕，当天17点前派发的维修工单也要尽量做到在当天处理完毕，缩短用户的等待时间，这一举措极大地提升了用户满意度。

第三，采取服务外包的模式。随着有线电视网络规模的扩大和社会分工的细化，相应的维护体制也在不断变化。苏州有线电视从适应维护体制改革、优化维护队伍结构及降低维护成本方面出发，在有线电视网维护上引进专业性的维护单位来承担某个区域的有线电视网维护，进一步提高了网络维护质量及其工作效率，同时有效地降低了网络的维护成本。苏州有线电视通过招投标引进了三家维护服务外包单位，它们分别承担新区、园区及部分市区区域有线电视网络维护和用户维修。在外包服务管理上，苏州有线电视采用制定维护考核细则、签订维护合同、定期召开维护工作会、专人管理等方式对其进行管理，通过电子化、信息化等手段对网络维护和用户维修的效果、费用等进行细致有效的控制。通过精细化管理提升外包单位的网络维护服务质量和工作效率，降低了网络维修维护成本，从数年来的运行实践情况看效果较好。

#### 4.3.2.2 经营大数据应用规划

1. 广电网络运营商经营现状

大数据时代，如何对海量的有线电视运营数据进行经营分析，充分挖掘潜在的有价值信息，提高自身运营效率和服务水平，加强市场竞争力，将是有线电视运营商未来发展的关键。

一直以来，中国的电视观众都是在享用一种所谓的“免费大餐”。有线电视用户每个月只需要交纳固定的十几块钱，就可以收看到来自全国各地不同类型的几十套电视节目。其实，这个低廉的“有线电视费”只是有线电视的维护费，并不是真正意义上的节目费。电视媒体的收入主要来源于电视广告。因而，在中国漫长的模拟电视时代，并没有“付费电视”的概念。

数字付费电视频道21世纪初在中国的诞生，有着特定的产生背景。一方面，依托于中国广播电视数字化的进程，作为传播通道的有线电视网络的数字化改造成为数字付费频道产生的先决条件，为付费频道的出现提供了技术平台。有线数字电视不仅使系统可以容纳的频道数量大幅增加，而且还使得精确到每个用户的统计和付费成为可能。另一方面，中国电视媒体多年来单纯依靠广告的盈利模式，丧失了很多的节目形态，损失了许多的收入来源，并在一定程度上制约了广电产业的健康发展。因此我们迫切需要寻找到一种新的盈利模式，来改变我国电视业目前这种过分依赖广告生存的现状。同时，随着经济的发展，社会分工不断细化，人民群众的兴趣爱好也产生了不同程度的分化。为了更好地满足电视观众日益个性化和多样化的收视需求，近些年来，我国电视业内人士一直致力于在电视频道专业化方面进行深层次的探索与创新。综合以上两方面可以说，数字付费电视频道的出现是中国电视业发展的必然结果。

目前有线数字电视业务日益成熟和多样化，业务类型也朝多元化和双向化的趋势发展。整体而言，有线数字电视的业务可以分为基本业务和增值业务两大类。有线数字电视的基本业务是指基于有线数字电视基本收视费的节目内容提供，包括本地实时压缩编码节目和卫星数字转发节目、电视节目指南。增值业务的情况就相对复杂一些。有线电视数字化后，网络运营商提供的核心产品从单纯的电视频道转向综合信息，除了基本数字电视节目外，还包括付费频道、高清频道、互动电视、政务信息、公共信息、在线购物，等等。以上这些由数字电视的技术和运营优势催生出的新业务，被称为有线数字电视的增值业务。增值业务是有线数字电视的主要卖点，也是有线数字电视新的盈利点。关于增值业务的分类有多种方法，其中根据有线电视网络属性的不同，可以分为基于单向网络增值业务和基于双向网络增值业务两大类。基于单向网络增值业务包括政务信息、生活服务单向数据广播、多媒体杂志、数字付费频道、准视频点播、准音频点播、立体声音乐频道等；基于双向网络增值业务包括多媒体数据广播类业务、视频点播、按次付费数字电视和远程教育、电视购物、电视邮件、股票交易、电视缴费、互动游戏、数据业务、时移电视、电视上网等。调查数据显示，增值业务开展比例从高到低依次为付费频道、信息服务、互联网、股票交易、互动游戏、电视缴费、远程教育和电视购物。

相对于互联网、通信业等其他信息产业，广电产业的优势在于视频内容。有线数字电视提供的视频内容可以分为以下三个层次：第一层次是基本层，指的是有线数字电视基本包中经过整合提供的电视节目频道，多为中央、省级电视台开办的开路电视频道，为公众提供基本的公共电视节目服务，它的费用是数字电视的基本月费；第二层次是专业层，指的是的数字付费频道，它是为满足顾客的多元化需求而设置的。用户有选择地根据自己的爱好和需求订购，按不同的频道额外收取不同的费用。付费频道可以让有支付能力和收视需求的观众在付费的同时享受到更好的服务；第三层次是点播层，指的是基于双向网络的技术基础之上，用户按收费标准额外按次付费收看的数字付费节目。这些节目存在于庞大的节目资料库中，用户可以根据需要自由选择，一般是高价值的特别节目，如电影、体育赛事或特殊重大事件的相关节目。

付费电视是从经营的角度出发的，与由广告支持的免费电视节目服务不同，它是一种通过提供电视内容并收取节目费的电视经营模式。付费电视包含两种形式，即按频道付费的付费电视频道和通过、等方式计次付费的付费电视节目又可以称为点播节目，按次付费电视等。付费电视频道以“频道”为计费单位，付费电视节目则以“节目”为计费单位。鉴于目前我国付费电视节目尚未大规模兴起，一般说来，我们现在所说的付费电视代指的都是付费电视频道。

随着广电有线网络双向化改造的不断推进及双向互动业务的开展，有线电视网络也在加快推进信息化建设，新媒体、融合网络等业务迅猛发展，广播电视已由传统的单向广播业务发展为集直播、互动、点播、云服务等多种形式的融合业务，广播电视网从“封闭”走向“开放”，每天产生、传输并存储海量的数据。这些数据不仅包含关系型数据，还包括文档、文本、日志、图片、XML、HTML、报表、音视频等非结构化和半结构化数据。有线电视运营商的数据在数据规模、数据结构、数据产生速度等方面均符合大数据4V特征，而且大量数据与用户行为息息相关，存在巨大的数据价值。如何盘活这些数据资源，充分挖掘有价值的信息，将是运营商未来发展的关键。对运营大数据进行经营分析，在传统经营分析系统基础上构建高效完善的大数据经营分析系统，并通过大数据多维度分析及信息挖掘，预测运营变化趋势，提前给出方向参考，达到合理化实施目的，以提高运营商服务层次和运营能力，也是有线电视运营商亟待解决的问题。

随着有线电视行业业务多元化发展以及媒体网络运营市场化竞争的加剧，有线电视运营商越来越需要运用相关的手段，对业务的开展和运营情况进行评估和分析研究，以支持各类经营决策以及市场营销方案的制定。在业务运营过程中，来自业务运营、市场以及其他方面的信息量日益增加，种类与复杂程度也越来越高，使用传统的方法难以准确、及时地掌握各类信息，普通的报表汇总数据难以描述复杂的市场和业务信息。在这种背景之下，有线电视运营商有必要运用更为有力的信息化手段来提供较为全面的统计分析信息，挖掘业务信息数据中的特点，辅助经营决策的制定。

2. 广电网络运营商经营大数据应用规划

有线电视的传统业务就是传输直播频道。随着科技的发展进步，互联网特别是移动互联网等便捷的理念将是未来发展的趋势。视频接收终端已逐渐由之前的客厅电视变化为电脑、手机和Pad等移动终端。有线电视今后应将主要的精力放在视频业务和宽带业务的传输和服务上。一是转变战略定位。一直以来，广电网络做的都是有线电视业务，通过有线电视这张网传输直播节目。未来，有线电视运营商应定位为提供专业视频服务，将业务和战场逐步拓展到所有类型、任意终端的视频传输和业务服务上。有线电视运营商的视频服务不应仅仅局限于有线电视，还应借助入户优势，实现有线宽带与Wi-Fi覆盖计算机和各类移动终端。二是提供内容的创新。有线电视运营商具有一定的内容集成优势，基本涵盖了所有直播频道，有些运营商还集成了电影、电视剧、栏目等视频内容。由于视频内容存在相似性，有线电视运营商完全可以将目前的直播内容和点播内容扩大范围进行覆盖，从只为电视服务逐步拓展至为互联网终端、手机终端、移动终端等提供对应视频服务，充分利用资源，实现效益最大化。要适当转变内容制作体制机制，不仅仅满足于节目内容的传输，而是要参与内容产业链的相关环节，从内容的制作、拍摄到发行、集成等，进行全方位的参与，加大文化产业的融合力度，提升抗风险能力。三是业务业态的创新。在现有电视终端业务的基础上，有线电视运营商要重视和加强跨屏与跨终端业务研发，加快推出适合PC、手机和Pad等多种终端需要的视频新业务和新应用，研发能够支持跨屏服务的终端客户应用程序。

有线电视可以利用大数据思维来实现精准营销。目前，数据分析的主要实现方式是数据挖掘。数据挖掘就是一种从海量的数据资源中，提取出隐藏的、有价值的知识的计算过程。对海量数据进行分析和研究后，精炼其中蕴含的规律，从而进一步将这些规律数据模型化。利用大数据分析技术、数据挖掘技术从复杂的数据库中挖掘出有价值的数据，有线电视的营销可以利用这些数据，做好自己的精准营销。有线电视可以大量使用BOSS系统、GIS系统、呼叫中心系统、财务系统等在日常运营中产生的大量业务数据，将这些数据进行整合，利用这些宝贵资源，挖掘出真正有价值的信息，从而做好市场发展的决策分析。

数据分析技术是以大量信息数据为基础，针对应用背景和采用一定的数据分析方法进行深入研究的方法的集合。目前，数据分析技术主要是利用统计归纳、逻辑推断、人工智能等方法并借助于计算机的高效数据处理能力对各类基础信息进行处理、分析和研究，发现其中对解决问题有重要意义的信息。目前在许多领域数据分析技术都有广泛地应用，各类分析技术也在不断发展成熟的过程之中。

随着信息技术的发展以及计算机的数据存储和处理能力的提升，数据分析技术的应用领域逐渐拓展，各种技术也日趋成熟。目前，数据分析技术已经形成了较为完备的体系，大多数行业的业务数据分析领域也已经形成了固定的技术模式。

数据源是数据分析技术应用的重要前提，数据来源关系到各种业务分析所需要的数据是否齐全、原始数据质量是否可靠、数据提供的性能方面是否满足相关要求等。

对于不同的行业领域，数据来源的渠道各不相同，就数据分析应用而言，也需要在众多的数据中选取合适的部分进行后续加工和处理。对于大多数信息化技术应用比较广泛的企业而言，主要的业务运营数据源都可以从自身的信息管理系统中取得，如业务支撑系统、企业资源规划和管理系统以及流水线作业信息管理系统等。有部分数据信息是从非常专业的系统中直接采集到的，如专业调度系统、电话交换机以及生产线控制系统等。从这些系统中可以取得企业运营过程中的基础信息和关键数据，这些数据通常是最能真实客观地反映企业运行情况的。此外，数据获取的成本也比较低，稳定性和质量比较好，并且易于管理和重构。

目前，数据仓库技术对于大多数经营业务数据分析任务而言，是必备的基础条件之一，尤其是对于规模较大、业务开展较广泛的企业。由于日常运营涉及的数据来源和种类较多、数据量较大，在进行数据分析处理时需要对原始的信息进行大量的加工处理工作，因此数据仓库技术的应用就是必然的选择。应用数据仓库技术的主要目的是将原始的数据源按相应的要求进行转换并按专门设计的数据结构进行存储。数据仓库技术对原始数据加工处理的流程目前一般被称为ETL，即抽取（Extract）、转换（Transform）和加载（Loading）。抽取过程是指从各类原始的数据源获取数据的过程，综合考虑信息系统的处理性能和数据时效性以及分析应用需求等因素，数据抽取过程可以是实时的，也可以是非实时的。抽取出的数据需要进行一定的转换处理，才能够进行后续的应用，转换过程主要是根据后期应用需求将原始的数据进行过滤、异常处理后再进行格式变换、维度调整以及初步分类汇总等处理。数据加载过程就是将处理后的数据装载到仓库模型中，并根据应用需求进行数据关联关系的调整以及性能优化。在一些专题分析应用场合，还可以对已经加载至数据仓库中的数据做进一步的归纳处理，形成相关主题的数据集市，以提高数据的可用程度。

数据仓库建设完成之后，为了实现业务分析的目标，可以考虑实施一些数据分析方案，选择合适的分析方法和工具建立相应的模型，对数据进行处理，最终得到能够支持业务经营分析的关键信息，这一步对于整个业务数据分析工作而言是一个关键点。数据分析建模工作不仅需要掌握相关分析方法技术，更需要对业务背景和业务分析目标有充分的认识。因为数据分析挖掘建模方法没有严格的定律可以遵循，往往需要在实践中运用一些基本的方法去探索影响业务目标的关键因素，并且需要长期跟踪业务发展情况，不断地完善模型、调整相关参数，才会得到能正确辅助经营决策的方案。此外，随着业务运营模式的调整和市场环境的变化，业务分析模型还可能随时需要重构并且反复验证。目前用于数据挖掘分析的方法有很多，既有基本的数理统计方法，也有目前研究比较广泛的神经网络、遗传算法等，但是并不是越复杂的算法效果越好。在很多场合下，应用较为简便的方法得出的结论更易于描述业务信息，便于人们理解以及实践操作。现在市场上用于进行数据挖掘和统计分析的产品也比较丰富，比较典型的分析工具如SPSS、SAS、STAT等，在一些行业应用领域，还有更加专业的数据分析工具和软件包可供使用。在实际运用过程中，我们可以根据数据分析的需求和应用范围进行选择。数据分析技术在企业应用的基本流程如图 4.1 所示。

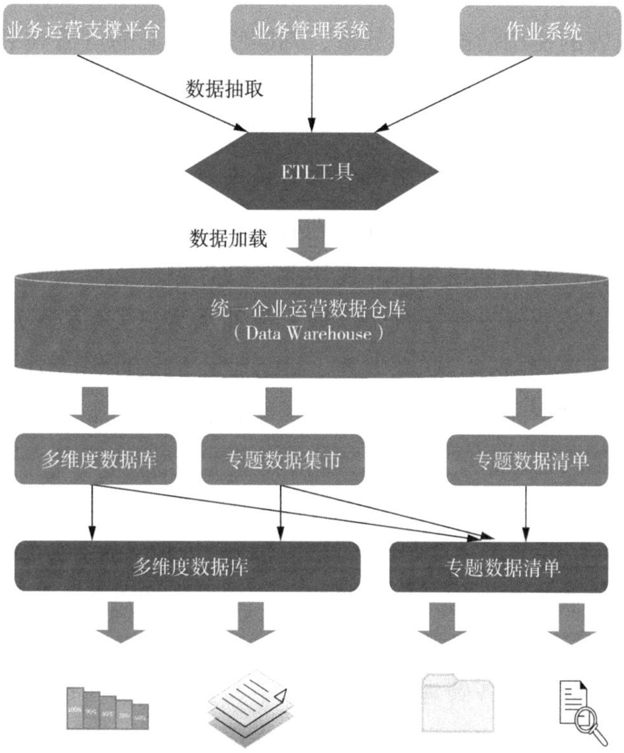


**图 4.1　企业数据分析基本流程**

将大数据系统的数据按照一定规则进行分类，提炼分类后选取某些数据组成练习集，在特定的练习集上运用数据挖掘技术，建立数学模型，推测真实结果。运用分类技术，可以进行有线电视客户群体细分。目前，有线电视的垄断地位已荡然无存，视频业务、语音业务、互联网业务全方位竞争已进入白热化。通过 BOSS 系统、GIS 系统、呼叫中心系统、财务系统等数据对客户进行分析，了解这些客户的潜在需求、消费习惯、消费能力等，对不同需求的用户进行分类，针对不同类别的用户制定与之相适应的优惠策略和促销活动，这样就可以更好地服务客户，再辅之定期做一些问卷调查，了解用户需求，适时调整套餐内容，提高用户黏度。

然而，就经营分析的角度而言，从企业内部提供的数据还不能满足全方位分析的需要，需要从企业外部获取必要的信息。比如为了深入了解客户的信息，就需要进行相应的市场调研工作，设计一些调查问卷，搜集与业务开展和经营相关的重要信息。另外，在某些特定的场合下，可能还需要从其他一些外部渠道去集中获得一些有关客户和市场的数据信息，目前有不少机构专门从事市场信息数据提供的服务工作。从企业外部获得的业务数据往往是针对性较强、有较高价值的信息。但这些信息的真实性、稳定性程度就比内部的数据源要低，并且数据获得的成本相对比较高。

接下来对有线电视运营商的互动点播业务进行详细分析。目前，有线电视运营商在互动点播业务开展过程中关注最多的经营目标是如何提高用户对服务的认可程度、扩大用户规模、避免用户流失以及提升用户的业务贡献价值等方面。在这个过程中同时也需要对点播内容的使用情况进行分析，判断哪些产品的点播频率比较高，以便进行内容安排方面的调整。为了支撑互动点播业务经营分析的目标，首先需要初步选择可能对点播业务使用频率影响比较大的一些关键性因素，并且判断哪些信息是有办法可以收集到的，以及从哪些渠道收集，等等。这个过程通常需要对基础业务有一定的认识，此外还需要对信息数据的分布和管理有相应的了解。通常情况下，对于大多数有线电视运营商而言，目前都在建设和使用业务支撑系统。互动业务分析所需要的基础信息大多数都可以从业务支撑系统中获取，例如从客户关系管理平台中可以收集到用户的基本信息，如客户名称、联系方式、业务使用的地址等。另外，客户开通的业务信息以及订购的各种产品信息、业务变更记录信息以及终端信息等基本上都可以从业务支撑系统中获取到。经过一些信息转换和汇总，我们就可以了解到用户业务的在网时间、消费情况、订购记录、离网情况等。从这些基本信息里面可以选择一些业务上感兴趣的因素进行统计分析，以归纳总结出经营分析相关的业务特征。

对于与互动点播业务相关的另外一些信息，如客户的点播行为记录，一般不能直接从业务支撑平台上采集到。这些数据通常存在于互动业务管理平台中，用户在终端上进行点播操作后，互动业务管理平台会记录下与用户点播操作相关的信息。从这些记录中，我们可以了解到用户的点播时间、点播内容、收看时间，等等。根据点播的内容，我们可以在互动业务内容管理平台上关联到其价格、类型、上线时间等信息。我们还可以从外部获得用户的上网行为数据，包括对节目的评论、转发、分享等。综合上述信息后，就可以整理出有关互动点播业务的所有数据，通过统计分析可以发现用户点播的时间、内容偏好和使用量发展趋势等数据，这些数据可以帮助判断系统的容量以及内容的受欢迎程度等信息。此外，为了综合评估互动业务的发展情况，发现与业务分析目标关联较大的一些因素，可以综合用户的业务记录信息和点播使用情况以及外部数据进行模型构造，并且对结果进行验证和评估，以得到对决策分析有价值的信息。

#### 4.3.2.3 销售类大数据应用规划

1. 广电网络运营商销售现状

网络建设再大、再好，如果没有开花结果，也就是没有接入用户（已留有光节点，但没有建设分配网发展用户），或者连接用户数少（覆盖区用户入网率低），可以说这是在做无用功或是浪费资源。根据迈特卡夫定律，一张网络的价值是随其用户数的平方而增加的。而网络已覆盖区，单户平均投资相比较少，发展用户成本低。由此可见发展用户就是增加收入，就是现实的生产力，是网络建设的根本目的。这不是否定网络建设的重要性，更不是否定网络建设要搞好质量，而是有意识地强调，用户发展才是我们的根本所在，是我们各项工作的立足点和出发点，也就是通常说的以市场为龙头，我们要紧紧围绕用户发展和创收这个中心任务来开展工作，做好工作。

我国有线电视用户在2011年就突破2亿，近几年也一直处于缓慢增长的趋势。如图4.2所示，2011年我国有线用户为2亿，2012年为2.14亿，2013年为2.24亿，2014年为2.31亿，2015年为2.39亿。

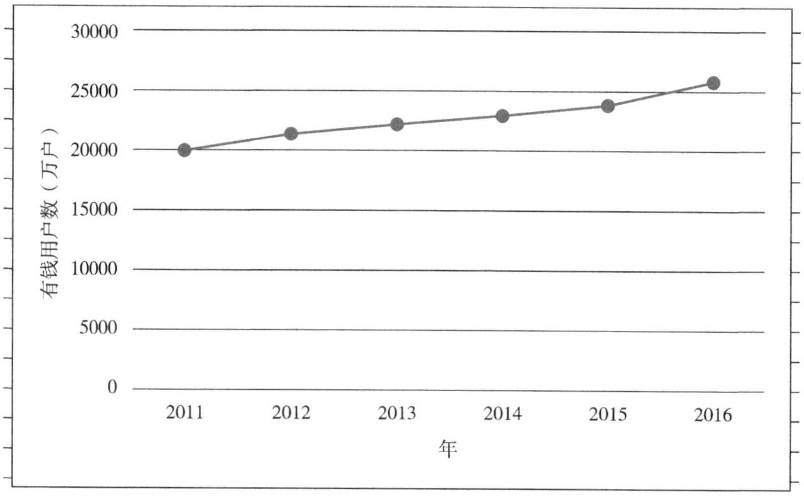


**图 4.2　2011~2016 有线电视用户规模**

截至2016年底，我国有线电视用户规模为2.6亿户，增长率为5.37%，而IPTV用户总数达到8679万户，增长率为89%。加上中国移动2000多万OTT电视用户数，运营商电视用户总量在2016年实现破亿。从用户总数上看，IPTV用户数仍旧与有线电视相去甚远，但IPTV的增长非常快（如图4.3所示）。有线电视花了45年时间累积了2.6亿用户，有2.1亿用户已经实现了数字化，其中有1.5亿标清单向数字有线电视用户，无法进行时移、回看和点播，而高清互动数字有线电视用户只有6735.5万户。

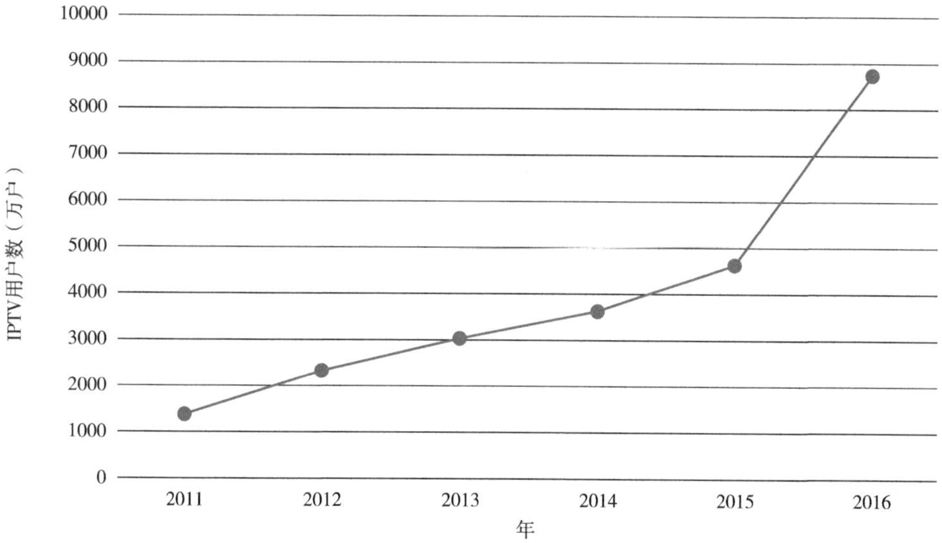


**图 4.3　2011~2016 IPTV 用户规模**

随着有线数字电视整体转换的结束，传统的电视模式已经被改变，这不仅是传输模式和信号质量的转变，更是从单向传输到双向互动的转变。互动点播功能为我们广电行业带来了更多的可能，但同时近几年互联网电视的开放，也意味着广电的独家地位被打破，老百姓家中的电视机已经开始被电信、移动的IPTV和小米盒子等OTT产品所蚕食。为了在数字电视时代保有我们的用户数，在竞争大环境中实现有线电视到数字电视的华丽转身，我们必须更加深入地了解用户，精准地分析用户行为，了解用户的喜好，设计出更适应市场的产品，这样才能找到广电行业在互联网时代可持续发展的空间，守住甚至扩大我们的市场份额，在这个过程中数据分析的作用将更加地突出。广电不同于其他的运营商，从传统的公益服务为主转化为纯粹的市场经济，需要我们不断地摸索和实践。开发出好的产品是第一步，如何用产品创造效益更是关键。由近几年的市场历练我们发现，用户的行为都是有一定的偏好和规律的，通过对用户行为的数据分析，针对性地制定产品营销策略，无论是在成本投入还是在营销实际效果上都有明显的提升。以互动产品为例，互动产品是数字电视带来的一项重大变革，是用户从被动等电视到主动看电视的一个转变的标志性产品，但是好的产品要得到市场的认可，才能真正成长为市场需要的产品。

2. 有线运营商销售类大数据应用规划

有线运营商可以利用大数据技术发展新用户，留住老用户。

（1）发展新用户

通常一个新产品推出后，公司会通过广告、店面等多种方式进行推广和宣传，用户知晓后会根据自己的需求进行产品定制，完成我们第一阶段的用户拓展。但是由于广告本身的达到率，以及用户自身的原因，我们会错失部分潜在用户，此时通过数据分析可以确定第二阶段的重点营销用户，进而制定营销方案。

不同收入水平的用户，其在有线电视业务的消费支出上也有较大不同。收入水平较高的人群对于需要收费的个性业务接受度较高，中等收入的消费人群有着较大的开发潜力，而收入水平较低的群体在文娱方面的支出比例则相对较低。有线电视企业在制定营销策略时应该以用户需求为中心，制定符合市场需求的营销策略。在制定有线电视的产品策略时，要以满足用户的共性需求为基础，以核心产品、基础产品以及附加产品的形式进行设计。首先，针对消费水平较低、对有线电视需求较低的用户群体，为其打造电视业务的基础包，提供最为基础的电视频道；其次推出基础包与直播频道以及交互业务的捆绑产品，引导消费相对较高、需求也更加多样化的群体，并根据用户的需求特点为其推荐不同的捆绑产品；最后有线电视还应该针对高消费水平的人群制定高端组合包，为其提供更加灵活、多样化的有线电视服务。

（2）留住老用户

为留住老用户，我们可以通过对用户的使用行为和习惯的分析了解我们的产品是否符合市场的需求，同时通过分析结果制定市场保有的政策，确定营销重点对象和策略，提高续费率。我们同样可以建立数据模型，查询出某网格内数字电视用户当月互动页面认证的次数，通过当月数据的罗列，制定预警值。用户虽然仍是正常缴费用户，但是本月认证次数少于5次说明用户当月基本未使用我们的产品，网格工作人员要提高警惕，重点关注是否存在用户流失的可能。我们也可连续比对同一网格内数字电视用户数月的机顶盒认证次数，通过数据变化的情况对用户的行为进行分析。用户的使用习惯出现变化的时候，网格工作人员必须进行详细的了解，用户是因自身原因还是因为被竞争对手的营销策略所吸引而转网，在用户未完全离网时进行针对性营销。对用户行为进行数据分析，可以为用户保有提供有力的支撑，越早发现用户使用情况异常，越能减少用户流失的可能。

当用户前来营业厅或者是打电话至呼叫中心时，BOSS系统可以通过该用户以往的缴费记录、消费记录、点播记录匹配出当前最适合该用户的业务类型、套餐类型，减少反应时间，提高服务质量，让工作人员变为量身定制的专家，变被动营销为主动营销，从而提高营销的成功率。目前，IPTV、OTT等业务形式已经给有线电视带来了巨大的冲击，有线电视客户数逐年减少，iPad、手机等移动终端的大量普及，使有线电视用户的流失进一步加剧。我们应该利用大数据技术，按照用户基本特征、订购业务内容、每月消费情况等数据建立相应的数学模型，并通过该数学模型制定此类用户的不稳定性公式。当公式的模拟结果达到特定值时，可以预测该用户即将脱网，这时候要立即提醒业务人员对这类用户进行上门服务。大数据系统可以为我们提供最佳上门时间等信息，从而最大可能地挽留用户。当某些值很集中地发生快速激增时，大数据分析也会立即发出严重报警，让整个公司进入一级战备状态，降低用户数量雪崩式下降的可能性。

### 4.3.3　对外经营规划

广电网络运营商大数据平台的建设，顺应了三网融合的发展趋势，大数据平台建设不仅对自身的发展起到至关重要的作用，还能够为政企客户提供更好的服务。广电网络运营商对外经营的业务可分为以下三个方面：

（1）能力出租：可以为不具备大数据运营能力的中小企业开放大数据平台的数据存储和分析能力，为其开展大数据应用提供高性价比的IaaS、PaaS平台。在运营商具备响应能力后，也可以进行“智力出租”，采用“来料加工”的方式，由客户提供数据，提出要求，运营商方面负责加工处理。

（2）公共服务：对于政府或其他公共服务部门牵头开展的公共领域研究项目（如人群分布、人群流动、交通信息、舆情监控等），通信运营商作为重要的数据合作方和基础能力提供方，一方面提供部分通信相关数据，一方面出租IaaS/PaaS资源，实现企业和社会的双赢。

（3）广告收入：广电节目和收入挂钩有两种主要方式：一是节目的收视率与广告收入关联，以至于广告收入长期成为中国广播电视媒体盈利的主要甚至唯一来源；二是节目与有线电视网络关联，特别是在城市地区，观众通过有线电视网收看电视，是要付费的。有线电视网络普及后，网络转播费（主要收取卫视频道的）和收视费（主要收取用户的）已经成了广播电视行业继广告业务之后的第二大市场性收入。根据国家广电总局的统计数字，2013年，我国广电总收入约为3734.88亿元，其中广告费1387.01亿元，网络费754.91亿元，两者累计占总收入的57.35%。由此可见，从全国来看，广告业务和网络业务是广电收入的两大支柱，是广播电视媒体的基本业务。其中，有些地区的网络业务在广播电视媒体之外独立运营，如北京的歌华有线、深圳的天威视讯。

## 4.4 大数据应用体系能力要求

大数据应用体系平台的定位首先应该是承担数据存储中心、计算中心、分析中心和服务中心的职责，为分析决策和实时采集应用统一提供数据接入、存储、计算和分析服务，之后逐步构建分布式应用支撑平台或云服务架构，按照业务和数据特性，支撑各类业务应用。其中存储中心是数据归集中心，实现各类数据的统一集中存储管理；计算中心提供各类数据计算加工处理的基础组件与运行环境；分析中心提供各类数据分析挖掘以及展现基础组件与运行环境；服务中心提供多类型的数据对外对内服务手段，包括自助式分析、计算服务和数据服务。

大数据应用体系在依托现有资源基础上，构建形成大数据应用服务平台时，应遵循问题和需求导向原则，从逻辑上构建大平台、微应用入手、组件化的原则，采用面向对象的建模技术，结合范式建模方法，完善公共信息模型，形成标准，形成一体化业务数据模型，使之覆盖所有业务链、服务链的各个业务领域，实现横向业务关联与纵向业务模型贯通，并进一步挖掘数据价值。

围绕大数据应用服务平台建设，当前在大数据关键技术研究中，应进一步关注如下问题：一是多源数据采集技术，包括结构化数据采集、实时数据采集、文件数据采集、消息队列采集等。二是海量异构数据存储技术，包括分布式文件系统、列式存储数据库、非关系型数据库、关系型数据库等。三是多模式计算技术，包括分布式批量计算、流计算、内存计算等。数据挖掘分析技术，包括数据挖掘算法、分析模型构建、R语言等。四是大数据安全技术，包括数据加密、访问控制、数据审计等。五是重点领域的全业务链的统一数据模型的研发，包括标准、视图等。

在大数据平台研发中还要关注以下几点：数据整合组件、数据管理组件和作业调度组件、资源调度组件和集群管理组件、安全管理组件等。

大数据关键技术需要进一步在以下方面进行创新：集中式和分布式混合架构的大数据平台，多源异构数据融合模型及其统一数据网关；进一步研发各领域一体化业务数据，实现横向与纵向业务协同贯通；进一步研发可兼容多种计算模式的资源动态分配与隔离组件，实现计算任务合理化调度；进一步研究颗粒度更加细化的业务行为特征分析模型；进一步研制细分行业和地域部门的预测监测模型。

广电网络运营商大数据应用体系涉及对数据的管理与开发利用，如何借助大数据技术推动企业自身的发展和变革，技术的选型非常重要。在各个企业和组织纷纷主推下，大数据领域的相关技术呈现百花齐放局面，涵盖了数据收集、存储、计算、挖掘、资源调度等。大数据应用体系应该具备支持数据整合、数据存储、数据计算、数据分析、数据安全等平台服务功能。

1. 海量数据存储管理：信息化建设在推进，数据规模随之飞速增长，为了满足大规模数据的存储和分析，大数据存储系统应支持单一系统扩展至10PB以上规模，以满足未来数据爆发的存储需要。

2. 多种数据类型与协议支持：广电网络运营商数据来源多样，包含内部数据和外部数据两大类。内部数据包括有线电视用户交互数据、宽带用户数据、客服数据、运维数据等人为产生的数据和网络节点数据、物联网产生的应用数据和媒体内容数据等自然产生的数据，因此该系统需要能够支持结构化、半结构化、非结构化多种数据类型，提供与文件系统和数据库等的多种接口，以便业务对多种数据进行访问和操作。

3. 高质量的数据整合：好的数据质量是数据分析挖掘等有效应用的基本条件，面对广电网络交互复杂而繁多的系统，势必需要将这些多源异构的数据进行抽取、转换及装载，实现数据的整合、消重，提供高质量的数据，在此基础上进行关联、建模，为实战业务提供可用的数据。大数据平台应提供统一的存储适配接口，利用分布式存储技术研发海量文件存储技术，同时支持事务性数据和分析型数据的新型关系型数据库，实现统一的可视化数据管理。

4. 高效的数据分析能力：大数据平台应具备分布式运行引擎和协同计算功能，搭建分布式运行集群化环境，提供统一的资源管理功能，这样既能满足流计算、内存计算、批量计算和查询计算的功能，还能满足多租户不同计算模式下的资源分配与隔离。海量数据记录的检索、上百小时的视频分析、大量的用户交互行为和运维数据等，无不对大数据系统的数据分析能力提出更高的要求。

5. 可管理和开放性：可管理、开放化、标准化的大数据技术体系架构，不仅可以为广电网络带来更高的性价比、更出色的扩展性，更能为警务建设在大数据平台上开展新探索、新应用解除后顾之忧。

6. 安全可靠，自主可控：该系统应具备非常高的可靠性，同时，为进一步加强数据安全性，避免数据泄露，最好选用具备完全自主知识产权的国产设备和系统。

## 4.5　小结

大数据应用体系建设规划需要立足于大数据技术的特点和广电网络运营商自身数据的现状，制定一整套完备的对内应用规划和对外经营规划。根据广电网络运营商各个部门的需求以及现阶段的发展状况，抓住广电网络的发展特点，以及企业自身的发展战略目标，迎合广电十三五的战略计划，为企业制定一个符合实际要求的大数据应用体系建设规划，以完成广电网络运营商在发展上的需求，构建广电行业大数据应用规范体系。

# 第 5 章　广播电视网络运营商大数据平台技术与规划

我们正处在一个数据爆炸和人工智能的时代，大数据是企业真正创建商业模式、实现商业价值的重要手段。广电网络运营商需要通过大数据应用实现产品/服务创新、运营优化、精准营销、风险预警、决策支持等，将大数据有效转化为商业价值。充分利用广电网络运营商多年间在各业务积累的大量优质数据，深刻挖掘，全面利用，基于大数据驱动的创新能力来分析企业经营现状，预测发展趋势，辅助企业决策。基于大数据应用平台促进广电网络运营商各方面业务的发展，巩固完善对内应用，拓展开放对外服务，支持好文化传播和信息服务，成为广播电视行业大数据平台型企业。本章从技术规划的角度阐述广电网络运营商大数据平台的建设思路和总体架构，梳理大数据平台总体数据流程及层次结构，并基于大数据平台的分析技术和实际应用场景进行简要介绍。

## 5.1　大数据技术发展趋势

### 5.1.1　云计算与大数据

人们研究大数据，或是利用大数据技术，其战略意义并不在于是谁掌握了庞大的大数据信息，而是在于谁能将已经捕捉到的那些含有一定意义的数据通过专业化处理，变成一种数据信息资产，这也是大数据分析的真正目的，而云计算技术时代的到来将大数据处理变成了现实。

不可否认，大数据的研究离不开云计算技术，从某种观点上看，没有云计算技术，就不会有大数据的分析和处理。分析和处理大数据是无法用某一台计算机来完成的，它必须采用计算机的分布式架构，处理大数据的特色就在于对那些海量性的数据进行分布式的数据挖掘，但这种分布式的大数据挖掘，还必须依托计算机的分布式处理，因为计算机的分布式数据库或是云存储以及计算机的虚拟化技术，才能支撑起与大数据相关的技术。

对云计算的定义有多种说法。现阶段广为接受的是美国国家标准与技术研究院（NIST）的定义：云计算是一种按使用量付费的模式，这种模式提供可用的、便捷的、按需的网络访问，进入可配置的计算资源共享池（资源包括网络、服务器、存储、应用软件、服务），这些资源能够被快速提供，只需投入很少的管理工作，或与服务供应商进行很少的交互。从这个定义可以看出，云计算更多的是一种新的企业IT商业模式的转变和创新。

从服务层次来看，云计算包括以下几个层次的服务：

（1）IaaS（Infrastructure as a Service）：基础设施即服务。消费者通过Internet可以从完善的计算机基础设施获得服务，例如硬件服务器的租用。

（2）PaaS（Platform as a Service）：平台即服务。PaaS实际上是指将软件研发的平台作为一种服务，以SaaS的模式提交给用户。因此，PaaS也是SaaS模式的一种应用。但是，PaaS的出现可以加快SaaS的发展，尤其是加快SaaS应用的开发速度，例如软件的个性化定制开发。

（3）SaaS（Software as a Service）：软件即服务。它是一种通过Internet提供软件的模式，用户无须购买软件，而是向服务提供商租用基于Web的软件来管理企业的经营活动。

从技术层次来看，云计算由以下四部分组成：

（1）服务接口：在同意云计算时代使用计算机的各种规范、云计算服务的各种标准等，用户端与云端交互操作的入口之后，可以完成用户或服务注册，对服务的定制和使用。

（2）服务管理中间件：在云计算技术中，中间件位于服务和服务器集群之间，提供管理和服务即云计算体系结构中的管理系统。对标识、认证、授权、目录、安全性等服务进行标准化和操作，为应用提供统一的标准化程序接口和协议，隐藏底层硬件、操作系统和网络的异构性，统一管理网络资源。其中，用户管理包括用户身份认证、用户许可、用户定制管理；资源管理包括负载均衡、资源监控、故障检测等；安全管理包括身份验证、访问授权、安全审计、综合防护等；映像管理包括映像创建、部署、管理等。

（3）虚拟化资源：虚拟化资源指一些可以实现一定操作，具有一定功能，但其本身是虚拟而不是真实的资源，如计算池、存储池和网络池、数据库资源等，它们通过软件技术来实现相关的虚拟化功能，包括虚拟环境、虚拟系统、虚拟平台。

（4）物理资源：物理资源主要指能支持计算机正常运行的一些硬件设备及技术，可以是价格低廉的PC，也可以是价格昂贵的服务器及磁盘阵列等设备，它们可以通过现有网络技术和并行技术、分布式技术将分散的计算机组成一个能提供超强功能的集群，用于计算和存储等云计算操作。在云计算时代，本地计算机可能不再像传统计算机那样需要空间足够的硬盘、大功率的处理器和大容量的内存，只需要一些必要的硬件设备，如网络设备和基本的输入输出设备。

云计算提供了最可靠、最安全的数据存储中心，所有数据统一存储在前端云服务器中，所有的用户授权信息、节目信息都将存储在高度设防的服务器群里面。只需定期对设备进行更新和维护，即可在前端实现所有数字电视业务的管理。在三网融合的背景下，广电行业将逐步加大与互联网、电信网络的数据交流，而云计算的出现正好可以避免现在互联网由于过度的开放而存在大量木马、病毒、电子诈骗、黑客侵入的危险，更加符合广电行业的发展需求。在数字电视目前的运作方式中，不同地域、不同品牌的终端设备之间不具有良好的互通性，繁冗的系统集成及升级工作增加了运营维护的成本。而云计算本身对客户端的设备要求较低，使用起来也方便。云计算对客户端的硬件设备需求非常低，低廉的上网笔记本，安装了最普通的浏览器后，即可满足绝大部分的云计算客户端的需求，而不需要追加设备和升级设备。对于广电数字互动电视机顶盒来说，这具有重要的意义。云计算的超强计算能力可将终端设备的部分功能前移，从而将终端的设备要求降至最低。在云计算充分发展的情况下，所有的功能模块集成、软件升级，全部在“云端”由专门的服务器组完成，用户用最简单的操作、最低的成本便可尽情享受更多数字电视业务带来的无限乐趣。终端机顶盒不再需要不停地更新换代，也不需再集成大量的模块，这大大降低了终端设备的成本。同时，由于“云端”具有海量的存储容量，终端用户可以将自己定制的节目全部保存起来，而不用去担心机顶盒中的硬盘容量太小了。适合三网融合的发展需求，云计算可以轻松实现不同终端设备间的数据与应用共享。广播电视领域，包括多个终端：有线电视网络、互联网视频、3G手机流媒体视频等，这就涉及不同用户终端之间，相同数据和应用服务的共享问题。而云平台就可以很好地解决这个问题，实现资源的共享。终端用户不必携带专用的设备，在任何一个连接云计算服务的客户端设备，都可以通过云平台，继续未完成的工作。

大数据的本质就是利用计算机集群来处理大批量的数据，大数据的技术关注点在于如何将数据分发给不同的计算机进行存储和处理。而云计算的本质就是将计算能力作为一种较小颗粒度的服务提供给用户，按需使用和付费，体现了经济性、快捷性、弹性和自动化。从现在云计算发展情况来看，未来的趋势是，云计算作为计算资源的底层，支撑着上层的大数据处理，而大数据的发展趋势是实现实时交互式的查询和分析。

### 5.1.2 广播电视物联网

#### 1. 广电网络与物联网

随着传统媒体与新媒体的融合发展，数字技术的广泛应用，我国新媒体呈现出多元化的发展格局，竞争激烈，发展迅猛。为此广电总局确定了以科技创新为先导，促进发展转型升级的发展目标，充分发挥科学技术第一生产力的作用，加速新闻出版与科技的融合，增强服务能力，提高现代化发展水平。

物联网是新一代信息网络技术的高度集成和综合应用，是新一轮产业革命的重要方向和力量，它对培育新增长点、推动产业结构转型升级、提高社会管理和公共服务的效率和水平具有重要意义。广电物联网的使用将成为改造传统媒体和传统产业、巩固发展核心优势、加快广播电视网络数字化双向化改造和下一代广播电视网络建设、推动看电视向用电视改变的转折点。

广电网络运营商拥有大量的自然产生的数据，它是广电网络运营商在物联网领域发力的天然优势。物联网即物物相连的互联网，其思想即实现万物互联互通。传统的互联网仅仅局限于人和人之间或人和数据之间，物联网的核心和基础仍然是互联网，但它却是在互联网基础上的延伸和扩展的网络，物联网的用户端延伸和扩展到了任何物品与物品之间。而广电网络运营商大量的设备数据为物联网的应用提供了丰富的数据基础。同时，物联网作为智能家庭、智慧社区、智慧城市的基础，为其提供了有力的技术支持。

下一代广播电视网（NGB）具有高可信、高可管、高可控等优势，还具有100%入户的高覆盖优势，这完全可以满足物联网信息采集、信息汇聚、信息传输、信息存储的需要。因此，基于NGB来构建我国物联网，将NGB打造成我国物联网的基础支撑网络将是发展的必然趋势。

从逻辑层次角度来看，NGB与物联网具备天然的对应关系。物联网系统体系结构类似于自然人感知处理事务所涉及的三个层次：自然人的神经末梢、神经系统和大脑思维系统分别对应于泛在化的末端感知网络、融合化的通信基础设施及普适化的应用服务支撑体系。物联网就是功能强大、应用广泛的人工智能信息基础设施。

感知层的存在使得网络被扩展到物理端，体现在物联网末端是一个泛在化感知网络，即通过无线网络、RFID、无线传感器网络等手段构造一个无处不在的网络神经末梢。

融合化的网络通信设施是物联网信息和数据的传输平台，它应是一种基于三网融合的、有线无线相结合、高带宽及大容量的新型网络。NGB支持“三网融合”基础业务和融合新业务，其基于自主知识产权的网络核心传输带宽超过每秒1000千兆比特，同时MCC建设也使得NGB具有海量数据存储和高速并行计算能力，NGB能够为物联网的发展提供一个高水平的网络通信基础设施。

物联网需要一个普适化的应用服务支撑体系，其功能是负责物联网的数据处理和应用。物联网最重要的特性是智能性。NGB具有开放的业务支撑架构和服务提供机制，能够为物联网提供一个优化的应用服务支撑体系。

智能家庭被认为是广电领域物联网产业发展进程的第一站，NGB特性与智能家庭业务具有天然的联系。

NGB是一个基于IP技术、新媒体技术、新型终端技术等基础上的新型综合业务网络，在统一的管理平台下实现音频、视频、数据等信号的传输、分发和管理，实现全程全网并提供跨域服务。NGB的内在特性尤其适合发展智能家庭业务，如图5.1所示。

智能家庭中智能控制、智能安防、智能医疗类业务需要数据汇聚和信息调度，同时需要实现远程呈现和实时控制。随着NGB推进和国家级有线电视网络公司的组建，网络整合和双向化改造进程将打破各地有线网络分散、独立的局面，实现全程全网、互联互通和双向交互。如果按照传统的智能家居概念，每个家庭都会成为信息孤岛，其业务作用范围和信息汇聚水平受到较大限制，因此，NGB的全程全网将为智能家庭物联网业务的承载奠定良好基础。

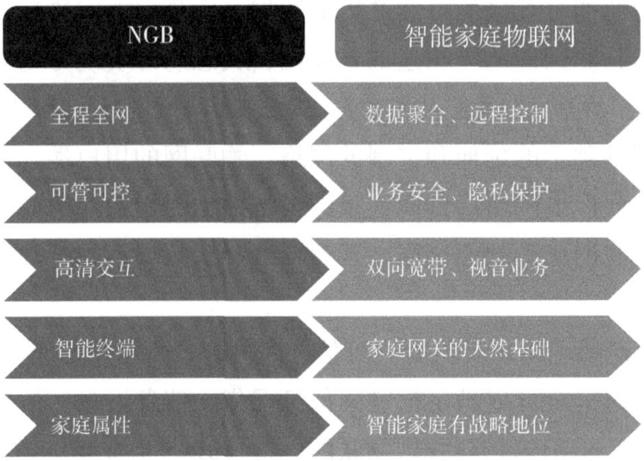


**图 5.1 NGB 和智能家庭物联网的联系**

智能家庭涉及业务保障、信息安全和隐私保护等多方面的安全问题。从互联网的虚拟空间到物联网的多维空间，物联网将面临更多新的安全问题，例如在RFID系统中，电子标签被预先植入物品中，在标签被扫描时，不可避免地会面临信息泄露问题。广电网络具备天生的专网属性、可管可控机制，是NGB的重要组成部分，能够支持智能家庭业务运营者实现内容监管、网络管理、业务管理，可以对用户业务需求进行快速响应并提供高QoS的业务，因此NGB在一定程度上能更好地解决智能家庭物联网的安全和管理问题。

2. 广电5G网络与物联网

2019年6月6日，共有四家企业获5G商用牌照，分别是中国移动、中国联通、中国电信以及中国广电。中国广电全称中国广播电视网络有限公司，它获得了第四个5G商用牌照，工信部给中国广电颁发5G牌照，实际上这个牌照是颁发给全国有线电视行业和全国广电行业的。全国广电行业将利用这次契机建设一个高起点的现代传播网络，广电运营商的网络跟其他三个运营机构有所差别，广电5G的网络将是汇集广播电视、现代通信和物联网服务的一个高起点、高技术的5G网络，它使广大用户能够真正地体会到现代超高清电视、现代物联网带来的智慧广电服务，甚至是社会化的智慧城市服务，能够使中国的技术产业服务助推5G全面引领的态势。

### 5.1.3 大数据技术研究方向与趋势

众所周知，大数据所面临的已经不是数据量大的问题了，最重要的问题是分析大数据，只有通过分析才能获取更多智能的、深入的、有价值的信息。从数据的流动过程来看，大数据技术主要包括采集技术、大数据的存储技术、大数据的处理技术、大数据的分析与数据挖掘、大数据查询与可视化技术、大数据的隐私与安全等。

1. 数据采集技术

数据的采集即从数据源有效地获取数据。根据数据的形态，数据可以分为结构化数据和非结构化数据两种。结构化数据和非结构化数据的区别从字面上就很容易理解：结构化数据，其结构固定，每个字段有固定的语义和长度，计算机程序可以直接处理它们；而非结构化数据，计算机程序无法直接处理，需要先对数据进行格式转换或信息提取。数据采集处于大数据生命周期中第一个环节，它通过RFID射频数据、传感器数据、社交网络数据、移动互联网数据等方式获得各种类型的结构化、半结构化及非结构化的海量数据。由于可能有成千上万的用户同时进行并发访问和操作，因此，必须采用专门针对大数据的采集方法，其主要包括以下三种：

（1）系统日志采集

许多公司的业务平台每天都会产生大量的日志数据。日志收集系统要做的事情就是收集业务日志数据供离线和在线的分析系统使用。

高可用性、高可靠性、可扩展性是日志收集系统所具有的基本特征。

目前常用的开源日志收集系统有Flume、Scribe等。Flume是Cloudera提供的一个高可用的、高可靠的、分布式的海量日志采集、聚合和传输系统，目前是Apache的一个子项目。Scribe是Facebook开源日志收集系统，它为日志的分布式收集、统一处理提供一个可扩展的、高容错的解决方案。

（2）网络数据采集

网络数据采集是指通过网络爬虫或网站公开API等方式从网站上获取数据信息的过程。这样可将非结构化数据、半结构化数据从网页中提取出来，并以结构化的方式将其存储为统一的本地数据文件。它支持图片、音频、视频等文件的采集，且附件与正文可自动关联。对于网络流量的采集则可使用DPI或DFI等带宽管理技术进行处理。

（3）数据库采集

一些企业会使用传统的关系型数据库MySQL和Oracle等来存储数据。除此之外，Redis和MongoDB这样的NoSQL数据库也常用于数据的采集。这种方法通常在采集端部署大量数据库，并对如何在这些数据库之间进行负载均衡和分片进行深入的思考和设计。

广电网络运营商的数据从来源上可以分为人为产生数据和自然产生数据，数据的来源不同，数据获取涉及的技术也不同。广电网络运营商的很多数据产生于网络设备，同样作为网络运营商的电信一般采用特有的探针技术；另外获取网页数据常用到爬虫技术、Cookie技术等；很多互联网企业都有自己的海量数据采集工具，多用于系统日志采集，如Hadoop的Chukwa、Cloudera的Flume、Facebook的Scribe等，这些工具均采用分布式架构，能每秒数百MB的日志数据采集和传输需求；数据采集之后，为了方便分发给后面的系统处理，常用到一些消息队列中间件，如RabbitMQ、Kafka等。

2. 大数据的存储技术

存储是所有大数据组件的基础，存储的发展远低于CPU和MEM，导致CPU和存储的速度差越来越大。回溯存储技术的发展历程，在计算机发明之初，存储是外置的，如打孔纸带；后来发明了硬盘，硬盘是装到计算机内部的；硬盘用了一段时间，发现容量不够，于是又有了SAN存储，放到计算机外面；云计算时代的到来，又产生了HDFS，它通过软件聚合普通服务器内部的硬盘，对外提供统一的存储，以及诞生了所谓的Server SAN，即软件定义存储。存储硬件从传统的机械硬盘发展到逐渐成熟的SSD技术，可见的将来，SSD会逐渐替代硬盘成为主流，SSD即固态硬盘，是由固态电子存储芯片阵列而制成的硬盘，由控制单元和存储单元（Flash芯片、DRAM芯片）组成。SSD完全是类似CPU的芯片，不再受限于机械结构，所以SSD硬盘的容量和速度也类似CPU的摩尔定律，发展非常快，相信不久SSD就会成为主流，硬盘会退化成今天磁带的角色。RAID技术同样是底层存储技术中的一个重要技术，RAID即磁盘阵列，是指由独立磁盘构成的具有冗余能力的阵列。磁盘阵列是由许多价格较便宜的磁盘组合成一个容量巨大的磁盘组，利用各磁盘提供的数据所产生的加成效果来提升整个磁盘系统效能。利用这项技术，可将数据切割成许多区段，将其分别存放在各个硬盘上。

从大数据存储服务的发展趋势来看，一方面，是市场对数据的存储量的需求越来越大；另一方面，人们对数据的有效管理提出了更高的要求。首先是存储容量的急剧膨胀对存储服务器提出了更大的需求；其次是数据持续时间的增加；最后，对数据存储的管理提出了更高的要求。数据的多样化、地理上的分散性、对重要数据的保护等等都对数据管理提出了更高的要求。目前大数据存储面临几个问题：一是存储数据的成本在不断地增加，如何消减开支节约成本以保证高可用性；二是数据存储容量爆炸性增长难以预估；三是越来越复杂的环境使得存储的数据无法管理。企业信息架构如何适应现状去提供一个较为理想的解决方案，目前业界有几个发展方向。

（1）存储虚拟化

对于存储面临的难题，业界采用的解决手段之一就是存储虚拟化。虚拟存储的概念实际上在早期的计算机虚拟存储器中就已经很好地得以体现，常说的网络存储虚拟化只不过是在更大规模范围内体现存储虚拟化的思想。该技术通过聚合多个存储设备的空间，灵活部署存储空间的分配，从而实现现有存储空间高利用率，避免了不必要的设备开支。

存储虚拟化的好处显而易见，可实现存储系统的整合，提高存储空间的利用率，简化系统的管理，保护原有投资等。越来越多的厂商正积极投身于存储虚拟化领域，比如数据复制、自动精简配置等技术也用到了虚拟化技术。

虚拟化并不是一个单独的产品，而是存储系统的一项基本功能。它对于整合异构存储环境、降低系统整体拥有成本是十分有效的。存储系统的各个层面和不同应用领域都广泛使用虚拟化这个概念。考虑整个存储层次大体分为应用、文件和块设备三个层次，相应的虚拟化技术也大致可以按这三个层次分类。

目前大部分设备提供商和服务提供商都在自己的产品中包含存储虚拟化技术，使得用户能够方便地使用。

（2）容量扩展

目前，在发展趋势上，存储管理的重点已经从对存储资源的管理转变到对数据资源的管理。随着存储系统规模的不断扩大，数据如何在存储系统中进行时空分布成为保证数据的存取性能、安全性和经济性的重要问题。面对信息海量增长对存储扩容的需求，目前主流厂商均提出了各自的解决方案。

由于存储现状比较复杂，存储技术的发展业界还没有形成统一的认识，因此在应对存储容量增长的问题上，尚存在很大的提升空间。技术是发展的，数据的世界也是在不断变化的过程中走向完美。目前，出现了许多的融合技术，如NAS与SAN的融合、统一存储网等等，这些都将对企业信息架构产生不同的影响。

现在流行的大数据的存储和管理解决方案主要有分布式存储系统、云存储、数据库和数据仓库等。典型的分布式存储系统有NFS、GPFS、Storage Tank、GFS和Hadoop等，Hadoop是非常流行的，被大规模使用的、开源的、可靠的、可扩展的、分布式计算系统，该框架能够在计算机集群中用简单的计算模式处理大规模数据集。集群能从单个服务器扩展到数千个，每个服务器都可以提供本地计算和存储，与依赖硬件提供商高可用性相比，Hadoop在应用层检测并处理故障，保证集群的高可用性。Hadoop项目由四个核心组件组成：Hadoop Common模块、HDFS分布式文件系统、MapReduce并行计算框架以及YARN作业调度及集群资源管理框架。

3. 大数据的处理技术

面向大数据处理的数据查询、统计、分析、挖掘等需求，催生了大数据计算的不同计算模式。我们将大数据处理按处理时间的跨度要求分为以下几类，从短到长分别是：

- 基于实时数据流的数据处理，通常的时间跨度在数百毫秒到数秒之间。
- 基于历史数据的交互式查询，通常的时间跨度在数十秒到数分钟之间。
- 复杂的批量数据处理，通常的时间跨度在几分钟到数小时之间。

现在比较流行、使用广泛的处理框架主要有：Hadoop、Spark、Flink、Storm、Samza等，这些框架都是Apache的顶级开源项目，已被Google、IBM、Facebook等知名企业广泛使用。

其中Hadoop仅用来进行批量的数据处理，它通过数据分块及自恢复机制，能支持PB级的分布式的数据存储，MapReduce编程模型作为Hadoop的心脏，用于大规模数据集的并行运算，并使用分布式处理模式对海量数据进行分析和处理。

Storm、Samza仅用来进行实时的流数据处理，其中Storm是一种侧重于极低延迟的流处理框架，也许是要求近实时处理的工作负载的最佳选择，该技术可处理非常大量的数据，通过比其他解决方案更低的延迟提供结果，对于延迟需求很高的纯粹的流处理工作负载，Storm可能是最适合的技术，该技术可以保证每条消息都被处理，可配合多种编程语言使用。默认情况下Storm提供了“至少一次”的处理保证，这意味着可以确保每条消息至少可以被处理一次，但某些情况下如果遇到失败可能会处理多次。Storm无法确保可以按照特定顺序处理消息。

相比较而言，Apache Samza是一种与Apache Kafka消息系统紧密绑定的流处理框架，按照设计，Samza可以更好地发挥Kafka独特的架构优势和保障。该技术可通过

Kafka提供容错、缓冲，以及状态存储。Samza对Kafka类查询系统的依赖似乎是一种限制，这种对Kafka的紧密依赖在很多方面类似于MapReduce引擎对HDFS的依赖，然而这也可以为系统提供一些独特的保证和功能，这些内容也是其他流处理系统所不具备的。对于已经具备或易于实现Hadoop和Kafka的环境，Apache Samza是流处理工作负载一个很好的选择。

而Spark和Flink是混合处理框架，既可以用来进行批量数据处理，也可以进行实时数据流的处理，这些框架可以用相同或相关的组件和API处理两种类型的数据，借此让不同的处理需求得以简化。

Spark是一种包含流处理能力的下一代批处理框架，与Hadoop的MapReduce引擎基于各种相同原则开发而来。Spark主要侧重于通过完善的内存计算和处理优化机制加快批处理工作负载的运行速度。该框架对资源调度、任务的提交，执行和跟踪、节点间的通信以及数据并行处理的内在底层操作都进行了抽象处理。Spark主要包含四大组件：支持高吞吐量、支持容错的实时流数据处理的Spark Streaming；用于结构化数据查询的Spark SQL；用来解决大数据机器学习问题的模块Spark MLLib；构建于Spark上的图计算模型Spark GraphX。这四个组件涵盖了大数据处理的大部分的处理场景，除了引擎自身的能力外，围绕Spark建立的各种库的生态系统，可为机器学习、交互式查询等任务提供更好的支持。使用Spark而非Hadoop MapReduce的主要原因是速度。在内存计算策略和先进的DAG调度等机制的帮助下，Spark可以用更快速度处理相同的数据集。但是，由于Spark将数据加载到内存中进行处理，因此相比基于磁盘的系统，Spark成本更高，然而处理速度的提升意味着可以更快速地完成任务，在需要按照小时数为资源付费的环境中，这一特性通常可以抵消增加的成本。Spark以更高内存占用为代价提供了无与伦比的速度优势。重视吞吐率而非延迟的工作负载，则比较适合使用Spark Streaming作为流处理解决方案。

Flink是一种可以处理批处理任务的流处理框架。该技术可将批处理数据视作具备有限边界的数据流，借此将批处理任务作为流处理的子集加以处理。Flink目前是处理框架领域一个独特的技术。虽然Spark也可以执行批处理和流处理，但Spark的流处理采取的微批架构使其无法适用于很多用例。Flink流处理为先的方法可提供低延迟，高吞吐率，近乎逐项处理的能力。目前Flink最大的局限之一是它一个非常“年幼”的项目。现实环境中该项目的大规模部署尚不如其他处理框架那么常见，对于Flink在缩放能力方面的局限目前也没有较为深入的研究。Flink也许最适合有极高流处理需求，并有少量批处理任务的组织。该技术可兼容原生Storm和Hadoop程序，可在YARN管理的集群上运行，因此可以很方便地进行评估。

除此之外，对于大数据量的实时交互查询技术还有Phoenix、Impala、Drill等。Phoenix是通过一个嵌入的JDBC驱动存储在HBase中的数据的查询，Phoenix可以让开发者在HBase数据集上使用SQL查询；Impala是Cloudera在受到Google的Dremel启发下开发的实时交互SQL大数据查询工具，Impala在架构上使用了与传统并行关系数据库中类似的分布式查询引擎，可以直接从HDFS或HBase中用SELETC、JOIN和统计函数查询数据，以降低延迟率；Drill是一个低延迟的分布式海量数据（涵盖结构化、半结构化以及嵌套数据）交互式查询引擎，使用ANSI SQL兼容语法，支持本地文件、HDFS、HBase、MongoDB等后端存储，支持Parquet、JSON、CSV、TSV、PSV等数据格式，Drill满足上千节点的PB级别数据的交互式商业智能分析场景。

大数据系统可使用多种处理技术。对于仅需要批处理的工作负载，如果对时间不敏感，比其他解决方案实现成本更低的Hadoop将会是一个好选择。

对于仅需要流处理的工作负载，Storm可支持更广泛的语言并实现极低延迟的处理，但默认配置可能会使其产生重复结果并且无法保证顺序。Samza与YARN和Kafka紧密集成可提供更大灵活性，更易用的多团队使用，以及更简单的复制和状态管理。

对于混合型工作负载，Spark可提供高速批处理和微批处理模式的流处理。该技术的支持更完善，具备各种集成库和工具，可实现灵活的集成。Flink提供了真正的流处理并具备批处理能力，通过深度优化可运行针对其他平台编写的任务，提供低延迟的处理，但实际应用方面它还为时过早。

最适合的解决方案主要取决于待处理数据的状态，对处理所需时间的需求，以及希望得到的结果。具体是使用全功能解决方案或主要侧重于某种项目的解决方案，这个问题需要慎重权衡。随着它的逐渐成熟并被广泛接受，评估任何新出现的创新型解决方案时都需要考虑类似的问题。

4. 大数据的分析与数据挖掘

越来越多的应用涉及大数据，这些大数据的属性，包括数量、速度、多样性等等都呈现了大数据不断增长的复杂性，所以，大数据的分析方法在大数据领域显得尤为重要，可以说它是判定最终信息是否有价值的决定性因素。大数据分析包括五个基本方面：预测性分析能力、数据质量和数据管理、可视化分析、语义引擎、数据挖掘算法。一直到近几年，数据挖掘算法的强大功能才被主流商业用户采用，它可以结合海量数据、多种数据类型和不同的数据结构，对数据集进行预测性分析和规范性分析。

数据挖掘是从海量数据中获取有效的、新颖的、潜在有用的、最终可理解的模式的非平凡过程。数据挖掘中用到了大量的机器学习界面提供的数据分析技术和数据库界提供的数据管理技术。从数据分析的角度来看，数据挖掘与机器学习有很多相似之处，但不同之处也十分明显，例如，数据挖掘并没有机器学习探索人的学习机制这一科学发现任务，数据挖掘中的数据分析是针对海量数据进行的，等等。通常数据挖掘的实现过程伴随着机器学习的理论和技术，数据挖掘通过预测未来趋势及行为，做出前摄的、基于知识的决策。数据挖掘的目标是从数据库中发现隐含的、有意义的知识，主要有这些功能：自动预测趋势和行为、关联分析、聚类、概念描述、偏差检测等，利用数据挖掘进行数据分析常用的方法主要有分类、回归分析、聚类、关联规则、特征工程、变化和偏差分析，Web页挖掘等，它们分别从不同的角度对数据进行挖掘。

近些年，随着人工智能的浪潮来临，全球的各家大公司都在布局人工智能，机器学习技术以及基于神经网络的深度学习技术越来越被重视，得到了很多学校、研究机构的深入研究和探索，并被使用到各行各业。深度学习的概念源于人工神经网络的研究。含多隐层的多层感知器就是一种深度学习结构。深度学习通过组合低层特征形成更加抽象的高层表示属性类别或特征，以发现数据的分布式特征表示。深度学习是机器学习研究中的一个新的领域，其动机在于建立、模拟人脑进行分析学习的神经网络，它模仿人脑的机制来解释数据，例如图像，声音和文本。由于深度学习的重要性质，在各方面都取得了极大的关注，拥有大数据的互联网公司争相投入大量资源研发深度学习技术，深度学习也成为当下大数据领域最炙手可热的应用方向。回顾深度学习的发展历程，有一些重要的标志性事件值得一提：

1950年图灵试验（图灵是计算机和人工智能的鼻祖，分别对应于著名的“图灵机”和“图灵测试”）的设想被提出，即隔墙对话，你将不知道与你对话的是人还是机器。这无疑给计算机，尤其是人工智能，预设了一个很高的期望值。但是半个世纪过去了，人工智能的进展远远没有达到图灵试验的标准。这不仅让多年翘首以待的人们心灰意冷，更让人们认为相关领域是“伪科学”。

自2006年以来，机器学习领域取得了突破性的进展，图灵试验至少不再那么可望而不可及。至于技术手段，不仅依赖于云计算对大数据的并行处理能力，而且依赖于算法。这个算法就是Deep Learning（深度学习）。借助Deep Learning算法，人类终于找到了如何处理“抽象概念”这个亘古难题的方法。

2012年6月，《纽约时报》披露了Google Brain项目，吸引了公众的广泛关注。这个项目是由斯坦福大学的机器学习教授Andrew Ng和大规模计算系统方面的世界顶尖专家Jeff Dean共同主导的，他们用16000个CPU Core的并行计算平台训练一种称为“深度神经网络”的机器学习模型（内部共计有10亿个节点），在语音识别和图像识别等领域获得了巨大的成功。

2012年11月，微软在中国天津的一次活动上公开演示了一个全自动的同声传译系统，讲演者用英文演讲，后台的计算机自动完成语音识别、中英机器翻译和中文语音合成，效果非常流畅。据报道，后面支撑的关键技术也是DNN，或者深度学习技术。

2013年1月，在百度年会上，创始人兼CEO李彦宏高调宣布要成立百度研究院，其中第一个成立的就是“深度学习研究所”（Institute of Deep Learning，IDL）。

深度学习现在已经成为一项重要的大数据分析技术，基于深度学习技术的应用，可以有很广泛的想象的空间，应用在广电行业，可以进行影视内容的智能分析、自动编目、字幕识别、内容推荐等等。

5. 大数据查询与可视化技术

前面介绍大数据处理技术的部分，基于历史数据的交互式查询其实属于大数据处理的一种场景，我们可以利用Phoenix、Impala、Drill等成熟的大数据查询引擎进行数据的实时查询，而数据查询的结果或者数据处理、分析的结果往往需要进行结果的可视化，来进行更加直观、方便的结果呈现。数据可视化是关于图形或图形格式的数据展示，焦点往往是使用图片和图像信息传达给观众。数据的可视化展示，提高了人们解释信息的能力。从海量的数据和信息中寻找它们的联系并不容易，但是图形和图表可以在几秒内提供信息，这也是数据可视化的最重要的好处—它能够帮助人们更快地理解数据。通过可视化技术，可以在一个图表中突出显示一个大的数据量，并使人们快速地发现关键点。

数据可视化技术有一些成熟的工具，这些工具便于收集数据及简化数据的使用方式，这些数据主要有Google charts、Datawrapper、RAW、Infogram、Echarts等，这些工具都包含丰富的图表、信息图的模板，使用者可以非常方便地载入数据并定制化进行图表、交互行为的设计。

数据可视化是相对比较简单的技术，但完成一个直观、有效的可视化的项目，仍然需要做很多工作，优秀的数据可视化技术背后有以下的核心理念：

（1）了解受众

呈现数据前首先要做的是思考谁将查看这些数据，为找到合适的数据可视化方法，了解受众非常重要。尽管数据可视化通常是一种简化数据的方法，受众可能仍然存在不同的知识背景，需要为此做好准备。如果数据可视化的目标是专业受众，那么可以使用更适合的方法以及使用专业术语来解读数据。另一方面，普通受众可能需要相同的数据提供更加清晰的解释方式。

（2）足够了解数据

除了了解目标受众以外，我们还需要了解数据的内涵，只有完全明白需要展示的数据，才能有效地将信息传达给受众。通常无法从数据中提取所有信息，所以需要找到关键信息，并以一致的方式呈现它。

（3）讲故事

数据可视化还应当力求传达一个故事。我们不希望这些数据是一组信息仅仅呈现自己，而是有使用数据背后的信息。使用一个故事，往往意味着受众从数据中获得更多的洞察力。它可以帮助受众了解及深入新的信息。为了使数据可视化讲的故事更加精彩，理解数据这点是至关重要的。

（4）保持简单

我们需要保持数据可视化方法简单明了。我们不应该企图让它包含太多的数据信息或使用过多不同的技术。拥有过多元素的可视化实际上会损坏可视化结果并偏离数据。数据可视化的好处是直观地呈现大量的数据，不能使用错误的数据呈现方法或包含太多冗余的信息，否则会使可视化结果看起来费劲。

（5）正确认识平台需求

我们还应该正确认识平台需求，就像需要知道目标受众一样，我们也需要考虑人们阅读数据可视化结果的方式。我们需要让可视化结果方便地进行平台移植，如在移动手机、平板电脑或计算机之间移植。除了考虑该平台的界面选项外，还需要考虑可访问性问题。如果数据可视化允许有视觉障碍的人进行适当的缩放，可以大大提高用户体验。可访问性有助于提高用户体验，确保数据可视化可用于所有受众。

6. 大数据的隐私与安全

目前大数据的发展仍然面临着许多问题，安全与隐私问题是人们公认的关键问题之一，人人生活在半透明的“玻璃”下，随时面临着隐私泄露的危险，它危害到人身安全和社会稳定。目前大数据在收集、存储和使用过程中面临着诸多安全风险大数据所导致的隐私泄露为用户带来严重困扰，虚假数据将导致错误或无效的大数据分析结果。

（1）隐私与安全问题

当前，人们在互联网上的一言一行都掌握在互联网商家手中，包括购物习惯、好友联络情况、阅读习惯、检索习惯等等。多项实际案例说明，即使无害的数据被大量收集后，也会暴露个人隐私。事实上，大数据安全含义更为广泛，人们面临的威胁并不仅限于个人隐私泄漏。与其他信息一样，大数据在存储、处理、传输等过程中面临诸多安全风险，具有数据安全与隐私保护需求。而实现大数据安全与隐私保护，较以往其它安全问题（如云计算中的数据安全等）更为棘手。这是因为在云计算中，虽然服务提供商控制了数据的存储与运行环境，但是用户仍然有些办法保护自己的数据，例如通过密码学的技术手段实现数据安全存储与安全计算，或者通过可信计算方式实现运行环境安全等。而在大数据的背景下，Facebook、亚马逊、阿里巴巴等商家既是数据的生产者，又是数据的存储、管理者和使用者，因此，单纯通过技术手段限制商家对用户信息的使用，实现用户隐私保护是极其困难的事。

如果一个人在网络上留下大量信息，并且网站对这些信息保密不严，会导致犯罪分子沿着这些蛛丝马迹找到这个人的现实生活信息，如他的名字、地址、联系方式等，那么这个人的生命安全就会有危险。虽然这只是一种假设，但却有真实存在的类似案例，又或者说即使这样的人不多，人们在网上留下的痕迹，就足以使个人隐私遭到侵害。比如在一些社交网站中，如新浪微博、微信等，这些网站或平台都有个人主页的设置，在网络刚刚兴起时，人们还对在网络留下真实信息有所顾虑，但在这几年随着网络的发展，人们越来越放得开，不再顾虑自己的真实姓名等一些真实信息的透露。再者浏览这些社交网站时，网站会记录人们浏览的痕迹，比如浏览的某位明星的动态就会记录在个人的用户账号上，并随着留下的痕迹越来越多，可以分析出来你喜爱的明星、喜爱的事物、平常的兴趣等，甚至加上对时间的分析，可以分析出用户喜欢的东西是这一段时间还是较为长久的兴趣。再随着网上购物的发展，一些支付平台作为第三方也在记录着人们的真实信息。比如支付宝、蚂蚁花呗等App。人们在网上购买物品，通过第三方支付平台转账，这些平台会绑定用户的银行卡、信用卡，这样就会记录用户的财产信息，有时甚至会要求实名认证，这样用户的姓名、性别、身份证号和籍贯也被记录下来。现在随着电子科技的发展，一些手机或客户端还会记录用户的指纹信息，这些指纹信息则会被记录在这些电子科技公司当中。再加上随着时代的发展，网络技术会越来越发达，就无隐私可言了。在大数据的记录下，人人都是透明的。

数据的采集、传输以及处理过程，对任何企业来说，都不是百分百可控的，数据在网络上的传输存在着被黑客窃取数据、篡改数据的可能。另外，我们的大数据平台一般都是基于很多开源的框架和引擎进行搭建，数据的处理过程也会使用到各种各样的开源框架，对大部分的企业来说，这些开源框架源码和技术，并不是百分百可以掌握的，虽然绝大部分的开源框架是经过很多技术精英的开发、完善和稳固，但是仍然存在黑客利用框架中难以察觉的漏洞进行一些危害性的操作，例如数据窃取或篡改。

目前用户数据的收集、存储、管理与使用等均缺乏规范，更缺乏监管，主要依靠企业的自律。用户无法确定自己隐私信息的用途．而在商业化场景中，用户应有权决定自己的信息如何被利用，实现用户可控的隐私保护。例如用户可以决定自己的信息何时以何种形式披露，何时被销毁。包括：数据采集时的隐私保护，如数据精度处理；数据共享、发布时的隐私保护，如数据的匿名处理、人工加扰等；数据分析时的隐私保护；数据生命周期的隐私保护；隐私数据可信销毁等。

（2）大数据可信性

关于大数据的一个普遍的观点是，数据自己可以说明一切，数据自身就是事实。但实际情况是，如果不仔细甄别，数据也会欺骗，就像人们有时会被自己的双眼欺骗一样。大数据可信性通常受到两方面的威胁：

①伪造或刻意制造的数据

错误的数据往往会导致错误的结论。若数据应用场景明确，就可能有人刻意制造数据、营造某种“假象”，诱导分析者得出对其有利的结论。由于虚假信息往往隐藏于大量信息中，使得人们无法鉴别真伪，从而做出错误判断。例如，一些点评网站上的虚假评论，混杂在真实评论中使得用户无法分辨，可能误导用户去选择某些劣质商品或服务。由于当前网络社区中虚假信息的产生和传播变得越来越容易，其所产生的影响不可低估。用信息安全技术手段鉴别所有来源的真实性是不可能的。

②数据在传播中的逐步失真

人工干预的数据采集过程可能引入误差，由于失误导致数据失真与偏差，最终影响数据分析结果的准确性。此外，数据失真还有数据的版本变更的因素。在传播过程中，现实情况发生了变化，早期采集的数据已经不能反映真实情况。例如，餐馆电话号码已经变更，但早期的信息已经被其它搜索引擎或应用收录，所以用户可能看到矛盾的信息而影响其判断。

因此，大数据的使用者应该有能力基于数据来源的真实性、数据传播途径、数据加工处理过程等，了解各项数据可信度，防止分析得出无意义或者错误的结果。密码学中的数字签名、消息鉴别码等技术可以用于验证数据的完整性，但应用于大数据的真实性时面临很大困难，主要根源在于数据粒度的差异。例如，数据的发源方可以对整个信息签名，但是当信息分解成若干组成部分时，该签名无法验证每个部分的完整性。而数据的发源方无法预知哪些部分被利用、如何被利用，难以事先为其生成验证对象。

（3）关键技术

应对大数据的安全与隐私保护问题，已经有一些关键技术被研究出来：

①数据发布匿名保护技术

这是一种针对大数据中的结构化数据，实现其隐私保护的核心关键技术与基本手段。这是一种安全有效的数据隐私保护方法，它能很好地平衡数据的有效性和隐私保护之间的关系。该技术的基本思想是把原始数据表进行某种变换，使攻击者不能从变换后的数据表中轻易分析出某个元组的敏感属性值，从而不能识别敏感信息所属的具体个体，达到隐藏个体隐私信息的目的。

②社交网络匿名保护技术

这是一种针对社交网络中图结构特征数据的安全技术，将用户及其属性抽象为社交网络图的点，用户社交关系作为图的边，利用隐藏或者基于边的增删方法进行数据的隐藏和匿名操作，从而在社交网络活动中达到保护好用户隐私的目的。

③数据水印技术

数字水印是指将标识信息以难以察觉的方式嵌入在数据载体内部且不影响其使用的方法，多见于多媒体数据版权保护。也有部分针对数据库和文本文件的水印方案。由数据的无序性、动态性等特点所决定，在数据库、文档中添加水印的方法与多媒体载体上有很大不同。其基本前提是上述数据中存在冗余信息或可容忍一定精度误差。

④数据溯源技术

数据溯源技术发展较早，早在大数据概念出现之前，数据溯源技术就在数据库领域得到广泛研究。其基本出发点是帮助人们确定数据仓库中各项数据的来源，例如了解它们是由哪些表中的哪些数据项运算而成，据此可以方便地验算结果的正确性，或者以极小的代价进行数据更新。数据溯源的基本方法是标记法，如通过对数据进行标记来记录数据在数据仓库中的查询与传播历史。

⑤4A认证

4A是指：认证Authentication、账号Account、授权Authorization、审计Audit，中文名称为统一安全管理平台解决方案。即将身份认证、授权、审计和账号（即不可否认性及数据完整性）定义为网络安全的四大组成部分，从而确立了身份认证在整个网络安全系统中的地位与作用。4A平台包括以下四个方面的管理功能：

A集中帐号（account）管理

为用户提供统一集中的账号管理，支持管理的资源包括主流的操作系统、网络设备和应用系统；不仅能够实现被管理资源账号的创建、删除及同步等账号管理生命周期所包含的基本功能，而且也可以通过平台进行账号密码策略，密码强度、生存周期的设定。

B集中认证（authentication）管理

可以根据用户应用的实际需要，为用户提供不同强度的认证方式，既可以保持原有的静态口令方式，又可以提供具有双因子认证方式的高强度认证（一次性口令、数字证书、动态口令），而且还能够集成现有其他如生物特征等新型的认证方式。不仅可以实现用户认证的统一管理，并且能够为用户提供统一的认证门户，实现企业信息资源访问的单点登录。

C 集中权限（authorization）管理

可以对用户的资源访问权限进行集中控制。它既可以实现对 B/S、C/S 应用系统资源的访问权限控制，也可以实现对数据库、主机及网络设备的操作的权限控制，资源控制类型既包括 B/S 的 URL、C/S 的功能模块，也包括数据库的数据、记录及主机、网络设备的操作命令、IP 地址及端口。

D 集中审计（audit）管理

将用户所有的操作日志集中记录管理和分析，不仅可以对用户行为进行监控，并且可以通过集中的审计数据进行数据挖掘，以便于事后的安全事故责任的认定。

⑥金库模式

金库模式的安全管理策略最早来自中国移动，中国移动率先采用金库模式保护客户信息。该模式已覆盖中国移动全国几十套关键系统，有效提高了客户信息安全保护水平。

金库模式是指为降低高权限账号被滥用引起违规操作和客户信息泄露的风险，借鉴银行金库管理中开关库房必须由两名管库员在场共同进行的方式，以多人制衡的手段对高权限的使用进行监督和控制。金库模式的场景过程有两个关键的节点：

- 金库模式触发：即在什么情况（如登录资源、执行敏感操作）下触发金库模式。
- 金库授权审批：即协同操作人（审批人）在不同的工作状态下，如何确保审批工作不影响运维工作的开展和效率。

金库触发模式分为基于账号登录触发和基于业务操作触发两种。其中基于账号登录触发方式是指当拥有敏感操作权限的账号通过安全管控平台登录时，触发金库审批。基于业务操作（命令）的触发方式是指当用户对敏感信息进行高风险操作时，触发金库模式。这是一种细粒度的触发模式，只在用户执行敏感操作时触发，操作过程完全受控。

金库授权模式主要分为人工授权和自动授权两种方式。其中人工授权细分为现场授权和远程授权两种方式。现场授权模式需要协同操作人员在现场，通过现场输入主账号密码、插入硬件证书、提供当前动态令牌码或按指纹等完成实时授权。远程授权采用短信方式，协同操作人员通过回复短信完成授权。

除此之外，大数据安全领域还有应用轨迹追踪、统一日志分析、角色挖掘、风险自适应的访问控制等技术。我们需要在大数据平台建设前期做好安全规划，未雨绸缪、防患未然，使平台更加安全、稳定、可靠。

## 5.2　大数据平台建设思路与技术规划

### 5.2.1　大数据平台总体架构

不同企业，根据自身不同的需求、不同的业务、不同的技术实力，采用不同的大数据技术解决方案，大数据平台架构也不尽相同，但总体上都是按照数据采集、数据存储、数据处理、数据分析和应用的流程展开搭建，经典的大数据平台架构有Lambda架构和SQL on Hadoop架构等。

（1）Lambda架构

Lambda架构是由Storm的作者Nathan Marz提出的一个实时大数据处理框架。Marz在Twitter工作期间开发了著名的实时大数据处理框架Storm，Lambda架构是其根据多年进行分布式大数据系统的经验总结提炼而成。Lambda架构用于在大数据处理系统中，将实时处理和离线批量任务结合起来，既发挥前者对响应的实时性，又能解决对海量数据的分析与处理。

Lambda架构的目标是设计出一个能满足实时大数据系统关键特性的架构，包括有：高容错、低延时和可扩展等。Lambda架构整合离线计算和实时计算，融合不可变性（Immunability），读写分离和复杂性隔离等一系列架构原则，可集成Hadoop，Kafka，Storm，Spark，Hbase等各类大数据组件。

在任意大数据集上进行实时查询和计算，是大数据系统的关键问题，海量数据加上低延迟的实时计算，问题的难度比较大。Lambda架构通过分解的三层架构来解决该问题：Batch Layer，Speed Layer和Serving Layer。如图5.2所示。

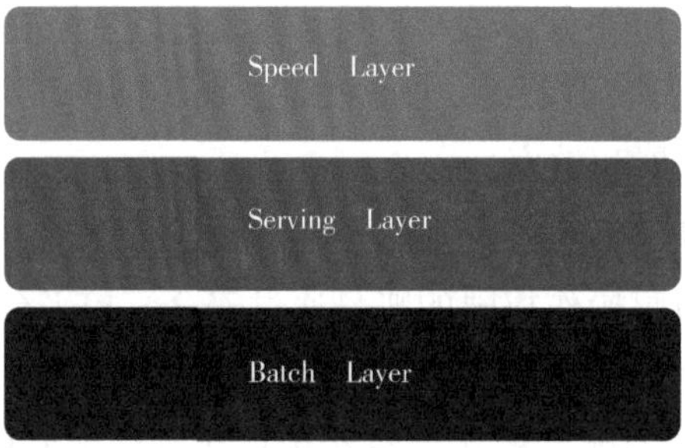


**图 5.2 Lambda 三层架构**

理想状态下，任何数据访问都可以从表达式Query = function（all data）开始，但是，若数据达到相当大的一个级别（例如PB），且还需要支持实时查询时，就需要耗费非常庞大的资源。

一个解决方式是预运算查询函数（precomputed query funciton）。Mathan Marz将这种预运算查询函数称之为Batch View，当需要执行查询时，可以从Batch View中读取结果。这样一个预先运算好的View是可以建立索引的，因而可以支持随机读取。于是系统就变成：

batch view=function(all data)

query=function(batch view)

①Batch Layer

在Lambda架构中，实现batch view = function(all data)的部分被称之为batch layer。它承担了两个职责：

- 存储Master Dataset，这是一个不变的持续增长的数据集；
- 针对这个Master Dataset进行预运算。

显然，Batch Layer执行的是批量处理，例如Hadoop或者Spark支持的Map-Reduce方式。

利用Batch Layer进行预运算的作用实际上就是将大数据变小，从而有效地利用资源，改善实时查询的性能。但这里有一个前提，就是需要预先知道查询需要的数据，如此才能在Batch Layer中安排执行计划，定期对数据进行批量处理。此外，还要求这些预运算的统计数据是支持合并（merge）的。

②Serving Layer

Batch Layer通过对master dataset执行查询获得了batch view，而Serving Layer就要负责对batch view进行操作，从而为最终的实时查询提供支撑。因此Serving Layer的职责包含：

- 对batch view的随机访问；
- 更新batch view。

Serving Layer应该是一个专用的分布式数据库，例如Elephant DB，以支持对batch view的加载、随机读取以及更新。注意，它并不支持对batch view的随机写，因为随机写会为数据库引来许多复杂性。简单的特性才能使系统变得更健壮、可预测、易配置，也易于运维。

③Speed Layer

只要batch layer完成对batch view的预计算，serving layer就会对其进行更新。这意味着在运行预计算时进入的数据不会马上呈现到batch view中。这对于要求完全实时的数据系统而言是不能接受的。要解决这个问题，就要通过speed layer。从对数据的处理来看，speed layer与batch layer非常相似，它们之间最大的区别是前者只处理最近的数据，后者则要处理所有的数据。另一个区别是为了满足最小的延迟，speed layer并不会在同一时间读取所有的新数据，相反，它会在接收到新数据时，更新realtime view，而不会像batch layer那样重新运算整个view。speed layer是一种增量的计算，而非重新运算（recomputation）。

因而，Speed Layer的作用包括：

- 对更新到serving layer带来的高延迟的一种补充；
- 快速、增量的算法；
- 最终Batch Layer会覆盖speed layer。

整个Lambda架构如图5.3所示。

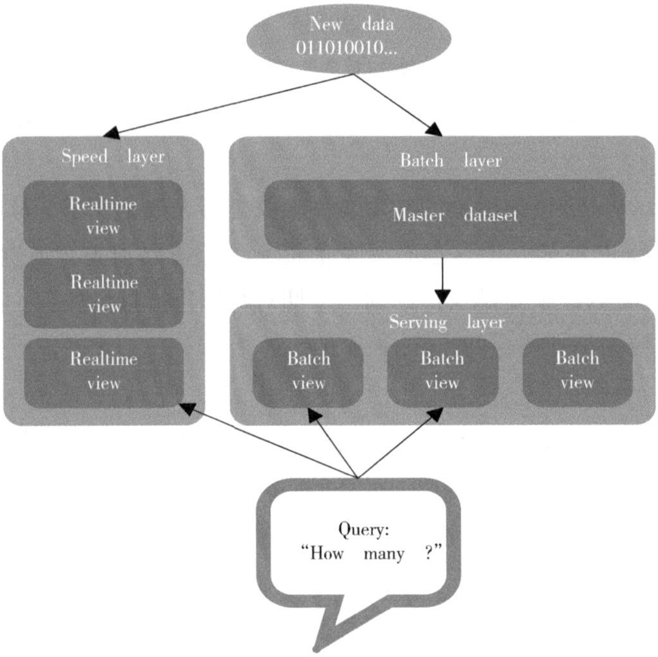


**图 5.3　Lambda 架构**

基于Lambda架构，一旦数据通过batch layer进入到serving layer，在realtime view中的相应结果就不再需要了。

一个典型的基于Lambda架构、利用开源大数据引擎和框架、整合数据聚合和数据应用的大数据架构如图5.4所示。

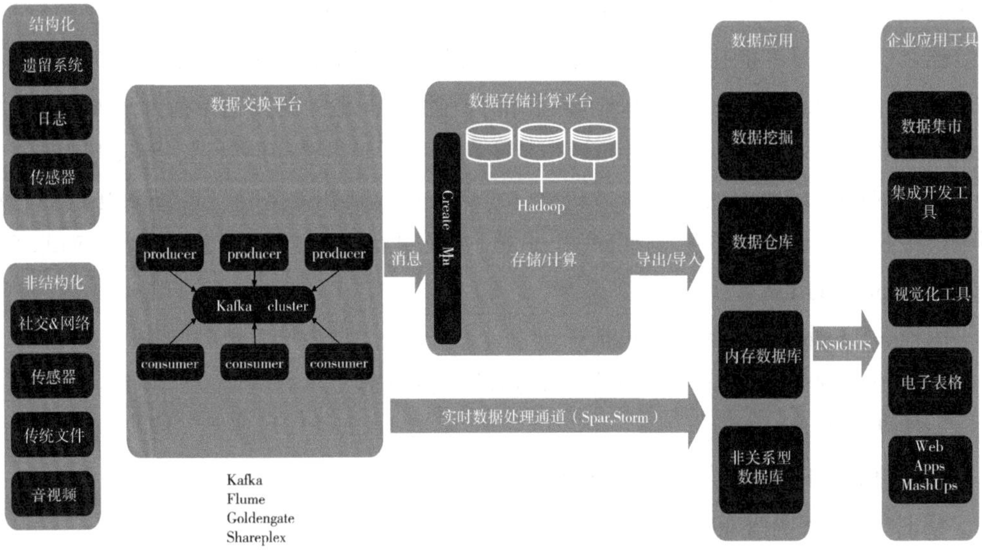


**图 5.4　基于 Lambda 架构的典型大数据平台架构**

如图5.4所示，将数据来源按照格式分为结构化数据和非结构化数据，并利用开源日志采集、数据聚合和数据集成技术，如Kafka、Flume、Goldengate等将数据采集到数据仓库。数据存储计算平台基于Hadoop进行数据的存储和批量处理，并整合Spark Streaming、Storm等实时流处理技术实现数据的实时处理能力，Lambda架构的思想主要应用在这一平台层次。随后利用数据仓库、数据挖掘、电子表格等技术进一步实现数据的挖掘、分析和可视化。

（2）SQL on Hadoop架构

在大数据的概念和成熟的大数据技术出现之前，主流的数据库操作语言是Sql，市面上使用率最高的数据库如Mysql、Sql Server、Access、Oracle、Postgresql等都使用Sql作为操作语言，甚至一些Nosql和图数据库等如MongoD、Neo4j等为了兼容Sql语法，而使用一些类Sql的操作语言进行数据交互，Sql语言具有灵活性、易用性、解释性强、功能强大等诸多优点。随着大数据时代的来临，人们对海量数据的存储和处理面临新的挑战，如何能基于传统典型的Sql语法对海量数据进行快速检索和分析，成为了越来越多的企业和大数据使用者的诉求。

近年来，SQL on Hadoop的架构被提出，它可以满足从Hadoop平台中检索和分析数据的需求，SQL on Hadoop结构如图5.5所示。

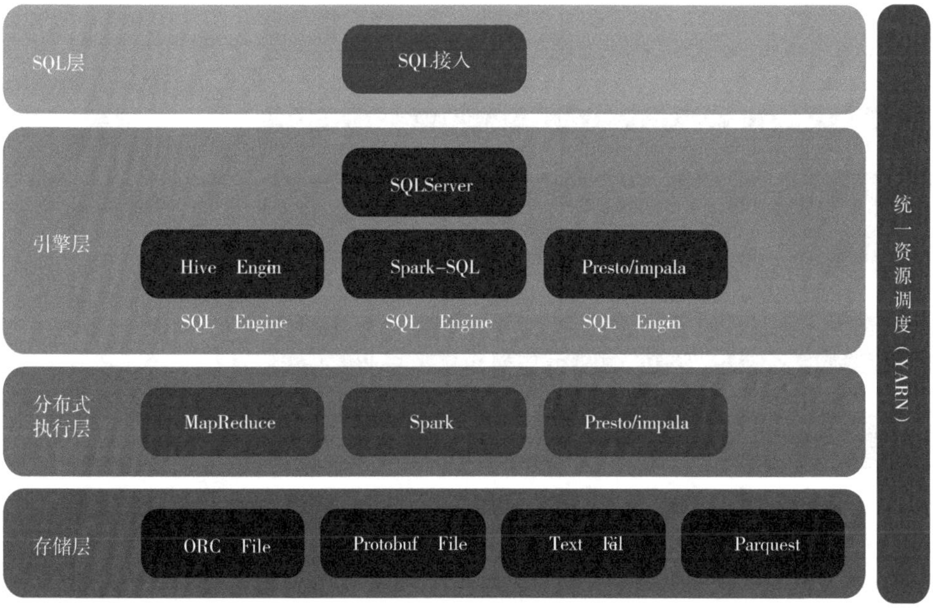


**图 5.5　SQL on Hadoop 架构**

SQL on Hadoop架构主要使用开源的大数据SQL引擎技术从Hadoop平台中实现数据的检索和分析。如图5.5.所示，SQL on Hadoop架构分为存储层、分布式执行层、引擎层、SQL层四个层次。其中存储层主要使用HDFS进行文件的分布式存储，包括文本格式、Parquet格式以及轻量级数据格式Protobuf文件、ORC文件等。分布式执行层主要用来执行数据查询和分析任务，是数据处理分析的核心层，利用MapReduce进行数据的批量分布式处理，利用Spark进行数据的实时计算，利用Presto/Impala进行交互式的查询分析。引擎层主要提供SQL引擎功能，用来处理和分析由客户端提交的SQL

语句，进行语法分析并转换为数据处理任务提交到分布式执行层，并获取数据处理结果返回给SQL调用端，这一层主要使用到Hive、Spark SQL 、Presto/Impala等技术提供SQL引擎功能。SQL层主要提供SQL的接入，提供SQL调用接口，供客户端进行SQL命令输入。

有很多流行的SQL on Hadoop框架可以用来实现基于Hadoop平台的SQL查询和分析，如Apache Hive、Impala、Presto、Shark、Apache Drill、HAWQ、BigSQL、Apache Phoenix、Apache Tajo等。

（3）广播电视网络运营商大数据平台架构设计

我们根据广电大数据发展现状和业务需求，结合Lambda架构和Sql on Hadoop架构的优点，设计了广电网络运营商的大数据平台架构。按照数据的处理流程，我们将广播电视网络运营商大数据平台总体架构分为七部分：源数据层、数据采集层、数据存储层、大数据基础分析层、应用能力层、数据应用层、数据运营管理层。架构如图5.6所示。

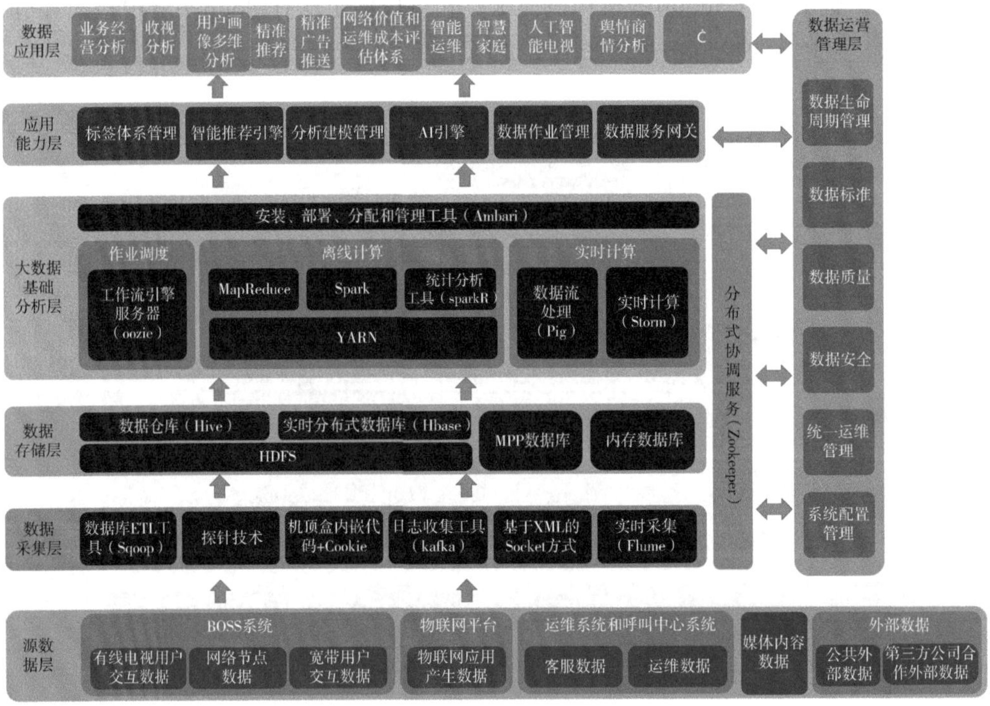


**图5.6　广播电视网络运营商大数据平台总体架构**

● 源数据层：源数据层包含广播电视网络运营商内部数据的数据来源，是数据采集的来源基础，我们根据广播电视网络运营商数据资产现状将数据来源分为BOSS系统、物联网平台、运维系统和呼叫中心系统、媒体内容数据和外部数据，其中BOSS系统包含了网络节点数据、宽带用户交互数据和有线电视用户交互数据，物联网平台主要包含物联网应用产生的数据，运维系统和呼叫中心系统包含了客服数据和运维数据，不同的数据源产生的数据体量、数据类型、数据格式等不尽相同，外部数据分为公共外部数据和第三方公司合作外部数据，后者主要是和第三方企业、政府部门合作获得的数据。

● 数据采集层：数据采集层负责将不同数据源的数据采集到大数据系统中，以便后续的存储和处理。由于数据源环境条件、系统结构各不相同，产生的数据拥有不同的体量、类型、格式、存储方式以及使用方向，所以需要采用不同的采集技术进行数据的采集。数据采集层涉及到的主要技术有ETL、探针技术、Cookie、Kafka、Socket、Flume等。

● 数据存储层：数据采集层采集到的数据需要持久化到数据存储层，数据存储层负责所有数据的存储和存储处理管理，不同的数据也会采用不同的存储策略，如结构化的元数据一般存储在MPP数据库或Hive中，HBase一般存储较为稀疏的数据，如非结构化数据或半结构化数据，HDFS一般用来存储文件，如影视资源、日志文件等，内存数据库一般用于存储热数据、缓存数据以及一些实时分析的临时数据。

● 大数据基础分析层：利用开源的框架和引擎进行数据的计算、处理和统计分析。大数据基础分析层是大数据平台架构的核心层次，这一层主要进行数据的处理和分析，使用Apache Ambari进行Hadoop集群和相关组件的搭建、供应、管理和监控。对于数据的计算可以分为离线计算和实时计算，离线计算主要通过MapReduce分布式计算，结合Spark进行数据的离线处理；实时计算借助Pig和Storm进行数据端到端的实时处理。针对不同的应用需求使用不同的组件进行计算和处理，如使用Storm进行实时的流式计算，使用MapReduce或Spark进行数据的离线处理和分析。

● 应用能力层：主要利用大数据基础分析层的计算和分析能力，进行具体应用的分析与建模，以及调度数据作业并进行数据作业的管理，并作为数据服务网关，提供统一的数据共享接口、应用模型以及数据处理和分析能力。

● 数据应用层：基于应用能力层提供的模型、数据处理分析能力进行具体数据应用的开发和管理，包括业务经营分析、收视分析、用户画像多维分析、精准推荐、精准广告推送、网络价值和运维成本评估体系、智能运维、智慧家庭、明睛调研、人工智能电视、舆情商情分析等。

● 数据运营管理层：实现数据全生命周期管理，提升企业数据标准、数据质量、数据安全、元数据管理等统一的数据管控能力，实现系统平台架构各组件的统一运维管理和系统配置管理。

（4）大数据开源技术的使用

开源技术的出现给这个时代带来了很多的发展和机遇，极大推动了技术的发展和社会的进步，开源技术以其开放传播的思想已经在颠覆传统软件开发模式。

目前，绝大多数公司大数据技术方案都是采用如Hadoop、Spark等开源软件技术，或者基于这些开源软件进行改造和升级。使用开源软件具有以下优势：

①省去大量维护费用，节约大量成本；

②容易使用，并且有丰富的使用文档以及活跃的开源社区的支持；

③易于部署和管理，降低维护成本；

④连续、实时改进，由于开源代码的开放性，每个人都可以为开源软件贡献自己

的力量，这使软件本身越来越优秀，得到不断的创新和改进。

但是大数据开源软件的使用也拥有如下一些风险：

①对开源软件核心技术的可控性小

一些大型技术型公司如百度、阿里、华为、电信等，都依靠自身强大的技术实力进行开源软件的深刻改造和优化，形成自己的大数据平台体系。但是对于一些非技术型公司或中小型公司来说，想完全掌握如Hadoop、Spark等大型复杂的开源软件的技术核心非常难，他们没有足够强大的技术实力来完全掌握开源软件的内核技术或底层结构，从而不能完全将软件进行灵活改造，也就是对软件核心技术的可控性较小。

②开源软件缺乏易用的用户界面

开源软件通常无法提供满足每个使用者需求的操作界面，原因有可能来自语言的差异或者开发者使用习惯，使用者很难通过用户界面进行一些灵活的监控和操作，这就会增加一定的学习成本和维护成本。

③开源软件会产生过多的分支版本

类似Hadoop、Spark等开源的软件平台，必定会被许多用户不断进行使用和开发，为了适应不断增长的使用者和使用者的各种需求，开源软件本身必须不断的进行更新和重组。这个就造成了过多的分支版本的诞生，就会产生一些技术上的不流畅和不和谐。就会给使用者带来一些不便之处。

④开源软件本身并没有商业上的考虑

开源软件的出发点只是单纯地从技术出发，提供某个技术领域的解决方案，开源软件是完全开放性的，面向全世界的，而没有太多商业上的考虑，所以任何一家公司在使用开源软件的时候，都需要和自身的业务相结合，提出贴合自身业务发展的开源软件使用方案。

关于大数据开源软件和框架的使用，广电网络运营商可以考虑以下几个方面的建议：

①选择成熟的开源软件

大数据技术相关的开源框架和技术非常多，但有一部分的开源框架是经历过很多大小公司的应用实践的，这些开源框架一般拥有活跃的社区，丰富的文档，版本更新频率较高，有专门的技术团队去不停地维护和优化，成熟稳定，能够经受绝大多数的业务场景的实践考验，例如HBase、Impala、Pig、Drill等等，选择成熟的开源软件，更易于部署、维护和使用，可以很大程度上降低运维成本，提高工作效率。

②实现自有的大数据核心技术能力

开源的软件虽然稳定易用，但一般很难灵活掌握，实现自主改进。广电网络运营商在进行大数据平台建设的同时需要投入一部分的力量在开源软件本身的研发中，将开源软件的使用和广电网络运营商业务发展相结合，尽量掌握开源软件的技术核心和内部结构，并进行开源框架的改进和优化，但不能完全依赖开源产品，广电网络运营商需要拥有自有的大数据核心技术能力，形成自身的技术壁垒，构建符合广电网络运营商业务特色的大数据技术体系。

③培养自己的大数据技术团队

通过建立广电网络运营商自己的大数据研发团队，培养大数据技术研发人才，增强自身的大数据技术实力，巩固人才保障。

在与第三方公司进行合作以及数据开放的过程中，也需要考虑以下几点建议：

①选择技术成熟、维保服务完善的第三方公司合作

广电网络运营商应该选择一个技术成熟、维保服务完善的第三方公司合作进行大数据平台的建设。一个有着多年大数据实践经验、技术力量强大的公司，都会对这些开源软件有着深刻的研究和优化，可以更好地帮助广电网络运营商构建一个高可靠高可用的大数据平台，加上第三方公司的完善的维保服务，可以保障平台建设后期的问题处理和改进优化。

②数据安全保护

与第三方公司合作的过程中，涉及数据交换的环节，要对数据进行脱敏处理，保护自身数据资产的安全，避免数据泄露和丢失。

③提供开放

在符合管控要求的前提下，提供不同层次的开放性，如大数据能力开发、服务开放、数据开放等。

### 5.2.2 大数据技术研究需求分析

大数据的技术涉及的面很广，而且日新月异，不断有新的框架和技术出现。对于有线网络运营商而言，技术研究不能是空中楼阁，需要对大数据技术有着自主的研究和掌握，并依据业务和平台建设的规划要求，有针对性地选择研究方向布局。针对不同的平台分层，提供如下的技术研究需求：

1. 数据采集层

（1）整合全企业范围数据资产，形成完整的企业数据资产汇聚能力，包括：人为产生数据整合、自然产生数据整合、外部相关数据整合。

（2）规范数据采集标准和流程，掌握不同来源数据的采集技术和采集过程，保证数据采集的稳定性、安全性，保证数据完整性。

2. 数据存储层

（1）研究不同存储方案的技术特点，掌握不同格式数据的存储规范和最佳实践。

（2）形成完整数据分级管理的策略体系。

（3）研究大数据存储扩容相关技术，构建分布式、高可用的平台架构。

3. 大数据基础分析层

（1）建立基于YARN架构，融合离线计算、流计算、内存计算、NoSQL等多种计算框架的大数据处理平台。

（2）研究新型流式实时处理技术和关键场景应用研究，完善实施流处理能力，建立实时分析和实时计算能力，实现端到端的实时场景支撑。

（3）完善基于YARN的多计算框架融合的大数据平台架构，研究基于YARN架构的大数据平台演进方案。

4. 应用能力层

（1）完善标签体系管理，建立标签库构建和应用能力。

（2）研究推荐引擎算法和技术，构建通用的智能推荐引擎。

（3）研究数据挖掘和机器学习算法，构建完善的分析建模流程体系，实现模型存储、管理、部署、应用能力建设。

（4）实现即时高效的数据作业管理能力。完善数据脱敏输出策略，构建高可用的数据服务网关。

5. 数据应用层

（1）完善数据应用构建能力，形成一整套完善的数据应用体系。

（2）形成全流程整合的、数据驱动的数据应用支撑体系，形成数据经营生态环境支撑能力。

（3）加强数据可视化建设，实行交互性分析和可视化技术的研究和应用，完善平台自助报表和分析能力。

6. 数据运营管理层

（1）构建大数据平台全数据流程监测能力，实现一级汇聚点到分析结果的全流量实时监控和数据稽核能力。

（2）实行数据全生命周期管理，制定完备的备份策略和清理策略，逐步建立和完善数据标准制定体系和质量管控体系。

（3）加强大数据安全管控能力、配套管理流程和系统建设，形成完整的大数据安全管理体系。

（4）实现大数据平台数据全流程的统一运维，包括数据采集运维管理、数据存储备份运维管理、数据作业运维管理和数据服务网关运维管理等。

（5）实现大数据平台各系统组件的配置管理，包括计算资源、存储资源、网络资源、数据作业等相关配置。

### 5.2.3 大数据平台总体数据流程

图5.7展示了广播电视网络运营商大数据平台的总体数据流程图。

我们根据数据的特点，按照采集方式将其分为了三类数据：IT支撑数据、基础网络数据、平台和外部数据。

- IT支撑数据包括用户行为数据、业务经营数据以及媒体内容数据等，用户行为数据又包含了宽带用户交互数据、有线电视用户交互数据、客服数据以及运维数据，这里的媒体内容数据主要是元数据，包括媒体资源的编排数据、标注数据等，IT支撑数据一般为结构化数据，通过ETL平台汇聚到ODS（操作型数据存储），ODS对数据进行统一整合，从粒度、组织方式等各个方面都保持了与业务系统的一致，降低数据

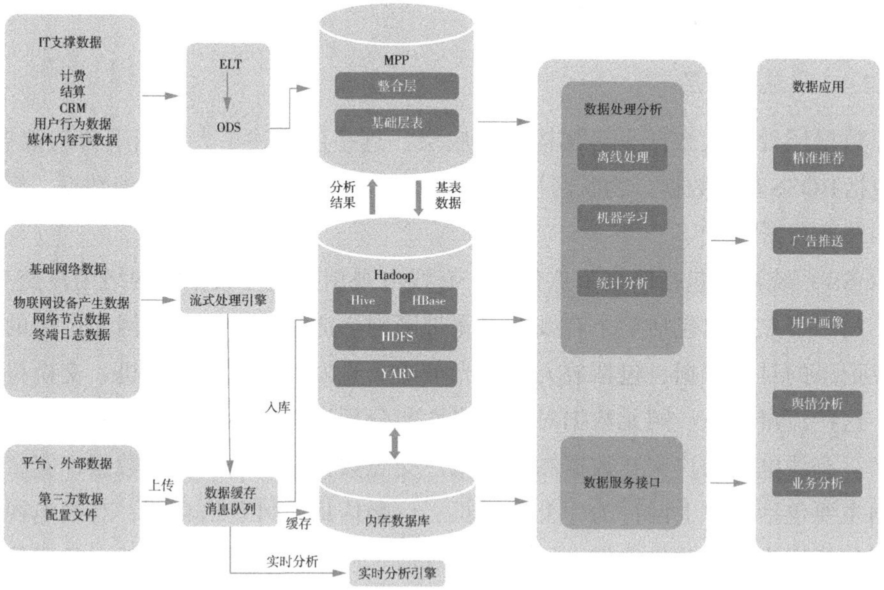


图 5.7 大数据平台总体数据流程

抽取过程中数据转化的复杂性。ODS 数据进入 MPP 整合层，向数据的处理分析以及数据服务接口提供数据。

- 基础网络数据包括了物联网设备产生数据、网络节点数据、终端日志数据等，这部分数据通过流式处理引擎进行清洗，经过消息缓存队列按照应用需求分别进入 Hadoop（离线应用）、内存数据库（实时查询）、实时分析引擎（实时分析场景），再经过数据服务接口对应用共享。

- 平台、外部数据包括第三方合作数据、配置文件等，这部分数据直接上传到消息队列，按照应用需求进入不同的平台，并进行相应数据流程处理。

Hadoop 和 MPP 数据库之间存在数据交换，Hadoop 将分析结果数据提供给 MPP 数据库进行持久存储，MPP 向 Hadoop 提供基表数据。

Hadoop 和内存数据库之间也存在数据交换，Hadoop 向内存数据库提供需要快速查询的分析结果数据，内存数据库向 Hadoop 提供快速查询匹配数据。

实时分析引擎和内存数据库之间存在数据交换，实时分析引擎向内存数据库提供需要快速查询的实时分析结果数据，内存数据库向实时分析引擎提供快速查询匹配数据。

MPP 数据库、Hadoop 平台、内存数据库中的数据均流向大数据基础分析层和应用能力层，向数据处理分析和数据服务接口提供数据，数据经过离线处理、机器学习、统计分析等，将处理结果或机器学习模型提供给数据应用层进行应用的开发、具体的数据分析，数据服务接口对外提供统一的数据服务。

### 5.2.4 大数据平台层次结构

#### 5.2.4.1 源数据层

源数据层处于大数据平台架构的最底层，这一层描述了大数据平台的数据来源，具体包括BOSS系统数据、物联网平台数据、运维系统和呼叫中心系统数据、媒体内容数据和外部数据等。

BOSS系统数据包括网络节点数据、有线电视用户交互数据、网络用户交互数据。其中，网络节点数据包括整个有线电视宽带网网络流量信息、各个网元产生的自然数据以及记录的日志数据，包括放大器、光节点、光发射机、光接收机、交换机等链路设备，这些流量信息、网元数据对于网络性能分析、稳定性分析以及故障检测具有重要意义。有线电视用户交互数据和网络用户交互数据属于用户行为数据，宽带用户交互数据主要包括用户上网行为、上网时长、订购信息、付费信息等；有线电视用户交互数据包括用户的订购付费信息、直播、点播、回看行为等，也包括一些增值业务的交互行为，包括电视游戏、互动教育、卡拉OK、电视彩票等查看和使用行为。用户行为数据是用户行为分析的数据基础，通过对这些数据的分析挖掘，可以进行用户画像构建、用户喜好分析，更加详细、清楚地了解用户的行为习惯，从而进一步通过个性化推荐来提高用户满意度、产品转化率、客服质量、运维效率等。

物联网平台的数据主要是指一些物联网设备产生的自然数据，物联网最显著的效益就是它能极大地扩展我们监控和测量真实世界中发生的事情的能力，物联网是很多大数据的来源（设备数据），而大量设备数据的采集、控制、服务要依托云计算，设备数据的分析要依赖于大数据平台。物联网产生数据包括状态数据、定位数据、个性化数据、可供行为参考数据、反馈数据等数据。这些数据主要有以下三个特点：

（1）异构多样化结构，来源广，表现方式不同，结构形式差异；

（2）高增长，随着物联网的发展，各种信息量呈几何级增长；

（3）有噪声，数据的多样性对于具体的应用当然是噪声极大，利用前需要进行分拣。

运维系统和呼叫中心系统是两个完全不同的业务系统，但是其中包含的客服数据和运维数据同属于人为产生数据，且在数据类型和格式上具有一定的相似性，具有同样的采集方式，所以将这两部分的数据放在一起。客服数据主要是客户服务相关的数据，包括客服质量、等待时长、服务解决问题、客户反馈等信息；运维数据包括设备管理信息、信息安全管理信息和日常工作管理等信息。

媒体内容数据，包括媒体音视频数据资产和媒体资源元数据，元数据是指视音频等视听媒体资源的描述数据，如EPG信息等，通过对元数据的规范性检索，可以找到对应的节目内容和媒体资源。

外部数据分为公共外部数据和第三方公司合作外部数据，后者主要是和第三方企业、政府部门合作获得的数据，包括位置信息数据、社交行为数据、消费行为数据、收视行为数据、公共服务数据以及其他数据。

5.4.4.2 数据采集层

数据采集层通过数据采集工具和方法将源数据层的数据通过抽取、转换、加载等操作录入大数据平台中，并存储到数据存储层对应的数据库和文件系统中。

由于数据源环境条件、系统结构各不相同，其产生的数据拥有不同的体量、类型、格式、存储方式以及使用方向，所以针对不同的数据源，需要采用不同的采集技术进行数据的采集。数据采集层涉及的主要技术有ETL、探针技术、Cookie、Kafka、Socket、Flume等。下面介绍几种主要的数据采集技术。

1. Sqoop

一些已经存在现有数据库中的结构化数据，只需要将其提取和转换加载到Hadoop平台中，例如媒体内容元数据、外部数据等。一般使用Apache开源工具Sqoop来进行这一操作。Sqoop主要用于在Hadoop（Hive）与传统的数据库（mysql、postgresql等）间进行数据的传递，是一个用来将Hadoop和关系型数据库中的数据相互转移的工具，可以将一个关系型数据库（例如：MySQL，Oracle，Postgres等）中的数据导进到Hadoop的HDFS中，也可以将HDFS的数据导进到关系型数据库中。

对于外部数据，需要根据合作方的数据输出方式来决定数据采集方式，比如可以通过接口进行HTTP读取，也可以通过离线加载数据文件的方式直接加载到关系型数据库中，再利用Sqoop提取到Hadoop平台中。

2. 网络和流量数据采集技术

网络节点数据来自有线电视网络中的各个网元，网络拓扑的异构、环境的复杂和网络设备的多样，对于网络数据和流量信息的采集主要有以下一些协议和标准：

（1）基于SNMP的流量分析

SNMP（Simple Network Management Protocal，简单网络管理协议）是一种广为使用的网络协议，基于SNMP的流量分析就是通过SNMP协议访问设备获取MIB库中的端口流量信息。典型工具有MRTG（Multi Router Traffic Grapher），MRTG是一个实用的免费软件，MRTG使用起来很方便，能够非常直观地显示端口流量负载。但MRTG的功能比较单一，其收集到的流量信息仅是简单的端口出、入流量统计信息，不能用于深入的流量分析。

SNMP协议是为了解决TCP/IP网络的管理问题提出来的，是目前在计算机网络中应用最广泛的网络管理协议，而且SNMP已成为事实上的工业标准。现在全球网络设备厂家绝大多数都支持SNMP协议。SNMP是基于TCP/IP网络的网络管理标准。他使用传输层提供无连接服务的UDP协议来交换网络设备的管理信息，包括协议自身、数据库的定义和相关概念。SNMP管理模型具备典型的客户/服务器（Client/Server）体系结构，由4部分组成：网络管理站、被管设备、管理信息库（MIB）、管理协议，如图5.8所示。

（2）RMON

RMON（Remote Monitoring远程控制）是由IETF定义的一种远程监控标准，RMON是对SNMP标准的扩展，它定义了标准功能以及网管站和远程监控器之间的接

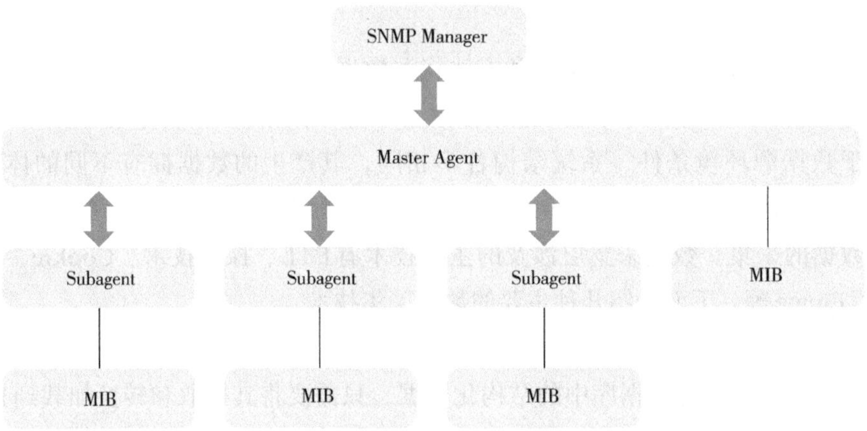


**图 5.8　SNMP 网络管理模型**

口实现对一个网段乃至整个网络的数据流量的监视功能。

RMON监控器可用两种方法收集数据：一种是通过专用的RMON探针（Probe），流量探针安装方便，但是流量探针价格昂贵，不合适大面积部署。另一种方法是将RMON代理直接植入网络设备（路由器、交换机等），但这种方式受网络设备资源限制，一般不能获取RMON MIB的所有数据，大多数只收集统计量、历史、告警、事件等四个组的信息。

（3）NetStream技术

NetStream是H3C基于‘流’的概念，定义的一种用于路由器/交换机输出网络流量的统计数据的方法。路由器/交换机对通过其的IP数据包进行统计和分析，并上报给数据采集机，采集机把搜集的数据包及统计数据传送到中心服务器，经合并处理后存入数据库，并进行进一步的分析处理。NetStream技术可以利用网络中数据流量创造价值，并可在最大限度减小对路由器/交换机性能的影响的前提下提供详细的数据流统计信息。

（4）sFlow

sFlow（RFC3176）是2001年由lnMon公司提出来的技术，sFlow（RFC3176）是IEFE的一个开放标准，可提供完整的第二层到第四层、全网络范围内的流量信息。

sFlow监控系统包括sFlow代理、sFlow数据采集器或sFlow分析器、sFlow代理通常为硬件芯片内嵌到路由器或交换机中，通过统计采样技术获取流量信息形成sFlow数据包，并立即发送给sFlow分析器进行流量分析。sFlow可以直接内建在边缘的二层或三层交换设备上提供覆盖全网、实时网络监控的功能，是一种能有发展前景的技术。

在目前的局域网系统中，几乎所有的高端路由器都嵌入SNMP协议，它规定了管理者（Manager）和管理代理（Agent）之间进行通信时的语法规则，支持SNMP的设备将可被管理的信息以管理信息库MIB的形式组织起来。所以在MIB中，存放着各种管理对象和管理参数，网络流量数据的采集就是通过SNMP协议操作MIB中的管理对象来实施的。其采集模式如图5.9所示。

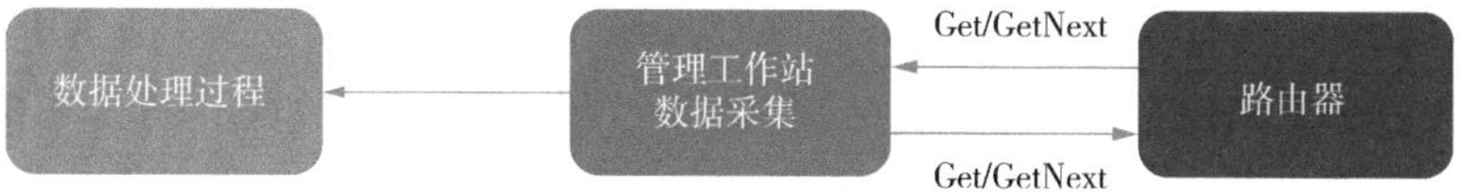


图 5.9　数据采集模式

SNMP Manager 发送 Get、GetNext 或 Set 消息来检索单个、多个对象变量或给一个、多个对象变量设置新值。SNMPAgent 在完成 Get、GetNext 或 Set 命令处理后返回一个响应消息 Response。当 SNMPAgent 发现被管理设备出现异常时，将主动发送一个事件通知或陷阱（Trap）给 SNMP Manager。SNMP 协议使用 UDP 传输服务，在代理进程端使用 161 端口来接收 Get 或 Set 报文，而在管理进程端则使用 162 端口来接受 Trap 报文。

关于流量的采集有以下一些技术：

（1）基于网络探针（probe）的流量采集

网络探针的思想源于传统 Ethernet 总线结构。传统的 Ethernet 采用总线的形式进行网络连接，网络通信采用广播的形式，一台主机可以监听到位于同一物理子网的任何一台主机参与的通信。用于 IP 流量采集的网络探针的方法，相当于利用传统的 Ethemet 的通信原理，安插网络探针，监听并接收所有其他通信，记录通过本总线的每一次通信，进一步整理成 IP 流量的统计。

探针必须具有对网络底层通信方式进行控制的能力，使系统网络接口适配器的工作方式变为 Pro-mi2ciouse 方式，并且将网络底层接收的数据传送到应用层进行分析处理。探针的实现技术一般包括数据包捕获、包过滤模块、会话跟踪模块、协议跟踪、监控模式匹配及用户规则匹配及规则库维护等。

为了完成网络流量统计的要求，网络探针应该放在最接近出口路由器的网段上，这样，所有出入网络的通信才会被监视到。具体实现时，一般通过修改服务器网卡程序，使其能收到通过出口路由器的数据包。

（2）基于网络流（NetFlow）的流量采集

NetFlow 是 Cisco 公司提出的网络数据包交换技术，它同时可用来记录网络流信息。一个网络流是从给定的源到目的端的单向的一系列数据包，它使用源和目的端点的 IP 地址和传输层端口号、协议类型、服务类型（ToS）以及输入接口等来标记网络流。

NetFlow 记录流包含了丰富的信息，非常适合于网络性能分析。NetFlow 不需要其它硬件流量设备的支持，不管是开启还是关闭都非常方便，因此在国外已有很多运营商用它来收集流量，服务于网络规划、设计和优化等领域。

NetFlow 的数据输出要求先在路由器和交换机上定制 NetFlow 流输出，并选择输出流的版本、个数、缓冲区的大小等，配置相应 NetFlow FlowCollector（流量收集器）的 IP 地址、端口等信息，此时路由器或交换机即可以以 UDP 的方式向外发送流信息，然后在 NetFlow FlowCollector 端，配置接收端口号、设置汇聚、过滤策略、流量文件存放目录、格式等等。

一般来说，NetFlow FlowCollector 都选用 UNIX 工作站来收集数据，NetFlow

FlowCollector收集的数据将存放在本地磁盘中（路径由用户定义）。同时，它也可以通过网关以SOCKET方式发送信息到其它网管分析软件，如Cisco公司的NetFlow FlowAnalyzer流量分析软件。也可以直接读取存放在NetFlow FlowCollector工作站中的数据文件，对其进行分析处理。例如将这些数据应用到网络仿真中，仿真出实际网络运行的性能参数，为网络设计和规划、运营维护等广泛领域服务。

（3）基于端口映射的流量采集

端口映射其实就是常说的NAT地址转换的一种，其功能就是把在公网的地址转翻译成私有地址，采用路由方式的ADSL宽带路由器拥有一个动态或固定的公网IP，ADSL直接接在HUB或交换机上，所有的电脑共享上网。

Sniffer Portable属于Network Associates公司的Sniffer产品系列。Sniffer包含很多产品，分别适用于不同的场合。Sniffer Portable可以安装在PC机、笔记本电脑上，不需要额外的硬件支持，其分析能力极其强大，是Sniffer产品系列中应用最广、知名度最高的产品。一般来说，用Sniffer Portable采集流量的过程是将安装了Sniffer的主机接入到交换机的某个端口（目的映射端口，Destination Span Port），然后将其它需要采集流量的交换机端口（可不在同一交换机上）流量映射到此端口，从而通过对一个端口的扫描就可以采集到多个端口的流量。

通过端口映射Sniffer Portable可以实时采集多种数据并保存到数据库中，同时可以通过其分析部件实时监视和显示这些数据的统计信息。

利用Sniffer Portable的数据捕捉（capture）功能可以在短的时间内对网络流量进行实时采集，这些采集到的流量数据可以包含整个包的信息，也可以只是包的一部分。利用捕获到的包可以进行协议分析、数据重组（如重组E-mail）等工作。对包的解码和分析是Sniffer工具的一个最有特色的，也是最强大的功能。

3. TR-069

TR-069是由DSL论坛所开发的技术规范之一，其全称为“CPE广域网管理协议”。它提供了对下一代网络中家庭网络设备进行管理配置的通用框架和协议，用于从网络侧对家庭网络中的网关、路由器、机顶盒等设备进行远程集中管理。普通的终端日志数据的采集可以通过内嵌脚本的方式，以机顶盒为例，采集机顶盒的相关的状态、性能、业务数据等，可以通过在机顶盒内嵌代码，通过Cookie等方式记录日志信息，实时或定期回传到服务器。

然而，家庭终端设备结构、功能都大不相同，不可能都采用统一内嵌代码的方式进行数据采集，我们可以借助TR-069协议对家庭终端设备的统一管理、配置和数据采集。

终端设备不论是在最开始安装的时候还是在后期运行中的业务配置变更或是出现故障需要维护的时候，都需要通过管理接口对设备进行配置或是诊断。现阶段的设备大都提供在LAN侧的管理配置接口和界面，因此传统的做法是运营商的维护人员上门进行安装或调试设备，通过LAN侧管理接口做一些设备配置或故障诊断的工作。但是，这种一对一的人工服务方式显然运行效率不高，而且需要耗费大量的人力。随着运营商家庭网络业务的开展，将会有大量的设备需要被安置在用户家中，采用过去人工方式对这些设备进行维护和管理将会成为一个巨大的负担。

TR-069的出现正是为了解决这样一个服务难题。TR-069所定义的框架中，主要包括两类逻辑设备：受管理的用户设备和管理服务器（ACS）。在家庭网络环境下，需要从网络侧进行配置和管理的设备，一般都是与运营商业务直接相关的，比如家庭网关、机顶盒、IP电话终端等。而所有与用户设备相关的配置、诊断、升级等工作均由统一的管理服务器ACS来完成。

对于用户设备来说，TR-069主要完成以下四方面的工作：

一是用户设备自动配置和动态的业务配置。对于ACS来说，每个用户设备可以在协议中对自己作出标志（例如型号、版本等），根据可设定的规则，ACS可以对某一个特定用户设备下发配置，也可以对某一组用户设备下发配置。CPE可以在开机后自动请求ACS中的配置信息，ACS也可在任意需要的时刻主动发起配置。通过该功能可以实现用户设备的“零配置安装”功能，或是可以从网络侧控制业务参数的动态改变。

二是对用户设备的软件、固件的管理。TR-069的协议提供了对用户设备中的软件、固件进行管理和下载的功能。ACS可以识别用户设备的版本号，决定是否远程更新用户设备的软件版本，并且在更新完成后能够得知是否成功。例如，当用户设备需要加载新的软件以实现新的业务功能时，或是当前软件存在必须修复的bug时，通过该功能可以实现对用户设备的远程管理升级。

三是对用户设备的状态和性能进行监测。TR-069定义了ACS对用户设备的状态和性能进行监测的手段。其中包括了一些通用的性能参数，可以反映当前用户设备的工作状态。另外还提供了标准的语法，运营商可以定义额外的参数。

四是对通信故障的诊断。TR-069还定义了用户端自我诊断和报告的能力，例如在ACS的指示下，用户端可以通过ping或其他手段检查用户端与网络业务提供点之间的连通性、带宽等，检测结果返回给ACS。这样，运营商通过在远端操作，就可以对用户申告的设备故障进行简单定位，并作相应的处理。

利用TR-069的通信协议可以方便地进行数据的采集和传输。

TR-069协议的基本思路是利用了在新一代Web服务中广泛使用的基于SOAP的RPC方法。其会话协议使用的是HTTP1.1协议，因此TR-069可以方便地使用在Web中使用的传送层安全技术，比如SSL/TLS。

TR-069协议栈的下面几层充分利用了现在Internet上广泛使用的通信协议，比如TCP、HTTP、SOAP等。通过这些成熟的协议，ACS和用户设备之间可以方便地建立通信的基本通道。TR-069在SOAP之上定义了用于配置、查询、诊断等操作的特定的RPC方法，通信的两端（ACS和用户设备）都可以通过RPC调用来完成某个特定功能的执行和得到返回的结果。

在用户设备和ACS之间的连接过程中，用户设备作为HTTP的客户端，其SOAP请求通过HTTP POST发送给ACS；而ACS作为HTTP的服务端，其SOAP请求通过

HTTP Response发送给用户设备。在每一个HTTP请求中可以包含多个SOAP请求或响应，如图5.10所示。

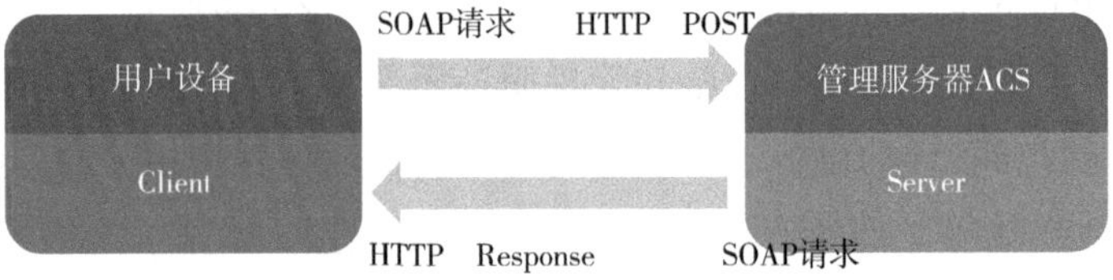


**图5.10　用户设备和ACS之间的数据传输**

为了确保管理配置系统的安全，TR-069建议使用SSL/TLS对用户设备进行认证。如果不使用SSL/TLS，也应使用HTTP1．1中定义的认证方式对用户设备进行认证。

4. 日志采集聚合系统—Flume

业务系统中的一些行为日志数据可以通过成熟的日志采集系统进行采集，如Flume，可以用来采集运维系统的运维数据以及呼叫中心系统的客服数据等等。Flume是一个易于开发且实时性较好的日志采集框架，且提供了非常丰富的agent，可以从很多不同的数据来源进行数据的采集。

Flume是Cloudera提供的一个高可用的，高可靠的，分布式的海量日志采集、聚合和传输的系统，Flume支持在日志系统中定制各类数据发送方，用于收集数据；同时，Flume提供对数据进行简单处理，并写到各种数据接受方（可定制）的能力。

Flume主要由3个重要的组件构成：

Source：完成对日志数据的收集，分成transtion和event打入到channel之中。Channel：主要提供一个队列的功能，对source提供中的数据进行简单的缓存。

Sink：取出Channel中的数据，进行相应的存储文件系统，数据库，或者提交到远程服务器。

Flume有以下四点特性：

（1）可靠性

当节点出现故障时，日志能够被传送到其他节点上而不会丢失。Flume提供了三种级别的可靠性保障，从强到弱依次分别为：end-to-end，Store on failure，Best effort。

（2）可扩展性

Flume采用了三层架构，分别为agent，collector和storage，每一层均可以水平扩展。

（3）可管理性

所有agent和colletor由master统一管理，这使得系统便于维护。多master情况，Flume利用ZooKeeper和gossip，保证动态配置数据的一致性。

（4）功能可扩展性

用户可以根据需要添加自己的agent，collector或者storage。此外，Flume自带了很多组件，包括各种agent（file，syslog等），collector和storage（file，HDFS等）。

Flume采集流程如图5.11所示：

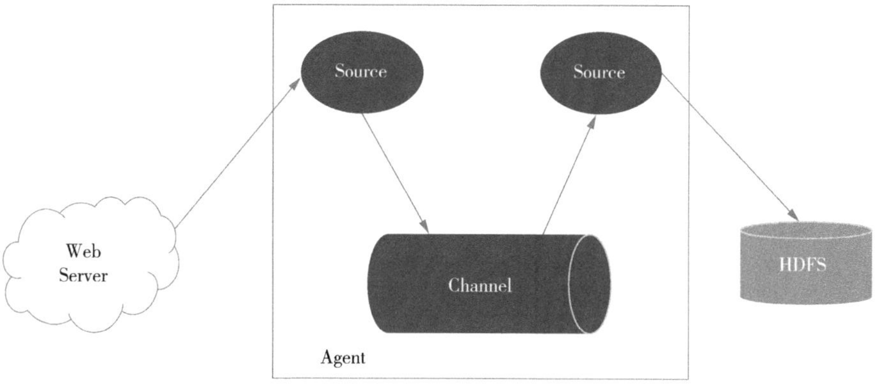


**图 5.11 Flume 数据采集流程**

如图5.11所示，Flume的核心就是agent，agent对外有两个进行交互的地方，一个是接受数据的输入——source，一个是数据的输出sink，sink负责将数据发送到外部指定的目的地。source接收到数据之后，将数据发送给channel，chanel作为一个数据缓冲区会临时存放这些数据，随后sink会将channel中的数据发送到指定的地方—例如HDFS等。只有在sink将channel中的数据成功发送出去之后，channel才会将临时数据进行删除，这种机制保证了数据传输的可靠性与安全性。

5. 高吞吐量的分布式发布订阅消息系统—Kafka

除了Flume以外，业界还有很多其他的开源日志收集系统和消息系统作为解决方案，主要包括Scibe、Chukwa、Kafka等，如表5.1所示，对比了这四个系统：

**表 5.1 四大日志采集系统对比**

| | Scribe | Chukwa | Kafka | Flume |
|---|---|---|---|---|
| 公司 | Facebook | Apache/yahoo | LinkedIn | Cloudera |
| 开源时间 | 2008年10月 | 2009年11月 | 2010年12月 | 2009年7月 |
| 实现语言 | C/C++ | JAVA | SCALA | JAVA |
| 框架 | push/push | push/push | push/pull | push/push |
| 容错性 | Collector和store之间有容错机制，而agent和collector之间的容错需用户自己实现 | Agent定期记录已送给collector的数据偏移量，一旦出现故障后，可根据偏移量继续发送数据 | Agent可用通过collector自动识别机制获取可用collector Store自己保存已经获取数据的偏移量，一旦collector出现故障，可根据偏移量继续获取数据 | Agent和collector，collector和store之间均有容错机制，且提供了三种级别的可靠性保证 |
| 负载均衡 | 无 | 无 | 使用Zookeeper | 使用Zookeeper |
| 可扩展性 | 好 | 好 | 好 | 好 |

（续表5-1）

| | Scribe | Chukwa | Kafka | Flume |
|---|---|---|---|---|
| agent | Thrift client，需自己实现 | 自带一些agent，如获取hadoop logs的agent | 用户需根据Kafka提供的low-level和high-level API自己实现 | 提供了各种非常丰富的agent |
| collector | 实际上是一个thrift server | -- | 使用了sendfile，zero-copy等技术提高性能 | 系统提供了很多collector，直接可以使用 |
| store | 直接支持HDFS | 直接支持HDFS | 直接支持HDFS | 直接支持HDFS |
| 总体评价 | 设计简单，易于使用，但容错和负载均衡方面不够好，且资料较少 | 属于hadoop系列产品，直接支持Hadoop，目前版本升级比较快，但还有待完善 | 设计架构（push/pull）非常巧妙，适合异构集群，通用性和稳定性较好 | 系统框架好，模块分明，易于开发，实时性好 |

考虑到信息系统平台内各业务系统较多，数据格式不一，我们主要使用通用性和稳定性较好的Kafka进行数据采集。Kafka是一种分布式的，基于发布/订阅的消息系统，追求的是高吞吐量、高负载（topic下可以有多个partition）。Kafka主要设计目标如下：

- 以时间复杂度为O（1）的方式提供消息持久化能力，即使对TB级以上数据也能保证常数时间复杂度的访问性能；
- 高吞吐率。即使在非常廉价的商用机器上也能做到单机支持每秒100K条以上消息的传输；
- 支持Kafka Server间的消息分区及分布式消费，同时保证每个Partition内的消息顺序传输；
- 同时支持离线数据处理和实时数据处理；
- Scale out：支持在线水平扩展。

整个kafka的具体工作流和架构如图5.12所示：

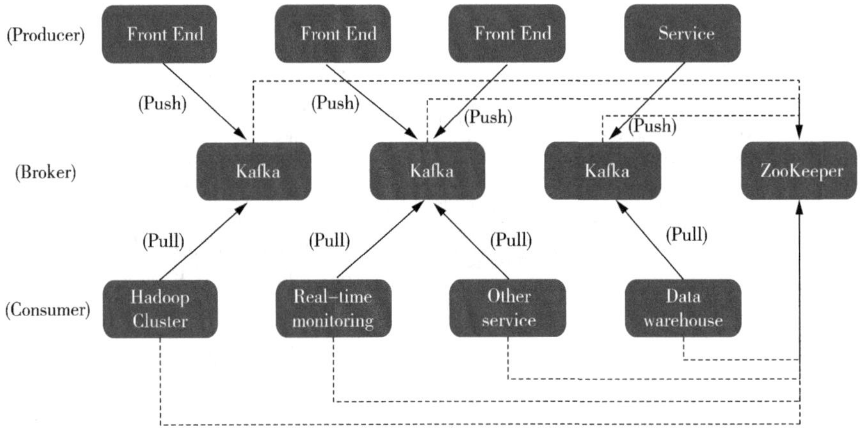


**图5.12　Kafka工作流和架构**

如图5.12所示，一个典型的Kafka集群中包含若干Producer（可以是web前端产生的Page View，或者是服务器日志，系统CPU、Memory等），若干broker（Kafka支持水平扩展，一般broker数量越多，集群吞吐率越高），若干Consumer Group，以及一个Zookeeper集群。Kafka通过Zookeeper管理集群配置，选举leader，以及在Consumer Group发生变化时进行负载均衡。Producer使用push模式将消息发布到broker，Consumer使用pull模式从broker订阅并消费消息。

Kafka和Flume都是可靠的系统，通过适当的配置能保证数据零丢失，两者可以很好地结合起来使用。使用Flume作为采集系统的前端，将收集到的数据输送到Kafka中间件，以供后续的处理引擎如Spark、Storm进行处理和计算，如图5.13所示。

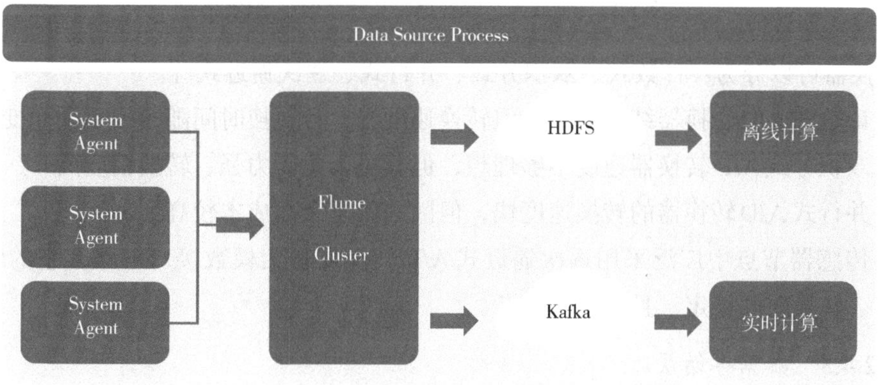


**图 5.13　Flume 结合 Kafka 进行日志采集和传输**

6. 物联网应用产生数据采集

物联网产生数据是指一些物联网设备产生的自然数据，物联网后台处理的许多数据都来自前端感知模块采集到的数据。

在物联网应用中，前端被控实体的信号可以是电量（如电流、电压），也可以是非电量（如加速度、温/湿度、磁力、水流量等），这些量在时间和幅值上都是连续变化的，我们把它们称为模拟量。

现在的计算机都是数字计算机，只能处理数字量，而传感器节点作为一种特殊的计算机，也只能处理数字信号。因此，各种模拟量都必须通过传感器变换成相应的电信号，再通过A/D转换器转换为数字量送给传感器节点处理。

物联网前端的数据采集模块组成结构如图5.14所示：

传感器将感知物体的各种模拟量转换为电信号，通过多路开关输送到A/D转换模块，A/D转换模块将电信号转化为数字信号传送到传感器节点，传感器节点可以选择将数据发送到存储模块进行存储，或发送到通信模块进进一步传输到服务器后端，可以采用基于XML的Socket技术进行数据的传输和发送。

上图所示的数据采集模块中，A/D转换是非常关键的步骤，根据不同的转换原理，

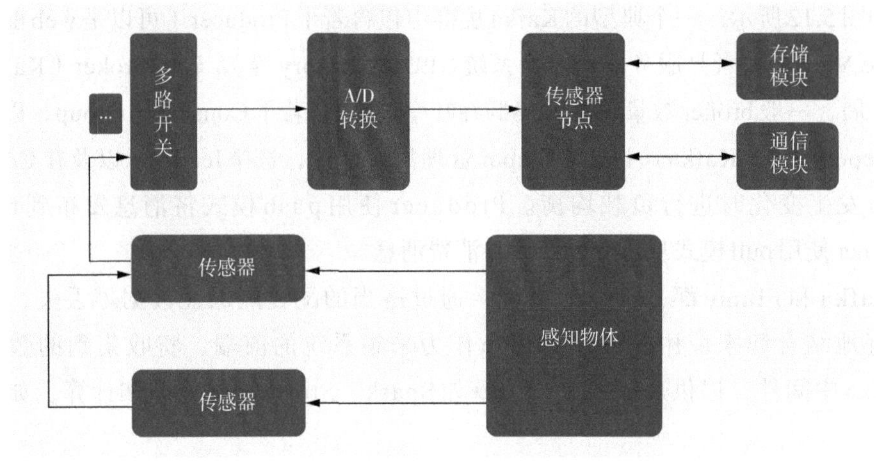


**图 5.14　物联网前端数据采集模块组成结构图**

A/D转换器可以分为：计数式、双积分式、并行式、逐次逼近式等。

- 计数式A/D转换器结构简单，但转换速度慢，且转换时间随输入不同而变化。
- 双积分式A/D转换器速度不够理想，但其抗干扰能力强、转换精度高。
- 并行式A/D转换器的转换速度快，但因结构复杂而成本较高。
- 传感器节点中广泛采用逐次逼近式A/D转换器作为模数接口电路，它的转换速度较高、转换时间稳定，且结构不复杂。

#### 5.2.4.3　数据存储层

数据存储层负责将来自数据采集层从各个数据源采集得到的数据持久化。在大数据时代，传统数据仓库基础架构难以满足海量、多样化数据以及高速响应的需求。主要原因为：传统IT系统采用Scale-up设计路线，扩展性较弱，难以处理海量数据；小型机Unix系统的封闭性导致系统扩容时难以利旧，且拥有成本高。

1. 大数据存储技术

大数据时代涌现出了多种数据存储技术，典型技术如下：

（1）Hadoop：基于HDFS和Mapreduce，被互联网厂商广泛用于非结构化数据处理和半结构化日志处理。优点是编程灵活、针对问题优化、扩展性好，且基于廉价的x86标准硬件。

（2）MPP数据库：基于关系代数理论，面向结构化数据处理设计的数据库管理系统。近年演进方向包括：提高扩展性、支持快速复杂查询、支持x86标准硬件、高压缩、列存储、打通与Hadoop交互。例如Vertica和GreenPlum等。

（3）NoSql：抛弃了关系数据库复杂的关系操作、事务处理等功能，仅提供简单的键值对（Key，Value）数据的存储与查询，换取高扩展性和高性能。例如HBase和Cassendra等。

（4）内存数据库：将数据存储在内存RAM中并进行计算和查询，充分发挥多核CPU的能力的数据库管理系统。例如HANA、ExaAnalytic、TM1等。

2. 大数据技术应用场景

大数据的技术主要应用在以下场景（包括但不限于）：

（1）原数据仓库底层结构化数据处理（ETL或ELT）。底层结构化数据处理计算任务重但复杂性不高，不涉及多表关联，适合引入大数据技术实现高效低成本。

（2）半结构和非结构数据处理与分析。

（3）数据集市。数据集市应用较为独立，且对可靠性的要求并不是十分严格，适合作为引入大数据技术形成资源池，实现各地市、各部门数据集市的云化、池化和虚拟化，最终实现资源动态调配，达到高效低成本。

（4）数据仓库数据分级存储。对低价值的细节数据以及长周期的历史数据（冷数据）访问频率较低，也能容忍相对较长的响应时间，可以存储在成本更低的平台上。

（5）数据挖掘。某些数据挖掘设计长周期的数据，计算时间很长（数天），占用很多数据仓库资源。还有一些数据挖掘算法超出了关系代数计算范畴，需要抽取数据到独立的计算平台（例如SAS）中进行计算。这些数据挖掘任务可以迁移到大数据平台之上进行计算。例如交往圈的计算，因其仅涉及单一数据，但数据量非常大，且需要多次迭代计算。

（6）对外查询。数据中心中不仅仅是数据处理，也需要将数据处理的结果对外提供查询，而这些查询一部分是海量的OLAP性质的查询，另外还有一部分OLTP性质的查询，即数量众多但每次查询量较少的。

针对这些应用场景，可以看到，主要需要引入的是Hadoop和MPP技术，然后逐步考虑NoSQL、流计算和内存计算等技术的引入。

3. Hadoop与MPP与传统数据库技术对比与适用场景

虽然Hadoop和MPP这两种技术同属于分布式计算，但由于依据的理论和采取的技术路线不同而有各自的优缺点和适用范围。两种技术以及传统数据仓库技术的对比如表5.2所示：

**表 5.2 Hadoop、MPP、传统数据仓库对比**

| | Hadoop | MPP | 传统数据仓库 |
|---|---|---|---|
| 平台开放性 | 高 | 低 | 低 |
| 运维复杂度 | 高，与运维人员能力相关 | 中 | 中 |
| 扩展能力 | 高 | 中 | 低 |
| 拥有成本 | 低 | 中 | 高 |
| 系统和数据管理成本 | 高 | 中 | 中 |
| 应用开发维护成本 | 高 | 中 | 中 |
| SQL支持 | 低 | 高 | 高 |
| 数据规模 | PB级别 | 部分PB | TB级别 |
| 计算性能 | 对非关系型操作效率高 | 对关系型操作效率高 | 对关系型操作效率中 |
| 数据结构 | 结构化、半结构化和非结构数据 | 结构化数据 | 结构化数据 |

综合而言Hadoop和MPP两种技术的特点和适用场景为：

● Hadoop在处理非结构数据和半结构数据上具备优势，尤其适合海量数据批处理等应用需求。当然随着Hadoop技术的成熟，基于Hadoop的即席查询技术也逐渐崭露头角。比如仿照Dremel的开源项目Apache Drill以及Cloudera Impala。

● MPP适合替代现有关系数据结构下的大数据处理，具有较高的效率，但其在大规模集群（超过100个节点）下的可用性还有待试点证实。

MPP适合多维度数据自助分析、数据集市等；Hadoop适合海量数据存储查询（详单存储和查询）、批量数据ETL、非结构化数据分析（日志分析、文本分析）等。

4. Hive与HBase

Apache Hive是一个构建在Hadoop基础设施之上的数据仓库。通过Hive可以使用HQL语言查询存放在HDFS上的数据。HQL是一种类SQL语言，这种语言最终被转化为Map/Reduce。虽然Hive提供了SQL查询功能，但是Hive不能够进行交互查询，因为它只能够在Haoop上批量地执行Hadoop。

Apache HBase是一种Key/Value系统，它在HDFS之上运行。和Hive不一样，HBase能够在它的数据库上实时运行，而不是运行MapReduce任务。HBase被分区为表格，表格又被进一步分割为列簇。列簇必须使用schema定义，列簇将某一类型列集合起来（列不要求schema定义）。

Hive和Hbase作为Hadoop技术和产品中主流的数据库技术，可以用于以下场景，如表5.3所示。

**表5.3 Hive和Hbase应用场景**

| 场景 | 为什么采用Hadoop | 采用的组件 |
| --- | --- | --- |
| ETL | 降低原始数据存储压力<br>降低数据仓库处理压力<br>降低存储和处理成本 | Hive/MR/Pig |
| 清单查询 | 快速响应海量数据查询<br>降低查询成本 | HBase |
| 冷数据存储 | 降低冷数据存储成本<br>降低冷数据查询成本 | Hive Over HDFS |

5. 内存数据库

内存数据库是以内存为主要存储介质的数据库工具。由于内存的读写速度很快，因此内存数据库的最大特点就是性能好，速度快。相对于磁盘，内存的数据读写速度要高出几个数量级，将数据保存在内存中相比从磁盘上访问能够极大地提高应用的性能。

大数据平台中，通常利用内存数据库的快速读取来进行数据处理中间结果的缓存或实时分析引擎的数据存储。内存数据库也通常用来缓存一些热数据，所谓热数据即读取频率比较高的数据，利用内存数据库技术可以大大提高数据读取和处理效率。基于Spark的数据处理就是将数据提前加载到内存中，进行一系列的处理，所以会有较高的效率。由于内存在系统中是稀缺的资源，因此内存数据库的容量大小受物理内存的限制，因此我们这内存数据库中所管理的数据，通常只有热点或者高频数据（而不是全部数据）。而内存数据库也会被要求根据灵活的策略与磁盘数据库进行数据同步。

安全性的问题可以说是内存数据库最大的硬伤。因为内存本身有掉电丢失的天然缺陷。因此我们在使用内存数据库的时候，通常需要提前对内存上的数据采取一些保护机制，比如备份，记录日志，热备或集群，与磁盘数据库同步等方式。

#### 5.2.4.4　大数据基础分析层

大数据基础分析层是整个大数据平台的核心层，这一层利用资源管理系统、数据处理引擎、分布式计算框架、统计分析工具等为大数据平台提供数据处理和分析能力。涉及到的主要技术和框架有：YARN、MapReduce、Pig、Storm、Spark、ooize等。

我们把大数据基础分析层的数据处理工作分为离线计算和实时计算两种类型。离线计算主要针对超大规模数据量进行离线处理，主要应用在对时间要求不高的计算场景，比如离线推荐算法、海量日志分析等，离线计算主要使用到MapReduce分布式计算和Spark的内存计算技术，也会利用SparkR等组件进行统计分析工作；实时计算主要应用于数据量较少的计算场景，一般对数据处理的时间要求较高，要求能够实时的响应结果，一般在秒级，比如实时数据分析、实时监控预警、数据搜索、在线广告等应用，主要使用到了Storm、Pig等技术。通过oozie等工作流引擎提供复杂数据作业任务的设计、配置和调度。

（1）YARN（Yet Another Resource Negotiator）

YARN是Apache Hadoop在2.0版本开始提供的资源管理组件。在Hadoop2.0版本之前，Hadoop只提供了MapReduce计算组件，作业执行受两种类型的进程控制：

- 一个称为JobTracker的主要进程，它协调在集群上运行的所有作业，分配要在TaskTracker上运行的map和reduce任务。
- 许多称为TaskTracker的下级进程，它们运行分配的任务并定期向JobTracker报告进度。

大型的Hadoop集群显现出了由单个JobTracker导致的可伸缩性瓶颈。在可扩展性，内存消耗，线程模型，可靠性和性能都存在很大的缺陷。

Hadoop2.0推出YARN资源管理系统，它提供了以下组件：

- ResourceManager代替集群管理器；
- ApplicationMaster代替一个专用且短暂的JobTracker；
- NodeManager代替TaskTracker；
- 一个分布式应用程序代替一个MapReduce作业。

YARN是下一代Hadoop计算平台，其架构如图5.15所示：

在YARN架构中，全局的ResourceManager以主要后台进程的形式运行，它通常在专用机器上运行，在各种竞争的应用程序之间仲裁可用的集群资源。ResourceManager会追踪集群中有多少可用的活动节点和资源，协调用户提交的那些应用程序应该在何时获取这些资源。

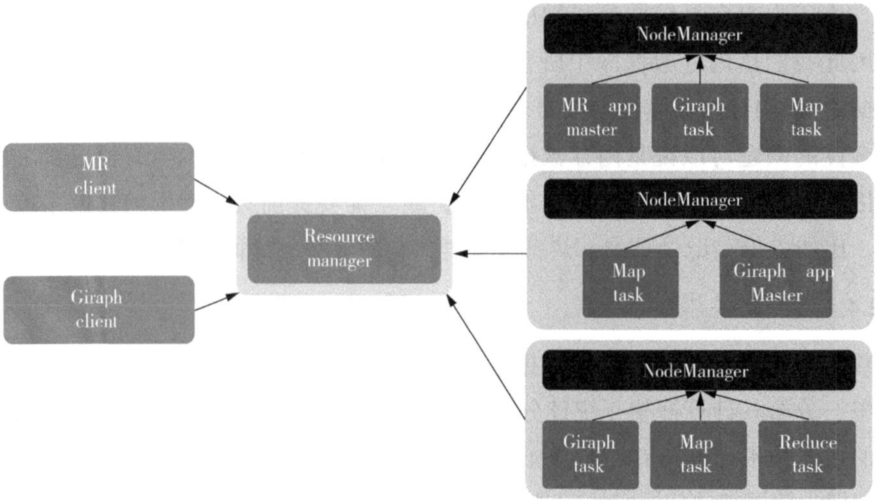


**图 5.15 YARN 架构**

在用户提交一个应用程序时，一个称为ApplicationMaster的轻量型进程实例会启动来协调应用程序内的所有任务的执行。这包括监视任务，重新启动失败的任务，推测性地运行缓慢的任务，以及计算应用程序计数器值的总和。

NodeManager是TaskTracker的一种更加普通和高效的版本。没有固定数量的map和reduce slots，NodeManager拥有许多动态创建的资源容器。容器的大小取决于它所包含的资源量，比如内存、CPU、磁盘和网络IO。

与第一版Hadoop中经典的MapReduce引擎相比，YARN在可伸缩性、效率和灵活性上表现出了明显的优势。

（2）MapReduce

Hadoop MapReduce是一个软件框架，基于该框架能够容易地编写应用程序，这些应用程序能够运行在由上千个商用机器组成的大集群上，并以一种可靠的，具有容错能力的方式并行地处理上TB级别的海量数据集。MapReduce主要由Map（映射）和Reduce（规约）两部分组成，其背后的原理很简单，就是把一些数据通过map来归类，通过reduce来把同一类数据进行处理。Map的工作就是进行数据切分和分类，分类的方式就是输出key，value对相同的key对应相同的类别；Reduce有多个节点，每个节点获取到Map处理后的同类数据，可以方便地对同类数据进行后续处理。

在Hadoop中，用于执行MapReduce任务的机器角色有两个：一个是JobTracker；另一个是TaskTracker，JobTracker是用于调度工作的，TaskTracker是用于执行工作的。一个Hadoop集群中只有一台JobTracker。每个MapReduce任务都被初始化为一个Job，每个Job又可以分为两种阶段：map阶段和reduce阶段。这两个阶段分别用两个函数表示，即map函数和reduce函数。

MapReduce的执行过程如图5.16所示：

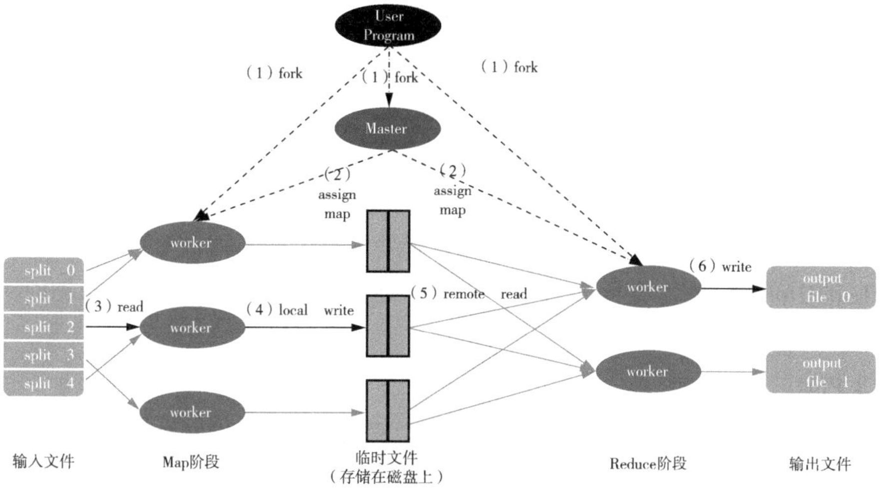


**图 5.16 MapReduce 执行过程**

整个MapReduce执行过程是从最上方的user program（用户程序）开始的，user program链接了MapReduce库，实现了最基本的Map函数和Reduce函数。图中执行的顺序使用数字标记。

①MapReduce库先把user program的输入文件划分为M份（M为用户定义），每一份通常有16MB到64MB，如图左方所示分成了split0~4；然后使用fork将用户进程拷贝到集群内其他机器上。

②user program的副本中有一个称为master，其余称为worker，master是负责调度的，为空闲worker分配作业（Map作业或者Reduce作业），worker的数量也是可以由用户指定的。

③被分配了Map作业的worker，开始读取对应分片的输入数据，Map作业数量是由M决定的，和split一一对应；Map作业从输入数据中抽取出键值对，每一个键值对都作为参数传递给map函数，map函数产生的中间键值对被缓存在内存中。

④缓存的中间键值对会被定期写入本地磁盘，而且被分为R个区，R的大小是由用户定义的，将来每个区会对应一个Reduce作业；这些中间键值对的位置会被通报给master，master负责将信息转发给Reduce worker。

⑤master通知分配了Reduce作业的worker它负责的分区在什么位置（肯定不止一个地方，每个Map作业产生的中间键值对都可能映射到所有R个不同分区），当Reduce worker把所有它负责的中间键值对都读过来后，先对它们进行排序，使得相同键的键值对聚集在一起。因为不同的键可能会映射到同一个分区也就是同一个Reduce作业（谁让分区少呢），所以排序是必须的。

⑥reduce worker遍历排序后的中间键值对于每个唯一的键，都将键与关联的值传递给reduce函数，reduce函数产生的输出会添加到这个分区的输出文件中。

⑦当所有的Map和Reduce作业都完成了，master唤醒user program，MapReduce函数调用返回user program的代码。

所有动作执行完毕后，MapReduce输出放在了R个分区的输出文件中（分别对应一个Reduce作业）。用户通常并不需要合并这R个文件，而是将其作为输入交给另一个MapReduce程序处理。整个过程中，输入数据是来自底层分布式文件系统（GFS）的，中间数据是放在本地文件系统的，最终输出数据是写入底层分布式文件系统（GFS）的。而且我们要注意Map/Reduce作业和map/reduce函数的区别：Map作业处理一个输入数据的分片，可能需要调用多次map函数来处理每个输入键值对；Reduce作业处理一个分区的中间键值对，期间要对每个不同的键调用一次reduce函数，Reduce作业最终也对应一个输出文件。

（3）Pig

Apache Pig是一个高级过程语言，适合于使用Hadoop和MapReduce平台来查询大型半结构化数据集。通过允许对分布式数据集进行类似SQL的查询，Pig可以简化Hadoop的使用。

Pig作为一种数据流语言，用来快速轻松的处理巨大的数据。Pig的实现主要由5个部分构成，如图5.17所示：

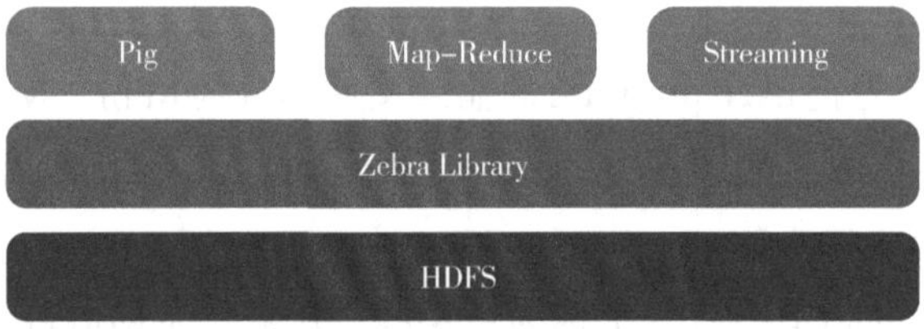


**图 5.17　Pig 的实现组成**

- Pig自己实现的一套框架对输入、输出的人机交互部分的实现，就是Pig Latin。
- Zebra是Pig与HDFS/Hadoop的中间层、Zebra是MapReduce作业编写的客户端，Zerbra用结构化的语言实现了对hadoop物理存储元数据的管理也是对Hadoop的数据抽象层，Zebra中有2个核心的类TableStore（写）/TableLoad（读）对Hadoop上的数据进行操作。
- Pig中的Streaming主要分为4个组件：1.Pig Latin；2.逻辑层（Logical Layer）；3.物理层（Physical Layer）；4. Streaming具体实现（Implementation），Streaming会创建一个Map/Reduce作业，并把它发送给合适的集群，同时监视这个作业的在集群环境中的整个执行过程。
- MapReduce在每台机器上进行分布式计算的框架（算法）。
- HDFS作为最终存储数据的部分。

和MapReduce进行数据分析做对比，pig灵活简单，易于扩展。当业务比较复杂的时候，使用MapReduce将会是一个很复杂的事情，比如你需要对数据进行很多预处理或转换，以便能够适应MapReduce的处理模式。另一方面，编写MapReduce程序，发布及运行作业都将是一个比较耗时的事情。Pig的出现很好的弥补了这一不足。Pig能够使得数据分析专心于数据及业务本身，而不是纠结于数据的格式转换以及

MapReduce程序的编写。本质是上来说，当使用Pig进行处理数据时，它本身会在后台生成一系列的MapReduce操作来执行任务，但是这个过程对用户来说是透明的。

（4）Storm

Storm是一个分布式、容错的实时计算系统，采用Clojure编写。Storm可被用于“流处理”之中，实时处理消息并更新数据库；Storm也可以进行连续查询并把结果即时反馈给客户，比如将Twitter上的热门话题发送到客户端；Storm还可以用来并行处理密集查询，Storm的拓扑结果是一个等待调用信息的分布函数，当它收到一条调用信息后，会对查询进行计算，并返回查询结果。

对比Hadoop，Storm有一些不同的基本概念，如表5.4所示：

**表 5.4　Hadoop 和 Storm 简单对比**

| | Hadoop | Storm |
|---|---|---|
| 系统角色 | Jobtracker | Nimbus |
| | Tasktracker | Supervisor |
| | Child | Worker |
| 应用名称 | Job | Topology |
| 组件接口 | MapReduce | Spout/Bolt |
| 运行状态 | 数据处理完就结束 | 一直运行处理实时数据流 |

Nimbus：负责资源分配和任务调度。

Supervisor：负责接受Nimbus分配的任务，启动和停止属于自己管理的worker进程。

Worker：运行具体处理组件逻辑的进程。

Task：worker中每一个spout/bolt的线程称为一个task。在storm0.8之后，task不再与物理线程对应，同一个spout/bolt的task可能会共享一个物理线程，该线程称为executor。

如图5.18所示，描述了以上几个组件之间的关系。

Nimbus作为主控节点，用于提交任务，分配集群任务，监控集群状态。

Zookeeper作为协调管理器，存放集群的公共数据，如心跳、集群状态、配置信息等，负责协调转发Nimbus分配给Supervisor的任务。

Supervisor接受Nimbus分配的任务，管理自己的Worker进程，一个Supervisor可以启动多个Worker进程。

Worker作为具体的逻辑组件，执行具体的流处理任务，Worker中可以启动多个Spout或Bolt线程，实现数据的接收、处理和转发。Storm中Spout是一个Topology的消息生产的源头，负责生产数据；Storm中消息的处理逻辑被封装到Bolt组件中，任何处理逻辑都可以在Bolt里面执行，Bolt可以接收来自一个或多个Spout的Tuple消息，也可以来自多个其他Bolt的Tuple消息，也可能是Spout和其他Bolt组合发送的Tuple消息。

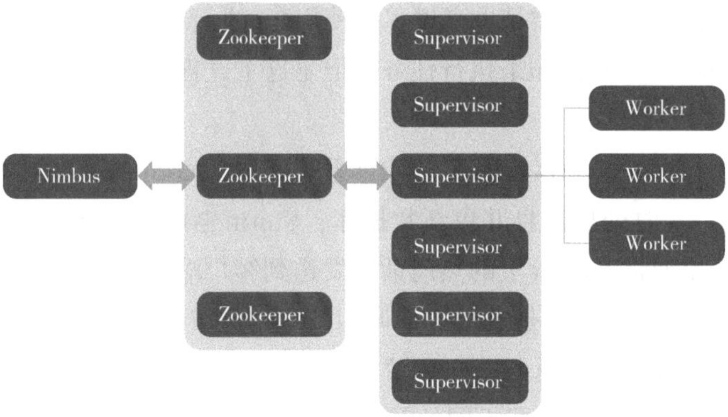


**图 5.18　Storm 组件之间的关系**

（5）Spark

Apache Spark是一个分布式的计算框架，旨在简化运行于计算机集群上的并行程序的编写。该框架对资源调度，任务的提交、执行和跟踪，节点间的通信以及数据并行处理的内在底层操作都进行了抽象处理。它提供了一个更高级别的API用于处理分布式数据。从这方面说，它与Apache Hadoop等分布式处理框架类似。但在底层架构上，Spark与它们有所不同。

Spark拥有Hadoop MapReduce所具有的优点，但不同于MapReduce的是Job中间输出结果可以保存在内存中，从而不再需要读写HDFS，因此Spark能更好地适用于数据挖掘与机器学习等需要迭代的MapReduce的算法。

Spark主要包含四个核心组件：

Spark Streaming：Spark Streaming基于微批量方式的计算和处理，可以用于处理实时的流数据。它使用DStream，简单来说就是一个弹性分布式数据集（RDD）系列，处理实时数据。

Spark SQL：Spark SQL可以通过JDBC API将Spark数据集暴露出去，而且还可以用传统的BI和可视化工具在Spark数据上执行类似SQL的查询。用户还可以用Spark SQL对不同格式的数据（如JSON，Parquet以及数据库等）执行ETL，将其转化，然后暴露给特定的查询。

Spark MLlib：MLlib是一个可扩展的Spark机器学习库，由通用的学习算法和工具组成，包括二元分类、线性回归、聚类、协同过滤、梯度下降以及底层优化原语。

Spark GraphX：GraphX是用于图计算和并行图计算的新的（alpha）Spark API。通过引入弹性分布式属性图（Resilient Distributed Property Graph），一种顶点和边都带有属性的有向多重图，扩展了Spark RDD。为了支持图计算，GraphX暴露了一个基础操作符集合（如subgraph，joinVertices和aggregateMessages）和一个经过优化的Pregel API变体。此外，GraphX还包括一个持续增长的用于简化图分析任务的图算法和构建器集合。

此外还包括SparkR、BlinkDB和Tachyon等库。R语言是专门为统计和数据分析开发的语言，具有丰富的功能和成熟的库，SparkR 将 R 语言和 Spark 结合起来，利用 Spark 强大的处理能力和 R 语言的灵活和高效，可以很好地应用在统计分析和处理中。BlinkDB 是一个近似查询引擎，用于海量数据上的执行交互式 SQL 查询。Tachyon 是一个以内存为中心的分布式文件系统，能够提供内存级别速度的跨集群框架的可信文件共享。

在 Spark 生态系统中，不同库之间的相互关联如图 5.19 所示。

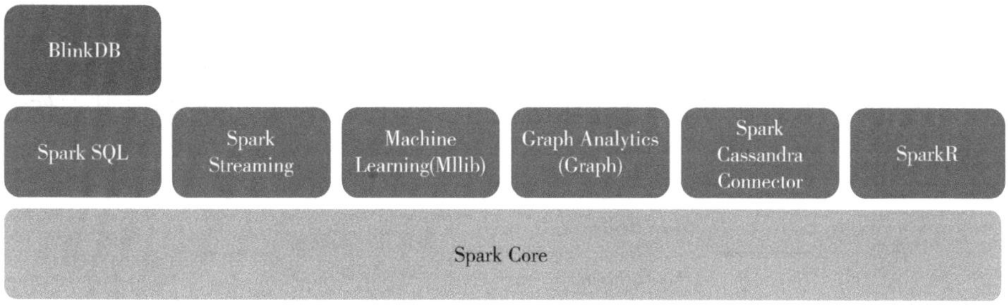


**图 5.19　Spark 组件间关系**

从图 5.19 可以看出，Spark 所有的组件都是基于核心组件 Spark Core。

对比 Hadoop 和 Spark，两者具有以下几方面的异同：

①解决问题的层面不一样

Hadoop 实质上更多是一个分布式数据基础设施：它将巨大的数据集分派到一个由普通计算机组成的集群中的多个节点进行存储，Hadoop 还会索引和跟踪这些数据，让大数据处理和分析效率达到前所未有的高度。Spark 则是那么一个专门用来对那些分布式存储的大数据进行处理的工具，它并不会进行分布式数据的存储。

② Spark 数据处理比 MapReduce 快

Spark 的中间数据放到内存中，对于迭代运算效率更高。

③ Spark 比 Hadoop 更通用

Spark 提供了统一的编程接口，Spark 通过提供丰富的 Scala，Java，Python API 及交互式 Shell 来提高可用性。

④容错性

两者的灾难恢复方式迥异，但是都很不错。因为 Hadoop 将每次处理后的数据都写入到磁盘上，所以其天生就能很有弹性地对系统错误进行处理。Spark 的数据对象存储在分布于数据集群中的叫作弹性分布式数据集（RDD），这些数据对象既可以放在内存，也可以放在磁盘，所以 RDD 同样也可以提供完成的灾难恢复功能。

Hadoop 和 Spark 各有自己的优势和劣势，通常将这两个框架结合使用。Spark 通过集成 Hadoop，可以利用许多 Hadoop 的生产环境能力，如 YARN 资源管理器，它在可用的集群节点进行任务调度；也可以分布式文件系统 HDFS 作为持久存储，当集群耗尽可用内存时能存储数据，也能在 Spark 不运行的时候存储历史数据。

有效地使用和结合 Hadoop 和 Spark，发挥两者的长处，可以在大数据处理中，带来更大的价值。

（6）Oozie

Oozie是一个工作流引擎服务器，用于运行Hadoop Map/Reduce和Pig任务工作流。同时Oozie还是一个Java Web程序，运行在Java Servlet容器中，如Tomcat。Oozie可以把多个Map/Reduce作业组合到一个逻辑工作单元中，从而完成更大型的任务。使用Oozie的主要目的是为了管理不同类型的作业在Hadoop系统中处理。

Oozie工作流是放置在控制依赖DAG（有向无环图Direct Acyclic Graph）中的一组动作，例如，Hadoop的Map/Reduce作业、Pig作业等，指定了动作执行的顺序。

Oozie运行作为集群服务，工作流由动作节点和控制流的节点组成。其工作流程图如图5.20所示：

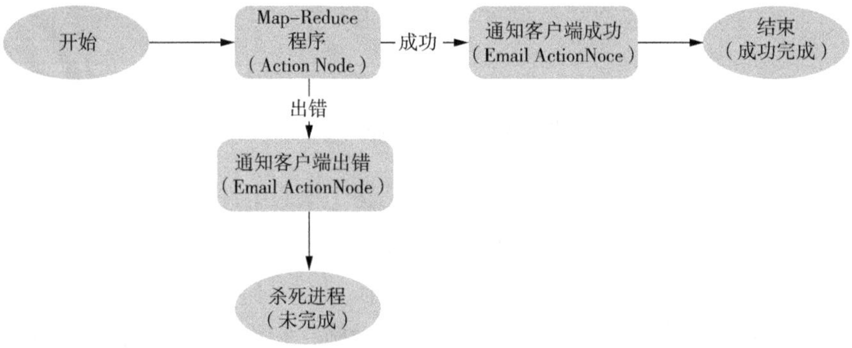


**图 5.20　Oozie 工作流程**

根据以上流程图，一个操作节点代表一个工作流任务，例如，移动文件到HDFS，运行MapReduce，Pig或Hive作业，使用Sqoop导入数据或运行Java编写程序的shell脚本。

一个控制流节点通过允许像条件逻辑结构，不同的分支可以根据较早动作节点的结果，随后执行动作工作流程。开始节点，终端节点和错误节点属于这一类节点。

开始节点，指定工作流程作业的开始。

结束节点，指定作业的结束信号。

错误节点，指定要打印错误和相应的错误信息的发生。

执行工作流结束时，HTTP回调用于通过Oozie更新客户端与工作流状态。

利用Ooize可以将多个相互依赖的作业与数据流进行组织和编排，有效地促进了数据逻辑流程的设计、错误处理、故障转移机制等。

### 5.2.4.5　应用能力层

应用能力层将大数据基础分析层的分析处理能力进行封装和使用，并提供数据服务网关，以供数据应用层进行读取和调用。应用能力层封装了标签体系管理、智能推荐引擎、分析建模管理、数据作业管理、数据服务网关等。

标签体系管理利用数据存储层的数据进行标签的定义、分级、分类，并进行持久化，提供检索和管理接口。上层应用可以利用标签体系管理提供的接口进行用户标签的定义、用户画像的构建和分析等操作。

智能推荐引擎利用基础分析层的分布式计算和实时处理进行用户行为数据的挖掘，分析用户行为和喜好，构建推荐模型，并提供接口以便进行推荐结果的输出、用户反馈数据的接收，并实时地计算和更新模型。推荐引擎可以应用于以下几个方面的推荐场景：

（1）个性化推荐

基于用户历史的收视行为数据及其性别等属性，通过改进协同过滤模型，实现节目的个性化推荐。

（2）榜单推荐

基于用户的收视行为数据，综合电视剧、电影及其他节目的属性标签，实时输出各类榜单数据。

（3）消息推送

基于用户画像，可通过用户订购、地理位置、家庭构成、观影喜好等筛选维度精准推荐消息，有效提升用户满意度。

（4）内容关联推荐

基于电视剧、电影完善的属性标签，通过相似度计算出每部影片相关的影片及各自的相关系数，实现内容关联推荐。

（5）在线广告

基于用户的观影历史、广告点击行为分析用户喜好和购物倾向，向用户实时推送相关广告。

分析建模管理用来组织和规范数据挖掘建模流程，并存储和管理模型，在构造数据挖掘模型的过程中，首先要定义模型的结构和目标；其次增加响应建模；接着考虑模型的稳定性。最后通过预测模型、剖析模型来讨论模型的稳定性。一般模型的构建采取如图5.21所示的步骤流程：

（1）首先分析业务问题，整理问题需求，把业务问题转化为数据挖掘问题。

（2）根据第（1）步的数据挖掘问题分析需要的数据并选择合适的数据。

（3）对选择的数据进行进一步的了解和筛选，包括需要的数据量、数据格式、数据的内容等，并进行整理和归类。了解数据的过程中可以重新进行数据的选择。

（4）综合问题需求，选择适合问题解决的合适的算法，可以选择多个算法，创建模型集。

（5）对于第（2）步中选择的数据，进行问题数据的修正，包括空值的填补、异常数据的转换等，将数据调整为输入模型的统一格式的数据。数据处理的过程中可以重新进行数据的选择。

（6）将数据进行模型转换，进行数据的输入和参数的初始化，准备模型的构建，转换模型中出现问题数据可以继续回到（5）中进行问题数据的修正。

（7）利用训练数据进行模型的训练和构建，通过多次的迭代、处理，以达到一个

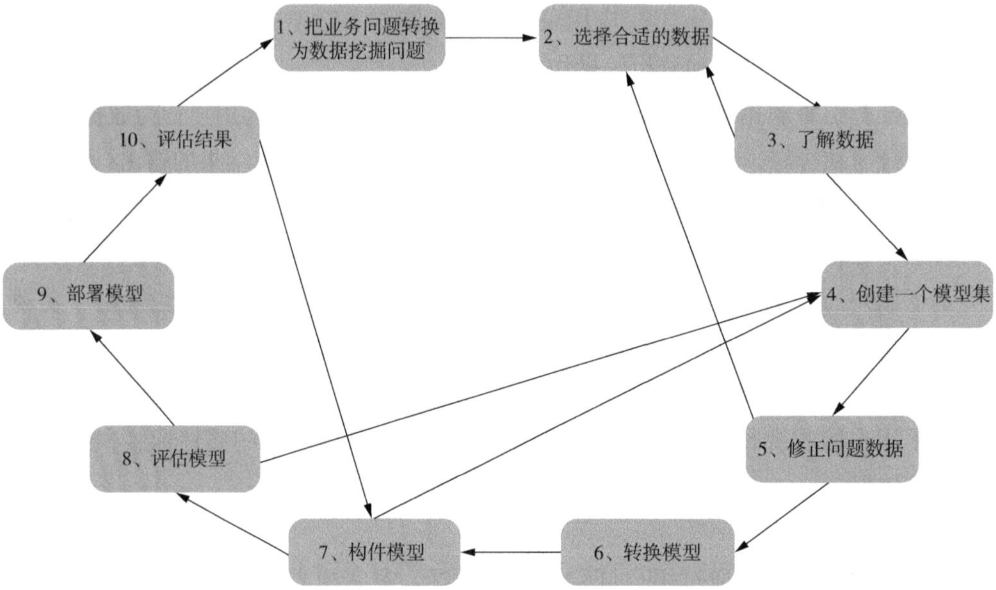


**图 5.21　数据挖掘模型构建流程**

稳定、准确的模型。构建模型的过程中可以根据实际情况动态地进行模型和算法的重新选择。

（8）模型构建完成后，需要进行模型的评估，评估标准包括模型的复杂度、可用性等，如果模型不符合标准需要返回上一步重新进行模型的构建，根据实际情况可以重新进行模型和算法的选择。

（9）模型通过评估标准后需要进行模型的部署，以便进行使用。

（10）部署完成后，需要利用测试数据对线上模型进行再次的评估，进行准确率地计算，如果准确率较低，需要重新进行模型的构建或返回第（1）步重新进行问题的思考和分析。

AI引擎即人工智能引擎是用于构建上层人工智能应用的基础引擎系统，通常集成了常用的深度学习和其他相关的人工智能算法的相关实现和模型构建通用流程，包括CNN（卷积神经网络）、RNN（循环神经网络）、Faster R-CNN（目标检测神经网络）等等，基于这些核心算法有很多成熟的相关模型和实现，可以方便地调用AI引擎内部封装好的算法实现进行模型的构建和AI应用的开发部署。

数据作业管理提供底层数据处理、计算等作业的管理能力，包括创建数据处理作业、查看数据作业状态、中断数据作业、获取数据作业状态。

数据服务网关提供数据接口，供上层应用及其他应用系统调用。数据需要根据调用来源对输出数据进行内容级脱敏、合规检查，并对所有应用和系统的数据访问行为进行监控和审计，在运营商大数据开放运营的应用中证明其能有效保障输出数据的安全性。根据需求不同，数据服务网关有时还需要对数据进行封装和格式化，以方便调用者进行数据的直接使用。数据可以来自MPP数据库，也可以来自Hadoop以及内存数据库等。

#### 5.2.4.6 数据应用层

数据应用层有效地利用应用能力层提供的数据处理分析接口、数据服务网关、分析建模能力进行实际应用的创建和部署。数据应用主要包括用户画像的构建和分析、精准推荐、精准广告推送、实时监控预警、报表、舆情商情分析、业务经营分析、决策支持分析等等。

1. 业务经营分析

业务经营分析是根据业务经营历史数据进行业务经营和KPI指标分析，可视化业务经营的发展变化，挖掘影响业务经营的内在和外在因素。通过业务经营分析来进行企业经营现状的分析，可以预测发展趋势，辅助企业决策。推进经营分析大数据化，深究数据背后的规律和存在的问题，来进一步对企业的经营状况做出客观分析和判断，通过深度挖掘大数据"金矿"，识别和感知用户行为，分析用户需求的演进方向，创新商业模式和业务模式，通过为用户提供个性化、差异化的客户体验实现用户价值的最大化，可以形成新的具有核心竞争力的经济模式。

业务经营分析可以实现以下几种业务功能：

（1）关键数据指标

构建完善的数据分析体系，支持分业务、分类型、分渠道、分时段、分区域等全方位、多维度、综合实时的数据反馈，全面了解运营质量及经营状况。

（2）业务数据排行榜

整合多种数据源，呈现各业务、各产品、各经营单元的数据指标排行，增强横向比较，促进竞争。

（3）数据专题

实现多维图表模型，深度挖掘专题数据，剖析问题本质，助力数据精细化运营。

（4）数据报告

提供专题数据分析报告、月度经营分析报告的呈现与下载。

基于业务经营分析的指标体系框架包含指标分类框架和维度分类框架，由指标和维度共同形成具体的指标定义。指标指具体需要分析的对象，如：出帐收入、发展用户数、点播时长等。指标分为基础指标、组合指标和衍生指标三种，维度指分析对象的属性及分析的角度，如：收入分档，用户状态，点播类型等。

2. 收视分析

对于收视率的调查一直以来都是参与电视传媒的相关团体所关注的焦点。这些团体包括电视节目制作者、电视剧制片人、广告代理商和广告主等。真实、准确且具有时效性的收视率能给相关团体创造出不菲的价值。收视分析需要基于先进的内容评价模型，融合全网多屏收视数据，多维度评估电视剧、电影等内容的收视效果，为客户提供全面的内容评价数据及艺人评价数据，辅助广告投放、内容生产、内容采购等决策。

基于收视分析，我们可以提供不局限于收视率分析的其他相关服务，主要包括以下类型：

（1）内容收视分析

基于广播电视、互动电视、手机电视、互联网电视等多终端的全量收视数据，同时融合互联网视频数据，提供收视指数、点播指数、热力度、饱和度等内容评价指标数据。

（2）艺人商业价值分析

基于全网海量数据对艺人的关注度、影响力、口碑声誉等多方面全方位解析，为内容选角、影片热度预测等提供辅助支撑。

（3）购片指南

基于各地用户的精准画像，综合全网影片热度分析，提供购片指南。

3. 用户画像多维度分析

用户画像，即用户信息标签化，就是企业通过收集与分析消费者社会属性、生活习惯、消费行为等主要信息的数据之后，完美地抽象出一个用户的商业全貌作是企业应用大数据技术的基本方式。用户画像为企业提供了足够的信息基础，能够帮助企业快速找到精准用户群体以及用户需求等更为广泛的反馈信息。

用户画像又称用户角色，作为一种勾画目标用户、联系用户诉求与设计方向的有效工具，用户画像在各领域得到了广泛的应用。在实际操作的过程中，它会以最为浅显和贴近生活的话语将用户的属性、行为与期待联结起来。作为实际用户的虚拟代表，用户画像所形成的用户角色并不是脱离产品和市场之外所构建出来的，它形成的用户角色需要有代表性，能代表产品的主要受众和目标群体。

很多大公司和企业都倾向于通过用户画像做用户研究，包括微软、腾讯、百度、电信等等，用户画像可以让团队成员在产品设计的过程中能够抛开个人喜好，将焦点关注在目标用户的动机和行为上进行产品设计。用户画像的意义如图5.22所示：

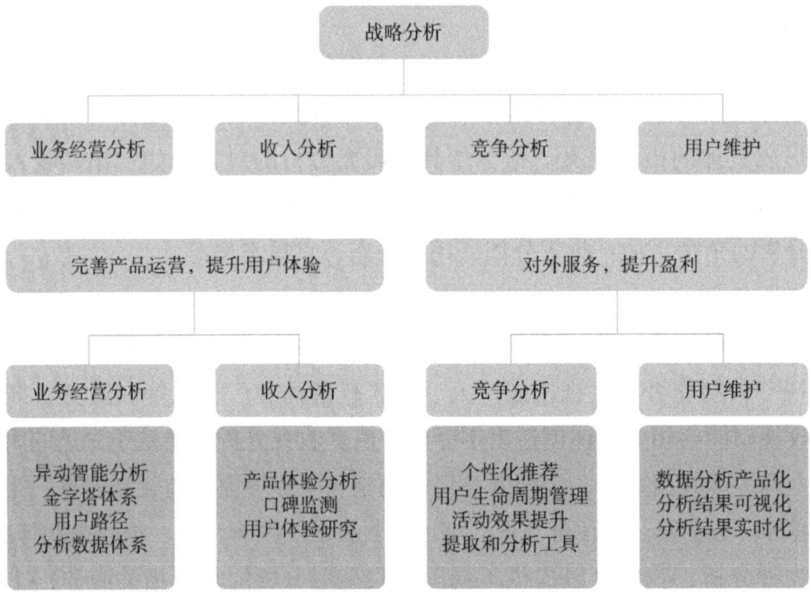


**图 5.22　用户画像的意义**

从图 5.22 可以看出，用户画像主要有以下两点重要意义：

完善产品运营，提升用户体验：改变以往闭门造车的生产模式，通过事先调研用户需求，设计制造更适合用户的产品，提升用户体验。

对外服务，提升盈利：根据产品特点，找到目标用户，在用户偏好的渠道上与其进行交互，促成购买行为，实现精准运营和营销。

通过用户画像可以解决用户相关的三个问题：

定位用户人群：通过分析用户收视行为、宽带行为，定位用户人群及常观看节目类型，从而了解用户是哪些人、在哪里，为挖掘增量用户提供数据支持。

了解用户偏好：通过对用户回看、暂停、点播、订购等行为数据的分析，洞悉用户个性偏好，从而为增加用户黏性提供参考。

发掘用户价值：通过对用户规模、消费价值、媒体价值、应用价值等方面进行评级，发现用户价值，助力营销收益。

用户画像构建流程如图 5.23 所示。

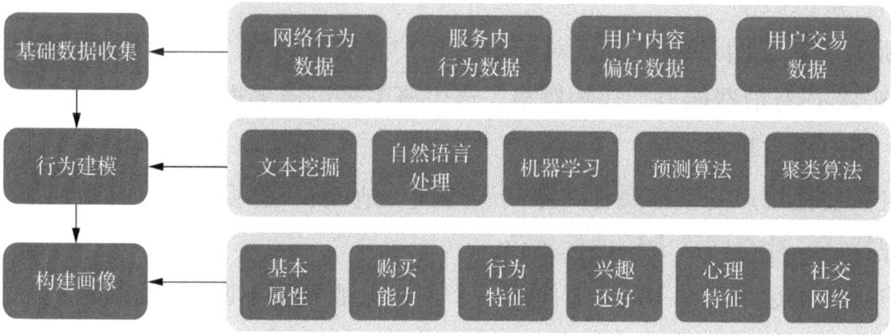


**图 5.23　用户画像构建流程**

用户画像构建总体上分为基础数据收集、行为建模、构建画像三个步骤。

（1）数据收集

数据收集大致分为网络行为数据、服务内行为数据、用户内容偏好数据、用户交易数据这四类。

网络行为数据：活跃人数、页面浏览量、访问时长、激活率、外部触点、社交数据等；

服务内行为数据：浏览路径、节目观看时间、点播次数、回看次数等；

用户内容便好数据：浏览/收藏内容、评论内容、互动内容、生活形态偏好、品牌偏好等；

用户交易数据（交易类服务）：贡献率、客单价、连带率、回头率、流失率等；

当然，收集到的数据不会是100%准确的，都具有不确定性，这就需要在后面的阶段中建模来再判断，比如某用户在性别一栏选择男，但通过其行为偏好可判断其性别为“女”的概率为80%。

储存用户行为数据时最好同时储存发生该行为的场景，以便更好地进行数据分析。

（2）行为建模

该阶段是对上阶段收集到数据的处理，进行行为建模，以抽象出用户的标签，这个阶段注重的应是大概率事件，通过数学算法模型尽可能地排除用户的偶然行为。

这时也要用到机器学习，对用户的行为、偏好进行猜测，好比一个 $y = kx + b$ 的算法，X代表已知信息，Y是用户偏好，通过不断的精确k和b来精确Y。

在这个阶段，需要用到很多模型来给用户贴标签。

- 用户节目模型

根据用户对某类型的节目的关注或点播、观看历史的情况来判断用户是否准备进行节目的观看或订购。

- 用户忠诚度模型

通过判断＋聚类算法判断用户的忠诚度。

- 年龄喜好模型

根据用户观看的节目类型、订购的产品服务类型进行判断。

- 用户价值模型

判断用户对于网站的价值，对于提高用户留存率非常有用（电商网站一般使用RFM实现）。还有消费能力、违约概率、流失概率等等诸多模型。

（3）用户画像基本成型

该阶段要把用户的基本属性（年龄、性别、地域）、购买能力、行为特征、兴趣爱好、心理特征、社交网络大致地标签化。

用户画像永远也无法100%地描述一个人，只能做到不断地去逼近一个人，因此，用户画像既应根据变化的基础数据不断修正，又要根据已知数据来抽象出新的标签使用户画像越来越立体。

关于“标签化”，一般采用多级标签、多级分类，比如第一级标签是基本信息（姓名、性别），第二级是消费习惯、用户行为；第一级分类有人口属性，人口属性又有基本信息、地理位置等二级分类，地理位置又分工作地址和家庭地址的三级分类。标签的构建和管理应该利用应用能力层的标签体系管理。

广电网络运营商可以通过综合用户登记信息、订购情况、收视行为、上网日志等数据构建用户画像模型，全方位描述用户的社会属性、收视偏好、信用度等信息，辅助智能推荐、精准营销等。可以从以下几个方面分类用户标签，构建用户画像。

（1）基本信息

基本信息主要包括户主年龄层、入网账龄、互动在网时长、业务类型、产品线、设备使用年限、家庭构成、小区模型等几个方面。

（2）收入贡献

收入贡献刻画用户的消费情况和订购缴费行为，包括收入构成、消费能力、单点付费类型、欠费账龄、欠费停机敏感、缴费渠道、缴费频次、客户综合指数。

（3）客户服务

客户服务相关标签包括投诉等级、咨询等级、维修等级、设备更换频次、客户接触指数等。

（4）客户挽留

客户挽留主要分为潜在流失客户、潜在降级客户两种类型。

（5）互动行为

互动行为主要包括开机天数分档、点播量分档、点播天数分档、点播时长分档、互动活跃标签、点播行为类型、网厅登录习惯等标签。

（6）互动喜好

互动喜好标签主要是用户在互动行为过程中统计分析得出的用户兴趣喜好相关的标签。

（7）直播收视行为

直播收视行为主要包括收视时段、频道喜好、节目喜好等。

（8）回放收视行为

回放收视行为的标签和直播收视行为一样，也包括收视时段、频道喜好、节目喜好等。

（9）宽带行为

宽带行为标签包括上网终端类型、产品线、使用频度、上网时段、最常登录网站、常用浏览器等。

根据构建的用户画像，实时动态获取并分析用户对产品的使用和反馈情况，可以及时获知用户对产品和服务的满意度。广电网络运营商借助构建的用户画像，利用与用户接触的渠道，收集用户的行为数据，包括办理业务、呼叫录音、线下活动等，描绘用户生命周期，建立用户忠诚度模型，全面、透彻地了解客户在网的所有信息。

用户运营可以从用户画像和用户维挽两方面进行。

用户画像的构建和维护主要经历了三个阶段：用户拉新、用户促活和用户增值。用户拉新主要通过套餐设计和市场活动分析来进行，这一阶段可以刻画的用户相关标签主要有：业务类型、产品线、设备使用年限、家庭构成、咨询等级、收视喜好等；用户促活主要通过消息推送、新片速递等业务手段来进行，涉及的用户相关标签有：缴费渠道、缴费频次、收视喜好、互动活跃标签、点播行为类型等；最后的客户增值阶段，可以通过产品推荐、套餐推荐等营销手段进一步促进用户消费，提高用户价值，主要涉及的标签有：小区模型、消费能力、单点付费类型、互动活跃标签、收视喜好等。

用户维挽需要对用户行为进行风险预测，主要从三个方面进行：互动降级用户预测、欠停用户不缴费风险预测、基础用户流失风险预测。互动降级用户预测是指基于消费历史、用户行为、用户画像标签等数据，使用决策树和回归分析算法，设计互动用户降级模型，预测30天内业务降级的高概率用户。欠停用户不缴费风险预测是指基于用户使用行为、缴费行为和用户画像标签等数据，使用决策树、逻辑回归、支持向量机等算法，设计欠费用户不缴费预测模型，预测90天内不续费用户清单。基础用户流失风险预测是指基于账户余额、消费历史、套餐到期、设备年限、投诉记录等数据，使用C4.5决策树、回归决策树、逻辑回归等算法，设计基础用户流失预测模型，生成90天内销户、欠停的高概率用户清单。

广电网络运营商可以从面向用户的行为分析入手，创建电视内容运营指标体系，实时跟踪并分析用户浏览、直播、点播、回放等数据，可视化呈现分析结果，辅助客户实现数据化的运营和管理。用户行为分析主要从以下几个方面进行：

（1）全局分析

从时间、地域等多维度分析用户开机、访问和收视行为。提供开机率、点播率、用户活跃度等一系列指标。

（2）活动分析

规范活动的类型、方式、渠道等属性，管理活动的上线计划，实时跟踪活动参与数据。评估活动运营效果，提供优化建议。

（3）页面分析

聚焦于单个页面，分析流量来源与去向、用户留存、页面热力度分布、广告位曝光等数据，指导页面设计。

（4）点播收视分析

输出点播量、饱和度、热力度等内容点播评价指标，多维度反映内容的受欢迎程度。

（5）直播收视分析

输出收视指数、市场占有率等直播收视评价指标，全面反映直播频道及节目的收视情况。

（6）路径分析

分析用户从开机到关机整个过程中每一步骤的跳转情况，同时提供路径自定义功能。

4. 精准推荐

精准推荐是根据用户的兴趣特点和购买行为，向用户推荐用户感兴趣的信息和商品。精准推荐可以利用构建的用户画像进行用户的分析，具体地推荐模型构建、数据计算都是通过应用能力层的智能推荐引擎来实现的。

精准推荐的数据环境是快速变化的，无论是用户还是被推荐物品，都在快速地出现、变化和消失。用于推荐的机器学习模型必须够快地更新才能更好地适应这种变化，推荐引擎还应该做到实时性，实时地获取用户推荐效果和新的行为，并使用流式生成的训练数据来增量更新模型，实时完成推荐的计算。基于推荐引擎的精准推荐可以有以下的推荐场景：

（1）榜单推荐

基于用户历史的收视行为，综合电视剧、电影及其他节目的属性标签，实时输出各类榜单数据。

（2）消息推送

基于用户画像，可通过用户订购、地理位置、家庭构成、观影喜好等筛选维度精准推荐消息，有效提升用户满意度。

（3）用户个性化推荐

基于用户历史的收视行为数据及其性别等属性，通过改进协同过滤模型，实现节目的个性化推荐。

（4）内容关联推荐

基于电视剧、电影完善的属性标签，通过相似度计算出每部节目相关的节目及各自的相关系数，实现内容关联推荐。

（5）跨业务场景推荐

基于直播、点播各业务场景下内容的唯一匹配，通过精准的推荐算法，实现跨场景的内容推荐。

5. 精准广告推送

精准广告推送属于精准推荐的一种实现形式，它是通过分析用户的上网行为、订购行为、节目点播观看行为等进行用户喜好、性格以及消费能力的分析，对用户最有可能购买的产品或订购的服务进行预测分析，构建广告推送模型，实时推送到用户终端。

精准广告推送的推荐模型的构建、实时推荐的计算也是通过应用能力层的智能推荐引擎来计算得到的。优秀的精准广告推送应该做到以下标准：

广告数据真实：从投放原理上看无作弊可能，核算数据以第三方认可数据为准。

广告不被屏蔽：用户终端推送广告不被任何的防弹窗、杀毒软件所屏蔽。

广告到达率高：用户终端推送广告是强制性到达用户，展示在用户面前的广告。

可按区域，时间段，及用户特征精准投放：终端推送广告可根据广告系统对用户上网记录、交互行为进行分析，找到最匹配的目标群。

广告干扰度低：终端推送广告是用户上网第一个看到的广告，不被其他广告所干扰。

终端覆盖率高：覆盖省内 90% 以上的互联网用户：包括 ADSL、社区宽带、商务光纤、局域网用户及窄带用户。

传统的精准广告都是基于一个超大的数据库来进行投放，比如投给 30 岁 -40 岁的女性抗皱护肤霜，雾霾天给京津唐地区的住户发口罩广告。但是这种方式一般给客户干扰很大，体验不佳，所以这种精准广告和广撒网式的广告的响应率越来趋同。

现在的精准广告，多半是根据行为数据投放，行为数据都是来自于和客户的每一个接触点产生的，比如说社交媒体上的发言，通过拨打客户电话投诉产生的内容。很多的互联网广告都在这个领域里头做了很多的努力，最典型的几个场景包括，电商网站的“猜你喜欢”，或者是微信的朋友圈广告，完全是通过分析客户在互联网上的行为来判定客户的属性，推送针对性的内容。对行为数据的分析和预测变成实时提供的定向推送，并不关心客户是谁，只需要通过你买尿布来断定你是孩子的家长。这种基于行为的广告，肯定是越大的平台知道的越多，facebook 或者微信知道你对什么话题感兴趣，而阿里或者京东知道你的购物倾向，百度、谷歌知道你最近搜索了什么，点评知道你爱去吃饭，优酷、爱奇艺知道你看了什么样的视频节目，这些平台一定会成为精准广告的重要的角色。当然还有一些做撮合的平台、市场公司，把流量和需求对接起来，就是所谓的DSP，DMP等等。

精准广告目前的发展趋势归纳一下有两点，一是定向投放，二是地域性投放。这种精准定向广告的实现需要建立在大数据的基础之上，因此精准广告将逐渐集中到像百度、谷歌、Facebook等联盟巨头。当然还有种精准广告，就是通过网站的精准定向锁定用户群，然后在通过简单的地域性区分投放出来的广告，这种广告的成本将大大降低，实现的可能性也大大地增加，可谓小能量做大事。

广电网络运营商拥有丰富的用户群体和相关数据，在大数据平台的基础上容易实现精准广告推送的落地和实施，有必要通过大数据分析和算法构建广告推送模型，精准地进行目标受众的聚类和定位，使用节目广告、EPG广告、开机广告等形式，将广告精准推送到用户终端，提高广告转化率，促进收益。

6. 网络价值和运维成本评估体系

（1）运营商网络建设现状：以上海为例

上海电信从2009年启动基于ADSL的宽带升速，宽带从512K免费升级到2M，并捆绑语音、宽带、移动和IPTV业务，对广电网络运营商宽带业务造成极大冲击。2009年上海电信同时启动城市光网计划并进行试点，近三年大规模建设城市光网，目前已覆盖650万户，同时基于城市光网进行了三次宽带升速，光网用户升级达到10-30M，并推出高清IPTV。

上海的广电运营商为东方有线，东方有线目前按照下一代广播电视网（NGB）的设计理念建设有上海示范网，并形成一定的先发优势，带动整个产业。

东方有线的核心网采用具备ASON（自动交换光网络）智能的OTN（光传送网。）光传输网、TSR核心路由器+ACR大规模汇聚路由器的方式构建，OTN单纤传输容量最高可达80λ×40G（一共3200G）容量；接入网采用EPON+HomePlug技术，其中用户端最高速率可达到100Mbps，与目前广电网络DVB-C和CMTS设备兼容，有效地保护了已有投资，实现网络的平滑升级；业务平台采用具有广播电视业务（DVB通道）和互动增值业务（IP通道）统一支持能力的交互式数字电视服务平台，机顶盒终端采用IP通道和DVB通道的双模交互式终端，重点开展高清点播直播业务。

东方有线接入网改造方案，采用PON+EoC方式实现了数字电视传输系统和分组传输网络的共缆传输。在不改变原有用户室内布线的前提下，实现了数字电视广播和宽带IP的接入，广播带宽接近4Gbps，每户IP带宽可达100Mbps。网管系统方案，部署了全网网管系统，实现了网络资源管理、配置和维护，构建了良好的网络运行支撑系统。

目前，东方有线已有的高速宽带业务包括有线通和光视通。“有线通”是东方有线为用户提供的基于NGB网络和双向有线网络的宽带接入服务，采用EoC终端或者DOCSIS CM，带宽为1-2M ；"光视通"是东方有线为用户提供的基于NGB网络的宽带和高清交互电视捆绑服务，带宽为15-30M。

（2）基于大数据的网络价值和运维成本预测暨评估体系

如图5.24所示，基于大数据的网络价值和运维成本预测暨评估体系包括：网络价值评估、网络运维成本评估和网络维护质量评估。

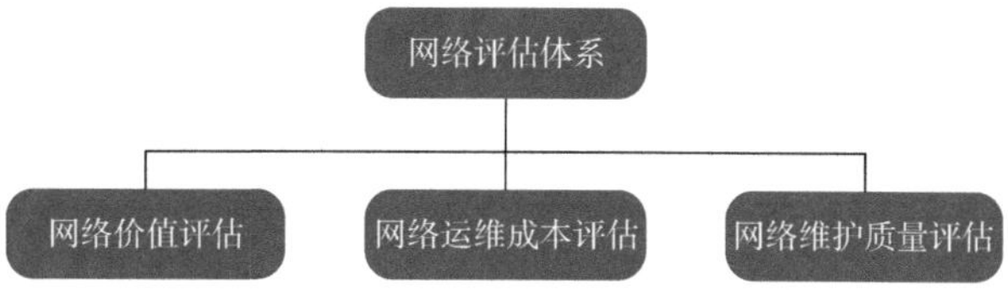


**图 5.24　基于大数据的网络价值和运维成本预测暨评估体系**

①网络价值评估

价值是通过商品交换体现的，网络价值也不例外。网际电信联盟（ITU）提出在承载流量的服务提供商之间存在着价值补偿问题，从而引出了网络价值的概念。它源于网间互联，是互联双方结算的依据。各种网间互联结算方法都力争能够全面反映互联双方网络价值上的差异。从定义看，网间互联包含了两层含义：一是网络互联，二是业务互通。目前国际上运营商间的互联形式采用层级互联形式。

对有线网络运营商来说，网络价值影响着企业的营收核心，利用大数据分析技术，构建网络价值和运维成本预测和评估体系，预测和评估网络价值和运维成本的发展变化，平衡网络价值和运维成本的变化关系，对降低运维成本、提升网络价值提供决策支持，对广电网络运营商提升营收效益，促进企业发展，实现广电网络运营商从文化传播到信息服务相结合的战略目标具有重要意义。

对于有线网络服务产品而言，最突出的特点是生产与消费同时进行，具有不可分离性，这就使得有线电视网络成为有线网络服务产品价值的重要环节和组成部分。同时，有线网络服务具有一定阶段的长期持续性，而有线电视网络又是维持这一长期价值的重要因素。因此对网络价值的分析也就非常重要。

在国家三网融合的推动下，广电运营电信业务已经逐步成为现实。广电运营商正在进行角色转变，从单纯的电信视频信息提供商逐渐向综合电视、固话、宽带等多重业务的提供商发展。利用大数据技术实现有线电视网络中用户可识别、业务可区分、流量可调控、网络可管理等功能，即运营商网络对于使用业务用户的终端类型、地理位置、业务类型、使用习惯等一系列信息进行识别后，针对性地提供差异化的服务，根据用户使用业务情况分配相应的流量。除此之外，还可以提供加速上网业务，实现高端用户网络接入的优先，通过提供不同的用户体验来实现用户价值的提升。还可为不同的用户推荐不同的带宽等级套餐，网络则根据用户订购的需求提供相应的质量保障通道。如表5.5用户业务使用统计表所示。

表 5.5　用户业务使用统计

| 序号 | 用户 | 业务 | 流量 | 网络 | 总收入（元） |
|---|---|---|---|---|---|
| 1 | | 点播 | | | |
| 2 | | 回看 | | | |
| 3 | | 电视游戏 | | | |
| 4 | | 在线教育 | | | |
| 5 | | 语音通话 | | | |
| 6 | | 电视金融 | | | |
| 7 | | 智慧社区 | | | |
| 8 | | 时尚生活 | | | |
| 9 | | 体育娱乐 | | | |
| 10 | | 证券理财 | | | |

根据大数据技术，除了对外可以实时调控流量，提升用户体验外。对内，广电网络运营商还可以统计分析出哪些业务是最受用户青睐的，因此可以对该业务加大带宽的分配，并对网络价值进行实时的评估及预测。

传统观点上大多以有线网络运营企业为主体来分析网络价值，有线网络运营商也主要从资产管理的角度来看网络价值，包括投入的网络、设备、线路、铁塔、局房，建设维护的成本为其带来的业务收入和等。如果以客户为主体，则网络价值可以通俗理解为客户认可度，即客户对有线网络安全性、畅通性、便捷性、经济性等的认可程度和对通信产品价格、服务质量、故障响应、维修处理等的满意程度，这可以归纳为有线网络为客户带来的总价值减去客户需付出的总成本。因此，可以参照客户让渡价值，以客户为价值感受的主体，运营企业为价值的感受客体，进一步构建和分析网络价值模型。如图5.25所示为客户让渡价值模型：

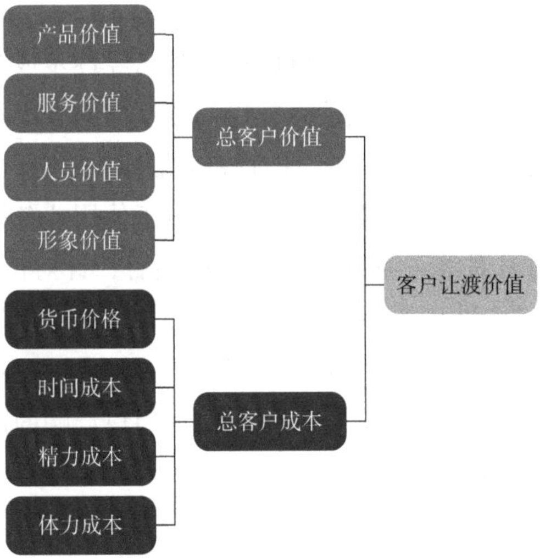


图 5.25　客户让渡价值模型

所谓客户让渡价值模型是指，客户在选择产品时，总是期望降低有关成本，包括货币、时间、精力和使用成本，而同时希望获得的实际利益最大化，以使自己的需要得到最大限度的满足。

通过对有线网络运营企业顾客价值的影响因素分析，可以得到质量、资费、便利性、服务、娱乐、体验、归属、信息、时尚、品牌和安全性是影响有线电视客户选择的主要影响因素，通过对接通率、网络覆盖、网络速度、安全性、网络稳定性、员工形象、使用便利性、售后服务、公司形象、运营商知名度、资费等对客户价值的影响进行分析，参照客户让渡价值理论，将影响客户让渡价值的网络方面因素归并总结，可得出网络形象、网络质量、安全便利、网络服务、运维成本五个因素，这成为从客户角度来衡量网络价值的五个核心因素。可以得出如图 5.26 所示的网络价值概念模型：

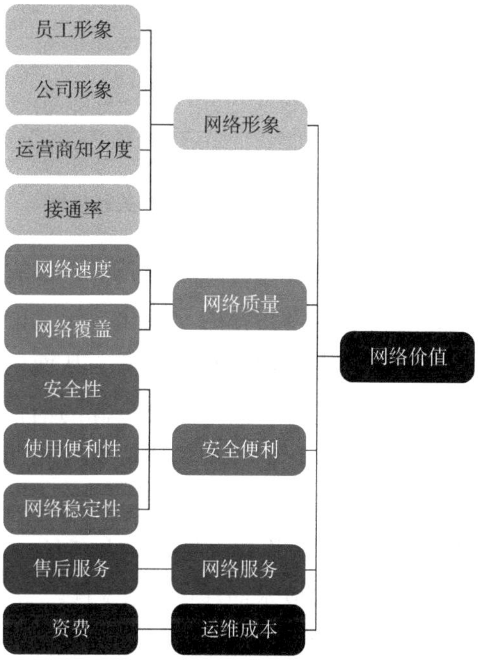


**图 5.26　网络价值概念模型**

其中，网络形象在网络价值因素中影响较大，这也说明了对有线电视网络运营商而言，网络后台技术支撑人员的能力与素质、运营商的品牌影响、企业形象都会较显著地影响客户对网络价值的感知。此外，随着移动网络建设的快速发展，运营商不断加大移动网络方面的投资，网络稳定性、信号覆盖率、接通率都大幅度提高，网络质量成为网络形象之下的第二因素。客户对运营商网络质量的改进不再那么敏感，关注度有所下降。

五个因素中，前四个因素与网络价值都是正相关，指标越高，网络给客户带来的价值就越高，但运维成本与网络价值是负相关的，也就是说，如果从客户角度来看，不是网络形象、网络质量、安全便利、网络服务给客户带来的价值越高，网络价值就越高，因为这些方面的高指标是需要投入同比甚至数倍的运维成本，这些成本最终还是由客户的支出来覆盖的。所以网络价值的最大化，实际上是一个合适的投入与产出的平衡点。根据边际效用递减法则，一个以资源作为投入的企业，单位资源投入对产品产出的效用是不断递减的。对网络价值而言，在建设与运维成本投入的初期，对其他各个正向因素提升的效用很高，越到后期，收益值就越少。网络价值与运维成本具有如图5.27所示的关系：

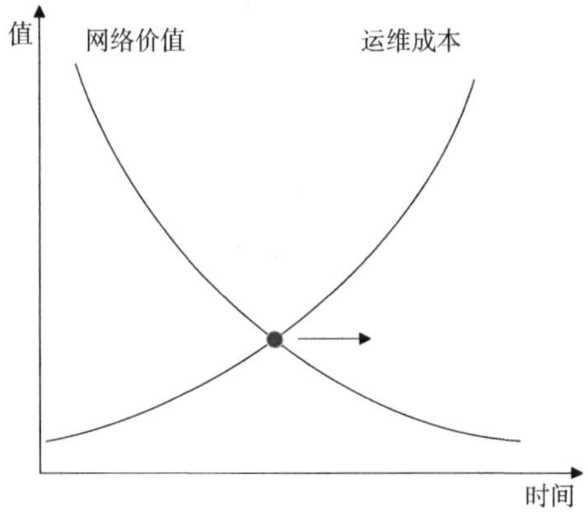


**图 5.27　网络价值与运维成本关系模型**

在不考虑其他因素的条件下，网络价值与运维成本，形成如图5.27所示的关系模型，随着硬件资源的消损和老化、网络拓扑的复杂化、流量的增加，网络质量会受到巨大影响，包括网络速度和网络稳定性都会有所降低，从而网络价值会逐渐减小，同时，运维成本随着网络的复杂性的提升、网络硬件资源的消损和老化，逐渐增大，在网络发展变化的进程中，网络价值变化曲线和运维成本变化曲线的交点处，正是我们追求的平衡点，这个平衡点正代表着较低运维成本下，拥有着较高的网络价值，而我们的目标正是确定这一平衡点，并努力将该平衡点向右延长，推迟平衡点的出现时间，这需要我们同时减缓网络价值和运维成本曲线的变化趋势，它代表的意义是尽可能地延长低运维成本下的高网络价值周期，节省维护成本，提升网络总体价值，为企业带来更大的收入和价值。

要确定网络价值中这个平衡点，需从企业和客户方两个视角来理解网络价值，既要满足需求、适当超前，又不能建设过度、维护过度，服务过度，要充分利用和发挥现有网络的能力。可参照电力的峰谷平定价原则，引导客户均衡使用网络，在网络闲时给用户更多实惠。同时，改变成本摊销模式，变前向收费和后向收费，及减免向用户收取的费用，增加通过广告、能力开放、差异化服务等向应用服务的提供商（如SP）收费。

我们还可以利用大数据平台提供的数据分析能力，收集可能影响网络价值和运维成本的各方面因素，并进行量化处理，周期性地进行分析和预测，一方面逐步构建并完善网络价值和运维成本评估模型，分析影响网络价值和运维成本的最重要因素，另一方面量化并追踪网络价值和运维成本的演进变化，做出合理决策，尽可能地控制并减缓网络价值的减小和运维成本的增加。

②网络运维成本评估

网络运维成本是指由网络运行管理和网络维护管理这两方面内容发生的所有成本费用。其主要包括两方面的内容：网络维护的成本和网络运行的成本。网络维护成本费用主要是指在网络设备的修理方面、线路的管理方面发生的修理费，以及维修时消耗的材料和低价值的仪器仪表等花费。网络运行成本主要是指在网络运营过程中所支出的各种承租费、规费、各种动力费以及水电取暖费等。

目前网络运维成本控制存在的问题：

第一，网络运维成本在管理流程方面存在问题。现阶段虽然网络运维成本管理已基本采取预算管理制度，但往往在真正执行过程中，成本预算的管理监督不到位。比如，在事中，相关部门不能很好地对预算进行有效监督，从而导致超预算的情况时有发生；在事后，缺少对预算执行效果的实时评估，忽略了许多问题，另外往往缺少有关的审计步骤，最终导致预算执行情况不能落实。

第二，成本管理机构不健全。当前成本管理机构普遍仅局限于财务部门，缺少一整套成本管理系统。真正高效的成本管理机构需要全员的参与，每个部门都应该各司其职，对运维成本进行控制，这样才可以达到成本控制的最终目标。

在有线电视用户维修方面，广电网络运营商可以定期对维修故障类型进行数据统计，如表5.6、表5.7、表5.8、表5.9所示。

第一，通过对比较集中的故障类型进行统计分析找出网络存在的问题从而加以重点整治，从而杜绝网络故障集中式的爆发产生；

第二，对维修故障成本进行预估，防止超预算情况发生，并对预算执行效果进行实时评估，彻底落实预算执行情况；

第三，建立一整套成本管理系统，对运维成本进行控制。

**表5.6 广电宽带故障统计**

| 序号 | 故障类别 | 维修数量 | 占比 | 维修成本 | 维修时间 |
|---|---|---|---|---|---|
| 1 | CM或电源损坏 | | | | |
| 2 | 路由器或电源损坏 | | | | |
| 3 | 路由器或CM死机 | | | | |
| 4 | CMTS头端问题 | | | | |
| 5 | IP或CPE地址问题 | | | | |
| 6 | 宽带游戏类问题 | | | | |
| 7 | 部分邮箱或网页打不开 | | | | |
| 8 | 在线视频问题 | | | | |
| 9 | 出口流量及网速问题 | | | | |
| 10 | 电脑故障或设计问题 | | | | |
| 11 | 合计 | | | | |

表 5.7 数字电视故障统计

| 序号 | 故障类别 | 维修数量 | 占比 | 维修成本 | 维修时间 |
|---|---|---|---|---|---|
| 1 | 机顶盒未通电或电源损坏 | | | | |
| 2 | 软件升级问题 | | | | |
| 3 | 智能卡通讯错误 | | | | |
| 4 | 机顶盒常死机或黑屏、蓝屏 | | | | |
| 5 | 授权过期 | | | | |
| 6 | 无法点播或点播失败 | | | | |
| 7 | 无法上网或网卡故障 | | | | |
| 8 | 高清HDMI接口损坏 | | | | |
| 9 | 线路正常但无法上网或点播 | | | | |
| 10 | 电视游戏类问题 | | | | |
| 11 | 合计 | | | | |

表 5.8　线路故障统计

| 序号 | 故障类别 | 维修数量 | 占比 | 维修成本 | 维修时间 |
|---|---|---|---|---|---|
| 1 | 前端机房故障 | | | | |
| 2 | 光缆断或割接 | | | | |
| 3 | 供电停电或供电器坏 | | | | |
| 4 | 光机损坏或信号调试问题 | | | | |
| 5 | 放大器坏或信号调试 | | | | |
| 6 | 外线分支分配器故障 | | | | |
| 7 | 同轴电缆坏 | | | | |
| 8 | 接头坏或接触不良 | | | | |
| 9 | 施工造成线路或设备损坏 | | | | |
| 10 | 线路噪声干扰 | | | | |
| 11 | 合计 | | | | |

表 5.9　室内故障统计

| 序号 | 故障类别 | 维修数量 | 占比 | 维修成本 | 维修时间 |
|---|---|---|---|---|---|
| 1 | 室内分配器未装或分配器坏 | | | | |
| 2 | 室内连接线坏或接触不良 | | | | |
| 3 | 室内线路串接较多 | | | | |
| 4 | 室内暗线损坏或接触不良 | | | | |
| 5 | 更换或学习遥控器 | | | | |
| 6 | 音、视频线或HDMI线坏 | | | | |
| 7 | 电视机坏 | | | | |
| 8 | 误报或报修地址不符 | | | | |
| 9 | 用户不会操作 | | | | |
| 10 | 练习时故障已消失 | | | | |
| 11 | 合计 | | | | |

③网络质量评估

有线电视网络质量可以划分为技术质量和服务质量两大类别。有线电视网络质量以往是靠衡量网络故障情况来确定的，通过统计网络故障次数和故障影响范围来评判，评判手段单一且不全面。因此，我们可以建立以故障处理时效、维护质量、用户评判、安全播出质量等为主要评价内容的网络质量考核指标体系，对网络维护质量进行全面考核，对有线电视网而言，可制定如表 5.10 所示的网络维护指标。再利用大数据技术对网络维护涉及的各项指标进行统计和分析，对网络质量进行综合评估，并预测网络可能出现的问题，提前采取相应的措施进行维护。

**表 5.10 有线电视网络维护指标**

| 运维考核类别 | 考核内容 | 考核指标 | 占比权重 |
|---|---|---|---|
| 有线电视网络维护 | 24 小时及时维修率 | 99% 以上 | 15% |
| | 17 点前及时维修率 | 99.5% 以上 | 10% |
| | 客户维修满意度 | 99.5 以上 | 20% |
| | 客户投诉率 | 万分之零点五以下 | 20% |
| | 接入网故障抢修完成时间 | 年平均 4 小时以内 | 10% |
| | 30 日内重复报修率 | 10% 以下 | 10% |
| | 安全播出事故发生率 | 万分之零点一以下 | 15% |

7. 智能运维

随着大数据概念的提出，IT 的运维管理已经从系统化、集约化、数据化向智能化发展。基于大数据的一体化智能运维平台提供了从基础设施、数据库中间件、系统应用进程到业务交易系统的一整套运维管理解决方案。

智能化运维管理依托于大数据分析技术，大数据分析技术与传统数据分析技术有较大的区别，其对比如表 5.11 所示。

**表 5.11 面向智能运维的传统数据分析和大数据分析技术对比**

| 数据采集与分析 | 传统运维管理 | 大数据运维管理 |
|---|---|---|
| 数据量级 | 抽样数据 | 全量数据 |
| 数据类型 | 结构化数据 | 混杂数据 |
| 分析方法 | 因果关系 | 关联关系 |

- 采样的目的在于用最少的数据得到最多的信息，但在样本分析的过程中不可避免会有一部分信息丢失。在可以获得海量数据的情况下，对全部数据进行挖掘分析可以得到更多的信息。
- 只有 5% 的数据是结构化数据，更多的是以非结构化数据形式存在。
- 建立在相关关系分析基础上的预测是大数据的核心。

在系统运维的发展过程中，一体化运维是必经之路。“监、管、控”一体化运维流程架构如图 5.28 所示。

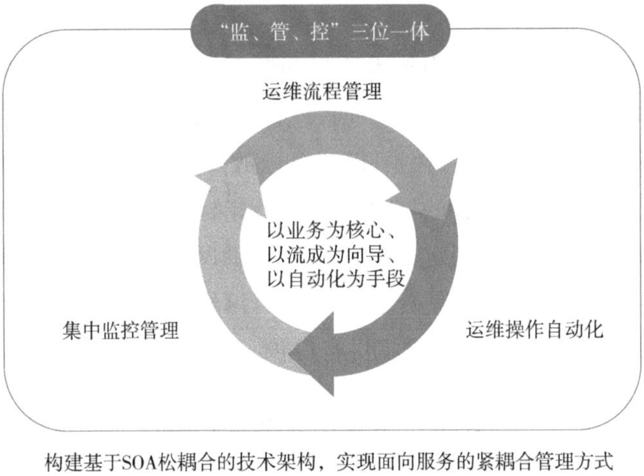


**图 5.28 "监、管、控"三位一体运维流程架构**

一体化运维架构通常以业务为核心、以流程为导向、以自动化工具为手段，通过整合集中监控管理、运维流程管理、运维操作自动化为一体，来构建基于SOA松耦合的技术架构，实现面向服务的紧耦合管理方式。其核心是基于大数据分析技术的智能化IT运维，如图5.29所示：

**图 5.29 基于大数据分析技术的智能化 IT 运维**

基于大数据分析技术的智能化IT运维的技术关键点如下所述：

（1）智能化故障原因分析

客观映射了复杂业务架构和应用系统内部及系统间的相互依赖关系，提高了故障自动定位的精确度和效率，成为保障业务质量的重要手段。

（2）性能容量动态阈值分析

对历史数据进行分析，获取信息系统正常运行状态下的历史性能数据取值范围，并预估未来可能的变化趋势；当某一时点实际采集的性能数据偏离正常取值范围则生成性能告警事件，从而提高性能容量管理工作的自动化、智能化和精准化水平。

（3）实时交易路由分析

通过关联规则分析方法对历史交易流水数据进行深入分析，将跨生产系统的交易有序串联起来，自动生成交易树，对每笔交易从发起到结束进行完整的交易追踪，并且结合数据可视化技术，实现对交易业务全景的可视化分析。

（4）业务质量实时跟踪

通过对业务系统产生的日志进行分析，定位是哪个业务节点造成了系统故障。某个业务节点的报错并不完全由于这个业务节点自身产生的故障，多半与跟它相连的节点有关；通过实时的路由跟踪分析，可以判断引发服务错误的节点到底在哪里，同时也能判断这个问题节点对其他业务产生的影响。

（5）面向业务服务的全方位监控

利用经过改造的大数据云计算技术，实现对每个业务系统运营状态的实时分析与展示。

（6）量化的业务影响性分析

判断故障给业务系统运行带来的影响，以及随着时间推移其受影响程度的变化。能够一目了然地看到故障的影响性的分析，成为应急决策的一个数据依据。

（7）实时业务全景分析

对每户家庭的收视行为进行分析，甚至可以对用户上网行为、客服服务行为、IT运维行为等进行分析，从而判断业务质量。

基于大数据分析技术的智能运维可以为企业带来如下的价值：

- 提升运维数据的应用价值，盘活数据资产；
- 提高运维管理精细化和智能化水平；
- 科技管理创新，提升IT服务价值；
- 精准分析，为未来IT发展提供决策支持。

不同于传统的运维方式，智能运维从系统承载的应用数据进行分析，从系统用户的角度感知故障，而不是从系统硬件资源方面进行间接分析。智能运维借助数据分析技术建立预测模型，能够客观准确捕获故障前的征兆，进而预测故障。智能运维可以实现基于模型的自动预测、预警，实现对系统故障自动化的感知、预测、预警，并可以将信号与处置机制自动对接。

智能运维要做到事前预警、事中恢复和事后存档，实际上有大量的工作要完成。智能运维不仅可以将运维人员从烦琐的工作中解放出来，而且还可以大大提升运维工作的效率。智能运维最重要的是要做到实时的监控预警。

实时监控预警主要针对分布式日志数据、运维数据等进行实时采集和提取，并利用实时分析引擎进行分析处理，实现对网络平台、业务系统的实时监控。作为一种端到端一体化实时运维解决方案，它可以基于海量的数据，迅速便捷地为企业带来秒级的业务监控和响应能力。

业界在实时监控方面比较领先的有阿里巴巴的ARMS业务实时监控服务，ARMS被广泛用于阿里内外的商品、物流、风控和各种云产品的各类业务监控场景。ARMS是为阿里鹰眼调用链监控的底层数据收集和计算而打造的，当初主要解决的问题包括大规模分布式日志收集、拖拽式业务流程实时计算定制，以及便捷的结果输出获取等。

在技术架构上，ARMS整合和封装了数据收集、实时计算、列式存储，以及在线报警报表等多种先进互联网技术；在用户体验方面，ARMS为用户屏蔽了复杂的监控计算逻辑，针对不同行业的用户提供了各种场景监控方案的能力。ARMS整合和封装了数据收集、消息通道、实时计算、列式存储，以及在线报表等多种先进互联网技术；在用户体验方面，ARMS为用户屏蔽了复杂的监控计算逻辑，针对不同行业的用户提供了各种场景监控方案的能力。

8. 智慧家庭

（1）发展背景

2017年一季度，有线电视用户规模持续下滑，如图5.30所示，用户总量2 5064.5万（环比减少172.8万户），双向网络渗透用户7173万户（达28.62%），宽带用户2789.7万户（净增161.8万户）。有线电视的家庭收视渗透率降至59.57%（环比下降0.71%），如图5.31所示。因此有线电视需要创新增长点，扩大行业市场规模。

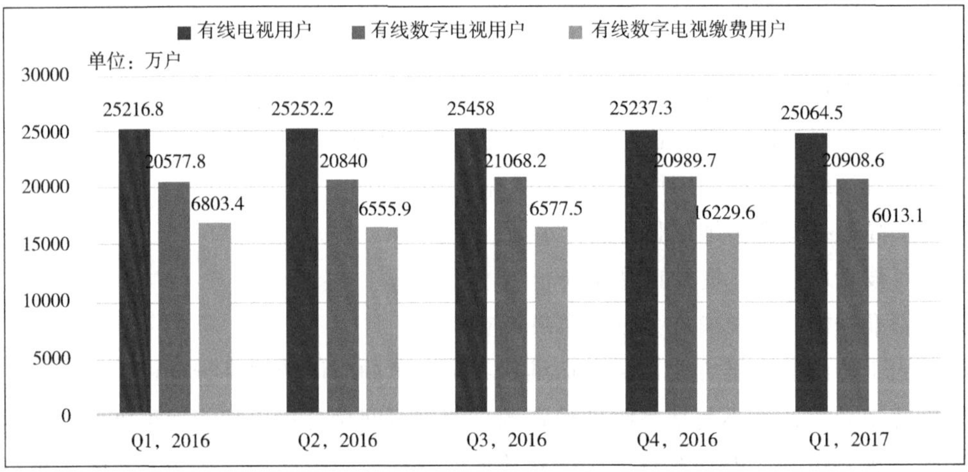


**图5.30　2016–2017年一季度有线电视用户规模**

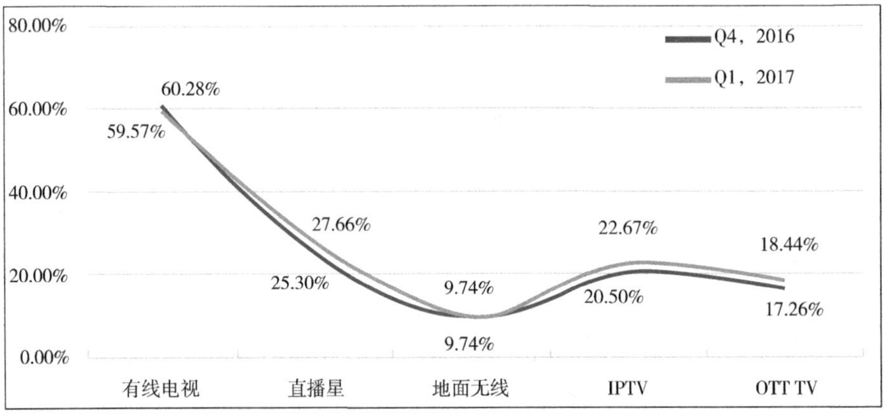


**图5.31　中国家庭电视收视格局**

随着信息化技术的逐步发展、网络技术的日益完善、可应用网络载体的日益丰富和大带宽室内网络入户战略的逐步推广，智慧化信息服务进家入户成为可能。居民通过电视机遥控器、手机等终端即可实现互动，方便快捷地享受到智能、舒适、高效与安全的家居生活。

广电网络发展物联网的契机：

（1）传统产业升级

“云端网”一体化升级：全国有线电视互联互通平台建设，包括广电云、广电宽带数据网、智能终端等；

无线连接能力：全国移动多媒体交互广播电视网建设，包括有线无线一体化、多屏化，电视无处不在。

（2）规模化消费市场的兴起

业务基数大：全国有2.5亿家庭用户基数，形成巨大的家庭信息化与大数据市场；

规模效益高：具有市场规模的物联网应用高速发展，出现智慧家居、智慧社区、智慧城市；

高附加值：面向消费市场，业务与互联网融合，形成高附加值。

在上海NGB-W网络建设中，NGB-W作为新一代的智能融合媒体网络，具有双向互动架构、超高速带宽、可管可控可信的能力，它采用开放的业务平台，可承载多种多样的三网融合业务。NGB-W还将服务于智慧城市，为应急广播、各类物联网应用、跨行业应用、热点服务等提供技术支撑。

智慧家庭是智慧城市的最小单元，它是以家庭为载体，以家庭成员之间的亲情为纽带，结合物联网、云计算、移动互联网和大数据等新一代信息技术，形成低碳、健康、智能、舒适、安全和充满关爱的家庭生活方式。

智慧家庭是智慧城市的理念和技术在家庭层面的应用和体现。智慧家庭综合了互联网、计算处理、网络通信、感应与控制等技术，被认为是下一个蓝海市场。智慧家庭的范畴不仅仅限于家庭娱乐和家居控制（比如开关、灯光、温湿度控制等），在不远的未来，能源、医疗、安防、教育等传统产业也都将与家庭应用密切结合。

从产业融合角度看，近年来无论是IT行业、传统家电行业、通信运营商、楼宇智能、安防报警产品、传统照明灯具制造商、音视频厂商等都不断融合，推动着智慧家庭的发展。同时，智能家居行业作为高新技术产业，是国家产业扶持的对象。智慧家庭服务平台系统属于智能家居的范畴，在未来将拥有广阔的市场前景。

（2）产业动态

目前智慧家庭产业在中国仍处于起步阶段，纵观国内市场，智慧家庭产业早已进入拼抢时代。IT互联网企业大举进入电视行业，乐视、小米排兵布阵，采用低价政策来抢夺市场，百度、阿里巴巴、腾讯不甘落后，而TCL、创维、康佳以及清华同方、海信、长虹、海尔等传统彩电厂商，在智慧家庭市场的争夺上也都铆足了劲，连Google和360也加入家庭安防智能摄像头行列，想在智慧家庭产业中分一杯羹。具备移动互联网基因的智慧家庭产品正一步步向我们走来，未来智慧家庭产业将出现深度的跨界融合，一场“硬件+平台+云端+内容”的智慧家庭生态链正在构建中。智慧家庭将从硬件出发，整合云端的信息服务平台，打造以人为本的、充满乐趣的、充满交互的、真正智能的、简单实用的产品链，真正实现健康、低碳、智能、舒适、安全和充满关爱的家庭生活。未来智慧家庭生态圈如图5.32所示。

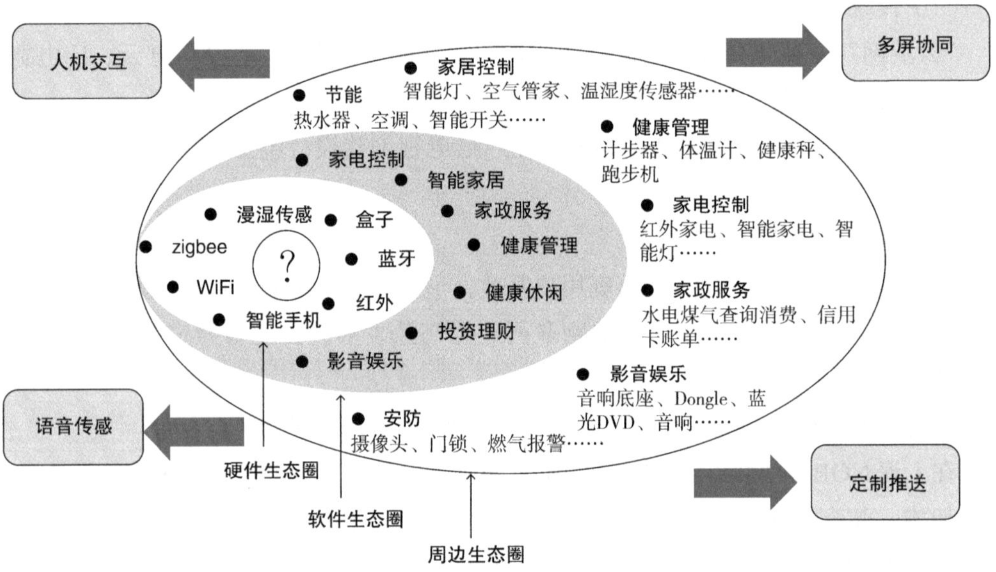


**图5.32　未来智慧家庭生态圈**

近年来随着技术的逐步成熟，智能家居行业兴起，国内外几大科技公司都选择从不同的领域加入智慧家庭的“战局”。

作为智能家居的核心，家居系统是抢占高地的最佳选择。像美国的Control4、德国的施耐德就是通过物理布线或ZigBee等无线通讯方式把兼容的照明、影音、安防电子设备连接到一个中控系统，实现统一控制。这种整体方案功能完整，用户体验统一，但需要专业的安装，而且价格不菲。

整体智能家居系统也是目前国内厂商主要的发展方向，它们一般选择跟房地产开发商合作，主打前装市场，但是普及速度比较慢。例如，阿里巴巴预见到智能家居最终的核心技术是云计算和大数据。阿里云与万科宣布达成战略合作，双方将通过应用云计算、物联网和大数据技术，打造国内首批联网的“未来小区”。按照万科对“未来小区”的规划，传感器、监视器等物业设备将全部联网，数据实时上传至云端。通过阿里云计算平台的支持，万科将开发出更多创新的、符合社区居民需求的产品。

从智能家居硬件入手，抢占智能化产品市场。和传统功能性家电相比，未来的智能家电将具备各种各样的智能，作为互联核心，如果不能在集成智能方面有所突破，家电的操作将会繁复化，最终被市场所抛弃。谷歌在2015年初斥资32亿美元收购生产自动恒温器和烟雾报警器的Nest（图5.33所示为智慧家庭产品Nest），又通过Nest网络监控摄像头公司Dropcam，单点突破进入家庭，然后逐渐扩展产品线，之后再尝试整合其他产品。Nest已经开发了应用程序接口，让任何可以物联的产品和服务与Nest设备连接起来，大多数初创公司也选择这一途径进入市场。智慧家庭产品Nest产品样式如图5.33所示。

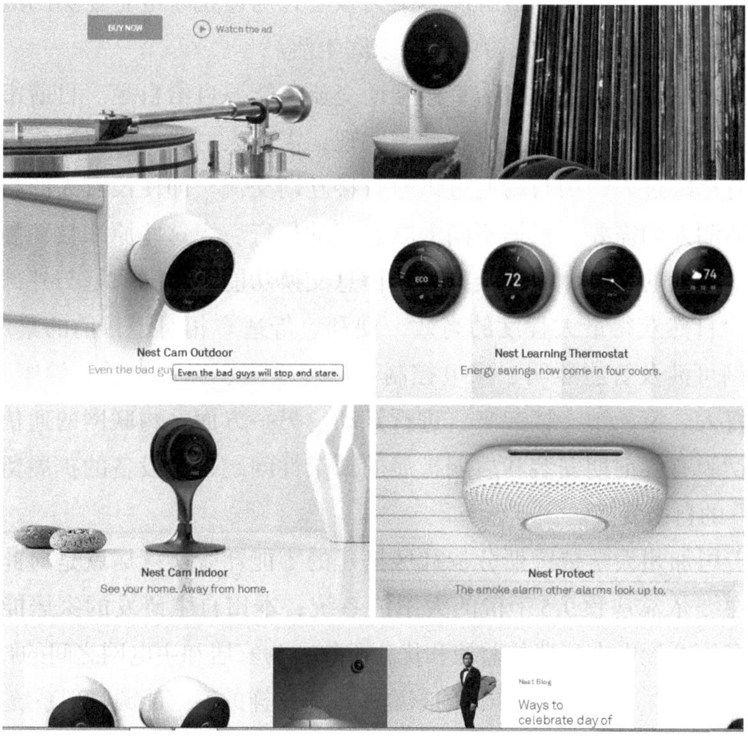


**图 5.33　智慧家庭产品 Nest**

由于市场上智能家居企业多而杂，并没有一套统一的行业标准，传统的家电巨头便凭借自己的优势，率先制定一套软件协议，先把自家产品连接起来成为一个平台，然后通过协议的开放让其他厂家的产品加入其生态系统。三星的SmartHome和海尔的U＋智慧家庭操作系统都是这个理念。三星是从强势的电视和手机方面切入，海尔则凭借白色家电的领先优势入场。

以集成技术入手，多屏协同建立智能家居的统一平台。多屏协同是一个目前已经趋向成熟的技术，不同家电之间、家电和移动设备之间的多屏互传让用户无论在什么情况下都能享受到最好的使用体验，这也是未来智慧家庭互联核心设备的一个基本落脚点。尽管没有硬件单品，也没有独立的控制系统，苹果凭借强大的ISO平台，也选择了提供一套智能家居的标准和协议进入市场。HomeKit就是具有一套智能家居平台硬件规格标准的平台，未来它将通过MFi（苹果MFi认证，是苹果对其授权配件厂商生产的外置配件的一种标识使用许可）授权向智能家居设备合作商全面开放，用户可以结合Siri去操控任何支持HomeKit的智能家居单品。目前合作厂商包括霍尼韦尔、飞利浦、海尔等。

微软则从集成技术入手，选择与进入物联网领域20年的智能家居公司Insteon合作，让后者应用入驻Windows平台，产品入驻微软实体商店。Insteon的产品并不使用ZigBee、Beacon、BLE（低功耗蓝牙连接）、Wi-Fi这样的常见技术，取而代之的是其独有的射频技术和有线连接。这些设备通过各终端上的InsteonHub应用进行统一控制和管理。小米以智慧家庭跨平台解决方案为核心，与传统家电企业美的战略合作，积极打造智慧家庭套装，强调以人为中心的家庭生活。

未来智慧家庭有望实现物与物直接互动交流，能源自给自足。目前市面上大部分智能家居设备的联动，是通过人机互动来实现，需要人对界面进行操作。而未来的物联网时代则有望跳过人，物与物通过讯号直接互动交流。即使没有人的指挥，这些家居设备也能揣测人的需要，根据不同的状态互动运行。当这些原来被动静止的设备转变为具有能动智慧的工具，提供全方位的信息交换功能，帮助家庭与外部保持信息交流畅通，用户自然获得最大程度的高效、便利、舒适。相对于目前的集成控制平台，未来的物联网可涉及智能照明、家电控制、环境监测、影音娱乐、健康管理等方面，最大限度地将人、家、车连接起来，进行互动。另一方面，物联网的通信方式采取无线通信，将摆脱有线前期安装和后期扩展的繁杂性问题，给设备的扩展留有足够的空间，便于后续的自由变换。

本田在美国加州大学戴维斯分校社区搭建的零能耗智能家居就是对此的探索。该房屋的用电主要依靠房顶9.5千伏的太阳能系统，本田自主研发的家居能源管理系统（HEMS）则负责全屋电力消费的监控和优化工作，为家居和主电网之间的智能连接带来了全面的能源可靠性。相比大小相仿的家庭来说，这样的家庭能源管理系统与节能设计，能让用户节约一半以上的能源，这其中包括供暖、空调以及照明，节水率也高出三倍。

（3）未来趋势

智慧化的浪潮正席卷着各行各业，综合了互联网、计算处理、网络通讯、感应与控制等技术的智慧家庭将成为下一个蓝海市场。未来智慧家庭的发展趋势总结如下几点：

①系统安全管理将被高度重视

智慧家庭的一大卖点就是为客户提供安全的居住环境，其集成的安防系统就实现了这一目标，可以预见，智慧家庭系统安全将成为未来智慧家庭产品发展所需要解决的课题。

②系统的开放性和升级能力被用户广泛关注

系统能否接入更多的设备实现自身功能，能否与市场中的每个产品兼容，这是未来智慧家庭产品和系统关注的重点。此外，系统的升级能力也是用户关注的重点。

③智能家居重新受到火爆关注

作为“智慧家庭”中的重要组成部分，“智能家居”的概念虽然一直存在，但由于种种原因迟迟未能得到快速发展。近两年，智能手机、平板电脑开始普及，智能电视受到热捧，在物联网、云计算等新概念、新技术兴起之后，“智能家居”重新受到火爆关注，有望成为电子产业的一个新蓝海。

④4G等新一代信息技术驱动智慧家庭的发展

随着新一代信息技术的发展，通信网络向4G演进，同时国家对云计算、三网融合等的促进推动，这些都成为发展智慧家庭产业的强大驱动力，给智慧家庭产业的发展带来了机遇。智慧家庭厂商也将在现有终端产品的基础上积极引进4G技术。

⑤商业模式的创新

智慧家庭的发展尚处于初级阶段，商业模式还没有成型，我们要从行业特性和消费者需求来摸索智慧家庭的商业模式。未来市场消费的主力是80后、90后，这个用户群必然受到移动互联网时代的影响，他们对智能产品的追求是时间碎片化、产品微型化、应用傻瓜化。智慧家庭作为下一个蓝海市场，应该开发出交互性更强、成本更低的智能终端产品和智能化系统去占领用户各种碎片化的时间，要让用户感受到智慧家庭产品是一个充满乐趣的、丰富交互的、智能的、简单实用的产品，新的商业模式能给用户带来全新的时尚、舒适、智能的生活体验。

9. 人工智能电视

（1）发展背景

随着计算机计算能力的飞快提升和深度学习的再次崛起，人工智能在近年来得到了迅速的发展，几年的时间取得了突飞猛进的进步，各行各业纷纷投入到人工智能的研究和应用之中。人工智能应用广泛，相关内容主要包括自动驾驶、语音识别、目标检测、图片视频分类、人机对话、影视内容分析、人工智能电视等等。基于人工智能技术的人工智能电视是近些年广电行业比较流行的人工智能应用。

人工智能电视，一般指人工智能技术与家庭电视进行连接。通过完善的技术逻辑与大数据运营，让电视具有语言识别、图像识别、自然语言处理和专家系统等。通过语音指令让电视自动推荐、选择电视产品；同时还能学习用户使用及搜索习惯，以实现更精准的语音操控及互动。

人工智能电视和普通智能电视相比，最主要的差别在于智能电视具备了“认知”层面的进化。人工智能电视除了安卓系统、语音交互等最基础的功能外，自适应、自学习、自成长是它的主要特质，也是人工智能赋予传统家电新的魅力核心所在。

首先，人工智能电视具有自然语言交互能力。和普通的语音识别功能所不同，人工智能电视可以根据用户发出的语义进行判断，从而带给用户更加精准的选择和结果。第二，人工智能电视具有内容汇聚检索引擎功能。例如，在百度上输入“电视”一词后，会出现多种结果供用户选择，用户可根据兴趣自由点击阅读。这些结果包括电视生产企业信息、电视产品价格、电视维护保养知识等。第三，人工智能电视具有自学习、可成长的性能。电视可以根据不同用户的不同观看习惯，通过收集用户观看行为调整内部算法，为不同需求的用户推送出精准、所需的内容。

（2）成功案例

近些年来也有一些值得提及的成功案例，比如说长虹人工智能电视。不同于传统电视，长虹人工智能电视在音视频、教育、新闻等方面实现了人工智能三大要素——认知、决策、反馈，产出长虹智能机器人“小白”，小白是住在长虹人工智能电视里的机器人，这样长虹电视就可以智能地陪伴、学习、服务于用户，在看电视、听音乐、玩游戏等黑电业务上让用户得到贴心的个性化服务。

在人工智能的“认知”层面，凭借自主研发的Ciri语音平台，长虹人工智能电视可实现以人为中心的高效语音交互协同及语义识别与理解，这使长虹人工智能电视语音在UI效果、响应速度、识别率、覆盖率等方面都做到了行业领先。其中，它的语音识别率达到97%，语音整机覆盖率50%，使人与电视开放式的自然语音交互距离达到30米，即用户在家庭中的任意角落都可以用语音和电视交互，且只需三秒就能完全点播到播放。

举例来说，当用户通过语音发出“我想看熊出没”指令后，电视仅仅三秒时间变在屏幕上播出《熊出没》动画片；当用户发出“搜索我想看的内容”时，人工智能电视又以秒级速度为推荐多部用户喜爱的电影、电视节目和游戏等……不仅如此，用户还能够以语音的方向播放音乐、查询天气等，就像用户的智能助手一样，随时等候用户的指令。

自然语音交互，被人工智能领域誉为最佳的交互方式，不论是无人驾驶汽车，还是智能家居，都有着极为广泛的应用前景。当前，诸多人工智能公司、科技企业都在积极探索自然语音交互技术。而长虹此次在人工智能电视上的率先突破，引起业界极大关注，其一直低调的人工智能开始受到关注。

长虹从2012年开始进入人工智能的基础研究工作，先后在传感器模组开发应用、语音识别芯片开发应用、基于大数据的人工智能技术研发及应用、机器视觉（人脸识别）技术研发应用、工业机器人及工厂自动化技术研发及应用、家庭服务机器人技术研发及应用等方面取得了长足的进步，并有较多的成果转化和商业运用。

当用户刚刚把长虹人工智能电视买回家，还没存有用户有关个人喜好的数据。但随着用户使用长虹人工智能电视的时间增长，智能电视就会得到用户越来越多的使用数据，从而对用户的喜好而有所了解，即便用户只是下达相对“模糊”的语音指令，它也能为用户推荐其需要的内容和服务。而这一过程，通常只需要三到六个月时间。

同样以例子来说明。当用户说出语音“我想看电影”，电视会以秒级速度向用户推荐他最喜爱看的电影，无须用户说出电影的具体名字；当用户说出语音“我想听歌曲”，电视又以秒级速度向用户推荐他最喜欢听的歌曲……而这些内容和服务正是用户真正喜欢的。

长虹物联运营支撑平台下已汇聚各类智能终端设备近5000万台，由此产生的设备数据高达100PB。其中，长虹物联运营支撑平台可对旗下智能电视500万终端用户数据进行采集与分析，使家电行业真正得到了跨业务（直播、点播、音乐等）的全景用户画像数据。这些数据覆盖用户短期兴趣及长期偏好，包括人口属性、上网特征、观影偏好、环境偏好、购物需求、消费能力等不同维度。经过大数据算法、网络神经算法等一系列算法，构建起流程可视化、结果可追溯的个性化推荐平台，通过持续的推荐效果反馈、模型优化和产品迭代，真正实现推荐的自学习和可成长。

可以说，海量的长虹UP平台物联生态下沉淀的用户行为数据，让长虹人工智能电视精准的个性化推荐成为可能。目前，长虹已拥有100多名高级大数据研发工程师，是家电行业内真正拥有用户行为分析、大数据处理能力以及庞大服务器资源的公司。

10. 舆情商情分析

舆情商情分析是指利用大数据分析技术，根据行业发展现状和细分领域发展状况分析影响行业发展的有利因素和不利因素，搜集主流媒体、社区、用户的最真实信息反馈，并对网络民意数据进行科学筛选、量化统计和分析研判，为科学决策提供依据。通过构建舆情分析引擎，实时掌握舆情动态，及时发现网络突发事件、重要信息预警，主动应对防范，热点事件追踪，还能够快速发现舆论热点，挖掘新闻线索，梳理传播脉络，跟踪受众喜好倾向，鉴别新闻炒作。通过构建商情分析引擎，可以充分挖掘潜在客户，快速发现商机，把握市场变化，并进行商情报告分析、研判，提供精准高效的智慧商业服务。

网络舆情是公众对互联网上传播的热点和焦点问题所表现的具有一定影响力和倾向性的意见或言论的状态，它通过互联网对社会问题发表看法，或表达有较强影响力、倾向性的言论和观点。舆情监测为客户全面掌握群众思想动态，做出正确舆论引导，提供分析依据。做好舆情监测能发挥舆论引导功能的主动权，及时准确地将采集、整理、分析出来的有价值的信息提供给决策层，是决策机构的基础和关键所在。

国内的网络舆情监测服务机构分为三类：第一类是依托人民网、新华网等主流媒体建立的舆情监测平台；第二类由高校或学术机构创办的舆情研究所；第三类是由软件公司和传统的市场调查公司联合成立的舆情监测软件企业。从这三类网络舆情监测的现况入手，浅析当下中国网络舆情监测的发展。

（1）主流媒体的舆情监测

随着互联网时代的来临，党政机关的日益重视，互联网舆情服务市场的逐渐兴起，主流媒体利用其专业技术优势，帮助政府部门监测和把握网络舆情，提出应对之策，如新华网“舆情在线”栏目，人民网的《网络舆情》杂志，检察日报社下属的“正义网”舆情监测。

新华网的“舆情在线”是国内最早从事网络舆情监测分析服务的机构之一，2003年以来一直在为中央有关部门专供舆情报告。目前，已建立一支100多人的舆情分析队伍，拥有业内领先的舆情监测统计技术及丰富的网络舆情分析研判经验。“舆情在线”网络舆情监测与分析系列产品和服务，包括全国乃至全球网络舆情、电视台舆情监测研判业务、危机公关和舆论引导服务等等。“舆情在线”包括网络监测和微博监测两大系统，PC服务、手机服务、平板服务三大平台，舆情监测范围包括网络媒体、微博论坛、平面媒体、电视媒体。此外，还推出了全时段人工预警服务。

人民网舆情监测室组建于2008年7月，目前已建立了一套完整的网络舆情监测体系，以定量方式反映社情民意，出版“史上最贵的杂志”——《网络舆情》（纸质杂志加网络版3800元/年，目前有约4000个用户）。舆情应对咨询顾问服务，形成流水作业。人民网开设重点新闻网站第一家舆情频道，围绕突发事件和公共舆论话题，邀请各方面专家、地方政府发言人、突发事件当事人等，进“舆情会商室”与网友在线交流，切磋地方政府应对突发事件的经验教训，总结地方政府对突发事件和社会舆论的应对技巧。同时，人民网舆情监测室与地方政府、中央部委机关和企业建立良好互动合作关系。

此外，还有正义网舆情监测系统、法制网舆情监测平台、中国警察网舆情监测平台等主流媒体为主体的舆情监测系统。

这些舆情监测系统专业水平较高，针对社情民意进行监测，对时事热点和受众心理变化的敏感度高，主要为政府有关部门提供服务。

（2）高校（学术机构）的舆情监测

高校或学术机构具有学术传统，善于归纳、梳理互联网舆情的变化和特点，总结一般规律，如中国传媒大学公关舆情研究所、中国人民大学舆论研究所。

中国传媒大学公关舆情研究所创立于2005年12月，是一个对舆论信息进行分析研究的学术研究机构。研究所主要的研究领域包括社会舆论、危机预警、品牌声望、公关活动等。研究所不定期出版各类舆情报告，举办公关舆情论坛，为科教单位、企事业单位、政府等相关组织提供公关舆情咨询。其科研队伍主要由中国传媒大学及有关学术机构的专家学者组成。

中国人民大学舆论研究所，2008年12月开始进行网络舆情的监测。通过相关研究成果，对学界了解目前舆情运行的基本特点和态势具有宏观把握和借鉴意义。中国人民大学舆论研究所基于人大——方正舆情监测平台的数据进行计算分析所得，该舆情平台实时采集国内主要的新闻网站和重点论坛、重点博客、贴吧等的数据，并集纳了社会化媒体平台信息，目前主要采集新浪微博和腾讯微博信息。且通过构建每一个热点事件的网络舆情指数，可在一个测量工具和测量层面上测量每个网络事件的影响力系数，并在此基础上对事件进行加权运算，进而得出中国社会的整体舆情运行态势。

国内高校较为著名的舆情研究机构还包括上海交通大学舆情研究实验室，重点进行公民社会背景下社会各界舆情应对能力的研究；复旦大学舆情研究实验室，重点对网络舆情的生成规律及传播机制进行研究；北京交通大学网络舆情安全研究中心，重点做网络舆情产生、传播和导控等方向的研究和自主网络舆情安全关键技术研发；南京大学谷尼舆情分析研究实验室，研究网络舆情监控，开发面向媒体的新闻线索监控系统和面向企业用户的企业竞争情报研究；华中科技大学舆情信息研究中心，做舆情信息理论、网络舆情与社会安全、高校网络舆情研究等。

（3）软件公司等企业的舆情监测

由软件公司和传统的市场调查公司成立的相关机构，实力较为雄厚，抓取互联网舆情数据能力较强。“对于企业而言，一方面可以借助互联网为用户、渠道提供更完善和个性化的服务；另一方面，网络给人们提供了更加自由的言论环境，使得网络舆论的影响力成为企业经营过程中不可忽视的因素。”

以“舆情监测”为关键词，现今有很多从事舆情监测服务的企业，以下列举顺序按搜索网站顺序排列：

红麦软件。结合舆情特点与客户需求，红麦研发了全面而针对性强的舆情产品线，包括舆情监测平台、微博监测系统、微博营销工具系统、境外舆情监测系统、红麦舆情手机客户端等一系列舆情产品，并支持产品的个性化定制，以更好地满足客户需求。

西盈网络信息雷达系统。从互联网上以定向采集和全网搜索的方式，获取新闻、论坛、博客、微博等舆情信息，存储到舆情数据库中，并通过西盈舆情搜索引擎对海量的舆情数据进行实时索引。

军犬网络舆情监测系统。提供一站式服务，第一时间、稳准狠快地从海量互联网数据中将你所关注的舆情读薄读懂。其3大采集、5大分析、3个平台、2项报告、3种预警、1套业务标准能疯狂满足客户网络舆情监测工作需求。现已为400多家舆情客户提供有效网络舆情监测服务。

乐思网络舆情监测系统。基于全球领先的互联网采集监控技术而研发，具有发现快、信息全、分析准的优势。可让用户眼观六路耳听八方，在第一时间发现负面舆情。

谷尼微信舆情监测。由国内最具影响力的舆情服务商北京谷尼汇智科技有限公司研制开发，该系统是国内首款基于Office舆情监测软件，系统运行在个人PC机上，不需要有特定的数据库、中间件和服务器，根据用户需要定制搜索主题，几分钟出具EXCEL网络舆情监测报告。

这类舆情监测软件企业技术实力雄厚，抓取网络舆情数据能力较强，但数据分析和解读不够专业。

总体来看，中国网络舆情监测的发展已初具产业形态，但还存在着一系列问题，比如：缺乏行业通行标准，也没有相关行业协会；产业持续创新能力不足，发展仍具脆弱性，产品单一，服务同质化严重；缺乏有效的产业内融合机制，缺乏有效监管网络舆情监测规章制度等。为了解决这些问题，学者提出的主要对策有：进一步巩固行业的合法性，延伸产业链；加大信息公开力度，实现信息公开、政务公开；建立健全相关法律法规，规范网络舆情监测产业；扶持资质好、规范的专业舆情机构，建立中国网络舆情监测品牌等。

（4）百度商情和百度舆情

百度商情和百度舆情分别是百度公司旗下的商情分析平台和舆情分析平台，百度借助大数据技术，对积累的海量互联网数据进行深刻挖掘和分析，为第三方企业提供舆情趋势分析以及商情分析报告。

百度商情创立于百度的大数据，主要针对的用户群是中小企业，主要功能是辅助它们完成营销决策。而与百度原有的类似产品“百度指数”相比，“百度商情”最大的不同点在于能够同步显示上下游产业链的相关需求，如搜索“轮胎”，“百度指数”只会提供“米其林轮胎”、“轮胎品牌”等含有“轮胎”这个关键词的搜索数据，而百度商情则会进一步提供“刹车片”“摩托车配件”“橡胶”等相关关键词的搜索数据。通过百度商情，可以进行以下信息的分析：

①工商与组织：包括工商信息、高管信息、股东/股权比例等；

②经营信息：包括收入与利润、年度报告、主营产品/服务、招聘信息、变更信息等；

③企业关系图谱：包括分支机构、同行/竞争关系、投资/融资关系、合作关系、关键人等；

④热度与事件：包括企业热度、态度分析、热词、事件分析等；

⑤知识产权：包括专利、ICP备案信息、商标信息等；

⑥风险信息：包括法律诉讼、行政处罚等。

百度舆情是百度旗下互联网舆论大数据分析平台，百度舆情系统基于大规模数据处理能力和数据挖掘技术，在保护用户隐私的前提下，通过对网络信息的自动采集和多维度分析，实现对互联网上相关舆情的实时监控和深度分析，为舆情分析者全面掌握舆情动态、做出正确舆论引导提供依据。

百度舆情服务于政府机构、广电传媒、金融理财、地产楼市、能源电力、生态环保、文化教育、医疗卫生、旅游景区、企业品牌等多个行业，提供事实舆情跟踪，辅助提高服务质量和口碑等。使用深度学习技术进行数据的分析和结论预测，并且全网数据覆盖，全天候进行计算和监测。

百度舆情主要提供以下功能：

①声量判断

捕捉互联网观点，从量级趋势上诊断该观点的支持、传播数量，从声量上诊断该观点是否具备关注度与传播度，能否形成舆情。

②传播分析

基于具备一定关注量级且经过二次传播的舆情，甄别传播节点，提取节点调性，分析节点影响力，摹画舆情传播路径。

③受众画像

在不透露任何网民个人数据的情形下，对舆情参与者的共性特征进行勾勒，如性别、年龄、地域及兴趣点。

④事件挖掘

从互联网海量舆情中，机器自动识别、挖掘、聚类事件，分析事件热度，梳理事件来龙去脉，基于事件做舆情全面分析。

⑤情感提炼

从海量语句中，提取识别观点语句，定性语义正负倾向，提取主要观点，挖掘敏感言论，舆情健康度打分。

⑥预警设置

提供预警功能，当关注舆情的讨论量或负面数量到达阈值时以短信或邮件方式通知客户，不错过舆情黄金时间。

（5）可行性分析

目前世界知名的互联网企业如facebook、谷歌等都已经引用了第三方事实核查来标注虚假信息，而国内对网络虚假信息真伪进行核查的第三方机构或组织还比较少，几乎没有能够帮助企事业单位在网络谣言面前正言、辟谣的机构或组织。同时，对于大部分企业来说，自主在网络上发声产生的效果或影响都是十分微小的，容易被各类媒体的信息所淹没，这时有关专家的评论文章则能够取得非常显著的效果。例如知名专家评论网站洞察网，则汇聚了众多行业专家，形成了新型的互联网智库，通过专家的眼光来解读行业发展对于很多案例企业的品牌形象塑造具有非常高的价值。如果广电网络运营商可以提供有关权威舆情发布会对企业以及政府的正面形象的维护起到很大的作用。

此外，近年来随着世界范围内互联网产业的蓬勃发展，企业网络舆情保护的重要性与复杂性日渐凸显，但是非常多的传统企业面临网络上的虚假信息等问题时不能够及时有效地得到预警，从而错失了进行舆情管理的最佳时机。所以，企业可借用网信舆情等专业的大数据舆情监测工具来进行舆情监测与管理，及时保护自己的合法权益而不受不法分子侵害。

目前，与西方发达国家相比，我国企事业单位与个体对于自身在互联网上的声誉保护还远远不够，这就造成了很多现实中具有非常好的形象和口碑而在网络上常常被恶意抹黑的反差问题出现，有的企业甚至因此品牌形象受到了严重侵害。所以，势加声誉作为互联网声誉管理专家，通过提供独创的互联网声誉管理服务，通过品牌舆情监测、信源追踪、SEO优化、虚假信息治理等方式建立客户的互联网声誉大数据库、媒体和自媒体数据库、ICP备案网站数据库，为客户提供互联网声誉管理服务。

未来，中国企业要认真学习网络法，更要探索出适合自身的网络声誉保护方法，而本人也将同中心一起，一如既往地致力于为社会各界搭建沟通交流的平台，为我国互联网治理建言献策。

商情分析是一个严格、程序、逻辑化的采样、统计、分析、研究流程，它的结论是通过样本数据结论反映整体状况的现状和趋势。商情分析报告及数据本身，并不一定会直接地告诉企业如何确定市场营销谋略和采取何种产品促销措施，但它是预测未来市场发展趋势、保留原有市场、开拓新市场的重要客观依据，企业只有认真分析研究消化报告数据结论，并结合市场环境和企业实际情况，实施有效营销战略，才能取得预期效果。

广电网络运营商可以将自有数据与外来数据相结合，借助大数据分析技术和可视化技术实施舆情商情分析，一方面实时掌握舆情动态，追踪舆论热点，并进行商情报告分析、研判，充分挖掘潜在客户，辅助进行业务决策，指导业务发展方向；另一方面可以为政企客户或其他第三方公司提供舆情商情分析服务，助力企业掌握舆论热点趋势和行业发展动态，促进企业发展。

#### 5.2.4.7 数据运营管理层

数据运营管理层负责数据的运营和总体流程管理，跨越了数据采集层、数据存储层、大数据基础分析层、应用能力层、数据应用层，主要包括数据生命周期的管理、数据标准的制定和管理、数据质量的管控、数据安全的治理。

数据的运营管理应该从以下几个方面着手：

1. 建立大数据自维护平台，实现数据全生命周期集中管理和监控，重点关注数据质量和标签准确性；

2. 完善大数据安全机制和平台安全防护能力建设，依据对外经营数据安全的要求，实现数据管理平台的数据安全管理体系；

3. 提升自维护平台大数据监测能力，实现一级汇聚点到分析结果的全流量实时监控能力和数据稽核能力；

4. 启动企业数据资产管理平台，重点建设大数据元数据管理模块，完成大数据元数据的梳理、管理流程的建立。

5. 完善企业数据资产管理平台功能，元数据管理模块全面实现大数据业务元数据的单点配置和技术元数据的统一管理，建设大数据生命周期管理模块和大数据标准管理模块。

6. 完善大数据平台数据作业统一运维管理机制，并实现各个系统组件相关资源和参数的配置管理能力。

### 5.2.5 数据管理与安全

信息安全永远是无法回避的重要话题，网络安全和数据安全作为信息安全的重要组成部分，一直是很多科学家和研究人员的重点研究方向。国家政府对网络安全的管理非常重视，《中华人民共和国网络安全法》已由中华人民共和国第十二届全国人民代表大会常务委员会第二十四次会议于2016年11月7日通过，自2017年6月1日起施行。

我国关键信息基础设施是指关系国家核心利益、人民群众生命财产安全和社会生产生活秩序，一旦遭到破坏、丧失功能或数据泄露，可能严重危害国家安全、国计民生和公共利益的网络基础设施、重要业务系统和生产控制系统以及重要数据资源。《中华人民共和国网络安全法》的颁布是落实国家总体安全观的重要举措，是维护网络空间国家主权的迫切需要，是深化信息安全等级保护制度，保护国家关键基础设施和大数据安全的迫切需要，是打击网络违法犯罪、维护广大人民群众切身利益的迫切需要。

数据作为一种资源，因其普遍性、共享性、增值性、可处理性和多效用性，对人类具有特别重要的意义。数据信息安全的实质就是要保护信息系统或信息网络中的信息资源免受各种类型的威胁、干扰和破坏，即保证信息的安全性。

大数据的安全管理存在诸多挑战。数据安全管理问题，是应用大数据面临的最大风险。虽然将海量数据集中存储方便了数据分析和处理，但安全管理不当所造成的大数据丢失和损坏将引发毁灭性的灾难。有专家指出：由于新技术的产生和发展，对隐私权的侵犯已经不再需要物理地、强制性地侵入，而是以更加微妙的方式广泛衍生，由此所引发的数据风险和隐私风险，也将更为严重。大数据存储安全也是用户较为关心的，企业数据库被黑客入侵，则有可能造成大量用户信息泄漏，这样的事件屡见不鲜。数据的安全管理工作总体上可以从以下四个方面展开进行：

（1）设置专门安全管理机构和安全管理负责人，并对该负责人和关键岗位的人员进行安全背景审查；

（2）定期对从业人员进行网络安全教育、技术培训和技能考核；

（3）对重要系统和数据库进行容灾备份；

（4）制定网络安全事件应急预案，并定期进行演练。

数据安全应该遵从事前可管、事中可控、事后可查的管理原则，数据安全管理有关的方法和技术如图 5.34 所示。

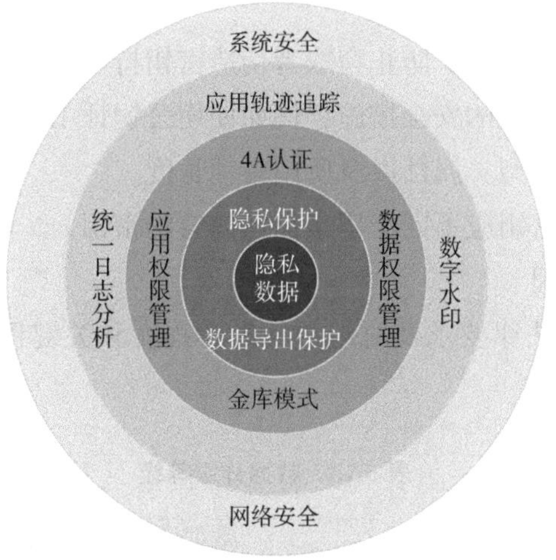


**图 5.34　数据安全管理技术和方法**

数据安全管理的事前可管涉及的技术有：网络安全、系统安全、4A 认证、应用和数据权限管理、金库模式等；数据安全管理的事中可控可以通过隐私保护、数据导出保护来实现；通过应用轨迹追踪、统一日志、数字水印等技术可以做到数据安全管理的事后可查。

广电网络运营商需要制定完备的数据安全管理规范，对数据设置不同保护等级的存储和访问权限，做到防泄漏、防攻击、防丢失。可以从以下几个方面考虑数据的安全管理：

（1）存储介质管理

数据存储介质包括：纸质文档、语音视频、输出报告、硬盘、磁带、光存储介质等。为了数据存储的安全性，需要做到：

● 对包含重要、敏感或关键数据信息的移动式存储介质进行安全存储。

● 删除可重复使用存储介质上的机密及绝密数据时，为了避免在可移动介质上遗留信息，应该对介质进行消磁或彻底的格式化，或者使用专用的工具在存储区域填入无用的信息进行覆盖。

- 任何存储媒介入库或出库需经过授权，并保留相应记录，方便审计跟踪。

（2）数据传输安全性

数据从数据源到数据应用，各个层次之间和不同的模块之间都存在着数据的交换和流动，数据的传输过程中既要保证其不被攻击和篡改，也要保证数据在传输过程中不失真。保证数据在传输过程中不失真可以定义带有确认机制的数据传输协议，在数据出现丢失或失真的情况下进行数据的重传。针对数据的安全性传输，应该在风险评估的基础上采用合理的加密技术，加密方式可以分为对称加密和不对称加密，并根据风险评估确定保护级别，并以此确定加密算法的类型、属性，以及所用密钥的长度，选择能够提供所需保护的合适的工具。

机密和绝密数据的传输过程中需要使用数字签名以确保信息的不可否认性，使用数字签名时应符合以下规范：

- 充分保护私钥的机密性，防止窃取者伪造密钥持有人的签名；
- 采取保护公钥完整性的安全措施，例如使用公钥证书；
- 确定签名算法的类型、属性以及所用密钥长度；
- 用于数字签名的密钥应不同于用来加密内容的密钥。

（3）数据分级和管理

数据应按照价值、法律要求及对组织的敏感程度和关键程度进行分级，分级等级如表5.13所示。

**表 5.13　数据分级等级**

| 等级 | 标识 | 数据信息价值定义 |
|---|---|---|
| 5 | 很高 | 重要程度很高，其安全属性破坏后可能导致系统受到非常严重的影响 |
| 4 | 高 | 重要程度较高，其安全属性破坏后可能导致系统受到比较严重的影响 |
| 3 | 中 | 重要程度较高，其安全属性破坏后可能导致系统受到中等程度的影响 |
| 2 | 低 | 重要程度较低，其安全属性破坏后可能导致系统受到较低程度的影响 |
| 1 | 很低 | 重要程度都很低，其安全属性破坏后可能导致系统受到很低程度的影响，甚至忽略不计 |

数据的分级应该遵循数据分级合理性和数据分级周期性的原则。

分级合理性：数据和处理数据分级的系统应当仔细考虑分级范畴的数量以及使用这种分级所带来的好处。过于复杂的分级规划可能很累赘，而且使用和执行起来也不经济实用。

分级周期性：数据的分级具有一定的保密期限。对于任何数据信息的分级都不一定自始至终固定不变，可按照一些预定的策略发生改变。如果把安全保护的分级划定得过高就会导致不必要的业务开支。数据安全等级经常需要变更。一般来说数据安全等级变更需要由数据资产的所有者进行，然后改变相应的分类并告知信息安全负责人进行备案。对于数据的安全等级，应每年进行评审，只要实际情况允许，就进行数据安全等级递减，这样可以降低数据防护的成本，并增加数据访问的方便性。

数据的管理应该设置多个不同角色和访问权限的人员来进行，数据管理涉及各类人员的职责如下：

● 拥有者：拥有数据的所有权；拥有对数据的处置权利；对数据进行分类与分级；指定数据资产的管理者/维护人；

● 管理者：被授权管理相关数据资产；负责数据的日常维护和管理；

● 访问者：在授权的范围内访问所需数据；确保访问对象的机密性、完整性、可用性等。

（4）数据完整性

数据完整性应符合以下规范：

● 确保所采取的数据信息管理和技术措施以及覆盖范围的完整性；

● 应能够检测到网络设备操作系统、主机操作系统、数据库管理系统和应用系统的系统管理数据、鉴别信息和重要业务数据在传输或存储过程中完整性是否受到破坏，并在检测到完整性错误时采取必要的恢复措施；

● 具备完整的用户访问、处理、删除数据信息的操作记录能力，以备审计；

● 在数据信息时，经过不安全网络的（例如INTERNET网），需要对传输的数据信息提供完整性校验；

● 应具备完善的权限管理策略，支持权限最小化原则、合理授权。

（5）数据备份与恢复

数据在操作过程中很有可能因为管理人员的误操作导致数据的删除或丢失，如果数据较为重要，将会带来很大的损失，所以很有必要进行数据的备份与恢复管理。针对备份和备份恢复管理，有以下的要求和原则。

①备份要求

● 数据备份应采用性能可靠、不宜损坏的介质，如磁带、光盘等。备份数据的物理介质应注明数据的来源、备份日期、恢复步骤等信息，并置于安全环境保管。

● 一般情况下对服务器和网络安全设备的配置数据每月进行一次的备份，当进行配置修改、系统版本升级、补丁安装等操作前也要进行备份；网络设备配置文件在进行版本升级前和配置修改后进行备份。

● 运维操作员应确保对核心业务数据每日进行增量备份，每周做一次包括数据的全备份。业务系统将进行重大系统变更时，应对核心业务数据进行数据的全备份。

● 备份执行过程应有详细的规划和记录，包括备份主体、备份时间、备份策略、备份路径、记录介质（类型）等。

②数据恢复管理

● 运维操作员应根据不同业务系统实际拟定需要测试的备份数据以及测试的周期。

● 对于因设备故障、操作失误等造成的一般故障，需要恢复部分设备上的备份数据，遵循异常事件处理流程，由运维操作员负责恢复。

- 应尽可能地定期检查和测试备份介质和备份信息，保持其可用性和完整性，并确保在规定的时间内恢复系统。
- 应确定重要业务信息的保存期以及其他需要永久保存的归档拷贝的保存期。
- 恢复程序应定期接受检查及测试，以确保在恢复操作程序所预定的时间内完成。
- 恢复策略应该根据数据的重要程度和引入新数据的频率设定备份的频率（如每日或每周、增量或整体）。

（6）隐私信息保护

隐私信息保护通过松耦合的、层次化的原则保证去隐私和还原过程的灵活性。隐私信息保护的功能架构如图5.35所示。

**图 5.35　隐私信息保护功能架构**

如图5.35所示，隐私信息保护功能架构分为去隐私/还原管理和策略管理两部分。去隐私/还原管理主要包括去隐私处理、还原处理、校验及监控三个模块，这一部分主要将隐私数据和非隐私数据隔离，对隐私信息进行单独保护处理，在需要完整数据的场景中提供还原数据的能力，整合隐私数据和非隐私数据，保障数据的完整性，并针对去隐私处理和还原处理进行完整性和安全性的校验和监控。策略管理主要针对隐私信息的相关管理策略，包括去隐私策略管理、密钥安全管理、密钥版本变更管理三个模块。

隐私信息保护应该遵循无损处理、降低影响、简单高效、版本管理等方面的实现原则，如表5.14所示。

**表 5.14　隐私信息保护实现原则**

| 实现原则 | 描　述 |
|---|---|
| 无损处理 | 去隐私化处理必须是无损的，可逆的 |
| 降低影响 | 避免影响现有数据库设计，不影响现有系统的数据处理和访问中的关联（Join）操作 |
| 简单高效 | 需要做到简单、高效，不能占用系统太多资源，建议大规模数据处理应采用效率较高的可逆置换技术 |
| 版本管理 | 隐私信息保护处理所采用的策略、密钥等信息都需要有版本管理能力 |

### 5.2.6　实现大数据平台弹性扩展

随着公司业务范围的扩展，大数据平台的数据采集量和存储量不断增大，这对平台系统的弹性伸缩能力提出了很大的要求，如果系统不能快速灵活地根据计算量、数据量和工作负载来进行资源的平滑扩增，将会很大程度上影响大数据系统平台的正常运转，因此如何灵活应对不断扩展的数据采集和日益增加的数据容量，实现数据的采集、存储、处理的弹性扩展，是大数据平台建设初期必须考虑的重要问题。

1. 大数据采集能力弹性伸缩

数据的采集范围和采集大小会随着大数据业务范围而不断扩充，通过构建弹性可伸缩的大数据采集体系，来提供灵活可扩展的采集能力，以适应不断发展变化的资源需求，是大数据基础平台建设阶段需要重点考虑的。

很多的开源大数据采集组件提供分布式弹性扩展能力，Flume是其中的典型代表之一。

Flume是Apache旗下的一款开源、高可靠、高扩展、容易管理、支持客户扩展的数据采集系统，最初是由Cloudera的工程师设计的一种用于合并日志数据的系统，后来逐渐发展，用于处理流数据事件。Flume用JRuby来构建，依赖于Java运行环境。

Flume数据采集流程如图5.36所示：

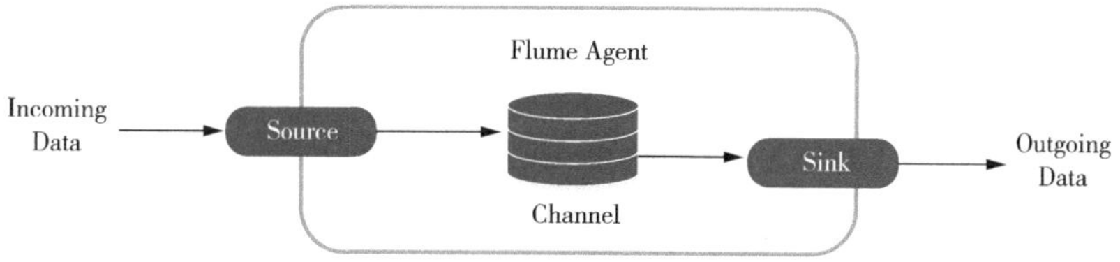


**图 5.36　Flume 数据采集流程**

Flume被设计成一个分布式的管道架构，我们可以将其看作在数据源和目的地之间的一个由若干个Agent组成的网络，支持数据路由。每一个Agent都由Source，Channel和Sink组成。其中Source负责接收输入数据，并将数据写入管道；Channel负责存储数据，缓存从Source到Sink的中间数据；Sink负责从管道中读出数据并发给下一个Agent或者最终的目的地。Flume架构的每一个组件都可以通过添加服务器节点的方式来实现数据采集能力的动态扩展，例如在一个Agent中，可以通过扩展Source节点来提高数据输入的吞吐量，通过扩充Channel节点来扩容数据的缓存通道，也可以通过增加Sink的节点数量来将Source的数据复制到不同的通道上，提高数据采集的并发性。还可以对Agent节点整体进行水平扩展，如图5.37所示。

通过对Flume agent进行扩展和相应配置，可以组成一个路由复杂的数据传输网络。同时，Flume支持设置Sink的Failover和Load Balance，这样就可以保证即使在有一个Agent失效的情况下，整个系统仍能正常收集数据。

除了Flume之外，Kafka、Sqoop等数据聚合组件以及其他自定义的数据采集接口或采集系统都可以通过扩展节点的方式来提升数据采集能力的伸缩性。例如对于BOSS

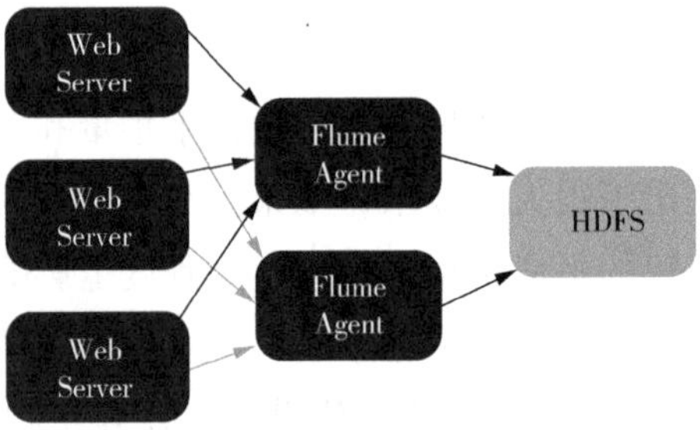


**图 5.37　Flume Agent 扩展**

平台的数据采集接口，可以通过扩展后端服务节点并结合负载均衡来提高采集服务的健壮性和稳定性。

采集系统的集群扩展也可以通过Ambari灵活进行，Apache Ambari是一种基于Web运行的工具，支持Apache Hadoop集群的供应、管理和监控。Ambari目前已支持大多数Hadoop组件，包括HDFS、MapReduce、Hive、Pig、Hbase、Zookeper、Sqoop和Hcatalog等。大部分的数据采集、存储、处理组件都可以通过Ambari进行可视化的资源监控和集群扩展，例如通过Ambari进行Flume、Kafka、Sqoop等组件的集群节点的扩展和移除，实现数据采集资源的弹性伸缩和动态定制，而这个过程是服务无感知的，即平滑地进行节点的添加和移除，不会影响正常运行的作业和服务。

2. 大数据存储层弹性扩容

大数据最核心的理念在于数据的总量在很大的基数上持续快速膨胀，其增长速度已经超越了几何级数。如果要保存这些新产生的数据，就需要快速地供给足够的存储资源。因此，它要求大数据的存储架构具有良好的可扩展性，否则一旦存储容量的扩张速度赶不上海量数据的增长速度，将会直接导致数据管理的失控。在大数据系统的存储层设计与实现中，支持弹性扩展是刚性需求。与可靠性、性能、成本等其他因素相比，弹性也是大数据存储的一个特殊需求。

大数据存储的首要需求是存储容量可扩展。大数据对存储容量的需求已经超出目前用户现有的存储能力。我们现在正处于PB级时代，而EB级时代即将到来。过去，许多企业通常以五年作为IT系统规划的一个周期。在这五年中，企业的存储容量可能会增加一倍。现在，企业则需要制定存储数据量级（比如从PB级到EB级）的增长计划，只有这样才能确保业务不受干扰地持续增长。这就要求实现存储虚拟化。存储虚拟化是目前为止提高存储效率最重要、最有效的技术手段。它为现有存储系统提供了自动分层和精简配置等提高存储效率的工具。拥有了虚拟化存储，用户可以将来自内部和外部存储系统中的结构化和非结构化数据全部整合到一个单一的存储平台上。当所有存储资产变成一个单一的存储资源池时，自动分层和精简配置功能就可以扩展到整个存储基础设施层面。在这种情况下，用户可以轻松实现容量回收和容量利用率的最大化，并延长现有存储系统的寿命，显著提高IT系统的灵活性和效率，以满足非结构化数据增长的需求。

存储系统通常由硬件和软件两部分组成。其中，硬件提供了存储基础，而软件则负责提供数据管理和访问功能。根据系统的设计选择，某些功能可以在软件实现和硬件实现间移动，例如可靠性就既可以通过基于RAID镜像的硬件方案实现，也可以通过软件管理的多备份实现。存储系统的软件层通常又可以被划分为文件系统和数据库两种类型。其中，文件系统提供了从数据到磁盘的映射，而数据库则是更高一层的数据访问中间件。两者的核心区别在于数据访问形式的多样性，例如：数据库的访问方式更加丰富，拥有标准的SQL接口支持；文件系统则相对单一，以Posix标准的读写为主。而在具体实现上，文件系统可以作为数据库的基础存在。不同的软件层技术适用于不同的数据访问场景，例如跟事务处理相关的数据，需要数据库软件作为支持，而单纯的数据存取则只需构建在文件系统上即可。

服务于大数据存储和分析的数据库和文件系统，都具有极高的弹性扩展需求，而在具体的实现和应用中，两者的设计思路又会存在一定的差异。总体而言，数据库对性能的要求更为严格，而文件系统则更关注存储的容量。因此，大数据时代的弹性存储技术可以被划分为用于应对极限事务处理的“快”数据存储技术和用于支持海量数据廉价存储的“活”数据存储技术。

“快”数据存储技术，其主要特征是提供极高的处理性能和数据一致性保障，主要用于解决实时交易系统中事务处理所面临的巨大数据总量和频繁密集的数据操作问题，以及满足数据操作之间严格的一致性要求。其最典型的应用场景是“12306网站”的抢票、电商网站的“秒杀”活动等。

“活”数据存储技术，其主要特征是利用廉价存储能力支持数据在线性，其面向的主要是“温”数据和“冷”数据，而并非“快”数据存储技术所面向的被频繁访问的“热”数据。而与传统的用于保存“冷”数据的磁带技术不同，“活”数据存储技术能够保证数据随时被访问到。

（1）支持极限事务处理的“快”数据存储

“快”数据存储技术主要用于极限事务处理场景。所谓极限事务处理，主要是指在为巨大的数据存储量和访问量提供复杂的查询以及业务逻辑操作时，要同时确保海量事务处理的性能和一致性。因此，“快”数据存储技术的“快”的基本前提是数据库和存储层的大容量支持和事务处理的一致性保障。

要同时解决处理高性能与事务复杂性这两大难题，不论是传统的SQL技术还是新兴的NoSQL技术都无能为力，因此“快”数据存储能力的交付必须对原有的架构做出巨大改变，这也在过去一段时间里数据库存储架构的变迁上得到了体现。其核心思想是从集中到分散，从外存到内存，而最终形成的分布式内存数据库技术则是“快”数据存储技术的核心所在。

①分布式内存数据库技术原理

为了满足数据库容量横向扩展的需求，分布式已经成为数据库领域的发展趋势。其中，当前主要的分布式架构除了广为业界所熟知的基于Hadoop的各种NoSQL数据库外，还有一类被称作NewSQL的面向结构化数据分析的新型数据库技术。NewSQL即MPP（大规模并行处理）数据库。它和基于Hadoop扩展和封装而来的NoSQL技术一样，采用的都是分布式处理架构，并基于通用的x86服务搭建，利用服务器自带的本地磁盘存储数据。两者的主要差异在于，MPP数据库仍旧属于关系型数据库技术，能够较好地支持SQL，它利用shared nothing架构，通过列存储、粗粒度索引等多项大数据处理技术，再结合MPP架构高效的分布式计算模式，完成对分析类应用的支撑，具有高性能和高扩展性的特点。而NoSQL技术则能够应对传统关系型数据库较难处理的数据和场景，例如针对非结构化数据的存储和计算，等等，因此它在非结构化/半结构化数据处理、复杂的ETL流程、复杂的数据挖掘和计算模型等领域更显出其优势。

虽然MPP数据库和NoSQL数据库都是面向大规模数据分析的技术，但是如果需要满足极限事务处理场景下的一致性要求，其性能仍旧存在严重的不足。因此，当前数据库技术发展的第二个重要方向就是从外存到内存的变革。

内存数据库的最大特点是其"主拷贝"或"工作版本"常驻内存，即活动事务只与实时内存数据库的内存拷贝打交道。图灵奖得主（吉姆·格雷）Jim Gray很早就提出了"内存将成为硬盘，硬盘将成为磁带"的说法。2008年Dare Obsanjo在分析Twitter的架构时也看到，类似的新型应用的最大负担是硬盘I/O，因此会倾向于将随机操作都放到RAM里，而只将顺序操作留给硬盘。在当前的实现中，SSD固态硬盘通常是在硬盘和RAM之间新增的层次，用于权衡RAM的规模和成本问题。总体说来，如果是以写操作为主的软件以及使用高性能数据库应用系统的场景，那么RAM会比较适合，而在以读操作为主的应用场景中，SSD会是非常好的选择。

基于内存的分布式数据库系统既可以在水平方向上增加服务器节点，扩大集群部署规模，又可以利用内存计算在维护事务一致性的同时支持性能线性扩展。相对于磁盘，内存的数据读写速度要高出几个数量级，将数据保存在内存中比从硬盘上访问能够极大地提高应用的性能。同时，内存数据库抛弃了磁盘数据管理的传统方式，基于全部数据都在内存中重新设计了体系结构，并且在数据缓存、快速算法、并行操作方面也进行了相应的改进，因此它的数据处理速度比传统数据库的数据处理速度提高在10倍以上。

②分布式内存数据库GemFire

当前，内存数据库正成为业界关注的热点，其中典型的系统是GemFire。GemFire并非是传统的单一节点的内存数据库，而是横向扩展的分布式的数据库，它可以和现有的数据库共存。GemFire通过云计算平台虚拟化技术，将若干x86服务器的内存集中起来，组成最高可达数十TB的内存资源池，将全部数据加载到内存中，进行内存计算。GemFire计算过程本身不需要读写磁盘，只是定期将数据以同步或异步方式写到磁盘。同时，GemFire在分布式集群中保存了多份数据，任何一台机器出现故障，其他机器上还有备份数据，不用担心数据丢失，而且有磁盘数据作为备份。GemFire支持把内存数据持久化到各种传统的关系数据库、Hadoop和其他文件系统中。

GemFire在铁道部12306网站中的应用体现了分布式内存数据库技术面对极限事务

处理场景的能力。12306网站于2012年6月选择了Pivotal GemFire进行性能提升，并在2013年春节网上订票高峰期间获得很好效果。网站只采用十几台x86服务器就实现了以前数十台小型机的余票计算和查询能力，单次查询的最长时间从之前的15s左右下降到0.2s，缩短了75倍以上。

（2）提供海量廉价容量的“活”数据存储

随着数据量的剧增，大数据弹性存储对降低成本提出了极高的要求。除了极限事务处理乃至数据库访问中频繁被查询和处理的“热”数据之外，当前还存在更大量的非活跃数据，即所谓的“温”数据和“冷”数据。与这些数据相关的处理和分析对实时性要求不高、访问频度较低，因此如何将其有效地保存和管理，成为大数据弹性存储的另一个问题。为解决这一问题，“活”数据存储技术应运而生。

“活”数据存储的目标是海量低廉，而之所以称之为“活”而不是“廉”，原因就在于如果只是强调成本和价格的话，传统的磁带会是更廉价的方案。但是，磁带的方案并不能够满足大数据存储的需求，这主要是因为大数据时代的海量的数据需要能够被随时访问或者用于即时数据分析，而即使有了自动磁带机的协助，廉价磁带的方案也无法应用。因此，传统的用磁带备份的数据是“死”数据，而“活”数据存储技术强调的是数据可访问。在“活”数据存储技术中，分布式存储特别是分布式对象存储是当前的主流。

①分布式对象存储技术原理

对象存储是一种以对象为访问单元的存储系统，它支持通过Web服务协议（例如REST、SOAP）实现对象的读写。其核心思想是将数据通路（数据读或写）和控制通路（元数据）分离，并且基于对象存储设备（object-based storage device，OSD）构建存储系统。其中，每个对象存储设备具有一定的智能，能够自动管理其上保存的数据，通常采用x86服务器及其本地磁盘实现。

对象存储系统包含两种数据描述：容器（bucket）、对象（object）。容器和对象都有一个全局唯一的ID。对象本身是平等的，所有对象ID都属于一个平坦的地址空间，而并非文件系统那样的树状逻辑结构。因此，对象存储空间访问对象通过一个唯一的ID标识即可支持百亿级对象的存储管理，而不需要复杂的路径结构，更没有“路径”或者“文件夹”的概念。

对象存储对外提供更抽象的对象接口，而不是SCSI或文件接口。与SAN存储以逻辑扇区为单位的较细粒度的固定IO（512B~4KB）不同，对象存储IO粒度更有弹性，支持几个字节到数TB范围内的任意对象大小，使得业务可根据需要灵活地分割数据。

对象存储低成本源于它构筑在标准硬件存储基础设施之上，只需要普通的PC服务器和SATA硬盘，而无须采用RAID和存储交换机就能够提供足够的性能和可靠性。对象存储通过在软件层面引入一致性散列技术和数据冗余性，牺牲一定程度的数据一致性来达到高可用性和可伸缩性，支持多租户模式、容器和对象读写操作。对象存储系统一般通过连续后台数据扫描、数据完整性校验、自动化对象修复等技术，大大提高数据的完整性和安全性。

②分布式对象存储系统Swift

OpenStack中的对象存储组件Swift是典型的分布式对象存储系统，其整体架构如图5.38所示。

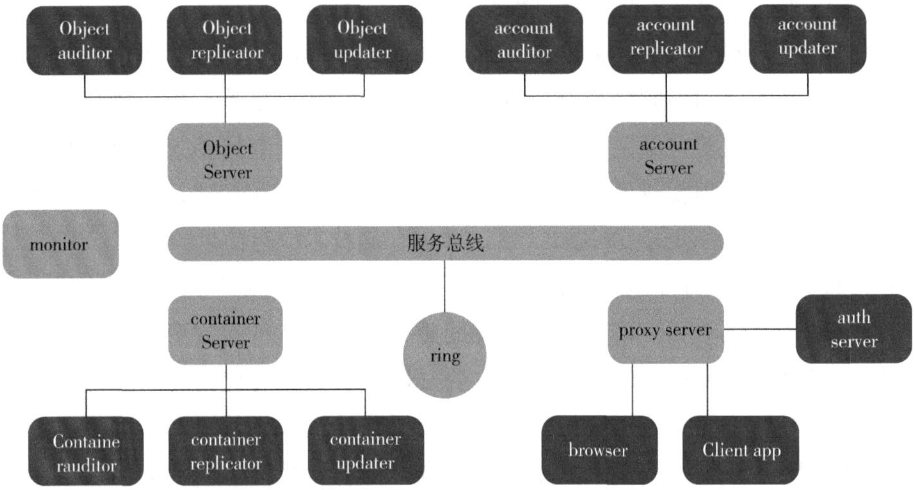


**图 5.38　Swift 整体架构**

Swift由数据访问子服务系统和数据管理维护子系统组成，整个系统则通过RESTFul接口向浏览器和客户端提供服务。

数据访问服务子系统的对外服务由proxy server模块统一提供，而object server、account server和container server分别完成不同层级的数据服务，ring模块负责数据对象的定位和查找。

在数据管理维护子系统中，object server、account server和container server都有对应的auditor和replicator模块，而container和account还有自己的updater模块。

在上述模块的部署过程中，proxy server运行在专用的proxy node上，而其他服务都运行在提供存储的storage node上，而对象本身也是分布存储在各个storage node上面。

从Swift的架构与特性来看，各个存储的节点完全对等，是对称的系统架构；扩容的时候只需简单地增加机器，扩展性很好；没有主从结构，不存在单节点故障，任意一个节点出现故障时，数据不会丢失。上传文件时，PUT请求通过负载均衡挑选一台proxy server，将请求转发到后者，后者通过查询本地的ring文件，选择3个不同Zone中的后端来存储这个文件，再给用户返回文件写成功的消息。下载文件时，GET请求也通过负载均衡挑选一台proxy server，后者上的ring文件能查询到这个文件存储在哪3个节点中，然后同时去向后端查询，proxy server从中选择一个节点下载文件。

（3）大数据计算分析能力弹性扩展

大数据基础分析层需要提供计算和分析能力的弹性扩展以适应不可预测的计算量需求，而计算分析能力的弹性扩展以IaaS云计算弹性扩展的实现为基础。

弹性扩展最早是亚马孙提出的概念，弹性扩展针对的是云应用本身的一种动态的扩展，在云应用运行期间实现支撑云应用的虚拟机实例个数的动态增加或者减少，通俗点说就是在负载较高的时候启动较多的实例，负载较低的情况停止一些实例。弹性扩展为云应用实现了真正意义上的资源按需分配。弹性扩展并不是简简单单的凭空复制，对于应用服务来说，增加服务器个数只是增加资源计算能力，还需要传统意义上的"集群"技术将它联合成一个整体对外提供服务。IaaS不会因为特殊的业务规则对应用进行限制，导致应用做相应的更改，这违背了它产生的本意，它更多的是关注整体行为，无论什么应用都可以在它当中运行，并享受一致各种服务。弹性扩展中对应用部署所需的虚拟机是预先创建的，并由应用实施者通过内网组建一个集群，这些虚拟机放入到一个pool中，按照策略进行启动所需的虚拟机实例，IaaS管理服务只关注池里面有多少虚拟机，然后按策略停止或者启动这些虚拟机。

①Hadoop资源扩展技术

在虚拟化的云环境中，Hadoop可以有更好的“弹性”，这是云计算的一个重要优势，例如亚马孙的EMR（Elastic Map/Reduce）服务，用户可以迅速的在云中根据需求部署一个Hadoop集群，运行计算任务，并且用户可以向集群动态添加或删除计算节点。

但是Haodop的数据节点并非天生的“有弹性”，删除一个数据节点意味着需要重新复制存储在这个节点的数据，这是一个缓慢的过程，并且占用网络带宽。

存储计算分离可以很好地解决这个问题，如图5.39所示，我们可以静态地为每个物理结点部署一个数据节点，动态地部署和调整每个物理节点上的计算节点。另外可以利用虚拟机更好的隔离性，为每个租户提供单独的计算节点，提供多租户（Multi-Tenancy）服务。

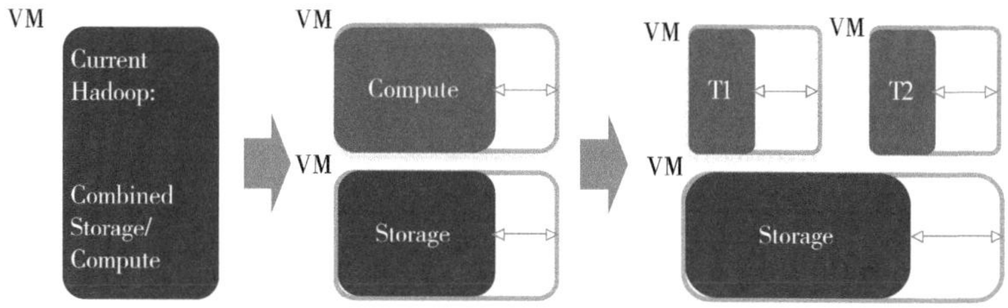


**图 5.39　存储计算分离架构**

HVE（Hadoop Virtualization Extensions）的资源扩展技术就是对Hadoop计算层的扩展，通过增加Hadoop垂直扩展和水平扩展的动态性，配合资源共享，最终达到优化资源利用的目的。

基于HVE的资源扩展技术包含以下几种：

A. 资源过量配置

虚拟机之间的资源共享通常是通过资源过量配置来实现的。大多数的虚拟机Hypervisor，比如VMware和Xen，都支持资源过量配置。如图5.40所示，以VMware ESX为例，他允许为每个虚拟机配置预留资源（Reservation），最大资源（Limit）和共享（Share）来控制同一物理机上多个虚拟机之间的资源共享，以及资源不足时的分配策略。

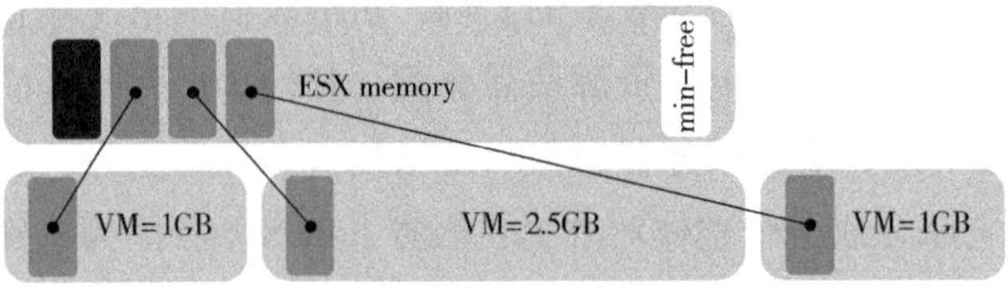


**图 5.40　资源过量配置**

通过资源过量配置，多个应用之间就可以共享资源，比如在其他应用繁忙的时候，可以使Hadoop计算节点少占用一部分资源，而在其他应用空闲的时候，Hadoop节点可以分配到更多资源。

B. Hadoop计算节点垂直扩展

仅仅通过Hypervisor的资源调度并不能很好地达到资源共享的目的，目前Hadoop的资源配置是静态的。

- 在MapReduce v1中，资源通过每个TaskTracker的槽位数配置项配置，槽位就是一定量CPU和内存资源抽象，如图5.41所示；

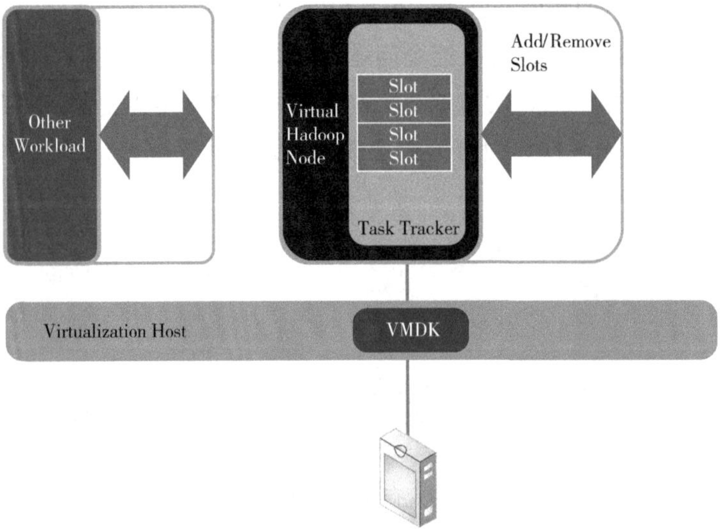


**图 5.41　MRv1 的动态资源调整**

- 在MapReduce v2中，资源通过每个NodeManager的CPU和内存配置项直接配置，如图5.42所示。

这些配置已经启动是无法动态调整的，这样在计算节点虚拟机资源不足的情况下，Hadoop仍然会分配过量的任务到这个节点，任务的执行速度会大幅度降低，从而影响整个集群的性能。

HVE的资源扩展技术通过动态化Hadoop资源配置来解决这个问题：

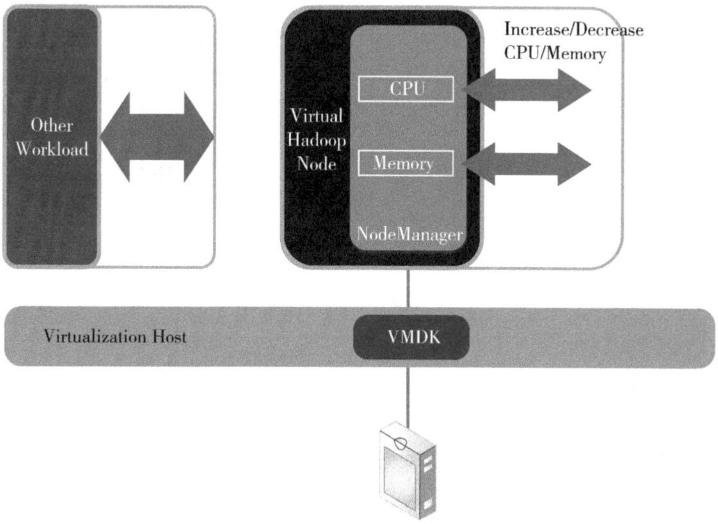


图 5.42 MRv2 的动态资源调整

Ⅰ.在计算节点运行过程中，用户可以动态设置每个计算节点的槽位数（MRv1）或者资源数（MRv2）；

Ⅱ.当计算节点资源不足时，用户或者VHM（Virtual Hadoop Manager）可以自动调整其资源配置，尽量避免资源竞争导致的性能下降。

- 在MRv1中，调整槽位后，正在运行的任务如果超过了槽位数，任务也不会被杀死，而是不再接受新任务，直至多余的任务完成，所以资源回收的速度可能会比较慢；
- 在MRv2中，社区正在开发任务抢占功能，有了抢占功能后，预计可以提高资源回收的速度。

C. Hadoop计算节点水平扩展

除了对每个计算节点内部的垂直式的资源伸缩，Hadoop广为人知的还是其良好的水平可扩展性，Hadoop可以动态的上线或者下线（Decommission）计算节点。在虚拟化环境中，为支持更好的弹性，计算节点的上下线操作会更加频繁。图5.43展现了它在虚拟化环境下的Hadoop水平扩展。

这引发一个问题，就是在下线计算节点时，其上正在运行的任务会被杀死，已经完成的Map任务的中间结果也会丢失，所以强制下线节点会导致大量任务重新执行，延迟整个作业的执行。

HVE的资源扩展技术通过增加安全下线（Graceful Decommission）功能来解决这个问题：

- 用户发出安全下线计算节点命令后，先将该计算节点的槽位数或者资源配置为0，使其不再接受新任务；
- 等待该计算节点上任务都执行完毕，中间数据也都被使用过之后，再停止该计算节点。

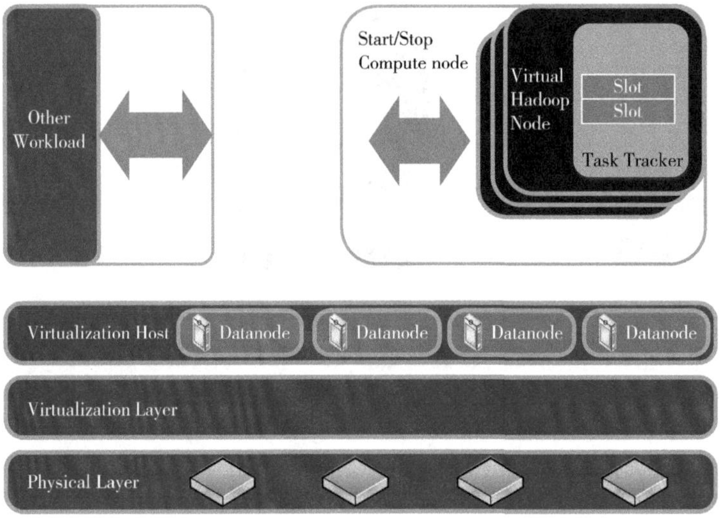


图 5.43　虚拟化环境下的 Hadoop 水平扩展

②Spark中的弹性计算

Spark中提供了RDD（弹性分布式数据集）的概念，来实现内存计算的弹性扩展。RDD，全称为Resilient Distributed Datasets，是一个容错的、并行的数据结构，可以让用户显式地将数据存储到磁盘和内存中，并能控制数据的分区。同时，RDD还提供了一组丰富的操作来操作这些数据。在这些操作中，诸如map、flatMap、filter等转换操作实现了monad模式，很好地契合了Scala的集合操作。除此之外，RDD还提供了诸如join、groupBy、reduceByKey等更为方便的操作（注意，reduceByKey是action，而非transformation），以支持常见的数据运算。

例如，Hadoop MapReduce中每次迭代都会涉及HDFS的读写，而在Spark中则要简单得多。它仅需从HDFS到Spark中的分布式共享对象空间的一次读入——从HDFS文件中创建RDD。RDD可以重用，在机器学习的各个迭代中它都会驻留在内存里，这样能显著地提升性能。当检查结束条件发现迭代结束的时候，会将RDD持久化，把数据写回到HDFS中。

RDD作为数据结构，本质上是一个只读的分区记录集合。一个RDD可以包含多个分区，每个分区就是一个dataset片段。RDD可以相互依赖。如果RDD的每个分区最多只能被一个Child RDD的一个分区使用，则称之为narrow dependency（窄依赖）；若多个Child RDD分区都可以依赖，则称之为wide dependency（宽依赖）。不同的操作依据其特性，可能会产生不同的依赖。例如map操作会产生narrow dependency，而join操作则产生wide dependency。

RDD的弹性在以下几个方面：

A. 自动地进行内存和磁盘数据存储的切换；

B. 基于Lineage的高效容错（第n个节点出错，会从第n-1个节点恢复，血统容错）；

C. Task如果失败会自动进行特定次数的重试（默认4次）；

D. Stage如果失败会自动进行特定次数的重试（可以只运行计算失败的阶段）；只计算失败的数据分片；

E. checkpoint机制和persist机制；

F. 数据调度具有弹性，即DAG TASK和资源管理无关；

G. 数据分片的高度弹性（人工自由设置分片函数），灵活地进行重分片操作。

③基于YARN的弹性计算平台

大数据基础分析层是以YARN作为底层支持，Apache Hadoop YARN（Yet Another Resource Negotiator，另一种资源协调者）是一种新的Hadoop资源管理器，它是一个通用资源管理系统，可为上层应用提供统一的资源管理和调度。

随着互联网的高速发展，基于数据密集型应用的计算框架不断出现，从支持离线处理的MapReduce，到支持在线处理的Storm，从迭代式计算框架Spark到流式处理框架S4，各种框架诞生于不同的公司或者实验室，它们各有所长，各自解决了某一类应用问题。而在大部分互联网公司中，这几种框架可能同时被采用。比如在搜索引擎公司中，一种可能的技术方案如下：网页建立索引采用MapReduce框架，自然语言处理/数据挖掘采用Spark（如网页PageRank计算、聚类分类算法等），对性能要求很高的数据挖掘算法用MPI等。考虑到资源利用率、运维成本、数据共享等因素，公司一般希望将所有这些框架都部署到一个公共的集群中，让它们共享集群的资源，并对资源进行统一使用，同时采用某种资源隔离方案（如轻量级cgroups）对各个任务进行隔离，这样便诞生了基于YARN的弹性计算平台，如图5.44所示。

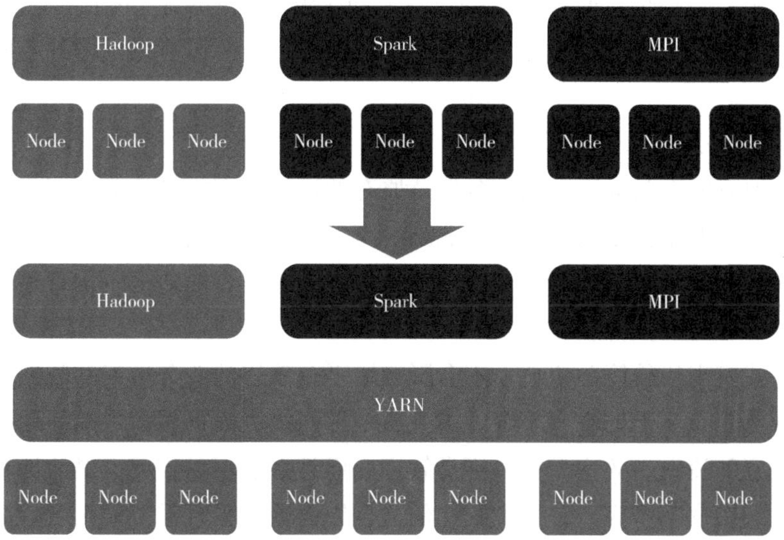


**图 5.44 以 YARN 为核心的弹性计算平台的基本架构**

YARN实际上是一个弹性计算平台，它的目标已经不再局限于支持MapReduce一种计算框架，而是朝着对多种框架进行统一管理的方向发展。

相比于“一种计算框架一个集群”的模式，共享集群的模式存在多种好处：

A. 资源利用率高。如果每个框架共享一个集群，则往往由于应用程序数量和资源需求的不均衡性，使得在某段时间内，有些计算框架的集群资源紧张，而另外一些集群资源空闲。共享集群模式则通过多种框架共享资源，使得集群中的资源得到更加充分的利用。

B. 运维成本低。如果采用“一个框架一个集群”的模式，则可能需要多个管理员管理这些集群，进而增加运维成本，而共享模式通常需要少数管理员即可完成多个框架的统一管理。

C. 数据共享。随着数据量的暴增，跨集群间的数据移动不仅需花费更长的时间，且硬件成本也会大大增加，而共享集群模式可让多种框架共享数据和硬件资源，将大大减小数据移动带来的成本。

### 5.2.7 部门级大数据平台的整合与数据迁移

广播电视网络运营商在多年的运营中有些部门已经构建了部门级的大数据平台，但是平台之间相互独立，没有办法进行高效的数据流通和统一管理，参照图5.6所示的大数据架构，广播电视网络运营商即将建设的基于云计算的统一大数据平台，从底层数据采集到顶层数据应用，都是能够很容易实现弹性扩展，具体参考5.2.6实现大数据平台弹性扩展一节。但是，如果要实现各个部门级大数据平台的统一管理、统一应用构建和部署，就已经不是弹性扩展可以解决的问题了，就需要将各个部门级的大数据平台整合到广播电视网络运营商即将搭建的统一大数据平台中，利用云计算按需配置和弹性扩展的能力，实现资源的统一分配和管理，数据的统一存储和应用，应用的统一配置和运维。

而对于已有部门级大数据平台的整合及数据迁移，可以有以下两种不同的方案来实现。

（1）应用独立运行，硬件统一管理

可以让原有的部门级大数据平台保持原有的运行状态，各业务应用仍然运行在原系统平台上，而将底层服务器硬件资源加入统一管理网络中，使用统一的资源管理、系统监控来进行原平台的应用监控、资源配置等，各平台的数据不进行整合，而是使用数据接口的形式实现数据的交互。

这种方式实现比较简单快速，不会影响原平台系统的业务运行和数据存储，但是并没有实现真正意义上的平台整合，由于各个部门级大数据平台之间使用接口的形式进行数据交互和流通，效率较低，不易管理，而且系统不易扩展，灵活性较差，管理效率和资源利用率都不高。这种方式比较适合原大数据平台系统复杂度较高，数据迁移和应用重新构建的成本较大或者是希望快速实现平台整合需求的场景。

（2）硬件资源和数据统一归并大数据平台

针对已有部门级大数据平台的整合与数据迁移，我们需要实现基础硬件资源、数据资源以及顶层应用的整合与迁移，实现各部门大数据平台的完全整合。而由于各个部门级大数据平台的基础软件有可能存在版本差异，原有部门级大数据平台的应用可以运行在一套基于统一软件版本的大数据基础分析层之上，实现统一规范、统一流程的数据采集、存储、处理和应用。各个部门级大数据平台的整合与数据迁移架构如图 5.45 所示：

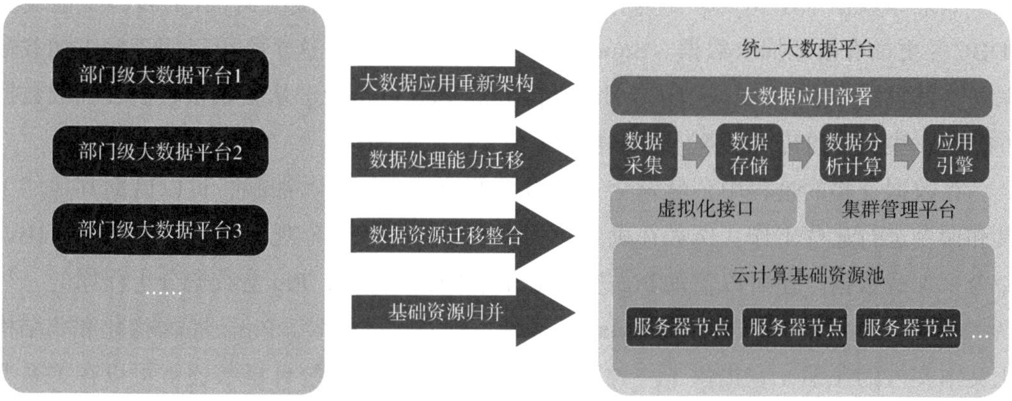


**图 5.45　部门级大数据平台的整合与数据迁移架构图**

底层的基础平台资源方面，我们可以将所有的基础硬件资源归并到统一的大数据平台的基础设施中，形成统一的云计算基础资源池，扩充大数据平台集群规模，这样做可以将硬件资源有效地进行统一整合，进行统一地监控、配置和管理，极大提高资源利用率，可以在真正意义上利用云计算实现资源按需分配、能力弹性扩展，为上层应用提供稳定基础。

数据资源方面，需要将各个部门级大数据平台进行数据迁移，按照数据的格式类型及容量，使用不同的数据库进行存储，数据的统一整合可以提高数据利用率，方便进行大数据的统一管理，数据能够得到最有效的处理和应用。

通常采用ETL工具进行数据的采集和迁移，分类型分业务地整合到大数据平台的数据存储层进行数据持久化存储，一般使用成熟的数据整合专业工具，例如Sqoop（SQL-to-Hadoop）生成代码从关系型数据库抽取数据，并将数据拷贝到HDFS或者Hive。Sqoop使用JDBC驱动，可以兼容多种类型的关系型数据库，但是通过JDBC导出大量数据会导致一定的性能成本。

为了迁移到新的大数据平台，从关系型数据库抽取数据时，根据数据的类型和格式，可能需要进行数据转换。如果所有数据来自于单一数据库，就可以在源数据库中进行转换。如果从两个分离的系统合并数据，在抽取之后再转移数据源更有效。应该在加载数据到最终数据存储库之前做这些操作。而Cascading数据处理API可以协助这项任务的进行。

Cascading是一个架构在Hadoop上的API，用来创建复杂和容错数据处理工作流。它抽象了集群拓扑结构和配置来快速开发复杂分布式的应用，而不用考虑背后的MapReduce。

Cascading提供了运行在Hadoop之上的功能，例如工作流处理、计划和调度。比如说，使用管道过滤器工作，数据应用过滤器通过管道从一个源流到目的源。其他功能例如grouping也可以应用于数据流。Cascading使用Java实现，在MapReduce工作中调用转换API。

如果原数据采用Mysql作为存储，还可以借助Sqoop使用MySQL转储功能绕离JDBC并更加有效地抽取数据。Sqoop也可以生成Java类，这个类可以用于操纵加载数据并将其直接导入Hive。HIHO（Hadoop Input and Output）从关系型数据表抽取数据并提供一些基本的转换服务，例如去重、合并输入流等。

在数据迁移的过程中，经常会进行数据的统计、转换和加载，可以借助其他的工具和命令进行这些工作。例如在确定数据聚合的目标表和分割规格后，可以运行Hive命令来加载数据。还可以借助Pig进行数据的统计和转换，Pig是数据分析程序的一种高水平语言，尤其是和Java中的MapReduce编码对比的时候。Pig支持架构化和非结构化文本文件的压缩，它提供了一种基本的统计函数，这些统计函数通常可以在关系型数据库中找到（例如min、max、count），在数学和字符串处理功能中也能找到。

实现了底层硬件和数据的整合之后，我们需要将原来的各个部门级大数据平台的应用进行重新构建和部署，运行在统一大数据平台的数据基础分析层和应用能力层之上。每一个数据应用在迁移前，需要仔细评估迁移的工作量、平台兼容性以及服务的可用性。需要将原数据应用的数据接口切换成为新平台的数据接口，并更新相关配置，评估是否采用新平台的数据应用引擎，以此对数据应用做相应的改进。这个过程尤其需要注意原数据平台和统一大数据平台的基础软件的版本差异问题，不同的软件版本对于数据的处理和应用来说可能会有较大的不同。而应用所需的基础资源可以通过底层云计算基础资源来弹性提供，数据处理分析能力由统一的大数据基础分析层来提供，这样数据应用可以实现统一的资源配置和管理，并且能够灵活地实现扩展。

### 5.2.8 现有数据仓库向云计算大数据转化

#### 1. 传统数据仓库的问题和解决思路

Hadoop等大数据技术的出现使很多企业的传统数据仓库解决方案发生了深刻的变革。数据仓库不仅是一个单一的数据库，它是一整套的数据管理系统，包含很多辅助工具、设计理念和管理方法。传统的数据仓库技术，经过快20年或者更长时间的发展，已经面临了一些问题：

第一个问题是随着数据量增大，包括复杂程序应用的增多，传统数据仓库越来越不堪重负。目前广播电视网络运营商的数据总量达到了PB/年的级别，这么大的数据量对传统的仓库系统来说是非常大的负担。单一的数据仓库无法处理这么大量的数据，所以在这一块需要新的技术，特别是利用分布式计算来取代原本单一的计算方式来进行横向扩展。Hadoop技术能成功的最根本原因是它是从单机的集中式运算变成了分布式计算，这是它最大的计算模式的演变。把集中计算变成分布计算是一个必然趋势，这是碰到的第一个困难，一是需要一些新型的分布式数据库技术进行性能的加速，来处理这种几百TB或者上PB的数据量。二是随着数据源的不断增多，访问数据的方式变得非常复杂。复杂的数据模型通常很难把所有数据存储到一个数据库当中，只能分摊到很多个库当中。对数据的使用者带来了很大的困难，因为使用者需要把多种数据全部存储起来。这个是第一个大的困难。

第二个问题是数据的类型发生变化，非结构化数据越来越多。随着数据源的增多，越来越多的非结构化数据进入采集目标中，用户和业务部门也逐渐变多，这些部门之间如何进行资源有效管理和隔离，变成一个非常严重的问题。另外对于不同数据格式的分离存储、数据仓库技术的选型、不同格式数据的整合都带来了较大的挑战。

第三个问题是数据处理延时太长。过去整个数据架构前面是OLTP系统，中间是ODS，后面是数据仓库层，再往后是数据集市。那么在数据仓库这一层，数据是T+1的，意味着第二天才访问前一天的数据。但是很多行业需要更实时的数据，为了了解当前的生产运营状况，它们需要基于T+0、准实时的，甚至是实时的几分钟几秒钟之内的数据。这种需求就演变成第三种数据仓库运营模式——Operational Data Warehouse。这种业务模式的设计初衷是希望把数据实时或准实时的导入到数据仓库当中，能够对实时数据进行快速的分析和挖掘。传统的数据仓库是每天晚上数据导入，花7-8个小时进行批处理计算，第二天才能看到报表。所以传统技术面临一个普遍的问题：不能实现实时处理。

第四个问题是原先的逻辑数据模型不能有效支撑数据快速分析和价值发现。过去做统计是对数据做一些常见的聚合以及连接关联操作。遵循关系数据库的模式，有很多模型和各种范式，像很多厂商在相关行业设计了十大主题模型、八大主题模型，中间数据的关联程度是非常高的。一个有几千个数据源表的业务系统，中间层需要用上万张数据表来满足它的模型。这样一个复杂的模型所带来的弊端就是数据结构一旦发生变化或者增加时，模型就不堪重负。预先设定的模型没法适应业务的快速变化，所以我们经常能看到银行花几年时间建立一个数据仓库，反复投入，每年在改造它。近期了解到一家银行科技部门，前后10年投入十几亿来建数据仓库。而在今天一方面大量数据在产生，同时新的数据也在增加，有来自内部的数据，有来自新的外部数据。数据处理方法的确到了变革的时候。通过利用新的机器学习的统计方法，不仅做传统SQL的统计，还希望能够从数据关联上面发现规律、关联模式、时序上的特征。通过对它进行一些预测分析，能够发现统计学意义上的因果关系。这就变得对企业更加重要。这一块是数据仓库新的设计模式，叫context independent data warehouse，也就是说抛弃这些逻辑关联模型，在不知道这些模型的情况下，也能通过机器学习的方法找到数据之间的关联关系，能够找到它们之间统计学的因果关系。

传统数据仓库为了应对数据量的增加，需要采用新的方式。我们可以看到计算模式在过去的十几年里发生了非常明显的变化，从单机开始，首先是第一步计算并行化。计算并行化就是我们称为并行数据库——数据库引擎并行化，但是对存储无法有效扩展，所以就演变出了第二代计算和存储的分布式化，产生了第二代分布式技术，大规模并行数据库就是MPP数据库，这个数据库解决了一部分问题——几个TB级别的数据的高速处理问题。但是在数量增加的时候，又遇到一个瓶颈，它需要一个新一代的技术。新一代的计算模式发生了变化，这个是Google在2003、2004年中发布的两篇论文中，解释了MapReduce的计算模式。经过这么多年发展，MapReduce计算模式仍然是最佳的分布式计算模式，它把计算和存储有效地结合了起来，现在随着一些新的技术实现，它甚至是性能最好的计算模式。这样一个演变使得新的数据仓库技术能够处理从几个TB到几十个PB的数据量，能够线性扩展，而且在每个数量级上都可以比传统的数据处理技术快若干倍甚至一个数量级（10倍）。

第一个问题我们可以通过分布式计算来解决，第二个是通过数据联邦技术处理多数据源以及解决多租户的问题，这个是Gartner分析师在几年之前提出来的，叫逻辑数据仓库。逻辑数据仓库能够比较有效地解决这个问题。分析师认为，逻辑数据仓库应该有三个部分。第一个部分是中心的仓库，所有数据全部集中放在这个上面。第二个部分是需要有一个数据库虚拟化，或者叫数据库联邦技术，能够把多种数据源融合起来，从应用角度来看使用更加方便。第三个部分是在逻辑数仓之上，最核心的就是分布式计算。同时其中有两个特性是需要满足的，一个就是能不能按需对数据仓库进行扩张、能不能实现多个用户共享一个平台。这个是逻辑数据仓库必须要解决的问题。第二个是对于元数据的管理、对数据质量管理的有效方法、对数据访问要有审计，这也是逻辑数据库核心设计的原则。

第三个问题就是通过实现实时数据仓库进行解决。需要有一种新的方法把数据实时导入到数据仓库当中，一种方法是把传统的OLTP数据库通过ETL抽入到一个操作数据库当中。过去，这就是关系型数据库，现在，很多人是用HBase或Cassandra来实现。但是有一个普遍的问题就是数据进入这个操作数据库以后，大家需要对数据进行复杂的分析，因为数据仓库是用来做分析的。数据分析的复杂程度可能是在上面运行几十万行SQL统计。同时，它的一个复杂分析可能就有上万行，需要快速地完成。这样的一个要求实际上是很难满足的，因为它的特点是要对数据进行实时的写入，同时也要对它进行复杂的分析，目前没有一项数据库技术能够同时满足这两个需求。不过可以把数据与复杂计算前推到流处理框架中去，如Spark Streaming、Storm等，借助Kafka、RabbitMQ等分布式消息队列，将数据输送到流处理平台，利用流处理框架的快速计算分析能力，实时获取处理结果。

第四个问题的解决可以通过引入一种新的数据仓库设计模式，叫context independent Data warehouse，一种上下文无关的数据仓库设计架构。这个架构通常需要完成几项重要的工作。首先，这种数据仓库应该能够支持关联分析，对于数据和表，能够通过相关性找到它们之间的关联关系，同时也能发现一些统计学上的因果关系。这意味着不再需要复杂模型模式，对数据特征抽取以后就可以进行机器学习，也不需要太多的专家来帮助设计规则，它是通过机器学习方法自动进行补充的。这一部分可以借助R语言等数据分析工具来实现，R语言功能强大，容易上手，非常适合做复杂的关联分析和机器学习。其次，这一模式需要文本分析挖掘能力，也需要文本制作能力。然后，努力摒弃过去设计复杂的逻辑模型。传统对复杂的逻辑模型进行设计，通常会产生几万张中间表，这种模型代价非常高，而且固定下来就很难变化。需要有一个自主的工具对其进行数据挖掘分析，所以这部分需要工具上的支撑。我们可以在实现这种数据仓库架构的时候，综合使用优秀的大数据开源组件，比如使用Inceptor分析型数据库，对数据特征进行清洗，借助Spark SQL直接用图的算法进行分析。

2. Hadoop与数据仓库协作的解决方案分析

数据仓库是技术和软件套件，它能够从操作系统收集数据，并将这些数据整合，并统一到中央数据库中，然后对数据进行分析、处理。传统数据仓库和Hadoop之间的主要区别是：传统数据仓库通常部署在单个关系数据库中，而这个数据库则起到中央存储的作用。相比之下，Hadoop及其HDFS文件系统是跨多个机器，并用来处理海量异构数据的，而这是任何单台机器都达不到的能力，而且Hadoop可以部署到任何低性能的机器上，以集群的形式存在，硬件成本低。

（1）Hadoop与传统数据仓库协作的可行性

Loudera和Teradata的工程师Dr. Amr Awadallah和Dan Graham一起发表了一篇论文："Hadoop and data warehouse when to use which"，这篇论文提出了以下如图5.46的架构来将传统数据仓库与Hadoop大数据平台进行结合。

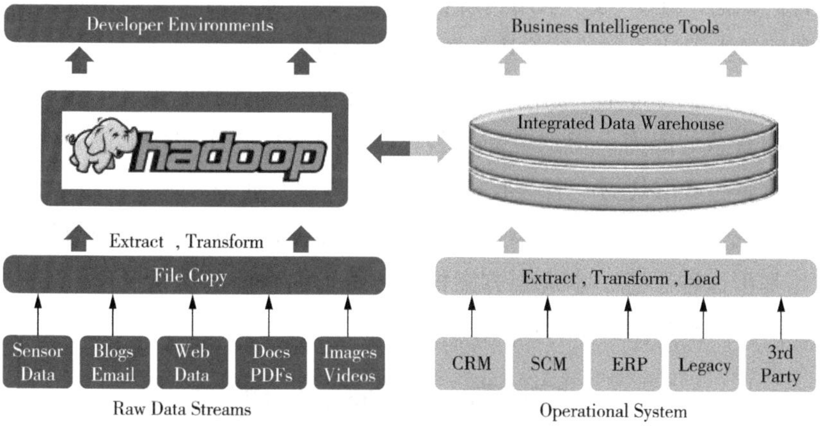


**图 5.46　Hadoop 与传统数据仓库协作**

两位工程师在论文中提出了如上图架构的方案，也是从数据源、ETL、上层数据应用等方面进行介绍Hadoop与传统数据仓库要如何进行协作。其协作的主要思想是：仅在数据存储与数据分析上进行协作，在数据源获取数据、ETL过程、上层数据应用等方面Hadoop与传统数据仓库各司其职，处理各自擅长的数据、也在特定的范围内为上层提供应用。

Hadoop处理的数据以非结构化数据为主（也同样可以处理结构化与半结构化数据），主要有对话数据、日志邮件、网页浏览情况、文本文档、音频视频、图形图像等，这类数据都以异构、大小不一、数据海量等为特点，是传统数据仓库无法应付的数据类型。这类数据都以数据流的形式存储在HDFS文件系统中，由HDFS保证其可用性和安全性，同时由Hadoop集群保证其存储能力与数据处理能力，因为这类数据量巨大，远远大于结构化数据。这些数据的最终目标是应用开发，结合Apache其它基于Hadoop的子项目，在存储数据的Hadoop集群上进行应用开发，从这些海量数据中挖掘潜在的价值。

传统数据仓库依然处理其擅长的结构化与半结构化数据，如交易数据、业务数据等细节性的数据，通过ETL过程将处理后的数据存储在传统数据库中，并最终应用于上层的商业智能应用。有一种典型的合作方式是先通过Hadoop把大数据进行预处理，然后通过传统数据仓库引擎提供的工具把这些预处理后的数据导入到传统数据仓库中，利用传统数据仓库中的数据分析和挖掘引擎来对数据进行分析，这种方法充分地利用了传统数据仓库在商务智能和结构化数据处理方面的优势。

（2）Hadoop与传统数据仓库协作的新架构

围绕大数据这个主题展开的讨论几乎已经完全压倒了传统数据仓库的风头。某些大数据狂热者甚至大胆预测：在不久的将来，所有企业数据都将由一个基于Apache Hadoop的系统托管，企业数据仓库（EDW）终将消亡。

尽管大多数人都在讨论某种技术或者架构可能会胜过另一种技术或架构，但本规划方案更倾向于从“Hadoop与数据仓库密切结合”这个角度来探讨问题，两者可以说是天作之合。试想一下，对于采用传统数据仓库的企业而言，大数据带来的机会就是使之能够利用过去无法通过传统仓库架构利用的数据。

大数据给许多企业带来了新的机遇，Hadoop如今则为我们提供了运用新数据来源和使分析更加智慧的能力。但这个新的疆界与传统数据仓库架构形成的疆界是互为补充的关系，而非一者取代另一者。我们仍然要提供所有业务领域（财务、营销、销售、客服等）的传统分析，这些分析不可能迅速被淘汰，还是要依靠传统数据仓库的商业智能完成。基于这种思想，本规划方案根据传统数据仓库的架构及上一节中的思想设计了新的协作系统架构，如图5.47所示：

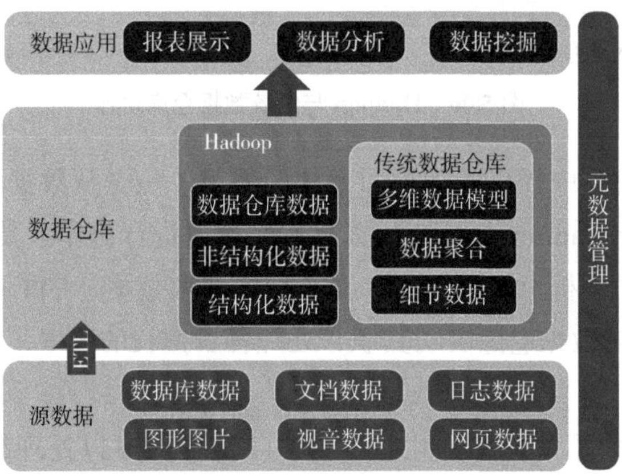


**图 5.47　Hadoop 与数据仓库协作架构图**

新框架在保留了传统数据仓库在数据分析、商业智能等方面的强大优势的基础上，也充分考虑了与大数据平台的协作，架构主要的不同点有：

①源数据层能够处理的数据种类增加了，理论上来说它能处理所有类型的数据，更多的数据类型支持体现了协作的优势之一；

②数据仓库层由传统数据仓库与Hadoop结合组成，Hadoop负责处理所有数据（结构化与非结构化的），传统数据仓库依然处理其擅长的结构化数据，进行建模、聚合等工作；

③Hadoop中也存储传统数据仓库中的数据，传统数据仓库的存储和计算能力始终比不上Hadoop集群，当传统数据仓库的性能到达瓶颈时需要将传统数据仓库最近不会使用的数据保存到Hadoop集群，节约传统数据仓库节点的资源，这是协作系统的另一优势；

④源数据ETL到数据仓库的过程也有改变，原来的数据需要清洗，然后直接存储在传统数据仓库，而新结构中要考虑何种数据（结构化、非结构化等）存储在哪里（HDFS、Hive等）。

新架构将所有数据统一处理后决定其存储位置及应用，而非一开始就明确规定数据的存储和最终应用情况；因此，新架构的ETL过程也简化了，数据处理都在采集完数据后进行，之后将介绍系统的实现。

（3）Hadoop与数据仓库协作的解决方案研究

在介绍了新的数据仓库解决方案的框架后，还需要确定本规划将研究的一些需求及约束条件，从图5.47的结构可以大概的得知系统可能的需求和研究的约束，具体如下：

①系统依赖于Hadoop大数据平台；

②系统的数据存储部分由HDFS及Hive组成，非结构化数据流式的存储在HDFS中，结构化数据可以存储在Hive中，方便用HQL进行查询；

③系统要能采集各种数据；

④系统能实现传统数据仓库与Hadoop下的数据存储系统间的双向传输；

⑤系统能直接访问HDFS及Hive；

也就是说，本规划将要实现的系统将能够与Hadoo集群交互，系统可以采集源数据（各种类型的源数据都要求能够支持），系统还能简单地对数据进行一些处理，然后根据需求将数据存储在Hadoop的数据仓库Hive中，然后在Hadoop上可以进行应用开发，同时系统还能实现Hive与传统数据仓库之间的通信及数据传输，将Hadoop处理过的数据传输至传统数据仓库用于商务智能，传统数据仓库也可以定期将其存储的历史数据传输到Hadoop平台下进行存储，降低传统数据仓库所在节点的工作负担。系统将在Hadoop集群下开发、同时应用到Hadoop、Sqoop及Hive三个Apache项目的技术，按照新的数据仓库架构设计与实现系统，要求能完成数据采集，Hadoop与传统数据仓库间的数据传输，直接使用系统对Hadoop下的数据仓库中的数据进行查询、增加、删除等操作。

3. Hadoop与数据仓库协作系统总体分析

（1）协作系统的设计目标及原则

众所周知，Hadoop是Apache软件基金会管理的源软件平台，简单来说，Hadoop是在分布式服务器集群上存储海量数据并运行分布式分析应用的一种方法。现今，Hadoop似乎就是大数据的代名词，不过最近随着大数据应用的深入，大家已经越来越倾向于仅仅把它看成是大数据的一个存储工具了。不过这并不一定就是坏事，自成为大数据工具以来，Hadoop就是一个非常好的数据存储系统。Hadoop中的数据存储方式也很多样化，可以学习Map/Reduce开发Java应用来访问数据，也可以用Hadoop的工具：Hbase数据库是Hadoop的一部分，它可以让用户按照数据库范式来处理数据；Hive数据仓库则可以让你用类SQL的HiveSQL查询语言来创建查询并转化为Map/Reduce任务。既然Hadoop在数据存储方面有这么好的表现，那Hadoop为什么没有完全取代现今企业使用最多的传统数据仓库呢？因为Hadoop仍有很多问题还需要解决，就比如它的单点故障问题，商业应用的系统必须要求高可用性，所以，现今更多考虑的问题就是如何实现两者的协作，互相之间取长补短。

Hadoop与数据仓库的协作，主要有以下几个方面：

①Hadoop与传统数据仓库两者存储的数据种类、数据量；

②Hadoop与传统数据仓库两者之间的通信与数据传输；

③数据的读写与访问；

④Hadoop与传统数据仓库两者的数据处理。

基于以上原因，Hadoop与传统数据仓库协作系统的设计目标将确定为以下几点：

①建议系统用java语言实现，为系统将来的跨平台性、可扩展性提供保障；

②系统提供从数据采集，数据存储，数据传输以及最终的数据分析等的一整套方案；

③系统要支持各类数据的存储，包括结构化数据、半结构化数据与非结构化数据；

④系统解决Hadoop大数据平台与传统数据仓库之间的通信问题，并实现两者之间的数据传输；

⑤系统的分析及实现最终将为以后企业在该方面的开发提供指导。

（2）协作系统的总体分析

经过上一节的分析，本系统的主要功能如下：

①可以采集各类数据；

②采集到的数据统一存储在Hadoop大数据平台下；

③广电网络运营商已经构建的传统数据仓库在存储能力或计算能力到达瓶颈时，可以将最近不可能使用到的数据存储至Hadoop大数据平台，减轻传统数据仓库的压力；

④已经存储在Hadoop大数据平台中的传统数据仓库的数据在有需要的时候可以再次传回传统数据仓库中；

⑤存储在Hadoop大数据平台中的结构化数据可以并行查询；

⑥系统可以直接对Hadoop大数据平台中的数据进行读写与访问，主要是针对HDFS中的数据进行读写与访问。

从系统的主要功能出发，系统的主要功能模块将分为三大块：前端数据采集、数据存储、数据应用。

①数据采集。主要负责源数据的获取，数据源多种多样，数据的种类也多种多样，系统需要支持各类数据源及各类数据的获取。数据采集是一个十分繁杂的过程，原意为从系统外部采集数据并输入到系统内部的一个接口，数据采集技术广泛引用在各个领域。

②数据存储。主要是在数据获取后进行存储，主要考虑非结构化数据，这类数据常见的传统数据仓库无法应付，而且数据量巨大，对硬件的扩展性要求极高以及结构化数据的存储，主要还是依靠Hadoop平台进行存储。虽然很多社区基于Hadoop做了很多的新的技术和优化已经让等待时间变得很短，但即使是这样，还是要认清一点，Hadoop是一个离线的、批量的数据处理系统，所以还是比较用于存储。

③数据应用。即数据采集及存储后的最后步骤，数据应用分为两方面：传统数据仓库部分和大数据平台部分。传统数据仓库依然处理其擅长的结构化与半结构化数据，通过ETL过程将处理后的数据存储在传统数据库中，并最终应用于上层的商业智能应用；Hadoop大数据平台部分的数据将用于应用开发。

（3）系统的协作分析

上一节将系统划分为三大功能模块，本节将从这三个方面详细介绍两者如何进行协作，而其中的关键在于如何灵活地应用Sqoop技术保证两者之间的通信。

数据采集是数据获取的关键步骤，传统数据仓库通常依靠手动输入、SQL语句导入或是编写代码连接数据库进行操作的方式实现数据的采集，这些数据多以经过处理的结构化数据为主；而大数据平台下的数据则以命令行下导入数据和编写代码连接文件系统进行操作为主，这些数据不限类型和大小。而当Sqoop技术出现后，数据采集的方式又多了一种，Sqoop为关系型数据库和大数据平台下的文件系统和数据库搭建了桥梁，关系型数据库搭建的传统数据仓库可以直接导入大数据平台下规范化的数据，同样的，大数据平台下的存储系统只要符合接口规范，都可以接收来自传统数据仓库中的数据。这样一来，系统对于结构化数据来说，由哪一方采集数据已经不重要了，而非结构化数据还是要由大数据平台来采集和存储。

数据存储是对数据存放的策略，传统数据仓库构建于单节点上，主要存储结构化数据于该节点上；而大数据平台以集群为主要存在形式，流式存储数据的HDFS文件系统保证了它对所有类型的数据的支持，同时集群的横向扩展的特性保证了其存储能力。本规划方案中倾向于传统数据仓库存储擅长的结构化数据和大数据平台存储所有数据并备份传统数据仓库数据的策略，同时传统数据仓库的存储和计算能力决定存储在传统数据仓库中数据量的大小。所以，数据存储部分的分工：传统数据仓库存储实时性要求较高的大部分结构化数据，剩下的所有可能有价值的数据都存储在大数据平台中，传统数据仓库在达到性能瓶颈后，也可以利用Sqoop技术将数据传输到大数据平台中。

数据应用是客户或企业自身对数据处理的需求，传统数据仓库最擅长的就是商业智能的应用，而大数据平台对数据的应用比较多样化，但主要还是以海量数据的批处理为主，对于数据应用的协作主要是依靠大数据平台的按户籍处理能力，在大数据平台中的数据利用数据处理能力将非规范化的数据处理为规范化的数据，然后可以根据需要利用Sqoop技术将数据传输到传统数据仓库中，并利用商业智能技术进行数据分析或数据挖掘。

## 5.3 大数据分析与应用

### 5.3.1 大数据分析技术

大数据分析技术，通俗地讲，是在多样或巨量数据中快速收集和分析数据，获得有价值信息的技术和能力，主要包括数据采集、存储、管理、分析挖掘、可视化等技术及其集成。

当前，大数据不仅指数据量的巨大，更重要的是要对大数据进行分析，只有通过分析才能获取更多智能、深入、有价值的信息。大数据之所以具备战略意义，之所以能够有效提升竞争能力，不在于掌握了何等巨量的数据，而在于其有能力对这些含有洞见和价值的数据进行处理和运用。没有高性能的分析工具，大数据的意义与价值就不可能得到有效的洞察和释放。因此，大数据问题的核心是分析方法，它是最终决定信息是否具有价值的决定性因素。

一般而言，大数据分析主要涵括预测性分析能力、数据质量和数据管理、可视化分析、语义引擎、数据挖掘算法等五个基本方面。其中，数据挖掘是大数据分析技术最为主要的手段。

数据挖掘，亦称数据库中的知识发现。它是源自计算机和信息科学领域的技术手段和数据处理方法，是从巨量的、模糊的、不完全的、有噪声的、随机的数据中提取隐含其中、事先未知、但具备潜在价值的信息和知识的过程。

1. 数据挖掘标准流程

跨行业数据挖掘标准流程为一个知识发现工程提供了一个完整的过程描述。该模型将一个知识发现工程分为6个不同的，但顺序并非完全不变的阶段，如图5.48所示。

数据标准流程以数据为核心，大体上经历商业理解、数据理解、数据准备、建立模型、模型评估、方案实施六个阶段。

商业理解，在第一个阶段我们必须从商业角度了解项目的要求和最终目的，并将这些目的与数据挖掘的定义以及结果结合起来。商业理解阶段可以说是数据挖掘中最重要的一个部分，在这个阶段里我们需要明确商业目标、评估商业环境、确定挖掘目

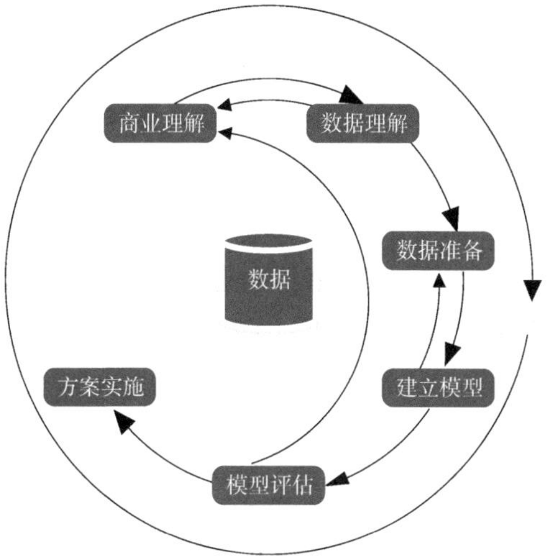


图 5.48　数据挖掘标准流程

标以及产生一个项目计划，比如推荐商品、广告点击。

数据的理解以及收集，对可用的数据进行评估。数据是我们挖掘过程的“原材料”，在数据理解过程中我们要知道都有些什么数据，这些数据的特征是什么，重点是数据的稳定性与准确性及获取的便利性。

数据的准备，对可用的原始数据进行一系列的组织以及清洗，使之达到建模需求。在数据准备阶段我们需要对数据作出选择、清洗、重建、合并等工作，即基础数据的 ETL 工程。

数据准备完毕即开始应用数据挖掘工具建立模型，建模过程也是数据挖掘中一个比较重要的过程。我们需要根据分析目的选出适合的模型工具，如广告点击常用的为逻辑回归、推荐中的协同过滤。

对建立的模型进行评估，重点具体考虑得出的结果是否符合第一步的商业目的。并不是每一次建模都能与我们的目的吻合，评价阶段旨在对建模结果进行评估，对效果较差的结果我们需要分析原因，作为反馈返回前面的步骤对挖掘过程重新定义，比如准确率、精确率、召回率、CTR、CVR 等指标及 AB 测工具 Deployment：部署，即将其发现的结果以及过程组织成为可读文本形式（数据挖掘报告）。这个阶段是用建立的模型去解决实际中遇到的问题，它还包括了监督、维持、产生最终报表、重新评估模型等过程。通过在生产环境的实际应用，通过上述描述的指标数据来重新优化整个闭环系统。

2. 数据挖掘与机器学习

通常在进行大数据分析的过程中，还会同时使用到机器学习的相关算法。机器学习是一门多领域交叉学科，涉及概率论、统计学、逼近论、凸分析、算法复杂度理论等多门学科。机器学习专门研究计算机是怎样模拟或实现人类的学习行为，以获取新的知识或技能，重新组织已有的知识结构，使之不断改善自身的性能。数据挖掘中用到了大量的机器学习提供的数据分析技术和数据库界提供的数据管理技术。从分析的角度看，数据挖掘和机器学习有很多相似之处，但不同之处也十分明显，例如，数据挖掘并没有机器学习探索人的学习机制这一科学发现任务，数据挖掘中的数据分析是针对海量数据进行的，等等。从某种意义上说，机器学习的科学成分更重一些，而数据挖掘的技术成分更重一些。数据挖掘是从目的而言的，机器学习是从方法而言的，两个领域有相当大的交集，但不能将两者等同起来。

一个典型的数据挖掘和机器学习过程，如图5.49所示。

**图 5.49　推荐类应用的数据挖掘过程**

图5.49所示是一个典型的推荐类应用流程，需要找到“符合条件的”潜在人员。要从用户数据中得出这张“符合条件的”潜在人员列表，首先需要挖掘出客户特征，然后选择一个合适的模型来进行预测，最后从用户数据中得出结果。

把上述例子中的用户列表获取过程进行细分，有如下几个部分，如图5.50所示。

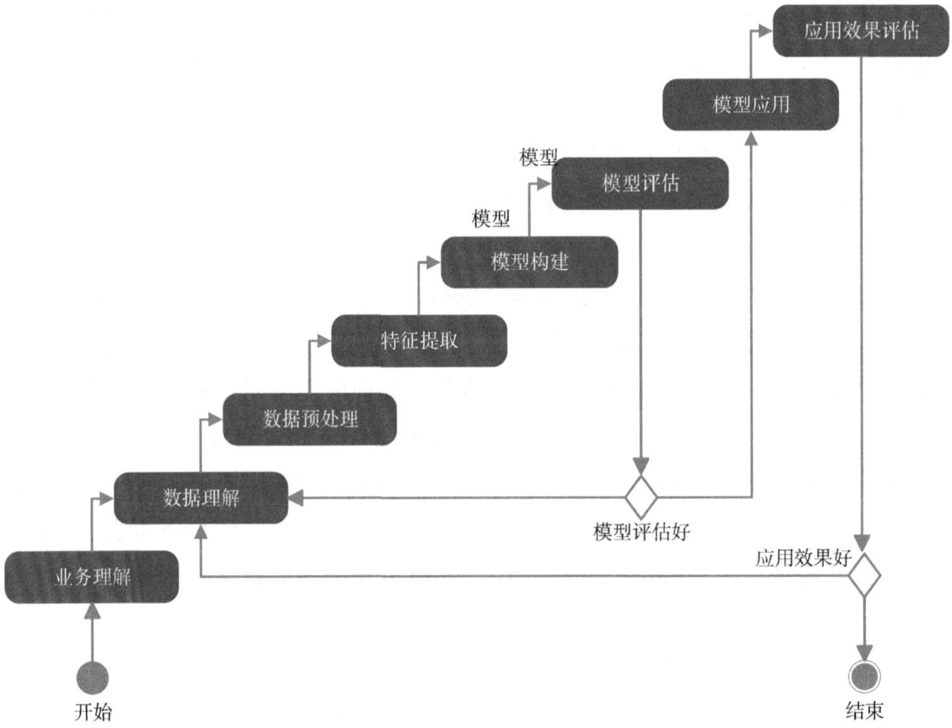


**图 5.50　模型构建过程**

- 业务理解：理解业务本身，其本质是什么？是分类问题还是回归问题？数据怎么获取？应用哪些模型才能解决？

- 数据理解：获取数据之后，分析数据里面有什么内容、数据是否准确，为下一步的预处理做准备。
- 数据预处理：原始数据会有噪声，格式化也不好，所以为了保证预测的准确性，需要进行数据的预处理。
- 特征提取：特征提取是机器学习最重要、最耗时的一个阶段。
- 模型构建：使用适当的算法，获取预期准确的值。
- 模型评估：根据测试集来评估模型的准确度。
- 模型应用：将模型部署、应用到实际生产环境中。
- 应用效果评估：根据最终的业务，评估最终的应用效果。

整个过程会不断反复，模型也会不断调整，直至达到理想效果。

3. 数据挖掘方法

利用数据挖掘进行数据分析，常用的方法主要有分类、聚类、回归分析、特征、关联规则、变化和偏差分析、Web页挖掘等，它们分别从不同的角度对数据进行挖掘。

①分类。可应用到用户分类、用户满意度分析、用户属性与特征分析、用户购买趋势预测等，如广播电视网络运营商将用户按对视频节目的喜好分成不同的类，销售人员便可将新型产品的推介广告投放到相关用户的电视机等终端显示画面，从而增加商业机会。

②聚类分析。可应用到用户群体分类、市场细分、用户背景分析、购买趋势预测等。

③回归分析。可应用到受众寻求、维持及预防受众流失、销售趋势预测、产品生命周期分析及有针对性的促销活动等。

④特征分析。可以通过对用户流失因素的特征提取，得出导致用户流失的原因和主要特征，有效预防流失。

⑤关联规则。在用户关系管理中，可通过对用户数据库的处理挖掘，发现可用的关联关系，找到制约营销效果的关键因素，为产品定位、定价，用户寻求、细分与保持，用户群定制，市场营销与推广，营销风险评估等决策提供依据。

⑥变化和偏差分析。偏差包括模式的例外、分类中的反常实例、观察结果对期望的偏差等，目的在于寻找观察结果与参照量之间有意义的差别。意外规则的挖掘，可以应用到各种异常信息的发现、分析、评价和预警等。

⑦Web页挖掘。可利用Web的海量数据，收集市场、用户、竞争对手、供求、政治、经济等各种信息，集中分析和处理对广电网络运营商有重大或潜在重大影响的外部环境及内部经营信息，识别管理中的问题和可能的危机先兆，评估和管控危机。

### 5.3.2 大数据应用场景与技术

#### 5.3.2.1 精准推荐

1. 背景

现在的信息来源已经从之前的报纸、广播、电视逐步转向互联网渠道，特别是随着计算机、Pad、手机等新兴终端的快速渗透，有线电视已经逐步淡出人们的视野，电视开机率一降再降，传统用户明显流失。究其用户数量下降的原因，大致为业务陈旧缺乏新意、网络质量得不到保证、经营模式难以突破、替代产品不断强大等。

有线电视运营商有必要采用数据挖掘和机器学习技术进行产品的精准推荐，将用户感兴趣的节目或产品有效地推荐给用户，提高用户的满意度和活跃度。

所谓精准推荐，是指从大量的用户使用产品数据、用户关联性数据以及产品关联性数据中挖掘出用户的兴趣喜好、性格特点等信息，构建用户画像，对用户进行分类，并根据产品的属性以及定位匹配适用产品的用户，针对适合该产品的用户进行多种手段的推荐，进行精准营销。

精准推荐已经是一个比较成熟的大数据应用方向，推荐系统的应用推荐系统在互联网和电子商务中得到广泛应用，我们较为熟知的天猫、京东、苏宁等购物网站和百度、腾讯等互联网公司都广泛地应用了推荐系统。比较典型的案例有我们每次在天猫或京东购物的时候，页面上总会出现一些区域专门向我们显示推荐给我们的商品，这些推荐的做法往往会结合用户之前购买的商品的记录、用户对商品的评价打分来分析出用户喜欢什么样的商品，并根据商品的属性计算商品之间的相似度，将我们喜好的同类型的我们最有可能购买的商品推荐给我们，类似的推荐场景出现在在美团外卖、大众点评、糯米等O2O应用中。再比如我们在百度进行信息检索的时候，不同人的搜索结果很可能完全不一样，这是因为百度记录了我们每次检索的结果，并根据后台的挖掘系统对我们的喜好进行了深度的挖掘，分析出不同的人最希望得到的不同的结果，然后对搜索的结果进行综合排序，最后展示给用户。同样的，电信运营商也经常会在产品营销中使用到推荐，比如分析用户的通话时长、上网时长、短信的频繁度等信息分析出用户是打电话多一点还是上网的时间更多，从而给不同的用户推荐不同的电话业务套餐。

除了这些领域以外还有娱乐方面精准推荐也得到应用，常见的有影视推荐、阅读推荐、地理位置的推荐、精准广告的推荐、精准营销的推荐等。尽管不同的网站使用不同的推荐系统技术，但总的来说，几乎所有的推荐系统应用都是由前台的展示页面、后台的日志系统以及推荐算法系统三部分构成的。推荐系统的任务就是联系用户和信息，一方面帮助用户发现对自己有价值的信息，另一方面让信息能够展现在对它感兴趣的用户面前，从而实现信息消费者和信息生产者的双赢，如图5.51所示。

**图 5.51　推荐系统的基本任务**

基于用户行为的个性化推荐主要通过三个步骤解决三方面的问题来实现，即用户是谁、用户喜好什么、给用户什么。基于用户行为的个性化推荐流程如图 5.52 所示。

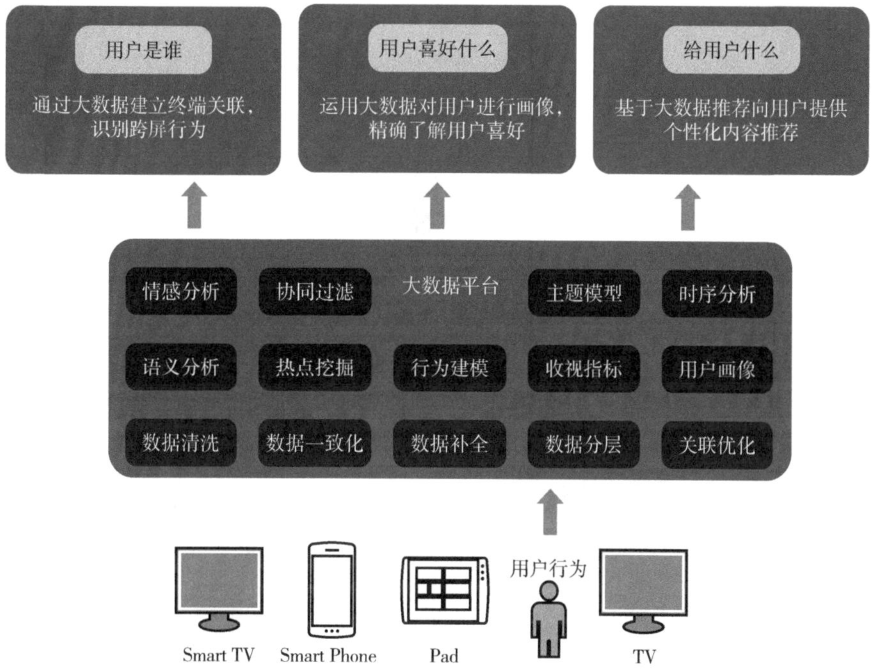


**图 5.52　基于用户行为的个性化推荐流程**

大数据平台通过数据采集将来自电视、手机、平板、电脑等终端设备的用户行为数据汇聚到数据仓库中。

第一步通过数据处理、数据分析和机器挖掘算法构建用户行为分析模型，通过数据清洗、数据一致化和数据补全和数据分层等操作来对用户行为数据进行预处理操作，去除一些噪声数据，并转化为适合进行行为建模和数据分析的数据形式，并通过关联优化、语义分析等技术实现终端关联，识别跨屏行为，解决用户是谁的问题。

第二步运用大数据对用户进行画像，利用用户画像进行用户行为建模和情感分析，通过用户的点击行为、收视行为、点播回看行为、评论反馈等行为数据，挖掘用户兴趣特征，精确了解用户喜好，解决用户喜好什么的问题。

第三步进一步多维度分析用户画像，并通过热点挖掘、收视指标、时序分析、主题模型等对节目内容进行建模分析，挖掘热点节目、受欢迎的内容，使用协同过滤等算法构建基于大数据的推荐引擎，向用户提供个性化内容推荐，从而解决给用户什么的问题。

个性化推荐系统需要依赖用户的行为数据，因此一般都是作为一个应用存在于不同网站之中。在互联网的各类网站中都可以看到推荐系统的应用，而个性化推荐系统在这些网站中的主要作用是通过分析大量用户行为日志，给不同用户提供不同的个性化页面展示，来提高网站的点击率和转化率。广泛利用推荐系统的领域包括电子商务、电影和视频、音乐、社交网络、阅读、基于位置的服务、个性化邮件和广告等。与搜索引擎相对应，大家习惯将推荐系统称之为推荐引擎。

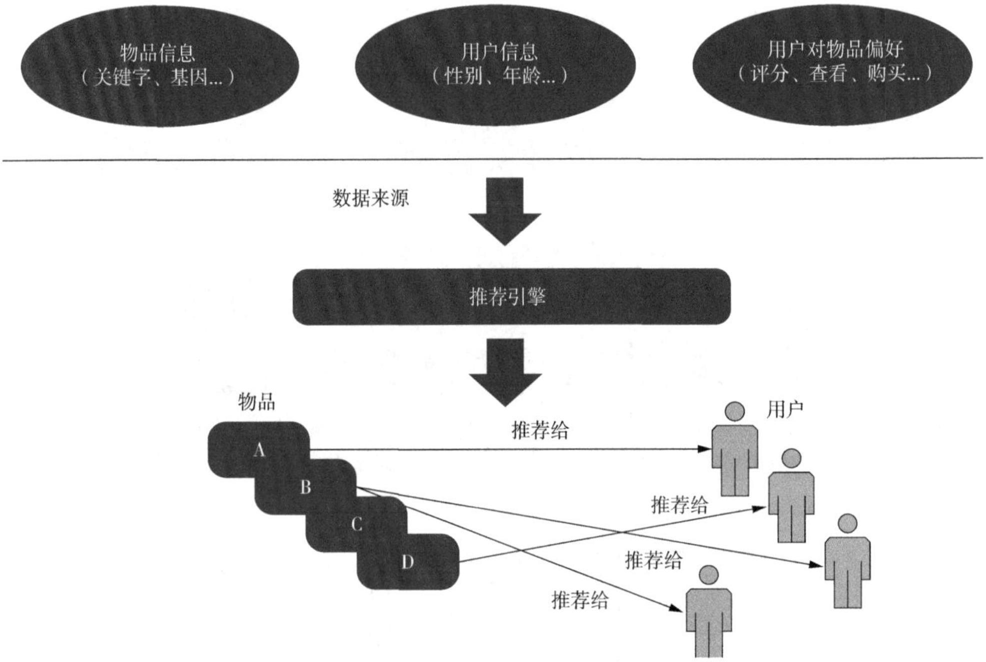


**图 5.53　推荐引擎工作原理图**

图5.53给出了推荐引擎的工作原理图，这里先将推荐引擎看作黑盒，它接受的输入是推荐的数据源，一般情况下，推荐引擎所需要的数据源包括：

1. 要推荐产品或内容的元数据，例如关键字、基因描述等；

2. 系统用户的基本信息，例如性别、年龄等；

3. 用户对产品或者信息的偏好，根据应用本身的不同，可能包括用户对产品的评分、用户查看产品的记录、用户的购买记录等。其实这些用户的偏好信息可以分为两类：

- 显式的用户反馈：这类反馈是用户在网站上自然浏览或者使用网站之后，显式地提供反馈信息，例如用户对产品的评分，或者对产品的评论。

- 隐式的用户反馈：这类所馈是用户在使用网站时产生的数据，隐式地反应了用户对产品的喜好，例如用户购买了某产品，用户查看了某产品的信息，等等。

显式的用户反馈能准确的反应用户对产品的真实喜好，但需要用户付出额外的代价；而隐式的用户反馈，通过一些分析和处理，也能反映用户的喜好，只是数据不是很精确，有些行为的分析存在较大的噪音。但只要选择正确的行为特征，隐式的用户反馈也能得到很好的效果，只是行为特征的选择可能在不同的应用中有很大的不同，例如在电子商务的网站上，购买行为其实就是一个能很好表现用户喜好的隐式反馈。

推荐引擎根据不同的推荐机制可能用到数据源中的一部分，然后根据这些数据，分析出一定的规则或者直接对用户对其他产品的喜好进行预测计算。这样推荐引擎可以在用户进入的时候给他推荐他可能感兴趣的产品。

2. 推荐算法

推荐算法大致可以分为三类：基于人口统计学的推荐算法、基于内容的推荐算法、协同过滤推荐算法。

（1）基于人口统计学的推荐算法

这是最为简单的一种推荐算法，它只是简单地根据系统用户的基本信息发现用户的相关程度，然后将相似用户喜爱的其他产品推荐给当前用户。图 5.54 展示了基于人口统计学的推荐示例：

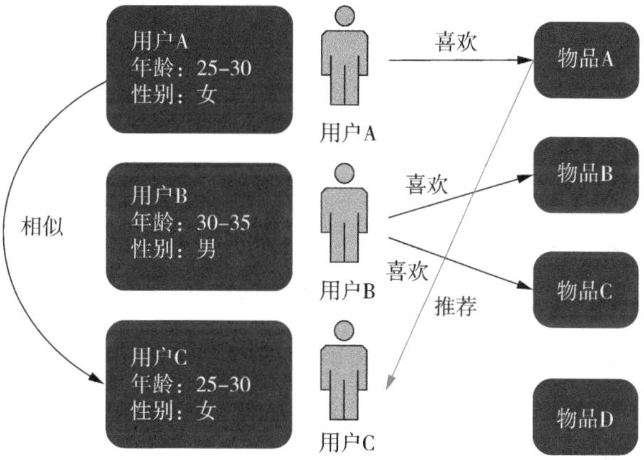


**图 5.54 基于人口统计学的推荐**

系统首先会根据用户的属性建模，比如用户的年龄，性别，兴趣等信息。根据这些特征计算用户间的相似度。比如系统通过计算发现用户 A 和 C 比较相似。就会把 A 喜欢的物品推荐给 C。

基于人口统计学的推荐算法存在以下优势：

①不需要历史数据，没有冷启动问题；

②不依赖于物品的属性，因此其他领域的问题都可无缝接入。

基于人口统计学的推荐算法存在以下不足：

①算法比较粗糙，效果很难令人满意，只适合简单的推荐

（2）基于内容的推荐算法

基于内容的推荐与基于人口统计学的算法类似，但是推荐算法的中心转到了产品本身。使用产品本身的相似度而不是用户的相似度。如图 5.55 所示，展示了基于内容的推荐示例：

系统首先对产品（图 5.55 中举电影的例子）的属性进行建模，图中用类型作为属性。在实际应用中，只根据电影类型就建模显然过于粗糙，还需要考虑演员，导演等更多信息。通过相似度计算，发现电影 A 和电影 C 相似度较高，因为他们都属于爱情类。系统还会发现用户 A 喜欢电影 A，由此得出结论，用户 A 很可能对电影 C 也感兴趣。于是将电影 C 推荐给用户 A。

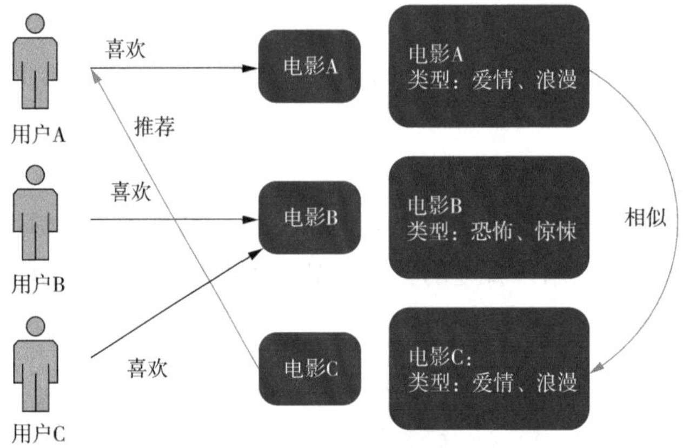


**图 5.55 基于内容的推荐**

基于内容的推荐算法存在以下优势：对用户兴趣可以很好地建模，并通过对产品属性维度的增加，获得更好的推荐精度。

基于内容的推荐算法存在以下不足：

①产品的属性有限，很难有效地得到更多数据；

②产品相似度的衡量标准只考虑到了产品本身，有一定的片面性；

③需要产品的历史数据，有冷启动的问题。

（3）协同过滤推荐

协同过滤是一种在推荐系统中广泛采用的推荐方法。这种算法基于一个“物以类聚，人以群分”的假设，喜欢相同产品的用户更有可能具有相同的兴趣。基于协同过滤的推荐系统一般应用于有用户评分的系统之中，通过分数去刻画用户对于产品的喜好。协同过滤被视为利用集体智慧的典范，不需要对项目进行特殊处理，而是通过用户建立产品与产品之间的联系。

目前，协同过滤推荐系统被分化为两种类型：基于用户（User-based）的推荐和基于产品（Item-based）的推荐。

①基于用户的推荐

基于用户的协同过滤推荐的基本原理是，根据所有用户对产品或者信息的偏好（评分），发现与当前用户口味和偏好相似的“邻居”用户群，在一般的应用中是采用计算“K-Nearest Neighboor”的算法；然后，基于这K个邻居的历史偏好信息，为当前用户进行推荐。

这种推荐系统的优点在于推荐产品之间在内容上可能完全不相关，因此可以发现用户的潜在兴趣，并且针对每个用户生成其个性化的推荐结果。缺点在于一般的网站中，用户的增长速度都远远大于产品的增长速度，因此其计算量的增长巨大，系统性能容易成为瓶颈。因此在业界中单纯地使用基于用户的协同过滤系统情况较少。

②基于产品的推荐

基于产品的协同过滤和基于用户的协同过滤相似，它使用所有用户对产品或者信息的偏好（评分），发现产品和产品之间的相似度，然后根据用户的历史偏好信息，将类似的产品推荐给用户。基于产品的协同过滤可以看作是关联规则推荐的一种退化，但由于协同过滤更多考虑了用户的实际评分，并且只是计算相似度而非寻找频繁集，因此可以认为基于产品的协同过滤准确率较高并且覆盖率更高。

同基于用户的推荐相比，基于产品的推荐应用更为广泛，扩展性和算法性能更好。由于项目的增长速度一般较为平缓，因此性能变化不大。缺点就是无法提供个性化的推荐结果。

两种协同过滤，在基于用户和基于产品两个策略中应该如何选择呢？其实基于产品的协同过滤推荐机制是Amazon在基于用户的机制上改良的一种策略，因为在大部分的网站中，产品的个数是远远小于用户的数量的，而且产品的个数和相似度相对比较稳定；同时基于产品的机制比基于用户的实时性更好。但也不是所有的场景都是这样的情况，在一些新闻推荐系统中，也许产品，也就是新闻的个数可能大于用户的个数，而且新闻的更新程度也有很快，所以它的相似度依然不稳定。因此，推荐策略的选择其实也和具体的应用场景有很大的关系。

基于协同过滤的推荐机制是现今应用最为广泛的推荐机制，它有以下几个显著的优点：

● 它不需要对产品或者用户进行严格的建模，而且不要求产品的描述是机器可理解的；

● 这种方法计算出来的推荐是开放的，可以共用他人的经验，很好地支持用户发现潜在的兴趣偏好。

然而基于协同过滤的推荐机制也存在以下几个问题：

● 方法的核心是基于历史数据，所以对新产品和新用户都有“冷启动”的问题；

● 推荐的效果依赖于用户历史偏好数据的多少和准确性；

● 在大部分的实践中，用户历史偏好是用稀疏矩阵进行存储的，而稀疏矩阵上的计算有些明显的问题，包括可能少部分人的错误偏好会对推荐的准确度有很大的影响等；

● 对于一些特殊品味的用户不能给予很好的推荐；

● 由于以历史数据为基础，抓取和建模用户的偏好后，很难修改或者根据用户的使用演变，所以这个方法不够灵活。

3. 推荐系统评测

什么才是好的推荐系统？这是推荐系统评测需要解决的首要问题。好的推荐系统不仅仅能够准确预测用户的行为，而且能够扩展用户的视野，帮助用户发现那些他们可能会感兴趣，但却不那么容易发现的东西。同时，推荐系统还要能够帮助商家将那些被埋没在长尾中的好商品介绍给可能会对它们感兴趣的用户。

（1）评测指标

评测推荐系统的指标包括准确度、覆盖度、新颖度、惊喜度、信任度、透明度等，这些指标中，有些可以离线计算，有些只有在线才能计算，有些只能通过用户问卷获得。

①用户满意度

用户作为推荐系统的重要参与者，其满意度是评测推荐系统的最重要指标。但是，用户满意度没有办法离线计算，只能通过用户调查或者在线实验获得。

用户调查获得用户满意度主要是通过调查问卷的形式。用户对推荐系统的满意度分为不同的层次。比如：

- 推荐的节目都是我非常想看的。
- 推荐的节目很多我都看过了，确实是符合我兴趣的不错节目。
- 推荐的节目和我的兴趣是相关的，但我并不喜欢。
- 不知道为什么会推荐这些节目，它们和我的兴趣丝毫没有关系。

调查问卷应该只是简单地询问用户对结果是否满意，而需要从不同的侧面询问用户对结果的不同感受。比如，如果仅仅问用户是否满意，用户可能心里认为大体满意，但是对某个方面还有点不满，因而可能很难回答这个问题。因此在设计问卷时需要考虑到用户各方面的感受，这样用户才能针对问题给出自己准确的回答。

在在线系统中，用户满意度主要通过一些对用户行为的统计得到。我们可以用节目点击率、用户的观看时间、回看行为、收藏行为等指标度量用户的满意度。

②预测准确度

预测准确度度量一个推荐系统或者推荐算法预测用户行为的能力。这个指标是最重要的推荐系统离线评测指标，该指标可以通过离线实验计算，方便了很多学术界的研究人员研究推荐算法。

在计算该指标时需要有一个离线的数据集，该数据集包含用户的历史行为记录。然后，将该数据集通过时间分成训练集和测试集。最后，通过在训练集上建立用户的行为，以兴趣模型预测用户在测试集上的行为，计算预测行为和测试集上实际行为的重合度作为预测准确度。

由于离线的推荐算法有不同的研究方向，针对不同的研究方向，预测准确度指标主要有评分预测和TopN推荐。评分预测是指通过用户给产品的打分来推测用户的满意度，很多提供推荐服务的网站都有一个让用户给产品打分的功能，那么，如果知道了用户对产品的历史评分，就可以从中习得用户的兴趣模型，并预测该用户在将来看到一个他没有评过分的物品时，会给这个产品评多少分；TopN推荐是指推荐系统一般在提供推荐服务时，给用户一个个性化的推荐列表，TopN推荐的预测准确率一般通过准确率（precision）/召回率（recall）度量。

③覆盖率

覆盖率（coverage）描述一个推荐系统对产品长尾的发掘能力。覆盖率有不同的定义方法，最简单的定义为推荐系统能够推荐出来的产品占总产品集合的比例。假设系统的用户集合为U，推荐系统给每个用户推荐一个长度为N的产品列表R（u）。那么推荐系统的覆盖率可以通过下面的公式计算：

$$Coverage = \frac{\left| \bigcup_{\mu \in U} R(\mu) \right|}{|I|}$$

覆盖率为100%的推荐系统可以将每个产品都推荐给至少一个用户。此外，从上面的定义也可以看到，热门排行榜的推荐覆盖率是很低的，它只会推荐那些热门的产品，这些产品在总产品中占的比例很小。一个好的推荐系统不仅需要有比较高的用户满意度，也要有较高的覆盖率。

但是上面的定义过于粗略，覆盖率为100%的系统可以有无数的物品流行度分布。为了更细致地描述推荐系统发掘长尾的能力，需要统计推荐列表中不同物品出现次数的分布。如果所有的物品都出现在推荐列表中，且出现的次数差不多，那么推荐系统发掘长尾的能力就很好。因此，我们可以通过研究物品在推荐列表中出现次数的分布，描述推荐系统挖掘长尾的能力。如果这个分布比较平，那么说明推荐系统的覆盖率较高；如果这个分布较陡峭，说明推荐系统的覆盖率较低。

④多样性

用户的兴趣是广泛的，在一个视频网站中，用户可能既喜欢看《猫和老鼠》一类的动画片，也喜欢看成龙的谍战片。那么，为了满足用户广泛的兴趣，推荐列表需要能够覆盖用户不同的兴趣领域，即推荐结果需要具有多样性。多样性推荐列表的好处用一句俗话表述就是"不在一棵树上吊死"。尽管用户的兴趣在较长的时间跨度中是一样的，但具体到用户访问推荐系统的某一刻，其兴趣往往是单一的，那么如果推荐列表只能覆盖用户的一个兴趣点，而这个兴趣点不是用户这个时刻的兴趣点，推荐列表就不会让用户满意。反之，如果推荐列表比较多样，覆盖了用户绝大多数的兴趣点，那么就会增加用户找到感兴趣物品的概率。因此给用户的推荐列表也需要满足用户广泛的兴趣，即具有多样性。

多样性描述了推荐列表中产品两两之间的不相似性。因此，多样性和相似性是对应的。假设s（i，j）∈［0，1］定义了产品i和j之间的相似度，那么用户 μ 的推荐列表R（ μ ）的多样性定义如下：

$$\text{Diversity} = 1 - \frac{\sum_{i,j \in R(\mu), i \neq j} s(i,j)}{\frac{1}{2}|R(\mu)|(|R(\mu)|-1)}$$

而推荐系统的整体多样性可以定义为所有用户推荐列表多样性的平均值：

$$\text{Diversity} = \frac{1}{|U|}\sum_{\mu \in U} \text{Diversity}(R(\mu))$$

从上面的定义可以看到，不同的产品相似度度量函数s（i，j）可以定义不同的多样性。如果用内容相似度描述产品间的相似度，我们就可以得到内容多样性函数；如果用协同过滤的相似度函数描述产品间的相似度，就可以得到协同过滤的多样性函数。

关于推荐系统多样性最好达到什么程度，可以通过一个简单的例子说明。假设用户喜欢谍战片和动画片，且用户80%的时间在看谍战片，20%的时间在看动画片。那么，我们可以提供4种不同的推荐列表：A列表中有10部谍战片，没有动画片；B列表中有10部动画片，没有谍战片；C列表中有8部谍战片和2部动画片；D列表中有5部谍战片和5部动画片。在这个例子中，一般认为C列表是最好的，因为它具有一定的多样性，但又考虑到了用户的主要兴趣。A列表满足了用户的主要兴趣，但缺少多样性，D列表过于多样，没有考虑到用户的主要兴趣。B列表既没有考虑用户的主要兴趣，也没有多样性，因此是最差的。

⑤新颖性

新颖性是指给用户推荐那些他们以前没有听说过的产品。在推荐系统中实现新颖性的最简单办法是，把那些用户之前对其有过行为的节目或产品从推荐列表中过滤掉。比如，具有新颖性的推荐不应该给用户推荐那些他们已经看过、打过分或者浏览过的视频。但是，有些视频可能用户在一些视频网站看过，或者使用手机App浏览过，因此仅仅过滤掉用户有过行为的节目或产品还不能完全实现新颖性。

评测新颖性的最简单方法是利用推荐结果的平均流行度，因为越不热门的产品越可能让用户觉得新颖。因此，如果推荐结果中产品的平均热门程度较低，那么推荐结果就可能有比较高的新颖性。

但是，用推荐结果的平均流行度度量新颖性比较粗略，因为不同用户不知道的东西是不同的。因此，要准确地统计新颖性需要做用户调查。

⑥惊喜度

惊喜度（serendipity）是最近这几年推荐系统领域最热门的话题。但什么是惊喜度，惊喜度与新颖性有什么区别是我们首先需要弄清楚的问题。注意，这里讨论的是惊喜度和新颖性作为推荐指标在意义上的区别，而不是这两个词在中文里的含义区别，所以我们首先要摒弃大脑中关于这两个词在中文中的基本含义。

目前并没有什么公认的惊喜度指标定义方式，这里只给出一种定性的度量方式。令用户惊喜的推荐结果是和用户历史上喜欢的产品不相似，但用户却觉得满意的推荐。那么，定义惊喜度需要首先定义推荐结果和用户历史上喜欢的产品的相似度，其次需要定义用户对推荐结果的满意度。前面也曾提到，用户满意度只能通过问卷调查或者在线实验获得，而推荐结果和用户历史上喜欢的产品相似度一般可以用内容相似度定义。也就是说，如果我们获得了一个用户观看电影的历史，得到了这些电影的演员和导演集合A，然后给用户推荐一个不属于集合A的导演和演员创作的电影，而用户表示非常满意，这样就实现了一个惊喜度很高的推荐。因此提高推荐惊喜度需要提高推荐结果的用户满意度，同时降低推荐结果和用户历史兴趣的相似度。

⑦信任度

基于机器学习的自动推荐系统存在信任度（trust）的问题，如果用户信任推荐系统，那就会增加用户和推荐系统的交互。特别是在电子商务推荐系统中，让用户对推荐结果产生信任是非常重要的。同样的推荐结果，以让用户信任的方式推荐给用户就更能让用户产生购买欲，而以类似广告形式的方法推荐给用户就可能很难让用户产生购买的意愿。

度量推荐系统的信任度只能通过问卷调查的方式，询问用户是否信任推荐系统的推荐结果。提高推荐系统的信任度主要有两种方法。首先需要增加推荐系统的透明度（transparency），而增加推荐系统透明度的主要办法是提供推荐解释。只有让用户了解推荐系统的运行机制，让用户认同推荐系统的运行机制，才会提高用户对推荐系统的信任度。其次是考虑用户的社交网络信息，利用用户的好友信息给用户做推荐，并且用好友进行推荐解释。这是因为用户对他们的好友一般都比较信任，因此如果推荐的商品是好友购买过的，那么他们对推荐结果就会相对比较信任。

⑧实时性

在很多网站和系统中，因为产品（新闻、微博等）具有很强的时效性，所以需要在产品还具有时效性时就将它们推荐给用户。比如，给用户推荐昨天的新闻显然不如给用户推荐今天的新闻。因此，在这些网站中，推荐系统的实时性就显得至关重要。

推荐系统的实时性包括两个方面。首先，推荐系统需要实时地更新推荐列表来满足用户新的行为变化。比如，当一个用户购买了iPhone，如果推荐系统能够立即给他推荐相关配件，那么肯定比第二天再给用户推荐相关配件更有价值。很多推荐系统都会在离线状态每天计算一次用户推荐列表，然后于在线期间将推荐列表展示给用户。这种设计显然是无法满足实时性的。与用户行为相应的实时性，可以通过推荐列表的变化速率来评测。如果推荐列表在用户有行为后变化不大，或者没有变化，说明推荐系统的实时性不高。

实时性的第二个方面是推荐系统需要能够将新加入系统的产品推荐给用户。这主要考验了推荐系统处理产品冷启动的能力。而对于新产品推荐能力，我们可以利用用户推荐列表中有多大比例的产品是当天新加的来评测。

⑨健壮性

任何一个能带来利益的算法系统都会被人攻击，这方面最典型的例子就是搜索引擎。搜索引擎的作弊和反作弊斗争异常激烈，这是因为如果能让自己的商品成为热门搜索词的第一个搜索果，会带来极大的商业利益。推荐系统目前也遇到了同样的作弊问题，而健壮性（即robust，鲁棒性）指标衡量了一个推荐系统抗击作弊的能力。

算法健壮性的评测主要利用模拟攻击。首先，给定一个数据集和一个算法，可以用这个算法给这个数据集中的用户生成推荐列表。然后，用常用的攻击方法向数据集中注入噪声数据，然后利用算法在注入噪声后的数据集上再次给用户生成推荐列表。最后，通过比较攻击前后推荐列表的相似度评测算法的健壮性。如果攻击后的推荐列表相对于攻击前没有发生大的变化，就说明算法比较健壮。

（2）评测维度

上面介绍了很多评测指标，但是在评测系统中还需要考虑评测维度，比如一个推荐算法，虽然整体性能不好，但可能在某种情况下性能比较好，而增加评测维度的目的就是知道一个算法在什么情况下性能最好。这样可以为融合不同推荐算法取得最好的整体性能带来参考。

一般来说，评测维度分为如下3种。

- 用户维度：主要包括用户的人口统计学信息、活跃度以及是不是新用户等。
- 物品维度：包括物品的属性信息、流行度、平均分以及是不是新加入的物品等。
- 时间维度：包括季节，是工作日还是周末，是白天还是晚上等。

推荐系统评测报告中如果能够包含不同维度下的系统评测指标，就能帮我们全面地了解推荐系统性能，找到一个看上去比较弱的算法优势，发现一个看上去比较强的算法缺点。

推荐技术被广泛应用到各行各业中，推荐系统能够在用户没有明确目的的时候帮助他们发现感兴趣的新内容。评价一个推荐系统是否精准高效，需要通过以上介绍的评价指标和评价维度进行衡量。

从之前的垄断到现在的市场化运营，用户群一直是有线电视运营商的优势，一定要善于对纷繁凌乱的大数据进行分析，努力寻找不同种类用户的兴趣偏好，针对用户的喜好进行有效的精准的产品推荐；提炼海量数据所携带的有用信息，制定适合不同用户的服务和产品，并对这些服务和产品做好有针对性的适时调整和完善。只有这样，才能继续抓住用户，以用户的需求为出发点和落脚点，不断地进行自我完善，才能使有线电视焕发新的生机。

#### 5.3.2.2 智能运维

随着大数据概念的提出，IT的运维管理已经从系统化、集约化、数据化向智能化发展。基于大数据的一体化智能运维平台提供了从基础设施、数据库中间件、系统应用进程到业务交易系统的一整套运维管理解决方案。信息化技术的快速发展，智能系统在生活领域的广泛适用，使得大数据智能运维系统在各行业开始大范围地投入使用。

1. 传统运维瓶颈与问题

传统的IT运维仍然是等到IT故障出现后再由运维人员采取相应的补救措施。这种被动、孤立、半自动式的IT运维管理模式经常让IT部门疲惫不堪，主要表现在以下三个方面：

（1）运维人员被动、效率低

在IT运维过程中，只有当事件已经发生并已造成业务影响时，运维人员才会发现，并对其进行处理，这种被动“救火”不但使IT运维人员终日忙碌，也使IT运维本身质量很难得到提高，导致IT部门和业务部门对IT运维的服务满意度都不高。

（2）缺乏一套高效的IT运维机制

目前许多企业在IT运维管理过程中缺少自动化的运维管理模式，也没有明确的角色定义和责任划分，因此问题出现后无法及时地找到相应的人员进行修复和处理，或者是在问题找到后缺乏流程化的故障处理机制，而在处理问题时运维人员不但欠缺规范化的解决方案，也缺乏全面的跟踪记录。

（3）缺乏高效的IT运维技术工具

随着信息化建设的深入，企业IT系统日趋复杂，各种网络设备、服务器、中间件、业务系统等让IT运维人员难以从容应对，即使加班加点地维护、部署、管理也经常会因设备出现故障而导致业务的中断，严重影响企业的正常运转。出现这些问题的部分原因是企业缺乏事件监控和诊断工具等IT运维技术工具，因为在没有高效技术工具的支持下，故障事件很难得到主动、快速的处理。

2. 智能化运维系统

我们可以通过智能化运维来解决以上运维问题。智能化运维，顾名思义，与平台化运维和自动化运维有着明显的不同。平台化运维注重的是入口的统一、运维服务或能力的复用，减少重复劳动，规范化操作；自动化运维注重的是大规模、批量化操作，一个程序一次性部署在成千上万的服务器上，或者针对某些特定场景，进行简单的逻辑执行，把繁杂的运维工作组织为一个有机的过程，一次性执行。而智能化运维，更大跨度地向前了一步，这个标志是运维工作从依靠人工决策，逐步转为依靠机器决策。智能化运维用机器来代替运维人员，在最少人工干预下，结合运用脚本与第三方工具，保证业务7×24小时高效稳定运行，这也是运维工作的终极目标。

举几个例子，故障的发现以前多靠人工经验来设定监控阈值，而机器可以通过对历史监控数据规律的学习，自动生成更加准确的阈值或通过异常模式识别去主动判断异常的发生。这不仅能够大量简化人的工作，而且比人更精准；故障的定位，以前多靠人翻阅大量的监控数据、服务器日志，甚至联络各相关团队工程师，分析线上所有变更事件等才能定位一个问题，而机器可以根据系统中的网络、机房、程序上下游调用关系等，综合所有监控数据和采集日志，来综合分析和定位，这比人的效率更高且更全面；扩缩容、止损和预案操作等也是类似，还有很多其它的例子。智能化运维是希望将来机器决策能够大幅超越人工决策。

广电网络运营商在网络节点和终端设备积累了大量的日志数据，如果能够有效地利用这些数据，就有助于实现智能运维的建设。可以借助大数据分析技术打造智能化运维体系，形成智能感知、智能预警、智能处理的智能运维服务体系，以求能够实现事前预警和事后快速处理。

智能运维最为基础和关键的问题是预测故障的发生。为实现该目标，应以系统承载应用的特征作为切入点，进行故障预测和问题分析，弥补传统运维方式的不足。首先收集系统上承载应用的数据，完成预测模型的开发。然后，借助模型实时预测系统故障的概率，当发生预警信号时尽快启动运维预案。与传统思路相比具有如下特点。

一是从系统承载的应用数据分析，从系统用户的角度感知故障，而不是从系统硬件资源方面间接分析。二是借助数据分析技术建立预测模型，客观准确捕获故障前的征兆，进而预测故障。三是基于模型自动预测、预警，实现对系统故障自动化的感知、预测、预警，并可以将信号与处置机制自动对接。

3. 基于网络KPI数据分析的智能运维

智能运维系统的监测数据来源广泛，其中区域分布最广的数据应该来自于机顶盒探针。通过机顶盒探针指定KPI（Key Performance Indicators，关键性能指标）在地域分布的多维分析，可以对全网视频质量的各个方面进行有效评估和专项优化。系统可提供按地市区域、业务承载方式、业务类型、终端型号、终端接入方式等维度的指标分析，还能提供质差指标按频道统计、质差指标按节点统计方式。

DVB业务端到端系统获取机顶盒（STB）的QoS（Quality of Service，服务质量）监测工具上报数据，实现对业务可用性、业务质量等相关指标的采集、界面展现及质量分析。采集机顶盒设备性能指标和业务交互质量指标如下表5.15所示：

**表5.15　采集机顶盒设备性能指标和业务交互质量指标**

| 指标描述 | 数据类型 |
|---|---|
| CPU占用率 | int |
| 内存占用率 | int |
| 温度 | int |
| 抖动 | int |
| 误码率 | int |
| 5分钟内缓存上溢数 | int |
| 5分钟内缓存下溢数 | int |
| 业务请求错误数 | int |
| 点播响应时延 | int |
| 点播业务请求成功率 | int |
| 异常中断率 | int |
| 认证总次数 | int |
| 认证失败总次数 | Int |
| 认证成功率 | int |
| 频道切换延迟 | int |
| 组播请求总次数 | int |
| 单播请求总次数 | int |
| 组播业务请求成功率 | int |
| 组播失败次数 | int |
| 点播失败次数 | int |
| 5分钟内STB播放秒数 | int |
| 5分钟内STB播放质量差秒数 | int |
| 可用率，1-（体验差时长/播放时长），除100，>=95%：体验好；<95%：体验差 | int |

（续表5-15）

| 指标描述 | 数据类型 |
|---|---|
| 频道/节目名称 | String |
| 频道/节目地址 | String |
| 传输类型 | int |
| 节目开始时间 | String |
| 节目结束时间 | String |
| 丢包 | int |
| 时延 | int |
| 码速 | int |
| 视频质量 | float |
| 频道/节目请求次数 | int |
| 接入成功次数 | int |
| 平均接入时间 | int |
| 观看时长 | int |
| 当前媒体流传输带宽 | int |

智能运维系统实时监测终端上报QoS指标和SQM（Service Quality Management，服务质量管理）指标，第一时间感知用户，提高服务水平。

通过各种维度的综合分析比对，可以清晰地判断出质量下降的原因。基于广度的数据分析可以应用于大多数集中监控的场景中。

针对单个用户，也需要采集到丰富的KPI指标，这些指标从TCP/IP协议栈的3层往上贯穿到7层，从各个层面反映出网络及业务层面的健康状况。基于这种纵向维度的数据分析，同样也能为日常运维提供有效的数据支撑。

- 设备层面的指标反映了终端自身的健康状况，包括CPU/内存占用率、WiFi信号强度等；
- 业务指标直接反映视频业务质量和用户体验情况，包括卡顿次数和时间；
- 视频服务的指标反映视频业务的支撑能力，如分片下载质量和分片间隔时间、TS下载速率、HTTP建链响应、HTTP错误码等；
- 网络指标反映网络的支撑能力，如TCP建链时间、TCP重传数、乱序数等等。

以上不同层面的指标，当发生不同的异常组合时，可以分析出故障根因。例如，同样是视频卡顿造成用户体验下降，有的是TCP响应正常，但HTTP响应缓慢及错误码较多，此时说明CDN服务器的处理能力不足，无法支撑大量用户请求；有一些是HTTP响应正常，但TCP的重传和乱序非常多，说明网络丢包严重；有一些是TCP重传和乱序少量增多，但TS下载速率不达标，说明网络端到端速率不足，无法支撑高带宽视频业务；还有一些是终端CPU占用率过高、TCP低窗口情况出现，说明终端本身的性能出现瓶颈，无法及时处理视频流的解析播放。

在具备了在横向和纵向对各种KPI指标进行数据分析的能力后，就可以构建一套端到端指标体系，以矩阵的方式对全网KPI指标进行体系化的监控和分析。

指标体系横向可以分为3大部分：用户体验指标、网络健康度、平台健康度，如图5.56所示。

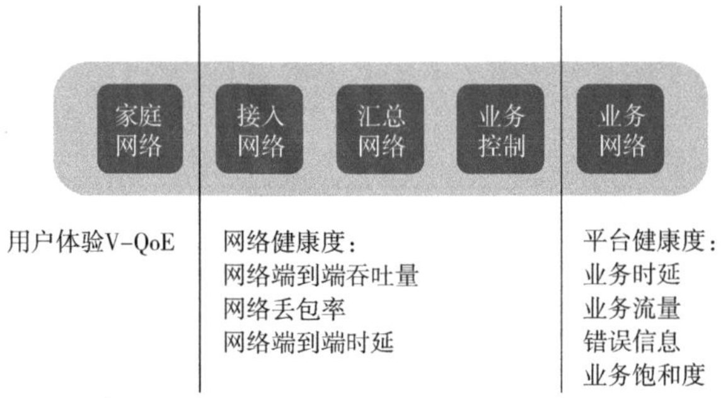


**图5.56 运维系统KPI指标体系**

以上分类还可以继续细分，例如用户体验指标体系可以分为机顶盒运行指标和家庭网络指标；网络健康度可以按照接入、传输、汇聚、骨干的方式细分；平台健康度可以再细分为CDN网络、业务平台、内容源等。

每一大部分的指标体系需要反映出该网络段对最终用户体验的主要影响因素。其中用户端指标体系一定是覆盖面最全的，因为它直接反映了用户体验的感受；网络段指标体系主要反映网络对DVB视频业务的承载能力；业务段指标体系主要反映业务系统对DVB视频业务的服务能力。

可以充分利用OSS的质量域数据进行网络KQI和网络KPI的量化分析。例如，通过分析正常网络状态下的历史用户网络行为数据，结合即时用户网络行为数据，预测客户侧网络故障。利用历史数据构建网络质量回归模型、网络运行状态回归模型、故障分类模型，如支持向量机回归、决策树模型等，通过构建主动测试数据，并结合获取到的信令数据、MR（Measurement Report，测量报告）数据和频点参数，统计并计算网络KPI和网络KQI，利用模型进行网络质量预测、网络性能和运行状态预测以及网络故障的相关预测。

4. KPI异常检测系统

广电网络智能运维系统主要为了解决故障检测成本较高的痛点，可以利用数据挖掘和机器学习算法建立预测模型，并构建KPI异常检测系统，来对系统的运行状况和业务的运营状况进行预测分析，主动了解用户端和业务是否工作正常，主动获知某个设备节点出现问题，主动发出运维单，进行故障维修，从而降低用户报修率，降低工作人员技术水平要求，同时提高运维效率。可以采用基于机器学习的KPI自动化异常检测来进行系统异常行为的检测，绘制出KPI时序曲线，提前预警潜在的风险、故障与漏洞（bugs），识别异常行为。

构建KPI异常检测系统主要需要两种技术人员的参与：运维人员和算法开发人员。

运维人员需要熟悉KPI的行为，并对KPI负责，能够从KPI时序曲线中识别异常状态和故障，并进一步实行故障的定位与修复。算法开发人员主要负责构建KPI异常检测系统，建立预测模型并产生KPI时序曲线，需要算法人员熟悉一些异常检测器。KPI异常检测运作流程如图5.57所示：

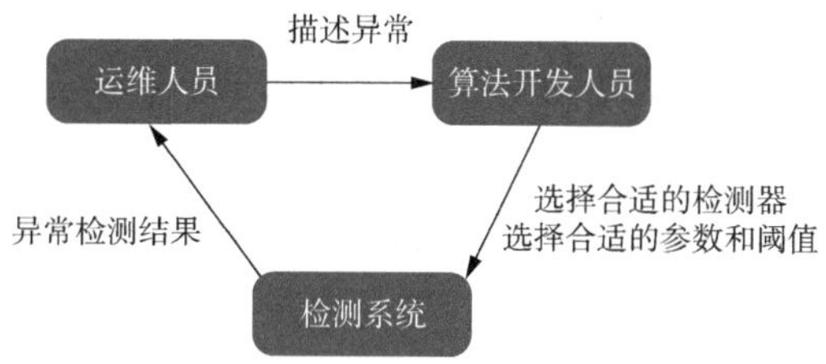


**图 5.57　KPI 异常检测系统运作流程**

运维人员将历史故障信息、异常数据发送给算法开发人员，算法开发人员通过选择合适的检测器或建立检测模型，还有合适的参数和阈值训练检测模型，将训练完成的模型存储到检测系统中，检测系统实时进行异常。检测运维人员根据检测系统输出的检测结果进行故障的确认和修复，将异常状况、异常产生的数据描述并整理给算法开发人员。然后算法开发人员基于新的异常数据更新、迭代检测器模型，再次将模型存储在检测系统中，周而复始。但这样的运作流程存在一些缺陷和挑战：

- 运维人员难以事先给出准确、量化的异常定义；
- 选择和综合不同的检测器需要耗费很多人力；
- 检测器算法复杂，参数调节不直观。

解决这些问题可以采用Opprentice的方法，即Operator’s Apprentice，其思想是让检测模型随运维人员从历史异常中学习，如图5.58所示。

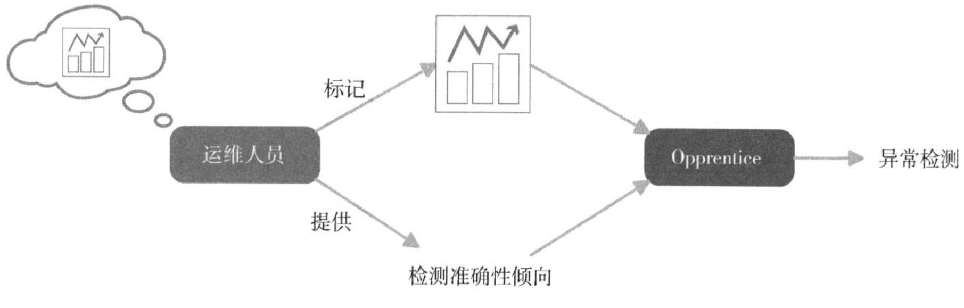


**图 5.58　Opprentice 主要思想**

运维人员在得到的KPI曲线中，将异常信息标记出来，输送给Opprentice检测器，并向检测器提供检测准确性的倾向，即将Opprentice检测器得到的KPI曲线反映出的异常信息是否准确反馈给Opprentice检测器，这样Opprentice检测器就可以从历史数据中学习，从异常信息中提取出异常特征，将不同的异常特征进行分类，比如说光放大器出现故障对应的异常特征，机顶盒出现故障对应的另一种异常特征，并结合运维人员的检测准确性反馈信息，不断地调整参数，优化模型，提高异常检测的准确性和稳定性。

Opprentice检测方法存在一些问题和挑战，这些问题和挑战都有对应的解决方案：

- 挑战1：标记历史数据的开销较大。这里的标记历史数据是指运维人员从KPI曲线中标记出异常位置，这要求运维人员对KPI曲线的行为和特性较为熟悉，而且标记操作往往比较费时费力，开销较大。解决方案：采用高效的标记工具。网络上有很多免费并且高效的自动标记工具，如Parker、Yolo_mark等，这些标记工具提供提供很多快速便捷的操作，如缩放坐标粒度、调节坐标最大值、移动拖拽图形等，可以很好的节省运维人员的时间。

- 挑战2：历史数据中异常种类少。故障信息的数据量相对于正常情况下的运维数据量要小得多，出现数据不均衡的问题，容易造成最后的模型检测准确率较低、泛化能力差等问题，这在很多异常检测的监督学习任务中都出现过。解决方案：采用增量学习。可以采用最新的数据增量学习的方式来尽量的平衡故障数据和非故障数据间的数据量，增量学习是指新增样本集分别训练，并随着样本集的积累逐步提高学习精度。与传统的数据分类技术相比，增量学习技术具有显著的优越性，这主要表现在两个方面：一方面其无需保存历史数据，从而减少了存储空间的占用；另一方面，其在新的训练中充分利用历史的训练结果，从而显著地减少了后续训练的时间。

- 挑战3：类别不均衡问题。检测器的本质其实是一个特征分析与提取工具，特征提取的结果作为训练样本输送到分类模型中进行预测或分类，结果有可能是无故障也有可能是网络节点故障，也有可能是终端设备故障等等，不同的类别很有可能出现数据量不均衡的问题，这容易造成模型得不到较为均衡的训练数据来进一步优化和完善。解决方案：根据检测准确性倾向调整分类阈值。对于检测器输出的结果，如果预测某一故障及故障类型的准确率较低，可以适当地减小对应类型的输出阈值，让检测器更倾向于做出更准确的预测。

- 挑战4：冗余和无关特征。这个是大多数机器学习任务中都会出现的情况，检测器获取到的训练数据往往有很多冗余或者和最终的预测结果不相关的特征，这容易造成模型过拟合。解决方案：选择合适的模型算法，如随机森林。很多优秀的机器学习算法可以有效地削弱过拟合的问题，如随机森林算法。随机森林算法是一种集成学习算法，利用随机的方式将许多决策树组合成一个森林，每个决策树在分类的时候投票决定测试样本的最终类别。由于随机森林的每棵子树所使用的样本和样本特征都是随机从训练数据集中选取，所以冗余和无关特征对最终的分类结果不会有太大影响。

基于Opprentice的设计一般包括两个模块：离线训练分类器和在线检测。如图5.59所示。

离线训练分类器部分，使用数据库将历史的运维数据和最新的KPI数据进行持久化存储，运维人员加载这些数据并使用标记工具标记工具进行异常信息的标记，另一方面统计并指定KPI曲线的故障预测准确性，将标记数据和预测准确性数据反馈给模型训练系统，并持久化。检测器不断地从持久化的历史运维数据和KPI数据中进行特征的学习和提取，并将其输送到模型训练系统，模型训练系统根据输入的特征数据、标记数据以及预测准确度数据不断地进行参数和阈值的调整，通过不断迭代优化产生异常分类器。

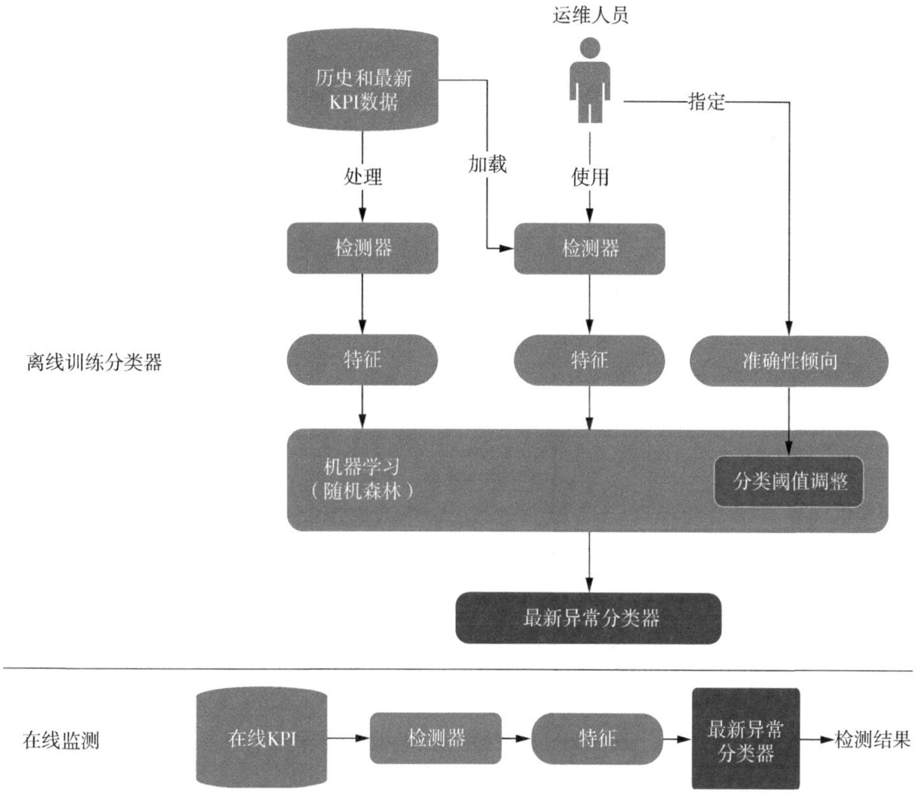


**图 5.59　Opprentice 两个模块**

在线检测部分，检测器能够从KPI数据中即时地提取出特征发送到异常分类器中进行异常检测，得出检测结果。

5. 智能运维系统的建设难点

智能运维系统的建设存在以下一些问题：

（1）数据量大

智能运维实现的核心就是数据，在已经构建完成的大数据平台之上，如何有效地将运维数据采集、预处理并输送到大数据平台，利用平台提供的存储和计算能力，进行数据的存储、分析和处理，是构建自动化运维的重点所在。然而有线网络上各种复杂的网元设备、用户终端的设备以及各个业务系统的运维行为，每天都会产生海量的数据，针对这些数据的存储资源需求是随时间线性增加的，如果不能快速及时对这些海量的数据进行处理和迭代，将会严重地占用大数据平台的存储资源，甚至导致存储资源饱和，这对数据的采集和数据的处理带来很大的挑战。对这些数据生命周期的管理也有很大的挑战，我们很难确定对这些运维数据的合理的存储周期以及数据的更新方案。如何针对这些日益增加的数据进行高效的管理和运营，也是需要仔细斟酌和考虑的。

（2）数据采集复杂度高

数据来源复杂多样，来自不同设备的数据具有不同的结构和形式，针对不同类型的设备，往往需要采用不同的数据采集方案，变化多样的外部环境，也会给采集带来的困难。如何整合不同采集方式的数据、应付复杂多变的网络环境，对BOSS系统来说是一个较大的挑战。另外，BOSS系统采集的海量数据需要及时高效地集成到大数据平台进行存储、分析和处理，以免造成数据流的阻塞，这对数据接口和消息队列的吞吐量要求很高。如图5.60所示。

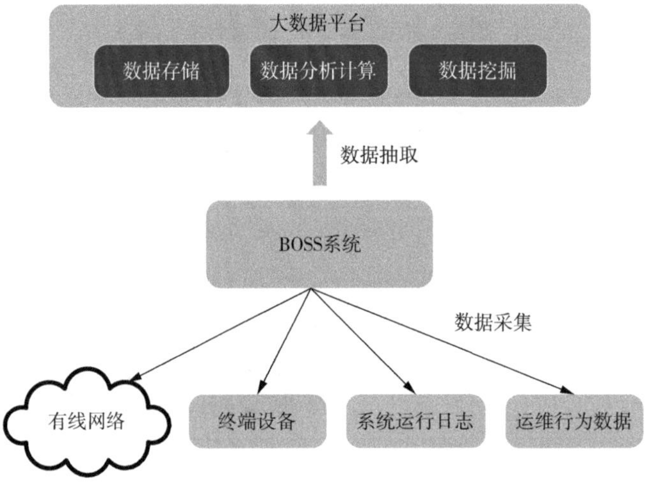


**图5.60　运维数据采集和集成架构**

（3）数据计算成本较高

智能运维的场景往往需要即时快速地获取数据处理结果，及时进行故障的预警，并采取相应的运维措施，以免产生故障处理不及时带来的严重后果，海量数据的实时处理需要大量的计算资源和内存资源，这在大数据平台建设初期是一个很大的挑战。而且自动化运维对故障预测的准确度要求也很高，这往往需要通过大数据平台构建准确的预测模型，这需要对海量数据进行多次的迭代计算以更新模型参数，从而得到较精确的模型，这同样会带来较大的计算成本。

由于以上存在的三点问题，智能运维的构建成本较高，在大数据平台构建的初期，我们可以一方面着重进行大数据基础平台的建设，另一方面进行BOSS系统数据采集能力的建设，在BOSS系统的数据采集能力以及数据到大数据平台的抽取能力完善了以后，我们就可以借助大数据平台的存储、计算、分析和建模能力开展智能运维的相关建设。

#### 5.3.2.3　智慧社区与智慧城市

1. 智慧城市与智慧社区发展背景

智慧城市是基于物联网、云计算等新一代信息技术以及维基、社交网络、FabLab、LivingLab、综合继承法等工具和方法的应用。通过利用信息和通信技术令城市生活更加智能，高效利用资源，改进服务交付和生活质量，减少对环境的影响，支持创新和低碳经济，实现智慧技术高度集成、智慧产业高端发展、智慧服务高效便民、以人为本持续创新，完成从数字城市向智慧城市的跃升。

目前国家住建部已经公布了首批90个国家智慧城市试点名单，上海市也在其中。作为三网融合下的综合运营商，广电在建设智慧城市上拥有得天独厚的优势，一方面广电拥有遍及全球的网络，另一方面数字电视整转后每个用户家中都有数字机顶盒，这使智慧城市惠及到每个居民家中成为可能，但如何参与智慧城市的建设，如何通过智慧城市的建设拓展业务，成为一个值得探讨的问题。

智慧社区是将智慧城市的概念引入了社区，以社区群众的幸福感为出发点，通过打造智慧社区为社区百姓提供便利。智慧社区是智慧城市的一个“细胞”，它涉及到智能楼宇、智能家居、路网监控、智能医院、城市生命线管理、食品药品管理、票证管理、家庭护理、个人健康与数字生活等诸多领域。广电传统上的分级架构，与各社区拥有良好的协作关系，相比全城铺开的智慧城市，分片建设智慧社区就成为一个比较务实的选择。

2. 智慧社区建设的重要性

智慧社区属于社区的高级发展阶段，通过综合应用信息技术手段，设计、建设和运营社区基础设施，提高居民生活质量和社会经济福利，从而促进社区和谐，推动区域社会发展。

（1）社区作为社会发展的基本单元，已成为城市社会建设和管理的重要环节，在维护社会稳定、保障社区居民基本生活权益以及促进便民利民服务发展等方面发挥越来越重要的作用。

（2）智慧社区通过综合运用信息技术，整合区域内多种信息，统筹公共管理、公共服务和商业服务等资源，提升社区治理和管理现代化，是实现社区服务体系建设目标的重要举措之一。

（3）智慧社区建设是智慧城市建设的重要组成部分，是推动社区公共服务、便民服务落地的重要手段。通过以社区为单元进行智能化的建设，以点带面地逐步实现城市的智能化。

3. 智慧社区的三大平台建设

智慧社区要做哪些内容，并没有具体要求。根据社区及民生需求，结合广电数字机顶盒的应用实际，江苏有线泰州分公司推出了智慧社区的三大平台：信息化公共服务平台、智能化民生服务平台和网络化跨屏服务平台。以下是江苏有线泰州分公司在智慧社区的三大平台的实践案例。

信息化公共服务平台主要包含的内容：一是市、区政府信息平台及街道、乡镇、社区信息平台，市、区政府一般都有自己的政府网站，只要简单地移植到机顶盒上显示即可，比较有特色的是社区信息平台，社区一般没有自己的宣传渠道，通过这一平台，社区居民打开机顶盒就打开本社区的信息内容，可以在家就了解本社区的通知、消息，通过互动参与社区事务，它架起了沟通的桥梁，拉近居民与街道、社区的距离；二是一些事业单位的信息发布平台，比如与物价局合作发布本地多家农贸市场、超市的商品价格信息，与本地图书馆合作的电视图书馆，与教育局合作的空中教堂，与消防局合作的消防之声等等，这一平台的内容是以图文、视频的展示为主。

智能化民生服务平台按照老百姓关心的内容做了几个方面：一个比较有特色的是智能医护，在社区设立健康小屋，为家庭准备健康服务包，提供常用健康检测仪器，居民可以进行基础生理指标检测，包括身高、体重、血压、脂肪含量、心电、心血管功能、血氧、体温、肺功能、血糖等。用户测量数据实时传送到社区医疗机构，加入居民健康档案，并提供分析报告，在机顶盒上提供体征显示，结合医生远程诊疗，可以做到早发现、早预防、早治疗。另外与本地医院合作，用户在机顶盒上可以进行远程电视挂号和电子病历查询。二是智能电视，包含老百姓比较关心的水电气及交通违章查询、本地购物和物业便民服务等等。三是智能家居，以电视操作为核心，控制家庭电器。四是智能安防，通过社区及家庭的安防系统，对整个社区安防情况进行视频记录，用户也可以通过机顶盒访问社区的实时视频监控，了解周边情况。

网络化跨屏服务平台主要依托广电的双向网络，拓展一些增值应用，如通过机顶盒进行视频通信、绿色上网，通过智能手机可以访问社区信息，对机顶盒进行操控、收看电视，实现三屏互动。

4. 智慧社区业务发展规划

广电网络运营商可以结合江苏有线泰州分公司的智慧社区实践经验和业务范围来思考并发展符合自身发展现状、符合本地社区特色的智慧社区平台。智慧社区业务内容丰富、涉及面广，针对社区的规模、新旧、阶段有别，群体需求各异进行涉及，因地制宜、切合实际，以社区管理及居民需求为导向规划业务。目前规划和上线的业务有两大类：社区服务类和社区管理类业务。

（1）社区服务类

充分利用有线电视、互联网、移动互联网、物联网技术整合民政、医疗、商务、金融、停车等公共服务资源，完善社区治理体制，搭建社区居民线上线下、动态数据实时采集的社区综合服务管理平台，为社区用户提供“医、食、住、行”等全方位的社区服务。主要特色业务包括社区电商、智慧驿站、社区金融、智慧停车等。

①社区电商

社区电商是电子商务发展的趋势，随着社区化的快速发展进程，消费将回归社区。打造社区服务O2O，以用户工作，生活，学习位置，绑定社区，整合社区内购物、娱乐、生活等板块，为用户提供全方位服务。打造线上线下完善的网络闭环，形成15分钟商圈，以社区商户、居委会为站点的物流配送网络，实现社区物流终端配送的一体化快捷服务。

②智慧驿站

基于社区的线下实体点（智慧驿站），实现如医疗、日常缴费、维修、家政、租房、快递代收代发等功能，并同时具备广电社区网格化管理服务功能，增强社区业主归属感，营造“远亲不如近邻”乐融融的社区环境。

③社区金融

依托社区电商的客户资源，打造社区金融服务的P2P平台，以社区日常消费为授信主题，开发销售理财产品，帮助小区业主财富增值，社区开展金融知识与服务讲座，社区资源无缝接入社区金融平台之中，为社区居民带来便捷丰富的金融服务，满足居民的金融需要，实现金融业务与社区管理的融合。

④智慧停车

基于广电有线无线融合网打造的智慧停车云平台，作为社区静态交通的有机组成部分，利用物联网技术和云端技术、大数据技术构建，实现了社区停车运营服务和技术服务的发展。基于手机App展现停车位的动态数据，同时提供错时停车，车位预订等服务，解决社区整体性停车难等问题，提升社区的静态交通管理水平。

（2）社区管理类

通过智慧社区平台，实现政府治理、社区管理、信息服务之间的有效沟通，实现各方的信息和业务需求在平台上的顺畅流动，实现各方沟通的无缝对接以及各个部门的数据整合，真正意义上实现社区管理的多维度融合，主要业务包括信息发布、居家养老、人口管理、社情民意调查等。

①信息发布系统

通过有线电视屏、移动客户端、公共大屏实现本地“三务”信息公开。一方面宣传各级党委、政府的政务公开、社区动态、公益活动、基层党建等。另一方面为基层搭建社区文化平台，丰富社区居民的精神文化生活，让居民了解身边的资讯、参与社区事务，架起社区和居民之间的沟通桥梁。

②居家养老

通过有线电视网络平台，为辖区老人、空巢老人提供送餐、送货等服务。同时，利用社区有线电视网络实现可视对话和每日安全签到，让社区养老服务机构人员及时了解到老人的状况，避免一些孤寡老人独居时出现安全问题，提升社区养老服务的整体水平。

③人口管理

对于社区人口管理工作，有线电视实名制的数据为社区的人口管理提供了有效补充。有线电视平台用户数据和民政数据的融合及比对整合，形成比较完整的人口数据，实现流动人口、老年人口、特殊人群、年龄结构、知识结构等的综合分析统计，为政府的资源配置提供辅助作用。人口数据与医疗卫生信息结合，实现人口健康档案管理。人口管理应用，解决了人口数据的整合应用以及宏观管控的问题。

④社情民意调查

基于有线电视平台，搭建社区社情民意调查系统，方便快捷收集社区居民关心的社情民意信息。及时有效收集、汇总、分类社区基础设施建设、社会矛盾纠纷、便民利民服务及其他社情民意，同时建立社情民意收集档案，通过规范渠道及时报送相关管理和决策部门，为党和政府科学决策提供参考。

5. 智慧社区总体架构

广电网络建设智慧社区，总体上以终端智能化和有线无线融合网为抓手，以平台为支撑，以应用为引领，通过开放平台汇聚智慧社区应用，形成广电有线无线和互联网融合的广电+生态，实现面向社区、商家和社区居民等多群体的社区信息系统服务体系。

如图5.61所示，为智慧社区总体架构图。

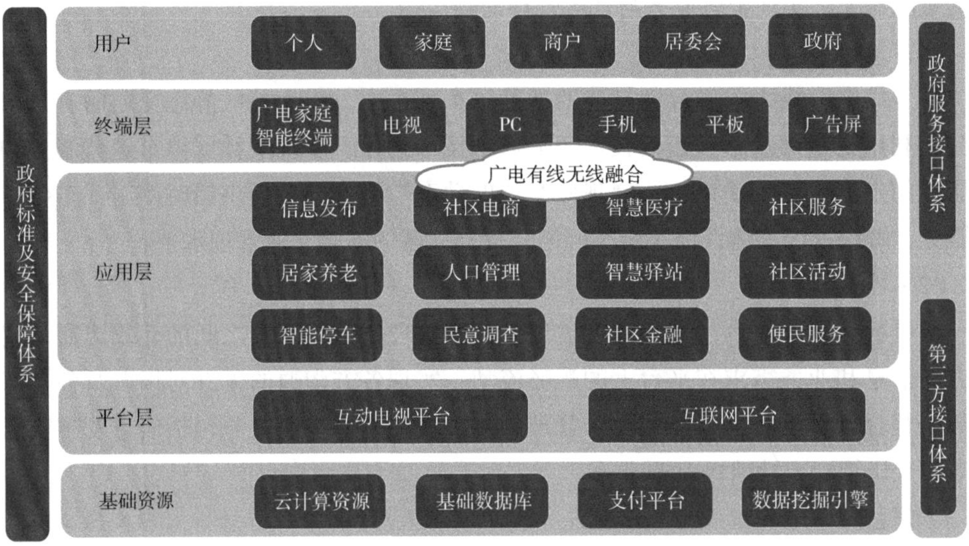


**图 5.61　智慧社区总体架构图**

在网络层，采用有线和无线融合的方式，即社区家庭通过有线覆盖、公共区域通过无线WiFi覆盖，依托城市光网络、WLAN等网络资源，引入物联网和云计算等技术，完善基础设施建设。

在平台层，采用“广电网+互联网”融合互动的方式，以电视平台为主，互联网平台为辅。

在终端层，依托广电家庭智能终端以及手机等智能终端，实现终端融合和业务跨屏，形成社区、家庭服务的入口和数据汇聚平台。

在应用层，发挥智慧社区应用聚合者的作用，汇聚智慧应用与社区基础信息，实现信息的开放与跨域分享。

在数据层，建立起社区居民、家庭和居委会的数据采集和社交网络平台，采集社区居民、家庭、楼宇等基本数据，聚合社区物业、民政、养老、商业、文化、教育等各个领域的数据，形成一个共享、开放的社区块数据，推动社区大数据从“条”到“块”上的融合与集聚。

广电网络参与智慧社区建设既符合经济社会发展和居民生活要求，也符合自身转型发展谋求突破的需要，广电网络深度参与智慧社区建设具有天然优势，技术发展趋势、国家政策导向、市场需求等都为广电网络参与智慧社区建设提供了难得的机遇。

以市场化机制，打造开放共赢，多方参与的开放式平台，不断丰富智慧社区内涵，满足社区居民、社区管理及产业发展的需求，逐渐向规模化运营迈进，将有效推动广电网络转型升级，实现跨域式发展。

6. 智慧城市总体架构

广电“智慧城市”服务云平台总体技术架构采用分层思想，由服务云平台、管理云平台、资源云平台构成。各层之间以松耦合方式实现应用与承载分离、控制与感知分离，各组成部分功能描述如图 5.62 所示。

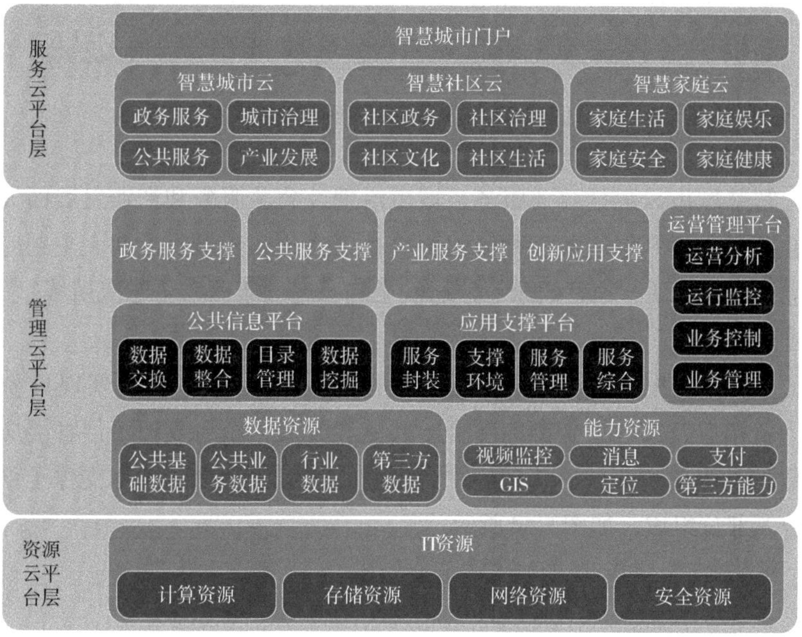


**图 5.62　广电“智慧城市”服务云平台总体技术架构**

（1）服务云平台层

通过智慧城市云、智慧社区云、智慧家庭云等三大“SaaS”云服务，通过统一的智慧城市门户面向政府、公众、行业和家庭用户提供“智慧城市”、“智慧社区”、“智慧家庭”三位一体的智慧云服务。

（2）管理云平台层

采用云计算—平台即服务（PaaS）、数据即服务（DaaS）技术架构，面向“智慧城市”“智慧社区”“智慧家庭”各类智慧应用服务，提供数据资源、能力资源的整合、处理和开放服务，核心层由公共信息子平台、应用支撑子平台、运营管理子平台组成，实现对上层各类云服务的支撑和管理。其中，根据面向不同服务对象所提供智慧应用的应用隔离和数据安全要求，应用服务支撑由政务服务支撑、公共服务支撑、产业服务支撑和创新应用支撑等四类专属应用支撑功能组成。

（3）资源云平台层

提供构建智慧城市数据中心所需要的池化计算资源、存储资源、网络资源、安全资源及“IaaS”管理功能。

7. 智慧城市建设内容

（1）服务云平台

服务云平台基于云计算——“软件即服务”（SaaS）技术构建，由智慧城市云、智慧社区云和智慧家庭云组成，如图5.63所示。

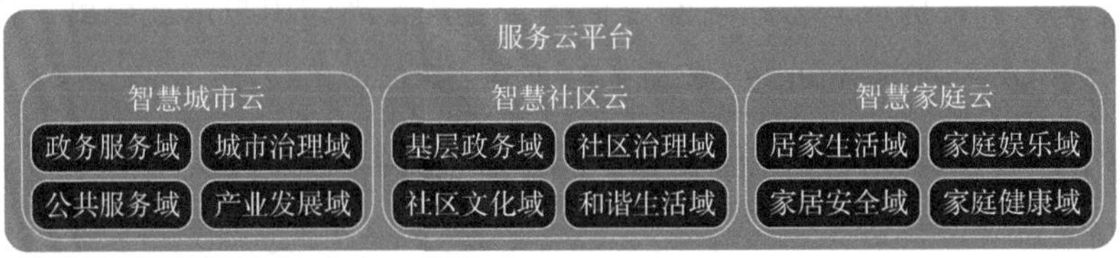


**图 5.63　智慧服务云系统整体架构**

其中，智慧城市云包括政务服务、城市治理、公共服务和产业发展四大主题应用域；智慧社区云包括基层政务、社区治理、社区文化和和谐生活四大主题应用域；智慧家庭云包括居家生活、家庭娱乐、家居安全和家庭健康四大主题应用域。

（2）管理云平台

管理云平台是广电智慧城市服务云平台的核心组成部分，主要实现IT资源、数据资源、能力资源以及第三方资源的整合、共享和开放，统一支撑上层各类应用的开展和第三方数据及服务的开放。管理云平台由公共信息子平台、应用支撑子平台、运营管理子平台三部分组成，如图5.64所示。

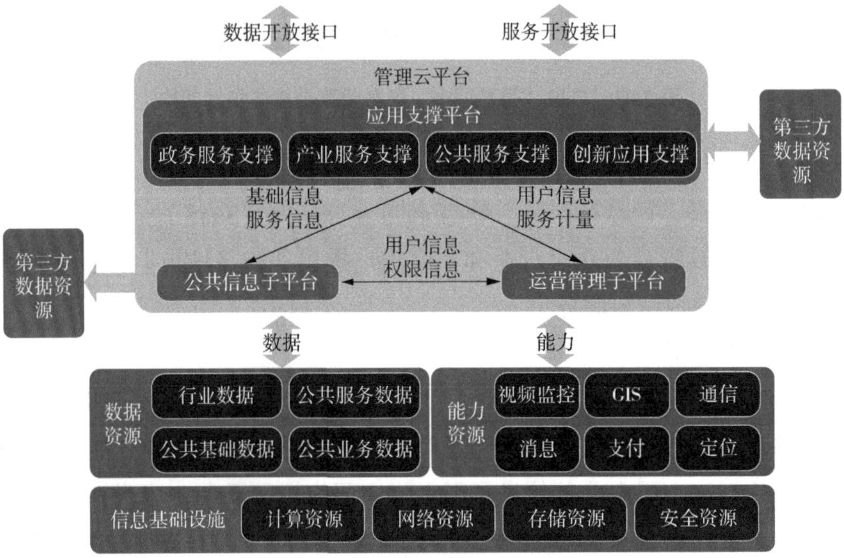


**图 5.64　管理云平台整体架构**

a. 公共信息子平台

公共信息子平台的建设目标是实现城市不同部门异构系统间的资源共享和协同，

有效避免城市多头投资、重复建设、资源浪费等问题，支撑城市正常、健康的运行和管理。公共信息子平台基于云计算“数据即服务”（DaaS）理念，充分利用现有的信息化系统资源，强调跨部门、跨行业的信息交流与交换，形成分工协作、互利互惠的信息资源与服务功能的共建共享机制。同时，结合物联网技术、云计算技术、互联网技术、通信技术、GIS技术、虚拟实现技术等新一代信息技术为基础，结合智能感知、智能接入、数据处理、数据交换、中间件、开放互联、信息共享、单点登录等技术，采用通用标识编码技术为核心整合信息资源和异构系统，构建标准一致的智慧城市公共信息应用平台。公共信息子平台由支撑数据、目录管理与服务系统、数据整合服务系统、数据交换服务系统以及接口与服务部分组成，如图5.65所示。

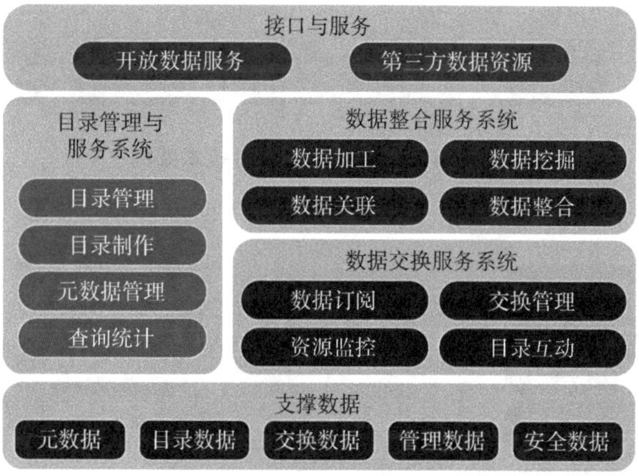


**图 5.65 公共信息子平台技术架构**

b.应用支撑子平台

应用支撑子平台面向智慧城市开放运营需求，整合视频监控、地理信息、消息、通信、定位、支付等智慧城市能力资源以及第三方互联网开放能力，通过协议适配、服务集成和接口封装，向上层各类应用和第三方业务开发者提供统一、标准、透明、开放的业务开发接口，并提供统一的应用开发环境和应用运行环境。

应用支撑子平台采用云计算—“平台即服务”（PaaS）技术架构，由能力资源系统、服务整合系统、服务开放系统和服务管理系统四部分组成，如图5.66所示。

c.运营管理子平台

运营管理子平台是实现智慧城市各类应用统一运营、统一管理、统一控制的功能实体，主要包括用户管理、合作伙伴管理、应用管理、产品管理、终端管理、计费管理、认证鉴权、订购管理、结算管理、统计分析、监控管理等功能。

运营管理子平台由业务管理系统、业务控制系统和监控分析系统三部分组成，并与BOSS系统交互用户信息，向安全管理平台传递安全监控、告警信息，与企业数据平台共享业务运营信息，运营管理模块的技术架构如图5.67所示。

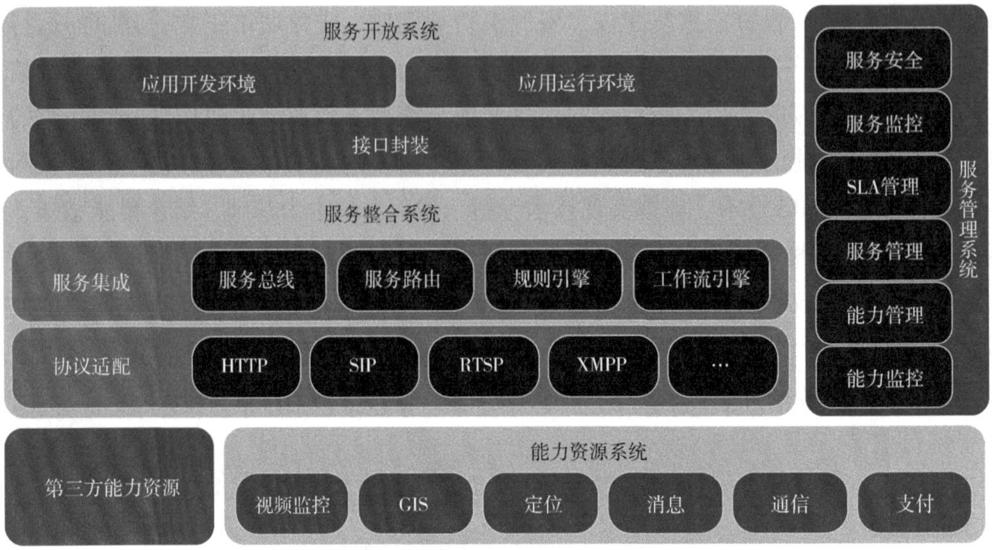


图 5.66　应用支撑自平台技术架构

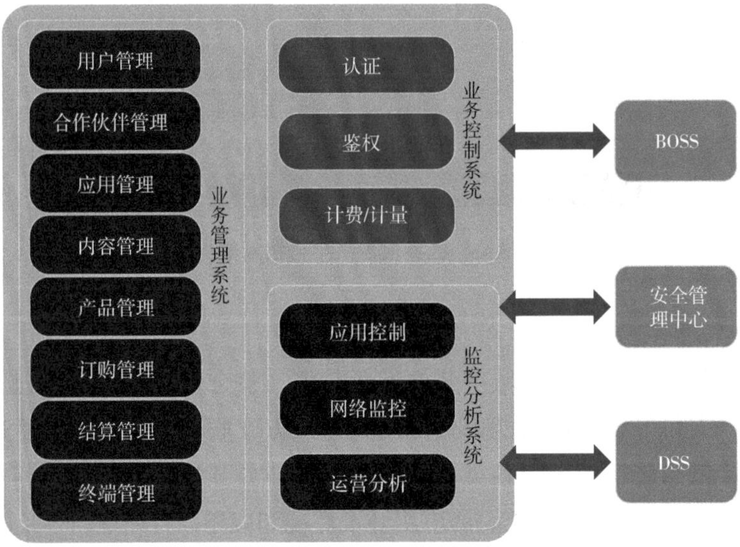


图 5.67　运营管理子平台技术架构

（3）资源云平台

资源云平台建设采用云计算—IaaS技术，通过虚拟化技术和资源管理技术，将服务器、存储、网络、安全设备抽象为逻辑资源池，为“智慧城市”服务云平台及各类应用的信息运算、信息存储、信息处理、信息交换、信息安全防护提供统一的基础硬件资源，并具备信息基础设施对外服务能力。基础资源云平台本身，连同机房、供电、空调、消防等一系列配套设施，

构成智慧城市数据中心。资源云平台整体架构从下往上包括云计算基础设施层、云计算平台基础资源层、云计算管理层和云计算服务层，如图5.68所示。

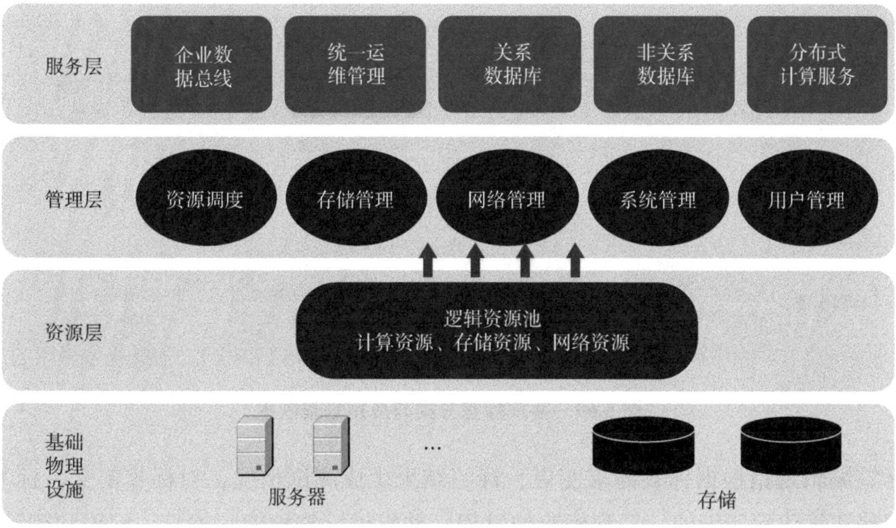


图 5.68 信息基础设施技术架构

5.3.2.4 标签体系

1. 客户标签体系

客户标签以客户的资料、行为、偏好分析结果为基础，直观描述客户的基本特征及其偏好情况，为精准营销等重点应用提供客户层面的信息支撑。

为方便对客户标签进行检索和应用，客户标签库对标签进行分类管理。标签体系中至少要包括两级分类：一级分类从基础属性、业务特征、消费价值特征、营销活动偏好、终端偏好、渠道偏好、互联网内容偏好、增值业务数字内容偏好、服务偏好等方面考虑，一级分类下设二级或更多级的分类。有效掌握和利用客户标签，不仅能够全面掌握客户移动生活特征，感知客户的行为变化，实时或非实时地执行运营动作和营销生产动作，以支持市场工作开展，还能支撑商业模式的拓展，面向未来探索和开辟新市场。

为了提升客户标签库的可用性及易用性，可以由标签库的业务部门使用人员对其进行虚拟分类，通过标签自定义虚拟分类的形式，基于市场运营需求实现面向应用场景的业务领域分类、营销要素分类。业务部门使用人员可以借此形成个性化的标签应用分类，有利于其对于标签库的理解、使用和反馈习惯的形成。客户标签分类与应用场景映射关系如图5.69所示。

根据标签的生命周期管理流程，需要实现标签的创建、编辑、审批、标签的调用、评估、失效和下线进行全流程配置化支撑，业务人员可以快速配置标签，更新标签，做好标签库的基础管理工作。

创建标签是指大数据平台用户（业务人员）可以根据需求，描述特定的目标客户列表或者产品资源列表对象特征的过程。标签名称应以简单易懂、准确描述对象特性为原则。

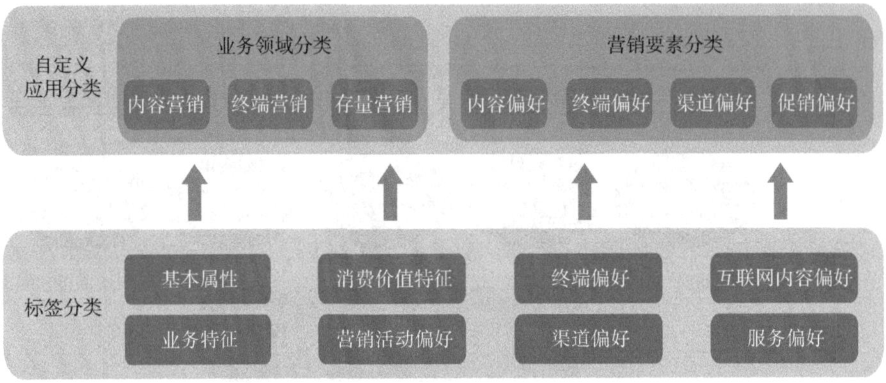


**图 5.69　客户标签分类与应用场景映射**

标签编辑是指根据标签需求变更、标签结果生成测试情况，对标签定义、标签规则进行调整和优化而所做的一系列修改的过程，并提供标签检索、查看、编辑和删除功能，经过编辑的标签必须重新审核后发布。标签编辑支持检索标签功能，包括但不限于按标签分类、标签名称、标签编码、关键词、创建时间、审批时间等客户标签定义信息要素、属性要素进行检索支持删除标签定义信息、属性信息要素或记录的功能；支持编辑标签定义信息、属性信息（包括标签有效期、标签类别、标签详细备注、标签执行的周期、标签优先级、标签数据来源）等；支持标签规则管理、规则模板管理和阈值配置管理。支持标签规则正确性检查；支持标签编辑操作日志记录功能。

标签查询是指可以通过界面按照建立时间、建立人、关键字、标签类型等条件进行组合查询。标签查询支持按照关键字搜索；支持按照标签名称，标签分类等条件进行组合查询；标签详细信息展示：标签的名称、编码、描述信息、统计口径、创建日期、覆盖客户数、被引用次数。

标签审核提供新建标签完成之后的审核功能，用来确保标签高质量、高效率地提供服务；新建标签必须通过审核以后才能够使用。审批功能需有任务通知提醒，并生成审核日志备查。可复用大数据平台营销服务管理平台营销活动的审批功能。标签审核支持待审核标签查询、标签内容浏览、生成审核日志、审核任务通知提醒、审核批注、审核结果通知功能。

标签使用主要包括一键复用、标签推送、热点标签推荐、标签申告、标签分析、标签对比分析、标签评估、标签停用、标签下线、标签版本管理等。

（1）一键复用

业务人员在进行标签创建或者进行营销传播时，可以在现有标签基础上进行一键复用；点击一键复用功能，先进入到该标签的配置页面，可以进行标签规则的修改；然后以进入标签详细页面，进行编辑，保存生成新的标签。创建新的公有标签，需进入到标签创建审批流程；创建新的个人标签，不需要走标签创建审批流程，保存后可以直接使用；复用生成的新标签，自动更新创建人、版本等内容，同时记录标签的血缘关系；自动根据复用人员所在地区标示，修改对应标签配置内容。

（2）标签推送

为方便一线营销所需典型客户特征/属性和标签等客户知识，可以通过“标签推送”功能，灵活配置传递到客服、网厅、掌厅、自助终端、社会渠道等触点，指导一线业务人员高效营销和服务。标签推送支持标签选取或属性选取及组合选取；支持推送渠道的选取设置；支持推送触点的选取设置；支持标签分类（对应标签的一级分类）的选取设置；支持营销活动或者业务/产品的自动匹配（通过客户标签或者属性自动匹配出可以参加的营销活动或业务/产品）。

（3）热点标签推荐

热点标签推荐根据标签的点击次数和传播及推送次数进行排列，取TOPN（如TOP10）进行推荐。热点标签推荐支持对热点标签的自动推荐功能；支持标签一键复用能力。

（4）标签申告

在使用标签和属性过程中，发现问题则可点击标签申告按钮，将问题反馈给运维人员。维护人员快速响应申告，24小时内回复问题或进度，系统自动短信通知提醒告人员，及时查看和确认，并留下处理人联系方式，方便问题疑问解答和跟进。标签申告支持各阶段处理步骤自动短信告知功能；支持标签异常日志的记录功能。

（5）标签分析

为了帮助业务人员了解客户标签中蕴含的潜在知识，系统提供标签辅助分析能力，实现对比分析、趋势分析、构成分析、主次分析等分析手段，辅助业务人员洞察客户知识及进行自助创建新的标签。

（6）标签评估

标签评估对客户标签结果信息的使用效果进行评估，结合标签与营销活动结合的情况和客户的反馈，对客户标签准确率及营销使用情况方面分析客户标签应用的效果，不断完善和提升标签规则、计算口径等标签体系，以持续提升标签的准确性和有效性。标签评估支持标签贡献度评估；支持按多种形式展现的功能，如饼图、柱状图、报表等形式；支持标签名称等综合评分查询；支持一线人员对标签应用评论功能。

（7）标签停用

对于应用效果不佳或已不再符合实际情况的标签，需要对其生成规则或相关分析模型进行优化。此时标签管理员可以对这些标签执行暂停操作，则标签使用人员无法继续使用这些标签，待该标签完成优化重新上线后恢复使用。标签停用支持标签暂停使用功能；支持标签重新上线功能；支持标签失效时间设定功能。

（8）标签下线

标签下线是标签生命周期控制的过程，标签下线后，下线标签对应的所有实例（标签结果信息）均停用。下线规则示例如下：标签所有实例均已停用90天以上，且超过60天未有更新版本的标签所有实例的状态均为未启用，且超过60天未有更新版本的根据标签评估和应用反馈的结果，无实际的意义、可用度不高、营销效果非常差的标签的下线和停用需做好备案，存入历史表备查。支持停用标签查询。

（9）标签版本管理

客户标签的版本是记录已审批通过的标签演变的过程，版本号是用来描述标签更新日期的标识，当客户标签的内容修改或客户标签规则调整审批通过后，自动为客户标签生成新的版本号，并记录下版本演进过程中的各种修订编辑以方便与以前客户标签版本进行比较，基本功能包括：标签版本号管理包括对版本号的新增、修改、删除。标签变更历史管理对标签版本演讲过程的中的各种修订进行查询，包括变更时间、变更人、修订原因、修改单版本号、修订内容等。标签版本比较功能提供标签版本的比较的功能，可以对比一个标签在两个版本上的区别，进行简单的差异性分析，也可以选择同一版本上的两个标签进行对比，对其进行简单的共性分析。

下面简要介绍两种标签，分析模型标签和动态标签。

分析模型标签主要是利用已有的基础数据进行一定的筛选、分析、关联和数据挖掘，生成客户标签结果信息，较为简单的标签一般通过数据口径的定义来生成；较难直接判断和收集的复杂标签（如学生、交往圈、潜在换机用户等）则通过建立一定的数据挖掘方法、建立分析模型，从相关数据中寻找客户特征属性、业务特征等属性，最终生成客户标签结果信息。分析模型标签的新增、修改均需满足分析型标签元数据管理要求。

动态标签是基于大数据流式计算技术，通过构建实时计算引擎，对用户的行为进行实时的挖掘判断，形成的实时更新的客户标签，其区别于传统标签的最大特征是提升了客户洞察的及时性。传统的标签生成受限于数据库处理时效性，多采取按小时、按天甚至按月的数据周期来采集、加工数据和展现标签。动态标签采用新型的生成技术，实现了数据实时或准实时的更新，满足了大数据时代高时效性要求。

2. 标签相关技术

随着广电运营商双向网络建设的不断完善，各种增值业务的纷纷上马，用户收看的电视节目从内容上到形式上都发生了翻天覆地的变化。在互联网相关技术的推动下，节目内容的分类标签技术得到了蓬勃的发展。然而，电视用户的分类工作一直进展缓慢：一方面，由于机顶盒用户是以家庭为单位，各人之间的喜好差异较大，难以照搬互联网的分类技术；另一方面，电视节目收看数据保密性强，很多用户行为数据难以捕获。因此，如何通过对分析历史收看数据对电视用户进行分类显得日益重要。目前最为受欢迎的分类手段就是给用户贴标签，如何能够利用现有的技术，给用户进行精准的分类，并了解用户的行为习惯，是非常值得研究的，现就标签涉及到的相关技术进行简要的介绍。

（1）分众分类（Folksonomy）

分众分类（Folksonomy）是随着Web2.0而产生的新型网络信息分类法，也叫大众分类、社会分类、自由分类等，最早由Thomas Vander Wal和Gene Smith提出，是“Folk”和“Taxonomy”两个单词的组合，意为“以用户为中心的基于大众一致意见产生的分类体系”，即用户按照自己的分类标准，依托标签共建共享平台，赋予网络信息资源以检索标识，以一种平面化的、无等级的方式对网络资源进行标注，且具有标注简单、灵活易用等诸多优点，因而打破了传统固态、僵化的资源组织模式。目前，国内学者对Folksonomy的概念认知差异不大，然而，由于国内学者对“folks”翻译方式不同，学术界尚未形成一个统一、权威的译法。事实上，它就是由网络信息用户自发地为某类信息定义一组标签（Tag）进行描述，并最终根据标签被使用的频次选用高频标签作为该类信息类名的一种为网络信息分类的方法。其实质就是以词为类，但其类目却是平面的、非等级的，它是用户用标签对感兴趣的资料进行分类，并与他人共享标签的过程和结果。

随着Folksonomy的深入发展与应用，它也形成了自身的特点，主要归纳为以下四方面：

第一，标注的自由性，与传统分类相比，它允许用户根据自己对资源的主观感受，对资源自由的从多个角度进行标注和分类，摆脱传统分类受控词表的约束，是一种高度自由的、人性化的分类方式，也体现了大众的群体智慧；

第二，突出用户的参与性，用户是网络资源的管理者与组织者，标签是基于用户对资源特征的理解而产生的，在一定程度上能够动态地反映用户偏好的转移状况；

第三，多个维度标注，主要体现在用户可以对同一个资源用多个标签从不同的方面来反映资源的特征，并最终被大众共享使用，也可以是大众对资源的理解不同，相同的资源可能会被多个不同的标签标注，这样可以全面地解释资源的本质特征，使得资源被分到不同的种类中；

第四，知识共享和交流的平台，Folksonomy系统提供了用户对资源标注的分享平台，用户可以利用标签找到感兴趣的人和资源，大家共享自己标注过的资源，从而达到相互交流学习的目的。

Folksonomy也面临着一些问题，主要表现在：

①标签的歧义、表述不一、冗余：用户标注的标签汇集到一起的时候，标签的语义特征就会显现出来，相同的标签可能随着具体标注环境的不同而呈现出不同的语义，如果不从语义上区分这些标签的含义，就会产生歧义；Folksonomy系统的大众性及用户本身的标注习惯不同，造成了标签的表述方式不同、杂乱无章等现象的产生，因此，如何挖掘标签的语义以及标签序化问题是重要研究方向。

②用户参与标注度低，导致数据集高度稀疏：Folksonomy推荐系统的主要数据来源于标签，它反映了用户对资源的偏好，用户参与度小，导致系统收集到有效的标注信息很少，并且标签的使用情况分布会表现出“幂律分布”趋势，即热门标签被使用的频率很高，而绝大多数标签都处于“长尾区域”使用量极低，这些都导致数据集的高度稀疏性。

③最近邻查找不准确：依照传统的协同过滤算法，只有两个用户使用过相同的标签时，才可计算他们的相似度，如果没有共同的标签，那么他们的相似度为0，这一点并不合理，因为两个用户没有共同的标签并不意味着他们没有共同的偏好，例如两个

偏好很相似的用户，如用户A使用过的标签集为{算法分析，C语言，数据库}，用户B使用过的标签集为{编程珠玑，C++ Primer，MySql}，用户A和用户B使用的标签并不相同，但在语义上呈现高度的相似性，而传统协同过滤算法就无法分辨，导致用户相似度计算不准确。

④冷启动：当新用户进入系统时，并没有使用过任何标签，新用户与原有用户的相似度为0，则无法对他进行推荐，这是传统协同过滤算法一直存在的问题，常用的解决办法是将系统中的热门资源推荐给新用户，然而这种推荐不免缺少了个性化推荐因素。

⑤实时性：系统用户、资源和标签数量的急剧增加，大规模用户的推荐需求使得Folksonomy推荐系统的时间复杂度和空间复杂度面临挑战，在实时响应用户请求的同时，也不能降低推荐结果质量，如何平衡计算规模和实时推荐二者之间的关系成为Folksonomy推荐系统需要解决的重要问题。

基于上述Folksonomy特点的分析，可以得出，它继承了Web2.0的“以用户为中心”的思想，摆脱了传统高度组织化和模式化的信息组织方式，利用草根的力量，按照人们更倾向的方式把网络上形式各异、杂乱无章的信息进行组织分类，使人们既可以看到某一观念延伸的趋势，也能发现人们观察世界、认识世界以及诠释世界的知识结构。虽然Folksonomy的缺点不容忽视，但其缺点也恰好是当前研究的热点问题，并拥有着丰硕的成果，这才使得当今Folksonomy的应用越来越广泛和深入。

（2）Folksonomy标签聚类和标签共现

在上述的分众分类技术中，由于用户自由选择词汇注释所创建或上传的数字信息而著称的社会标注系统以前所未来的速度发展着。由于不必依赖于事先定义的知识共享结构和规范词表，用户可在不必受到任何限制的过程中进行信息组织与资源标注。这在成为Folksonomy知识组织体系最大特点的同时也成为制约标签导航效率的隐患。

分众分类允许用户使用不同的标签来标记相似的资源，但并不了解这些标签之间的关系，因而其内容检索机制受到严重的阻碍。为克服这一局限，有必要针对标签的统计学规律、标签间的共现分析、层次分析、标签与特定人和物的相关度、标签间的相似度比较等问题进行聚类分析，寻找相关标签群，从而形成立体的分类体系，并在此基础上展开标签关系库的构建研究。显然，这部分研究有助于实现广电的“精准”和“个性化信息聚合”。

目前，标签聚类方法的研究主要是将文本聚类的相关模型和算法对标签聚类的可行性、有效性及如何更好地将这些算法应用于标签聚类。目前广泛采用的方法是基于向量空间模型的文本聚类方法，它又包括划分法和层次法，其中划分法包括K-means和K-Medoids两种平面划分方法及对其改进的相关算法；层次聚类方法分为凝聚式和分裂式层次聚类方法，代表性的算法有BIRCH、CURE、CHAMELEON等。

进行标签之间关联度的研究有助于对信息进行分类检索与浏览，同时也可以挖掘出用户之间的相似性，从而可以对用户进行个性化推荐。标签的聚类就可以形成一个个的社区网络，随着标签的不断增多网络也会随之扩大。对标签之间的共现信息进行提取，然后用聚类算法对标签对其进行聚类。从聚类有效性进行比较可以发现不同的分类最后聚类效果有很大的差别，由此可见选择有效的聚类方法对于标签的聚类是很必要的。

共现分析的方法论基础是心理学的邻近联系法则和知识结构映射原理。心理学的邻近联系法则是指曾经在一起被感受过的对象往往在想象中也被联系在一起，以至于想起它们中的某一个的时候，其他的对象也会以曾经同时出现时的顺序想起。

共现分析是将各种信息载体中的共现信息定量化的分析方法。它运用统计方法和心理学原理分析文本中知识单元的共现分布特征，从中发现和挖掘潜在的知识及其关联。词的共现现象是在自然语言中普遍存在的语言现象，它可以被计算机获取并应用于自然语言处理中。在信息检索领域，词的共现现象是研究的热点之一。它的核心思想是词与词之间的共现频率在某种程度上反映了词之间的语义关联。一个标签本身也是一个词，标签用于标注资源后成为该资源的元数据，从多个角度描述了资源所含的信息，所以词共现分析的方法和思想可以应用到标签的分析中。实际上，近几年标签共现分析已经成为信息检索领域的热点之一。标签共现（tag co-occurrence）是指：多个不同标签在多个资源标注结果中同时出现，即若标签$tag_i$和$tag_j$标注了同一个资源，则称$tag_i$和$tag_j$共现。若两个标签经常用于标注相同的资源，则认为它们在一定程度上是语义相关的。

3. 基于标签的个性化推荐系统

推荐系统主要有三个组成要素：推荐候选对象，用户和推荐方法。其目的是经过推荐算法从推荐候选对象中过滤出有价值的资源对象推荐给需要的用户，由此可知，推荐算法的好坏是推荐系统的成功与否的关键。推荐的目的是不但推荐与当前用户兴趣相关的评分较高的资源，而且还应该推荐与当前用户兴趣相近的用户评分较高的其他资源，如推荐列表中含有n个推荐资源，与当前用户兴趣一致的资源数r1，与当前用户兴趣相近的其他用户评分较高的资源数r2，r1+r2=n，在该推荐列表中对于资源r（$r \in r2$）如果当前用户关注并且给予标注，则说明当前用户同样喜爱该类资源，应该更新其用户文件。这样能保证推荐的多样性，更大程度提高用户满意度。

标签的应用里，不应局限于只给用户贴标签，也要收集用户对资源添加的标签，因为这些标签，不但是对资源的描述，更是对其自身兴趣爱好的描述。传统的评分方法是把用户对某一资源的喜好表示在对资源的评分上，如果资源不存在了，这种评分也相应的消失，在信息大爆炸，更新速度飞快的今天，旧的信息很快就被新信息取代，推荐不但要为用户找到其所需的资源，而且要在用户同等喜好下能够提供最新的资源，因此标注优于评分，而且逐渐成为信息标识的主要方式。另外，这些标签的不同不但显示了资源之间的差异性，而且表示了用户兴趣偏好的差异，为利用标签形成资深用户社区提供了条件，有助于进行社会化分类。<资源，用户，标签>这个三元组的关系可用图5.70表示。

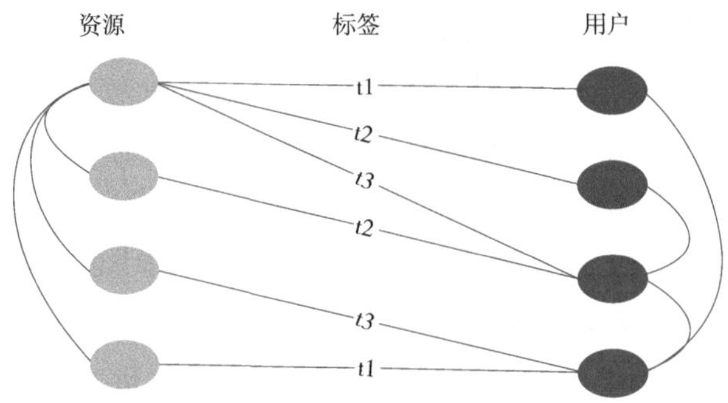


**图 5.70　三元关系图**

从图5.70可以看出，不同的用户可以对同一资源添加不同的标签，同一用户也可以对不同的资源添加相同的标签。可以用一个三元组<u，r，t>表示用户、资源、标签三者联系起来，如果用U={u1，u2......uk}表示WEB用户集合，R=（r1，r2......rm}表示WEB资源集合，T={t1，t2......tn}表示标签集合，那么社会化标签系统模型口可以表示为：D=（U，R，T，A），其中A是U，R，T之间的一个三元关系，A∈U×R×T，对于“u∈U，r∈R，t∈T，a=（u，r，t）∈A”称作一个标注，代表用户u用标签t标记了资源r。通过资源、用户、标签三者之间的紧密联系可以看出，在推荐的时候可以推荐资源也可以推荐标签，甚至可以推荐对该资源进行标注过的用户，无论是推荐三者之中的哪一个，当前用户都能够根据其中的一个找到另外两个。如果能将这方面很好的应用在广电的用户标签中，一定可以对精准推荐起到非常显著的作用。

#### 5.3.2.5　深度学习

##### 1. 深度学习发展概述

深度学习的概念源于人工神经网络的研究，含多隐层的多层感知器（MLP）就是一种深度学习结构。深度学习通过组合低层特征形成更加抽象的高层表示（属性类别或特征），以发现数据的分布式特征表示。BP算法作为传统训练多层网络的典型算法，实际上对于仅含几层网络，该训练方法就已很不理想。深度结构（涉及多个非线性处理单元层）非凸目标代价函数中普遍存在的局部最小是训练困难的主要来源。Hinton等人基于深度置信网（DBN）提出非监督贪心逐层训练算法，为解决深层结构相关的优化难题带来希望，随后提出多层自动编码器深层结构。此外Lecun等人提出的卷积神经网络（CNNs）是第一个真正多层结构学习算法，它利用空间相对关系减少参数数目以提高BP训练性能。此外深度学习还出现许多变形结构如去噪自动编码器、DCN、Sum-Product等。当前多数分类、回归等学习方法为浅层结构算法，其局限性在于有限样本和计算单元情况下对复杂函数的表示能力有限，针对复杂分类问题其泛化能力受到一定制约。深度学习可通过学习一种深层非线性网络结构，实现复杂函数逼近，表征输入数据分布式表示，并展现了强大的从少数样本集中学习数据集本质特征的能力。

浅层学习是机器学习的第一次浪潮。20世纪90年代，各种各样的浅层机器学习模型相继被提出，例如支撑向量机（SVM，SupportVectorMachines）、Boosting、最大熵方法（如LR，LogisticRegression）等。这些模型的结构基本上可以看成带有一层隐层节点（如SVM、Boosting），或没有隐层节点（如LR）。这些模型无论是在理论分析还是应用中都获得了巨大的成功。

相比之下，由于理论分析的难度大，训练方法又需要很多经验和技巧，这个时期深度人工神经网络反而相对沉寂。2006年，加拿大多伦多大学教授、机器学习领域的泰斗GeoffreyHinton和他的学生RuslanSalakhutdinov在国际顶级期刊《科学》上发表了一篇文章，开启了深度学习在学术界和工业界的浪潮。这篇文章有两个主要观点：

①多隐层的人工神经网络具有优异的特征学习能力，学习得到的特征对数据有更本质的刻画，从而有利于数据可视化或分类；

②深度神经网络在训练上的难度，可以通过“逐层初始化”（layer-wisepre-training）来有效克服，在这篇文章中，逐层初始化是通过无监督学习实现的。

当前多数分类、回归等学习方法为浅层结构算法，其局限性在于有限样本和计算单元情况下对复杂函数的表示能力有限，针对复杂分类问题其泛化能力受到一定制约。深度学习可通过学习一种深层非线性网络结构，实现复杂函数逼近，表征输入数据分布式表示，并展现了从少数样本中集中学习数据集本质特征的强大能力。而多层的好处就是可以用较少的参数表示复杂的函数。

深度学习的实质，是通过构建具有很多隐层的机器学习模型和海量的训练数据，来学习更有用的特征，从而提升分类或预测的准确性。因此，“深度模型”是手段，“特征学习”是目的。区别于传统的浅层学习，深度学习的不同在于：

①强调模型结构的深度，通常有5层、6层，甚至10多层的隐层节点；

②明确突出特征学习的重要性，也就是说，通过逐层特征变换，将样本在原空间的特征表示变换到一个新特征空间，从而使分类或预测更加容易。与人工规则构造特征的方法相比，利用大数据来学习特征，更能够刻画数据的丰富内在信息。

深度学习是机器学习研究中的一个新的领域，其动机在于建立、模拟人脑进行分析学习的神经网络，它模仿人脑的机制来解释数据，例如图像，声音和文本。深度学习是无监督学习的一种。深度学习的概念源于人工神经网络的研究。含多隐层的多层感知器就是一种深度学习结构。深度学习通过组合低层特征形成更加抽象的高层表示属性类别或特征，以发现数据的分布式特征表示。

深度学习的基本思想就是堆叠多个层，将这一层的输出作为下一层的输入。假设有一个系统S，它的结构分为n层（即S1，…，Sn），系统的输入为I，输出为O，此系统就可以形象的表示为：I=>S1=>S2…=>Sn=>O。在信息量没有损失的情况下，输入I与输出O相等，即输入I经过系统的每一层Si的信息都没有丝毫损失。那么，输入I在每一层Si都换了另外一种表达方式，但是本质没有改变。深度学习就是利用这一思想逐层自动地学习特征，如果层数为n层系统的输入为一组图像，通过调节系统每层的参数，使得输入的图像经过该系统后的输出仍然为图像本身，只是换了另外一种表达形式。这样，在图像经过这个系统之后，我们就可以自动获取得到输入图像一系列极具表示图像本身的层次特征。

如果对所有层同时进行训练，时间复杂度会太高；如果每次训练一层，偏差就会逐层传递。但若深度网络的神经元和参数过多，就会面临严重拟合的问题。2006年，Hinton提出了在非监督数据上建立多层神经网络的一个有效方法，简单的说，分为两步，一是每次训练一层网络，二是调优。Deep Learning训练过程具体如下：

①使用自下上升非监督学习。

采用无标定数据（或有标定数据）分层训练各层参数，这一步可以看作是一个无监督训练过程，它是和传统神经网络区别最大的部分。具体的，先用无标定数据训练第一层，训练时先学习第一层的参数（这一层可以看作是得到一个使得输出和输入差别最小的三层神经网络的隐层），由于模型capacity的限制以及稀疏性约束，使得得到的模型能够学习到数据本身的结构，从而得到比输入更具有表示能力的特征；在学习得到第n-1层后，将n-1层的输出作为第n层的输入，训练第n层，由此分别得到各层的参数；

②使用自顶向下的监督学习。

即通过带标签的数据去训练，误差自顶向下传输，对网络进行微调基于第一步得到的各层参数进一步fine-tune整个多层模型的参数，这一步是一个有监督训练过程；第一步类似神经网络的随机初始化初值过程，由于DL的第一步不是随机初始化，而是通过学习输入数据的结构得到的，因而这个初值更接近全局最优，从而能够取得更好的效果；所以DeepLearning效果好很大程度上归功于第一步的FeatureLearning过程。

2. 深度学习在有线电视行业应用分析

2.1　图像场景分类

随着计算机技术、互联网和人工智能的发展，数字图像的规模呈指数式的增长，每天都有数以万计的图像产生，并被共享到互联网上。互联网已经从“文本时代”走向“多媒体时代”，并逐渐向“大数据时代”发展。在生活中，每天都有大量的多媒体数据被收集和存储，数据处理正面临前所未有的机遇和挑战，数据处理目前正通过增加建模的有效性、知识萃取、分类和聚类的方法来处理。Flicker公司是一家提供在线图像和视频服务的网络公司，允许用户共享数字视频内容，截止到2012年，该网站已经收集超过5亿张图像。用户在搜索多媒体资源的时候需要网站自动分类，因此，在互联网技术发展的今天，围绕在我们身边的是大量的图像和视频，实现计算机图像和分类属性的自动组织就显得极其重要。面对如此浩瀚的图像海洋，想要找到对自己有用的信息是一件十分艰难的事情，传统的人工方式对图像进行管理和分类需要耗费大量的人力和时间，使得图像分类陷入瓶颈。因此，如何让计算机按照人类的思维方式去“认识”图像，并实现在不同机制下图像的自动识别，已经成为计算机视觉领域一个急需解决的问题，场景分类就是在这种需求下产生和发展起来的。

图像场景分类是从诸多图像中找出具有相似场景语义特征的图像（即可以将这些图像归为同一种场景类），并正确地对所有场景图像进行归类的技术。场景分类根据人类视觉认知和感知的原理，发现图像集合中存在某些共性，而这些共性既可以存在于整体图像，也可以存在于图中的某区域，其最终目的是完成将给定的一系列场景类别的图像数据库的标注工作，如海滩、山脉、街道、田园、湖泊等等。不仅如此，场景分类还为图像中实体目标的识别等其他图像理解技术提供了有用的相关信息支撑。场景分类研究中常提到的场景图像库，分别包括海洋、田园、高速公路、客厅、街道、高楼、市内、卧室、森林、山脉、郊区建筑、办公室和厨房这13个场景类别，如图5.71所示。

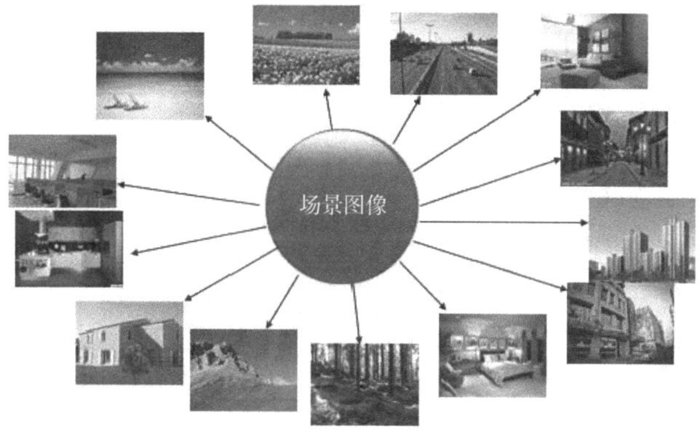


**图 5.71　场景类别**

图像中的场景可以呈现出丰富的多样性，因此，图像中场景的识别、分类和场景中一些目标的识别过程有着明显的差异。对图像中的目标识别而言，通常是先提取目标源中的几组视觉特征，再将各部分的视觉描述通过空间几何关系进行组合，最终形成该目标的视觉形状；然而，对于图像中的各个场景而言，往往某一个场景就会包含了许许多多的实体目标（例如人物，建筑，动物，树木，海浪，岩石，飞机，汽车等），但是这些实体目标间搭配组合形成的空间位置布局关系通常是无法进行估计的。一般意义下的场景通常会呈现出不同区域间的整体布局联系，场景分类往往更加重视这些联系，所以，这与简单的目标识别中主要关注目标本身内部的结构关系是完全不同的。

当前场景分类的主要方式是机器学习的方法，通过已知的语义信息对数据集中的场景图像进行自动标注。上个世纪兴起的人工智能和神经网络理论，将图像分类推向了另一个高潮。神经网络通过自动学习的方式对图像进行特征提取，网络节点的权值相当于图像滤波器，通过设置类别标签，神经网络根据此标签不断更新权值（滤波器），最终学习到最好的特征来区分各种类别。近些年，由于深度学习的广泛应用，基于深度学习理论的场景分类和目标检测方法层出不穷，一些重要的会议和期刊收录了大量有关这方面的科研成果。研究表明，人类可以通过看一眼场景中的一些目标物体就可以将很复杂的场景识别出来，这种通过模拟人类等生物感知的方法称为语义建模法，卷积神经网络模型就是通过模拟生物类大脑处理信息的方式来建立起来的一种人工智能方法。与传统的人工神经网络相比，卷积神经网络（CNN）可以直接处理二维图像，图像特征提取和降维是分布进行的，卷积层通过卷积核来提取图像特征，采样层对图像特征进行降维，通过全连接层和分类层进行分类，这种结构使其不容易产生过拟合的现象。卷积神经网络按照标签不断调整权值和滤波器参数，使得提取的特征不断优化，最终使网络收敛，此时的特征就是学习到的最好的特征。

卷积神经网络（CNN）是由Le Cun等提出的一种用于文档图像识别的特殊神经网络模型，在图像分类与检索、目标检测等方面取得了重大突破。CNN通过增加隐含层（卷积层和采样层）降低图像维度，在低维空间中提取图像的稀疏特征。由于使用权值共享，神经元和参数个数显著减少，更加易于训练。CNN是一个多层的神经网络，每一层都由多个二维平面组成，在每一个平面都由多个独立神经元组成。图5.72是一个卷积神经网络整体结构图。

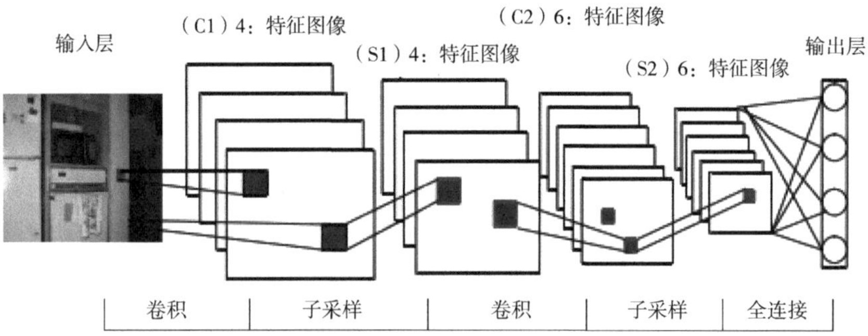


**图 5.72　卷积神经网络整体结构**

2.2　视频分类

近年来，随着计算机网络和多媒体技术的高速发展，各种多媒体信息蜂拥而至。视频作为一种常见的多媒体形式，与人类的日常生活息息相关。由于其种类和数量与日俱增，所以如何对这些海量的视频进行分类整理并且从中找到人们感兴趣的内容已经成为一个重要的课题。

视频分类是指分配视频数据到事先定义的类别（例如体育、新闻、音乐等）过程。在信息检索范围，视频分类起着至关重要的作用，常见的视频分类模型主要是建立一个大型的分类器，分类器中的训练样本可以是文字、声音或可视化的低级视频数据，甚至是上述数据的组合。这些构造的分类模型通常依赖于机器学习方法用以匹配待分类视频数据的低级特征甚至是高级的语义特征。

视频分类在视频分析中具有重要意义，目前在深度学习中经典的视频分类方法是3D卷积深度网络。3D卷积深度网络巧妙地利用2D卷积深度网络在图像分类中的优势，通过在时间维度增加一维卷积来达到对视频数据的分类。相比于传统算法，不用人工提取复杂的图像特征，可以实现端到端的训练。3D卷积深度网络是一种空间网络，由于受深度网络后端全连解层的影响，在设计3D卷积深度网络的时候，我们必须先确定网络输入视频的宽、高和帧数。由于固有的帧数被限制，当模型要对很长的视频进行分类时，就必须把长视频分成一段段长度相等的短视频，对这些短视频进行3D卷积运算会提取一段段特征向量，对得到的特征向量求均值得到一个均值特征向量，然后把均值特征向量放入最后的Softmax层进行分类。视频本质上是一个时序数据，视频帧之间如果发生错乱就会破坏这个视频数据的规律性。而上述3D卷积深度网络对提取的短视频特征向量加和求均值的做法就会破坏时序特性。反过来思考，对于特定的一堆数字，无论怎么打乱它们的次序，加和求均值后的结果总是不变的。所以加和求均值不会反映原来数据的次序性。

2.3 语音识别

随着数字化信息时代的来临，超大容量存储设备广泛出现，以及多媒体技术和网络技术迅速普及，音频数据呈现几何级数的增长趋势，大容量的音频数据库出现。音频场景理解对于新型的多媒体服务具有重要的意义，从音频场景中提取出语义信息，根据该语义信息对场景的变化进行跟踪，并根据不同的场景自动作出不同的操作反映。

语音识别发展到现在作为人机交互的重要接口，已经在很多方面改变了我们的生活，从智能家居的语音控制系统到车载语音识别系统，语音识别给我们带来了很多方便。在大数据、云计算等概念被提出并商用后，语音识别领域经过数十年的研究，也拥有了很多非常成功的商用产品。语音识别是理想的人机交互的中介工具，是推动机器向更智能化发展的重要技术。但由于传统语音识别存在一定的理论假设，语音识别的应用场景逐渐趋于复杂化，导致很多语音识别系统的性能的提高都遇到一定的瓶颈，语音识别的技术障碍需要引入一些新的理论、新的方法来解决；深度学习是当前对大数据做特征提取、分类识别的重要理论，对语音识别系统性能的提升有重要意义。

语音识别主要作用就是把一段语音信号转换成相对应的文本信息，系统主要由声学特征提取、语言模型、声学模型和解码器等组成。训练识别的过程是从原始波形语音数据中提取的声学特征经过训练得到声学模型，与发声词典、语言模型组成网络，对新来的语音提取特征，经过声学模型表示，通过维特比解码得出识别结果。

语音识别系统长期以来，在描述每个建模单元的统计概率模型的过程中，大多采用的是混合高斯模型。这种模型估计简单，适合海量数据训练，同时有成熟的区分度训练技术支持，长期以来，它一直在语音识别应用中占有垄断性地位。但这种混合高斯模型本质上是一种浅层网络建模，不能充分描述特征的状态空间分布。另外，建模的特征维数一般是几十维，不能充分描述特征之间的相关性。最后，建模本质上是一种似然概率建模，虽然区分度训练能够模拟一些模式类之间的区分性，但能力有限。采用深度神经网络后，可以充分描述特征之间的相关性，可以把连续多帧的语音特征并在一起，构成一个高维特征。最终的深度神经网络可以采用高维特征训练来模拟。由于深度神经网络采用模拟人脑的多层结果，可以逐级地进行信息特征抽取，最终形成适合模式分类的较理想特征。这种多层结构和人脑处理语音图像信息时，是有很大的相似性的。深度神经网络的建模技术，在实际线上服务时，能够无缝地和传统的语音识别技术相结合，在不引起任何系统额外耗费情况下，大幅度提升语音识别系统的识别率。

2.4 人工智能电视

人工智能（Artificial Intelligence），英文缩写为AI。它是研究、开发用于模拟、延伸和扩展人的智能的理论、方法、技术及应用系统的一门新的技术科学。人工智能是计算机科学的一个分支，它企图了解智能的实质，并生产出一种新的能以人类智能相似的方式做出反应的智能机器，该领域的研究包括机器人、语言识别、图像识别、自然语言处理和专家系统等。

人工智能电视，一般指人工智能技术与家庭电视进行连接。完善的技术逻辑与大数据运营，让电视具有语言识别、图像识别、自然语言处理和专家系统等功能。通过语音指令让电视自动推荐、选择电视产品；同时还能学习用户使用及搜索习惯，以实现更精准的语音操控及互动。

人工智能电视和普通智能电视相比，最主要的差别在于智能电视具备了"认知"层面的进化。人工智能电视除了安卓系统、语音交互等最基础的功能外，自适应、自学习、自成长是它的主要特质，也是人工智能赋予传统家电新的魅力核心所在。

第一，人工智能电视具有自然语言交互能力。和普通的语音识别功能所不同，人工智能电视可以根据用户发出的语义进行判断，从而带给用户更加精准的选择和结果。第二，人工智能电视具有内容汇聚检索引擎功能。例如，在百度上输入"电视"一词后，会出现多种结果供用户选择，用户可根据兴趣自由点击阅读。这些结果包括电视生产企业信息、电视产品价格、电视维护保养知识等。第三，人工智能电视具有自学习、可成长的性能。电视可以根据不同用户的不同观看习惯，通过收集用户观看行为调整内部算法，为不同需求的用户推送出精准、所需的内容。

从2011年开始，包括微软、IBM、谷歌、Facebook、BAT在内的国内外企业都开始深度布局人工智能，试图把握风口，成为下一个产业变革的巨擘。随着人工智能在全球范围内受到关注，国内对于人工智能的支持政策不断出台。"人工智能"首次出现在"十三五"规划草案中，发改委高技术产业司此前也表示发改委正牵手相关部门制定《互联网+人工智能三年行动实施方案》。相关产业有望持续获得国家大力支持，未来更多细化政策有望出台，加速人工智能需求落地。

近年来，互联网电视的出现加速了电视产品升级迭代的步伐，各电视品牌在不断增加完善电视内容的同时，也在产品本身的显示技术、人工智能方面有了突破性进展。智能电视作为家庭交互终端的入口，将会在更大程度上作为家庭互动的枢纽发挥作用。

### 5.3.3 数据运营加速新媒体发展

#### 5.3.3.1 数据化运营思路

在打通数据、精细分析后，广电需要通过应用将大数据落到实处。目前业界的大数据应用，可以归纳到如下四个方向，即优化内容和业务，提升广告营销的效果，支持开放平台，优化内部管理。

广电大数据平台数据化运营思路如图5.73所示：

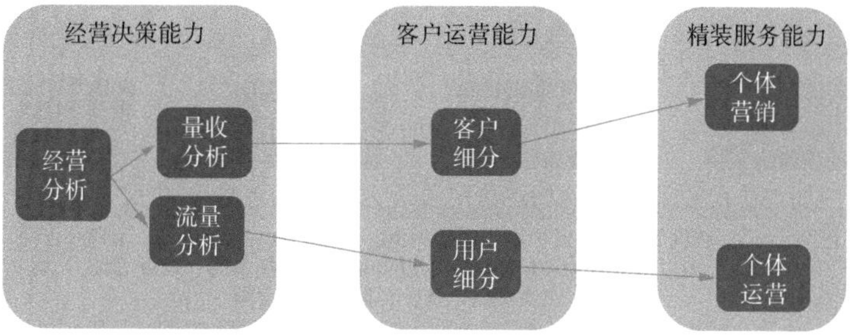


**图 5.73　广电网络运营商大数据平台数据化运营思路**

数据化运营一般有三方面的参与者：经营管理者、客户分析或产品分析者、客户经理或产品经理。

其中经营管理者通过经营分析为数据化运营提供经营决策能力，经营分析从量收分析和流量分析两方面进行；量收分析的结果提供给客户分析或产品分析者用于客户细分，流量分析的结果提供给客户分析或产品分析者用于用户细分，客户细分和用户细分为数据化运营提供客户运营能力；客户细分的结果提供给客户经理或产品经理用于个体营销，用户细分的结果提供给客户经理或产品经理用于个体运营，客户经理或产品经理通过个体营销和个体运营为数据化运营提供精准服务能力。

#### 5.3.3.2　大数据新媒体运营方法

广电行业的大数据平台通过构建用户洞察、精准服务、个性化推荐、精细编排和节目内容智慧采购等产品，通过整合用户、服务和内容，来实现新媒体运营。

（1）用户洞察

用户洞察可以通过以下几个维度进行分析：点播行为信息、基本信息、收入贡献、客户服务、直播/回放收视行为、宽带上网行为。

点播行为信息主要包括开机天数分档、点播量分档、点播天数分档、点播时长分档、互动活跃标签、点播行为类型、网厅登录习惯、互动喜好标签。

基本信息主要包括户主年龄层、入网账龄、在网时长、业务类型、产品线、设备使用年限、家庭构成、小区模型。

直播/回放收视行为主要包括收视时段、频道喜好、节目喜好。

收入贡献主要包括收入构成消费能力、付费类型、欠费账龄、欠费停机敏感、消费渠道、消费频次、客户综合指数。

宽带上网行为主要包括上网终端类型、产品线、使用频度、上网时段、最长登录网站时间、常用浏览器。

客户服务包括投诉等级、咨询等级、维修等级、设备更换频次、客户接触指数。

（2）精准服务

精准服务的主要目标包括以下四个方面：客户拉新、客户促活、客户增值、客户维系。如图 5.74 所示：

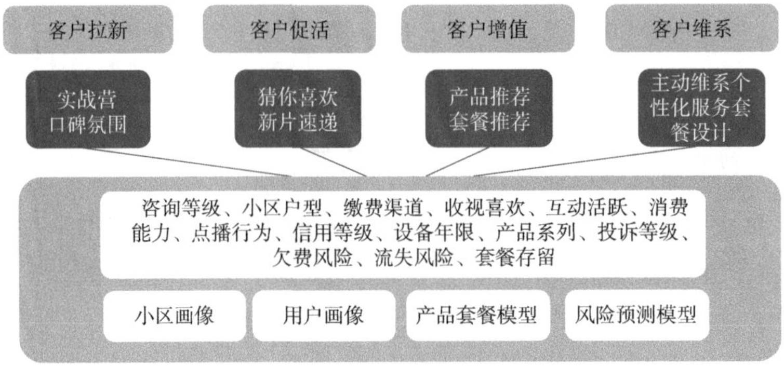


**图 5.74　精准服务**

根据咨询等级、小区户型、缴费渠道、收视喜欢、互动活跃、消费能力、点播行为、信用等级、设备年限、产品系列、投诉等级、欠费风险、流失风险、套餐存留等刻画小区画像、用户画像、产品套餐模型、风险预测模型等，然后进行实战营口碑氛围、猜你喜欢新片速递、产品推荐套餐推荐和主动维系个性化服务套餐设计等，最后实现客户拉新、客户促活、客户增值、客户维系的目标。

（3）个性化推荐

随着信息化进程的加快，信息日渐增多，用户需要花费大量的时间，才能找到自己想听的歌、想看的新闻、想看的电视剧。个性化推荐能够在这个被信息淹没的时代，把用户最想要的内容直接呈现在用户面前。目前使用比较普遍的个性化推荐算法有三种，分别是：协同过滤推荐算法、基于内容的推荐算法和基于社交网络的推荐算法。

大数据新媒体的个性化推荐产品主要包括榜单推荐、内容推荐、首页个性化板式、我的节目单、跨业务场景推荐、广告推送。

榜单推荐比如电影、电视剧、少儿榜单、实时、周、月榜单等；内容推荐比如对电影、电视剧的推荐；首页化个性化版式主要包括布局、版式、专题、海报、个性化节目单编排推荐；跨业务场景推荐和广告推送主要是活动、套餐、广告等推送及转化跟踪。总之，个性化推荐呈现千人千面的特点。

（4）精细编排

新的媒体下，分众是最大的特点。因此，每个频道唯有精细编排、精准定位才能在未来的竞争中脱颖而出。精细编排是当今中国新闻传播界的“软肋”。一个频道或节目无论制作水平多高，如果编排不当，传播效果自然会大打折扣。所谓精细编排，就是把一个电视台的频道、栏目、节目经过科学的协调和组织，形成可实施播出程序的管理过程。从广义上讲，它包含频道的开设、重点节目的匹配；从狭义上讲，它包括每个栏目与节目的播出次序和时间的具体编排。在全球传播界享有很高声誉的美国名牌节目《60分钟》的创始人唐·休伊特曾坦言，这个节目成功与经久不衰的原因，简单地说就是讲给观众一个不知道的故事以及怎样根据不同人的接受心理、视听习惯来编排传播它。随着中国电视事业的迅速发展，特别是加入世贸组织后所面临着的“电视大战”，精细编排在整个电视传播过程中的地位与作用显得日益重要。

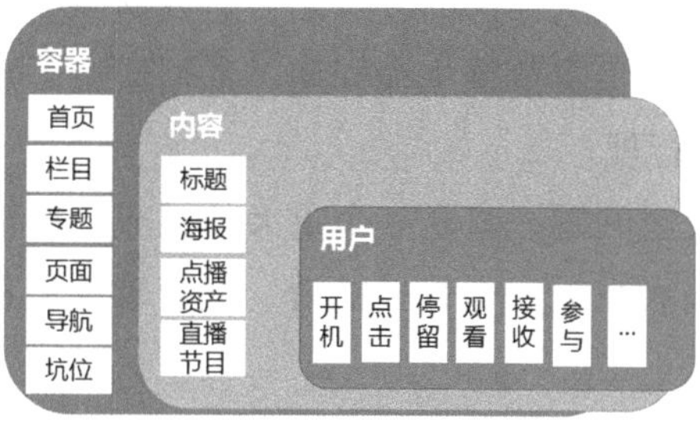


图 5.75　精细编排

如图5.75所示，广电运营商可以对首页、栏目、专题、页面、导航、坑位进行精细编排，这样带来的一个好处就是可以计算曝光率、留存率、加载时长、次数、用户数、停留时长、人均次数、人均停留时长等重要指标。在内容上，主要包括标题、海报、点播资产、直播节目，并由此可以统计出饱和度、热力度、收视指数、到达率、收视率、市场占有率等；对于用户群体，通过收集用户开机时间、点击的节目、在节目中停留的位置以及停留的时间、观看的节目等等一系列的数据，来提高节目的曝光率，留存率等。让节目能够更多地被播放，提高用户量，让用户更长时间的停留等等，让大数据更多利用在这些方面，达到提高精细编排的效果。

（5）节目内容智慧采购

内容资产价值预测模型从用户侧、媒体侧、圈子侧和营销侧4个方面对节目内容资产价值进行评估预测，通过对内容资产价值预测，解决应该采购怎样的节目，面向群体是谁等等重大问题。

用户侧通过用户需求、用户偏好、消耗能力等等指标构建受众群体画像标签，可知道用户位置，用户偏好，用户能消费能力，以此明确向用户推荐的节目类型；媒体侧通过导演、演员、类型，剧本等分析出明星指数、形象关键词和IP热度，以此判断该节目的影响力，受众等的信息；媒体侧通过内容宣传、粉丝、话题等，统计预测票房、公众关注度、媒体关注度，以此可以实时跟踪节目的反馈；圈子侧主要是用户互动和社交方面，比如可以统计微博热词、微信指数等，以此实时跟踪用户对节目的反馈，分析出用户确切关注的是节目内容的哪些点等等。

## 5.4　小结

大数据平台架构总体上分为源数据层、数据采集层、数据存储层、大数据基础分析层、应用能力层、数据应用层和数据运营管理层七个层次。源数据层描述了分布在各个数据源的数据；数据采集层根据源数据的特点使用不同的技术和方式进行采集、转换、加载；数据存储层负责对结构化和非结构化数据进行存储；大数据基础分析层负责数据作业的执行，批量数据和实时数据流的处理，以及数据的统计分析；应用能力层封装了数据分析和处理的基础操作，提供标签管理、推荐引擎、建模分析等服务能力，并进行数据作业的管理和提供数据接口；

数据应用层基于应用能力层提供的分析能力、数据服务能力进行应用的构建和具体的数据分析；数据运营层负责数据生命周期、数据安全、数据标准、数据质量等数据的相关运营和总体流程管理。

大数据时代，数据安全问题一直是一个重大的挑战。广电运营商需要制定完备的数据安全管理规范，加强大数据安全管控能力、配套管理流程和系统建设，形成完整的大数据安全管理体系。

大数据平台的数据分析和处理能力可以有很多的应用场景。可以使用精准推荐技术来提高用户的满意度和活跃度；也可以构建智能运维体系来主动地进行故障的告警和定位，提高运维效率；还可以发挥广电网络的优势，在物联网领域发力，发展智慧社区，向社区居民提供更舒适的生活条件，从而打造一个立足于智能化的管理和服务型的社区。

# 第6章 广播电视网络大数据平台建设演进规划

## 6.1 大数据平台建设规划

### 6.1.1 平台建设规划思路

广电网络大数据平台的建设目的，是为了支撑广电网络运营商大数据业务发展的需求。因此我们应根据广电网络大数据应用体系的建设规划所构建的战略目标，持续保持现有市场份额，对内建立大数据驱动的全流程支撑体系，实现企业运营效率显著提升；对外打造规模化的线上数据产品，实现经营收入每年稳步上涨。

大数据平台建设规划根据产品类别提出了对内、对外应用的大数据产品体系。对内实现智慧运营，提供精准分析、精准营销和精准服务等应用服务；更精准、更全面地支撑决策、营销和生产经营活动；建立专业化大数据业务运营组织、标准化流程和一体化支撑体系支撑前端营销和后端运营，降低运营成本，促进价值增长。对外服务民生，经营数据服务、数据咨询、数据能力和数据解决方案，实现大数据的社会价值和商业价值；形成强劲的大数据增值能力和大数据资产变现能力；探索大数据对外经营模式，嵌入大数据生态链，实现合作共赢。

大数据系统的发展历程，大致可分为以下3个阶段：

（1）数据跨域共享阶段

打通企业各IT系统，充分发挥数据的价值，以数据为核心驱动管理变革，构建企业精细化、智能化运营管理的生态服务体系，实现“超细分”“微营销”“精服务”的企业战略。

（2）对内应用能力提升阶段

通过网络分析提升网络质量、市场分析提升营销能力、行为分析提升客户体验、平台分析优化操作流程，大力支持运营商内部各业务需求部门的各类分析应用需求。

（3）对外产品服务能力阶段

在确保客户信息安全的前提下，大力拓展大数据的对外服务，实现运营商大数据的货币化，使运营商的数据比互联网企业的数据更具真实性、准确性，对客户的分析更为精准。逐步开放运营商大数据分析的结果，拓展大数据在广告营销、舆情分析等多领域的对外服务能力。

平台建设规划，将依据业务规划提出的大数据产品形态，归纳出这些产品的需求类型，并对应地提出大数据平台目标架构需具备的相关平台能力，以及支撑这些能力实现的相关大数据关键技术，采取“初始规模较小、快速发现问题快速调整完善”的迭代机制开展建设。在存储资源和计算资源的建设方面，需要做到按需配置，动态扩容。存储资源依照数据量的增长动态扩展，建设初期，存储需要形成全面的能力，按照不同的数据的特点采用不同的存储方案，但要涵盖全部的数据资产。计算资源在初期应该能够支持绝大部分的数据应用场景，进行数据的实时分析、流处理、批量处理等工作，后期根据业务需求进行滚动式的快速扩容。

### 6.1.2 平台能力要求

如图6.1所示，广电大数据平台的应用场景主要包括对内和对外两部分，其中内部应用包括运维类、经营类和销售类数据应用，外部应用包括能力出租和公共服务等，当然在公司发展建设的过程中，可能会不断产生新的需求，相应地，应用场景也会不断扩展，但我们可以将应用的需求类型简单归纳为以下几类：实时场景、数据挖掘、预定义报表、自助分析、数据开放和数据治理等。

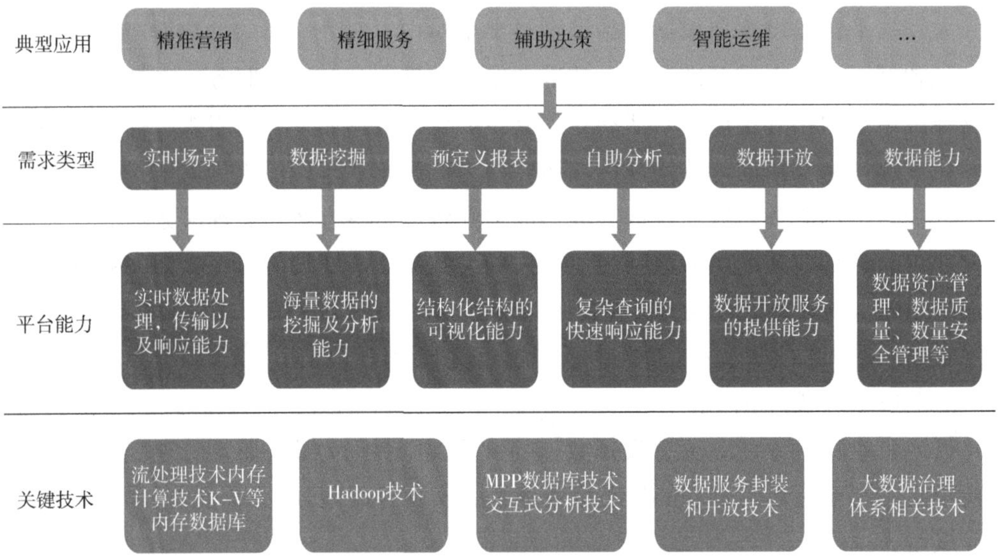


**图 6.1 广电大数据平台应用对平台能力的要求**

不同类型的需求，对平台能力有着不同侧重的要求，具体来说，实时场景应用要求平台提供实时数据处理和传输能力；数据挖掘应用要求平台提供海量数据的挖掘及分析能力；预定义报表应用要求平台提供结构化结果的可视化能力；自助分析要求提供多表关联查询的快速响应能力；数据开放要求平台具备数据开放服务的提供能力；数据治理要求平台具备数据资产管理、数据质量、数据安全管理等能力。

对应于上述的平台能力要求，在大数据平台的技术架构中，需要引入相应的关键技术来实现，其中主要包括：流式处理技术、内存计算技术、K-V 等内存数据库技术、Hadoop 技术、MPP 数据库技术、交互式分析技术、数据服务封装与开放技术、大数据治理体系相关技术。

### 6.1.3　平台演进路径

随着数据量的累积和大数据处理技术的成熟，未来企业信息化建设将从关注系统实施向关注数据分析方向转化，大数据应用成为新的重心，有线运营商大数据平台建设的演进路径一般分为以下几步。

第一，基础建设。基于大数据平台咨询设计的成果，进行大数据基础平台的建设和实施。以数据为核心，梳理企业全范围数据资产，实现基础全面的数据资产采集汇聚能力，整合开源基础，搭建采集系统、存储系统、数据处理和分析系统以及应用支撑系统，提供基础的模型构建能力和数据分析能力。从实现技术手段、业务属性、管理单位等角度考虑，划分出需要重点关注的若干个核心应用系统和平台，并根据应用系统和平台的功能关联性、工程建设要求等特点，将核心应用系统和平台归纳成若干重点的项目，再根据优先次序，明确在近期、中期、远期分阶段启动的工程项目。

第二，能力完善。根据大数据平台体系架构，综合考虑业务方向、技术能力等因素，完善全流程数据能力，完善数据采集系统，建立统一网关、适应数据增长、全范围、稳定、高可用的数据采集体系；完善数据存储能力，实现数据分级管理，构建数据安全管理体系；完善数据计算能力，实现内存计算、流式计算、批量计算、实时分析的能力融合；完善数据服务网关，实现全面、高可用的数据能力服务和数据作业管理；完善数据应用能力，建立规模化的线上数据产品的支撑体系，构建完整的数据建模和分析体系；完善数据管理能力，构建生命周期管理、质量管控以及流程监测体系。从而全面实现数据从汇聚到存储，再到应用的能力体系建设。

第三，体系优化。适应数据的增长、业务的扩展，大数据平台需要做到资源能够按需扩展，数据应用能够灵活构建，因此，在这一阶段需要对大数据整体能力体系实行优化和改进，实现资源和数据全流程的监控管理。包括优化并完善数据采集标准流程体系，保证数据采集的稳定、安全、高质量、高可用；优化数据存储管理体系，实现安全可靠的存储扩容和数据容灾管理；优化融合多场景的计算和分析体系，提升复杂的数据计算和分析能力；优化数据应用体系，完善对内数据应用和对外数据支撑，形成数据经营生态环境支撑体系；优化大数据安全管控体系，实现安全高效的数据运营管理。

### 6.1.4　平台建设目标

广电网络运营商大数据平台建设可分期展开进行，整体建设包括两部分内容：

（1）系统平台

我们需要将广电大数据平台的分期建设划分为若干项目，逐步展开实施，通过项目的进行来不断实现、健全、完善大数据平台从数据采集、数据存储到数据分析和应用各方面的能力，构建一个完整可靠的、能够支撑企业全范围业务的大数据系统平台。

（2）企业标准

通过制定数据采集、数据存储、数据分析计算、数据应用和数据运维等与数据相关的技术规范和标准来约束数据资产管理与运营过程，规划数据应用流程，形成完备的数据管理体系和企业级数据管理标准。

表6.1展示了广电网络大数据平台的大数据三期建设目标对应于大数据平台体系架构的各个层次，包括数据采集、数据存储、基础分析、服务应用能力、应用能力和运营管理等方面。

**表 6.1　广电网络大数据平台分期建设目标示例**

| | 数据采集层 | 数据存储层 | 大数据基础分析层 | 应用能力层 | 大数据应用层 | 运营管理层 |
|---|---|---|---|---|---|---|
| 一期 | 实现终端数据采集与聚合 | 支持500万级终端数据存储 | 完善大数据计算框架，支持日均TB级数据运算能力 | 构建客户标签库与内容标签库 | 离线客户建模与用户画像 | 统一大数据平台监控系统 |
| | 整合采集接口，形成统一采集引擎 | 构建HADOOP+MPP的可扩展存储架构 | 实现行为数据实时计算 | 扩充数据集市，建立数据服务网关 | 实现经营分析综合服务平台，整合公司内容分析应用 | |
| | 制定企业数据采集规范与采集标准 | | | | 提升数据可视化能力，支持自助报表及敏捷开发 | |
| 二期 | 实现物联网应用数据采集 | 整合数据存储，形成统一数据湖 | 扩容计算节点，升级网络环境 | 完善数据服务网关，具备共享服务能力 | 实现智能推荐，支持内容运营应用 | 企业元数据管理系统 |
| | | | | 部署客户模型，支持生产系统 | 实现线上业务运营实时支撑 | 盘点企业数据资产，制定数据资产管理规范 |

（续表6–1）

| | | | | | | |
|---|---|---|---|---|---|---|
| 三期 | 完善物联网应用数据采集与内容数据采集，整合内外部数据资源 | 存储能力扩容与存储管理能力汇聚 | 计算平台扩容与升级 | 建设AI引擎 | 实现智慧家庭应用的统一运营 | 数据安全监控平台 |
| | | | | | 开发面向第三方数据产品 | |

数据采集方面，一期建设目标实现终端数据采集与聚合，整合采集接口，形成统一的采集引擎，制定企业采集规范与采集标准；二期建设目标实现物联网应用数据采集，并制定企业采集规范与采集标准；三期建设继续完善物联网应用数据采集与内容数据采集，整合内外部数据资源。

数据存储方面，一期建设目标实现支持500万级终端数据存储，并构建完成HADOOP+MPP的可扩展存储架构；二期建设目标整合数据存储，形成统一数据湖；三期建设实现存储能力扩容与存储管理能力汇聚。

基础分析方面，一期建设目标完善大数据计算框架，支持日均TB级数据运算能力，并能够实现行为数据实时计算；二期建设实现扩容计算节点，升级网络环境；三期建设继续进行计算平台扩容与升级。

服务应用能力方面，一期建设目标构建客户标签库与内容标签库，并通过扩充数据集市，建立数据服务网关；二期建设目标完善数据服务网关，具备共享服务能力，并部署客户模型支持生产系统；三期建设目标建设AI引擎，提供AI能力。

应用输出方面，一期建设目标实现离线客户建模与用户画像，同时实现经营分析综合服务平台，整合公司内容分析应用，并提升数据可视化能力，支持自助报表及敏捷开发，预期完成建设目标的大数据应用为业务经营分析、收视分析、大样本调研、用户画像多维分析；二期建设目标实现智能推荐支持内容运营应用，并实现线上业务运营实时支撑，预期完成建设目标的大数据应用为业务经营分析、收视分析、用户画像多维分析、精准广告推送；三期建设目标实现智慧家庭应用的统一运营，规划开发面向第三方数据产品，预期完成建设目标的大数据应用为用户画像多维分析、精准广告推送、智能运维、智慧家庭、人工智能电视。

运营管理方面，一期建设目标构建完成统一大数据平台监控系统；二期建设目标实现企业元数据管理系统，并盘点企业数据资产，制定数据资产管理规范；三期建设目标实现数据安全监控平台。

## 6.2　大数据平台演进规划

为逐步有序地推进广电网络大数据平台向目标架构演进，需要通过三个建设阶段有计划、有步骤、循序渐进地开展平台各个层面的建设工作。

具体如表6.2所示：

**表6.2　广电网络大数据平台分期期建设演进规划示例**

| 平台分层能力 | 一期建设规划 | 二期建设规划 | 三期建设规划 | 技术研究需求 |
| --- | --- | --- | --- | --- |
| 数据采集 | 1.将企业全范围的数据资产进行整理，针对不同格式和特点的数据，形成以Sqoop、Kafka、Flume等作为技术基础的数据抽取和采集系统 | 1.综合多种采集技术构建完善的数据采集引擎，完善数据采集系统，形成数据采集标准流程体系 | 1.完善数据采集标准流程体系，实现高可用、弹性扩展的数据采集系统 | 数据整合与采集关键技术研究 |
| | 2.制定不同数据来源的数据采集规范和采集标准 | 2.进行物联网应用产生数据和媒体内容相关数据的采集 | 2.持续完善物联网应用产生的数据与媒体内容相关数据的采集，整合外部数据 | |
| | | 3.建设数据采集控制和监控机制，初步建立数据采集能力评价指标和质量评估机制 | 3.保证数据采集的稳定性、安全性，保证数据完整性，完善数据采集质量评估机制 | |
| 数据存储 | 1.构建以MPP和Hadoop作为技术核心的可扩展的数据存储架构 | 1.将数据按照价值、体量、使用率等实行分级存储和管理，形成完整的数据分级管理策略体系 | 1.完善数据存储管理体系 | 数据存储与安全管理相关问题和技术研究 |
| | 2.构建统一的适配多种数据来源的数据存储网关 | 2.建立数据备份与恢复机制，形成数据安全管理体系 | 2.构建安全可靠的存储扩容和数据容灾管理体系 | |
| 大数据基础分析 | 1.初步建立基于YARN架构，融合离线计算、流计算、内存计算、NoSQL等多种计算框架的大数据处理平台 | 1.基于新型流式实时处理技术进行关键场景应用研究，提高实时流处理、计算、分析能力 | 1.持续完善基于YARN的多计算框架融合的大数据平台架构 | 基于开源大数据处理和分析框架的相关技术以及基于YARN架构的大数据平台演进研究 |
| | 2.实现大数据计算资源可配置可监测的动态扩容管理架构 | 2.实现端到端的实时场景支撑 | 2.构建数据作业监控管理系统，实现数据计算流程可视化，进一步整合多场景的计算和分析体系 | |
| | 3.构建基于实时流处理技术的实时分析和实时营销系统 | 3.形成计算能力评估和管控体系 | | |

（续表6–2）

| | | | | |
|---|---|---|---|---|
| 应用能力 | 1.完善标签体系管理，建立标签库构建和应用管理系统 | 1.完善分析建模管理能力，建立模型存储、管理、部署及应用管理体系 | 1.进一步完善标签体系、推荐引擎和分析建模系统，构建稳定、高可用的数据应用体系 | 数据服务网关和数据挖掘相关技术和应用场景研究 |
| | 2.基于数据挖掘和机器学习算法，构建完善的分析建模流程 | 2.建立并完善数据服务网关，构建跨平台的高速交换数据引擎 | 2.持续完善数据服务网关，使大数据平台具备全企业数据对内对外共享服务能力 | |
| | 3.和技术，构建通用的智能推荐引擎 | | 3.进行AI引擎的构建，形成AI应用构建完整流程 | |
| | 4.整合数据作业管理机制，建设并完善数据作业管理体系 | | | |
| 数据应用 | 1.建立数据应用构建系统，形成一整套完善的数据应用体系 | 1.整合业务模型，建立规模化的线上数据产品的支撑体系 | 1.持续完善智慧家庭和智慧社区，进行AI应用的构建 | 数据应用体系构建和大数据应用产品研发 |
| | 2.构建数据挖掘分析能力，实现业务经营分析、收视分析、用户画像多维分析、精准推荐、精准广告推送等相关应用的构建 | 2.建立完善的分析决策体系，提高数据分析应用能力 | 2.持续完善对外数据应用支撑体系，形成数据经营生态环境支撑体系 | |
| | 3.构建网络价值和运维成本评估体系，实现网络价值和运维成本发展变化的预测与评估 | 3.持续完善公司内部各层面的精确化支撑体系，完善全流程整合的、数据驱动的对内数据应用体系 | 3.实现智能运维、智慧家庭和智慧社区的基础构建 | |
| | 4.加强数据可视化建设，推进构建前端应用，实现自助报表和分析能力 | | | |
| 数据运营管理 | 1.建立大数据平台全数据流程监测系统 | 1.构建一级汇聚点到分析结果的全流量实时监控和数据稽核体系 | 1.加强大数据安全管控能力、配套管理流程和系统建设，形成完整的大数据安全管理体系 | 数据管理与应用安全关键技术问题解决方案研究 |
| | 2.构建数据全生命周期管理体系 | 2.持续完善数据资产管理平台功能，实现数据的统一运维管理和系统配置管理 | | |
| | 3.建立和完善数据标准制定体系和质量管控体系 | | | |

大数据平台分期建设的构建图如图6.2所示：

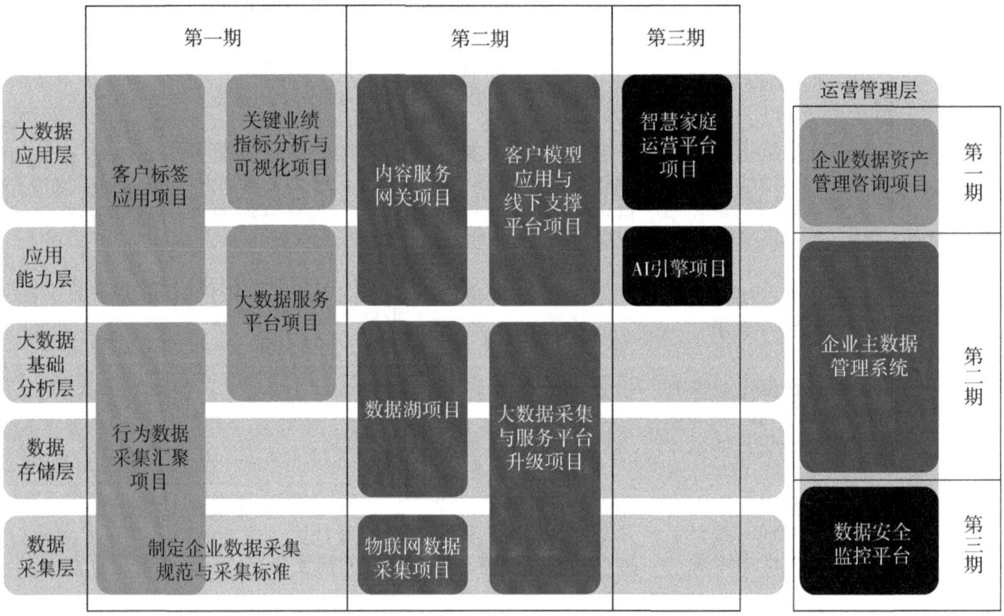


**图6.2　大数据平台分期建设规划构建图示例**

第一期建设，主要完成行为数据采集汇聚、大数据服务平台、客户标签应用、关键业绩指标分析与可视化、企业数据资产管理咨询等项目。在一期建设阶段，广电运营商需要进行基础平台的建设和企业全范围数据资产的梳理，可以将BOSS系统、运维系统和呼叫中心系统相关的数据先进行整理和采集，包括有线电视交互数据、网络节点数据、宽带用户交互数据、客服数据、运维数据等，这部分的数据，广电运营商已经有了大量的数据积累和较为成熟的数据集成采集方式。数据采集层、数据存储层、大数据基础分析层的基础结构需要基于一些开源的大数据框架和引擎进行搭建，可以采用Ambari进行绝大多数工具的安装、部署、分配和管理，形成基础的数据采集、存储和分析处理能力。在应用分析层，完善大数据计算框架，支持日均TB级数据运算能力，并实现行为数据实时计算。构建标签管理系统，形成标签构建和管理能力，建立客户标签库与内容标签库，并建设智能推荐引擎，为上层应用提供推荐能力，构建分析建模管理体系，形成模型的构建、测试、部署、应用一整套完善的流程体系，建立数据作业管理系统，实现数据作业的有效控制和管理；基于应用能力层的数据应用可以考虑进行业务经营和收视相关的数据挖掘和分析，基于用户数据和标签管理系统进行用户画像的构建和相关分析，基于智能推荐引擎实现精准推荐和精准广告推送，构建网络价值和运维成本评估体系，平衡网络价值和运维成本的变化关系，对降低运维成本、提升网络价值提供决策支持。在数据运营管理层，需要实现基本的数据管理能力，实现数据生命周期管理、数据标准管理和数据质量管理。第一期建设与目标如表6.3所示。

表 6.3　广电网络大数据平台一期建设子项目与目标示例

| 项目名称 | 建设目标 |
| --- | --- |
| 行为数据采集汇聚项目 | 整合已有终端数据采集接口，增加与各内容服务平台、媒资管理系统的数据接口，实现行为数据和内容资源数据全采集；升级数据汇聚与存储模块，实现各类数据集中清洗、重构与存储，形成统一数据池，支持向第三方接口的安全便捷传输；完善系统安全与备份机制，保证系统平台的安全持续运营 |
| 大数据服务平台项目 | 完成对数据与数据处理分析能力的封装，建立安全可控的数据传输通道和有效的审计模块，实现用户明细、客户标签、统计集市、分析模型对各分/子公司与管理部门的投放，支持各业务单位自行定制需求、获取与处理数据 |
| 客户标签应用项目 | 基于用户收视、上网等行为数据进行客户数据建模，构建客户行为标签，全面勾勒以家庭为单位的客户画像；结合互联网爬虫技术采集互联网数据，形成以“电视+互联网+综合娱乐”为核心的客厅文化娱乐消费产品标签集；建设推荐引擎，支持精准的产品推荐和服务推荐；运用用户行为标签，建设统一的产品评价体系模型，实现对套餐、频道、节目、产品的多级量化评估，以优化产品组合和内容引进 |
| 关键业绩指标分析与可视化项目 | 以辅助公司决策综合为目标，为各个管理层级提供多手段的可视化报表展现方案，实现关键经营指标的跟踪、预警与预测；建立覆盖大众和政企所有业务，面向市场、销售、服务、运维、工程、网管等各运营环节的多维数据集市，支持全面运营分析与管理，推动公司向数据化运营体系演进 |
| 企业数据资产管理咨询项目 | 全面梳理公司各类业务、数据、系统之间的映射关系，实现数据资源的分类索引，形成企业数据资产清单；制定统一数据规范与接口标准，支持对各系统价值数据的有序采集；制定数据治理的管理规范，保障数据资产的质量水平 |

第二期建设，主要完成物联网数据采集、数据湖、大数据采集与服务平台升级、内容服务网关、客户模型应用与线下支撑平台、企业主数据管理系统等六个项目。到了这一阶段，大数据平台已经形成了相对成熟的数据采集能力，如果企业需要进一步扩大采集范围，可考虑采集物联网应用产生的数据和媒体内容数据。在数据采集层、数据存储层和大数据基础分析层需要进一步建设，完善数据采集、存储和计算能力，提升实时处理、分析和计算能力，实现端到端的实时场景支撑。整合数据存储，形成统一数据湖，并实现计算节点动态扩容以及网络环境的升级。完善数据服务网关，实现数据的交互和共享，建立跨平台的高速交换数据引擎。进行智能运维应用的基础建设。完善计算资源和存储资源的监测、配置和管理体系，建立计算能力评估和管控体系，形成大数据系统的统一运维管理和系统配置管理能力。第二期建设与目标如表6.4所示。

**表 6.4　广电网络大数据平台二期建设子项目与目标示例**

| 项目名称 | 建设目标 |
| --- | --- |
| 物联网数据采集项目 | 实现对公司物联网平台数据的采集、清洗与存储；梳理物联网数据应用场景，建立初步的数据统计与业务分析模型；探索与公用事业数据融合的可行性，为智慧家庭、智慧社区、智慧城市的运营提供数据支持与信息服务 |
| 数据湖项目 | 实现对公司内部各系统中价值数据的采集、清洗、聚合与存储；面向各环节运营要求，建立相应的数据集市与业务模型；提供各类接口方案，支持多源数据的实时/离线/批量加载；扩展大数据运算能力，增强网络传输能力与存储容量，满足未来三年的应用需求 |
| 大数据采集与服务平台升级项目 | 升级大数据平台与各业务支撑系统的数据接口，实现业务生产数据的实时采集与加工；将实时数据产品反馈业务过程，为各业务单位提供相应的实时报表支持、指标跟踪与预警；增加数据服务平台的内容，扩展业务模型范围，提升服务数据的粒度和及时性 |
| 内容服务网关项目 | 建立与数字电视平台各内容服务模块的实时交互接口，联结终端数据采集与内容供应服务环节，实现客户信息、标签、分析模型在节目推荐、广告投放、数字营销界面的及时投放、信息反馈与效果评估，提升内容服务的精准度和用户感知 |
| 客户模型应用与线下支撑平台项目 | 实现客户模型的内容、数据与处理能力的全面开放，支持与客户管理界面进行实时信息交互；与各类线下渠道的营销服务过程无缝对接，实现客户视图、客户价值标签、客户产品推荐在服务过程中的展现、信息反馈、模型迭代与二次营销机会推送，提升营销响应率和客户价值水平 |
| 企业主数据管理系统 | 在企业层面整合现有结构中的客户信息以及其他知识和深层次信息，共享所有系统中的数据，使之成为一系列以客户为中心的业务流程和服务；实现对于客户、产品和供应商都通用的主数据形式，加速数据输入、检索和分析；集成产品信息管理、客户关系管理、客户数据集成以及可对主数据进行分析的其他解决方案 |

第三期建设，主要完成AI引擎、智慧家庭运营平台、数据安全监控平台等三个项目。这一阶段应进一步完善物联网应用数据采集与内容数据采集，整合内外部数据资源，并进行外部数据的整合，打通内外部数据，提高数据价值，对业务和数据挖掘分析能力进行完善，同时需要进一步建设和完善数据采集层、数据存储层和大数据基础技术分析层，全面完善YARN架构的计算体系。可利用深度学习技术，在AI领域发力，进行AI引擎和AI相关应用的构建，如人工智能电视、影视资源内容分析等。基于物联网和大数据相关技术，进行智慧家庭和智慧社区的建设，并实现智慧家庭应用的统一运营。加强大数据安全管控能力、配套管理流程和系统建设，形成完整的大数据安全管理体系。第三期建设与目标如表6.5所示。

表 6.5 广电网络大数据平台三期建设子项目与目标示例

| 项目名称 | 建设目标 |
|---|---|
| AI引擎项目 | 借助AI技术，分析用户活动的各类场景，探索产品策略、促销时机、服务渠道的优化组合方案，以数据智能辅助营销服务过程；升级客户分析模型、内容推荐模型，注入AI算法，以支持各类复杂的业务需求 |
| 智慧家庭运营平台项目 | 以家庭客户为单元，基于客户标签数据，收集整合客户家庭在外部社会活动、第三方消费服务、智能家居等各类外部数据，建立家庭信息全视图，利用人工智能技术，实现家庭文化娱乐需求的智慧识别、活动过程的智能引导，以及服务体验的全面提升，帮助公司占领家庭文化消费的阵地 |
| 数据安全监控平台 | 实现对大数据平台各系统、模块的统一监控管理，保证服务器系统、网络、存储的安全运营，并提供灵活的通知机制以让系统管理员快速定位和解决存在的各种问题；实现对数据输入、输出过程的的监控，支持数据流量预警、安全通道监测、异常服务告警 |

## 6.3 小结

广电网络大数据平台演进规划可以参考如下的发展目标：

第一阶段主要完成以下目标：计算资源和存储资源的基础建设，初步构建基于YARN架构的融合离线计算、流计算、内存计算、NoSQL等多种计算框架的大数据处理平台；实现平台可扩展能力，构建基础的实时处理能力，初步建立标签体系管理、智能推荐引擎、分析建模管理以及数据作业管理等模块体系；建立网络价值和运维成本评估体系，预测和评估网络价值和运维成本的发展变化，为降低运维成本、提升网络价值提供决策支持；基于开源技术实现面向企业全范围资产的数据采集、存储和处理系统；初步实现全面的平台数据服务、安全和运营管理；初步建立标签管理体系和通用推荐引擎；初步构建数据应用体系和支撑体系，建设基础的数据可视化和分析系统；建立全数据流程的监测系统，构建数据标准管理、质量管控以及全生命周期管理体系。

第二阶段主要完成以下目标：进一步整合全范围数据资产，提高数据汇聚能力，进行物联网应用产生数据和媒体内容数据的采集；提升实时处理、分析和计算能力，实现端到端的实时场景支撑；完善YARN架构的大数据处理平台，完善计算资源和存储资源的监测、配置和管理体系，建立计算能力评估和管控体系，形成大数据系统的统一运维管理和系统配置管理能力；构建数据采集监控、质量评估系统，实行数据的分级管理，建立完善的数据备份与恢复机制；基于数据挖掘和机器学习技术建立模型构建流程以及应用管理体系，构建并完善数据服务网关，建立跨平台的高速交换数据引擎；持续完善公司内部各层面的精确化支撑体系，完善对内数据应用和对外数据支撑体系，形成数据经营生态环境支撑能力；建立规模化的线上数据产品的支撑体系和完善的分析决策体系，构建一级汇聚点到分析结果的全流量实时监控和数据稽核体系，持续完善数据资产管理平台功能。

第三阶段主要完成以下目标：全面完善YARN架构的计算体系；进一步采集物联

网应用产生数据和媒体内容数据，整合外部数据，完善数据采集体系、采集质量评估机制；完善数据资产管理，构建安全可靠的存储扩容和数据容灾管理体系；完善数据标签体系和推荐引擎系统；实现数据作业的监测和计算流的可视化，进一步整合多场景的计算和分析体系；完善数据服务网关，实现稳定、高可用特性；进行AI引擎和AI相关应用的构建；基于物联网和大数据平台，进行智慧家庭和智慧社区的建设，并实现智慧家庭应用的统一运营；加强大数据安全管控能力、配套管理流程和系统建设，形成完整的大数据安全管理体系。

大数据平台的建设经历了基础平台搭建、计算资源和存储资源扩展、数据资产管理和应用支撑体系建设等阶段，需要从下到上，从全面到具体，不断完善，不断深入，不断细化，最终形成完整、高可用的大数据平台，为企业发展提供助力。

大数据时代的到来，为广电行业融合发展赋予了新的机遇和想象力，带来了智慧家庭、精准推荐、人工智能电视、智能运维等新的业务发展机会。广电行业天然拥有丰富的数据资源，可以借助大数据技术进行深度挖掘，使数据价值最大化，在营销、运营、管理等各个方面实现降本增效。基于大数据来发展自身业务，对于有线企业来说，具有重要的战略意义。

广电运营商按照国家新闻出版广电总局“十三五”规划发展中提出的广电行业大数据发展思路建设和运营大数据平台，不仅可以促进企业各方面业务的发展，降本增效，充分利用大数据平台带来的技术优势，将建设成本降到最低，提升运营质量和业务效益，增强行业竞争力，还能够更好地支持文化传播和信息服务，引领广电行业大数据发展潮流，为广电大数据的发展提供参考和思路，注入新活力。

# 参考文献


［1］李凡星. 基于数据质量的政府开放数据平台评估探究［D］. 南京：南京大学，2017.

［2］李志新. 国内政府数据开放研究综述2013-2016［J］. 情报杂志，2017，36（7）：156–161.

［3］邢宇恒，张冰，毛一凡. 数据脱敏在海量数据系统中的应用［J］. 电信科学，2017-Z1：8–14.

［4］张姝. 电视台媒体资产管理系统技术与构建［J］. 广播与电视技术，2005，32（10）：103–106.

［5］马武，邢燕霞，潘卫. IMS系统特点与需求分析［J］. 电信科学，2007，23（12）：12–17.

［6］余侃. 云计算时代的数据中心建设与发展［J］. 信息通信，2011，116（6）：100–1002.

［7］孙珊珊. 基于Hadoop的云计算数据安全性研究［D］. 武汉：武汉理工大学，2013.

［8］孙中东. 企业级数据治理框架下的数据质量管理［J］. 金融电子化，2011：57–60.

［9］韩京宇，徐立臻，董逸生. 数据质量研究综述［J］. 计算机科学，2008，35（2）：1–5.

［10］李丹，陈贵海，任丰原，等. 数据中心网络的研究进展与趋势［J］. 计算机学报，2014，37（2）：259–274.

［11］宫艳雪，武智霞，郑树泉等. 面向智慧社区的物联网架构研究［J］. 计算机工程与设计，2014，35（1）：344–349.

［12］刘奇葆. 加快推动传统媒体和新兴媒体融合发展［J］. 计算机学报，2014，37（2）：259–274.

［13］任国良，徐海泳. 后数字电视整转期广电网络发展的思考［J］. 中国有线电视，2012：364–366.

[14] 赵虎. 我国发展有线数字电视业务的思考 [J]. 中国科技信息，2005：65-65.

[15] 朱维乔. 大数据驱动的特色资源服务平台架构研究 [J]. 图书馆研究，2014, 44 (4)：77-81.

[16] 陈全，邓倩妮. 云计算及其关键技术 [J]. 计算机应用，2009，29 (9)：2562-2567.

[17] 钱志鸿，王义君. 物联网技术与应用研究 [J]. 电子学报，2012，40 (5)：1023-1029.

[18] 苏树鹏. 基于Lambda架构的移动互联大数据平台架构的设计与应用 [J]. 企业科技与发展，2015：66-68.

[19] 陈豪，李建功，贾雪琴等. 物联网平台安全接入方案研究 [J]. 信息通信技术，2011：55-59.

[20] 刘长征，李威兵. Hadoop技术在海量信息处理上的优势 [J]. 黑龙江科学，2013, 4 (12)：26-27.

[21] 钟晓，马少平，张钹，等. 数据挖掘综述 [J]. 模式识别与人工智能，2001, 14 (1)：48-55.

[22] 李德仁. 智慧城市中的大数据 [J]. 中国建设信息化，2015, 39 (21)：1-12.

[23] 陈庆波. 浅谈构建客户标签体系思路 [J]. 福建电脑，2017, 3 (8)：92-92.

[24] 尹宝才. 王文通，王立春. 深度学习研究综述 [J]. 北京工业大学学报，2015, 41 (1)：48-59.

[25] 仲岩. 广电大数据平台建设思路及架构研究 [J]. 科技创新导报，2016 (30)：69-70.

[26] 顾炯炯. 云计算架构技术与实践：2版 [M]. 北京：清华大学出版社，2019.

[27] 朱洁. 大数据架构详解 [M]. 北京：电子工业出版社，2019.

[28] 林子雨. 大数据技术原理与应用 [M]. 北京：人民邮电出版社，2017.

[29] 连玉明，张涛，宋希贤，龙荣远. 大数据蓝皮书：中国大数据发展报告NO.3 [M]. 北京：社会科学文献出版社，2019.

[30] 刘旭辉. 大数据平台基础架构指南 [M]. 北京：电子工业出版社，2018.

[31] 刘化君. 大数据技术 [M]. 北京：电子工业出版社，2019.

[32] 马尔. 数据战略 [M]. 鲍栋，译. 北京：机械工业出版社，2019.

**图书在版编目（CIP）数据**

广播电视大数据平台架构与应用 / 林卫国，尚文倩编著 .
— 北京 ：中国传媒大学出版社，2021.12（2024.7 重印）
（全媒体人才培养丛书 . 数据科学系列）
ISBN 978-7-5657-3075-7

Ⅰ . ①广… Ⅱ . ①林… ②尚… Ⅲ . ①广播工作—数据处理—研究 ②电视工作—数据处理—研究 Ⅳ . ① G220

中国版本图书馆 CIP 数据核字（2021）第 209202 号

**广播电视大数据平台架构与应用**

**GUANGBO DIANSHI DASHUJU PINGTAI JIAGOU YU YINGYONG**

| | |
|---|---|
| **编　　著** | 林卫国　尚文倩 |
| **策划编辑** | 阳金洲 |
| **责任编辑** | 黄松毅 |
| **封面设计** | 风得信设计 · 阿东 |
| **责任印制** | 李志鹏 |

| | | | |
|---|---|---|---|
| **出版发行** | 中国传媒大学出版社 | | |
| **社　　址** | 北京市朝阳区定福庄东街 1 号 | **邮　　编** | 100024 |
| **电　　话** | 86-10-65450528　65450532 | **传　　真** | 65779405 |
| **网　　址** | http://cucp.cuc.edu.cn | | |
| **经　　销** | 全国新华书店 | | |

| | |
|---|---|
| **印　　刷** | 唐山玺诚印务有限公司 |
| **开　　本** | 787mm × 1092mm　1/16 |
| **印　　张** | 16.5 |
| **字　　数** | 352 千字 |
| **版　　次** | 2021 年 12 月第 1 版 |
| **印　　次** | 2024 年 7 月第 2 次印刷 |

| | | | |
|---|---|---|---|
| **书　　号** | ISBN978-7-5657-3075-7/G · 3075 | **定　　价** | 78.00 元 |

**本社法律顾问：北京嘉润律师事务所　郭建平**